Phébus *libretto*

E. T. A. HOFFMANN

INTÉGRALE DES CONTES ET RÉCITS

Sous la direction d'Albert Béguin
et Madeleine Laval

FANTAISIES
DANS LA MANIÈRE DE CALLOT

OUVRAGE PUBLIÉ AVEC LE CONCOURS DU
CENTRE NATIONAL DES LETTRES

Illustration de couverture :
Caspar David Friedrich
Les Blanches Falaises de Rügen, après 1818
Museum Oskar Reinhart am Stadtgarten, Winterthur

E. T. A. HOFFMANN

FANTAISIES

DANS LA MANIÈRE DE CALLOT

Texte français
par Henri de Curzon

Préface de Jean Paul Richter

Phébus *libretto*

NOTE DE L'ÉDITEUR

A l'instant de rééditer ce livre, un quart de siècle après lui avoir apporté ses premiers soins, l'éditeur impénitent se sent étreint par une bizarre émotion. Vingt-cinq années et un millier de titres plus tard, son jugement – disons plutôt son choix amoureux – n'a pas varié : s'il fallait, parmi tous ces livres sortis de ses mains, n'en élire qu'un (celui qu'on a permission d'emporter, à l'exception de tous les autres, sur l'île déserte), eh bien, ce serait encore celui-ci.

Il lui est arrivé de rencontrer le talent, le génie (moins souvent). Jamais pourtant un ouvrage, parmi ceux qu'il a publiés ou simplement lus, ne lui a paru obéir à l'injonction d'une si intime nécessité. *Ces phrases, ces pages, ces histoires assemblées ou mêlées selon un principe qui est moins celui du discours que celui de la musique (et les sublimes « Kreisleriana » qui leur servent d'*intermezzi *et qui inspireront plus tard le meilleur de Schumann) n'ont pas l'air d'appartenir à la littérature. On devine que, pour celui qui écrit ici, la question (au sens où Hamlet entend ce mot qui veut tout dire) était au moins clairement posée : les faire sortir de soi, ces histoires, ou mourir. Comme il n'était pas un dieu mais rien qu'un pauvre humain, il a fait les deux : il les a couchées sur le papier, dans une hâte dont on perçoit le souffle à chaque ligne, et qui ajoute singulièrement au trouble plaisir du lecteur, sans trop de souci de la belle forme ou de la* *belle écriture; il leur a ajouté à la suite, toujours dans la même hâte, une fameuse série de contes et de « romans » presque aussi bien inspirés; puis il est mort sitôt le dernier mot tracé.*

Huit ans, guère plus, pour composer une œuvre qui remplit tout de même quatorze volumes, et qui semble un concentré de ce que le génie de l'espèce a osé de plus audacieux dans le domaine de l'intranquillité. Car si l'on rit franchement à lire Hoffmann (qui avec son maître Jean-Paul, préfacier de la première édition du présent ouvrage, est là pour nous rappeler que l'humour allemand existe – rare et précieuse denrée – et qu'il est peut-être, cet incognito, le plus grand de tous), l'on soupçonne vite, sous les pointes de l'ironie, celles de la souffrance : simplement une souffrance assez pudique, ou assez courageuse, pour se moquer de tout et d'abord de soi.

Baudelaire et Freud ne s'y étaient pas trompés. Ils étaient même allés plus loin, n'hésitant pas à reconnaître, sous l'habit du fantastiqueur romantique ou de l'amuseur à sarcasmes, un esprit annonciateur de bien des modernités à venir : pour Baudelaire, le créateur d'un univers de « correspondances » poétiques ouvert sur toute une perspective de libertés nouvelles que lui-même n'eut pas le temps d'explorer (Lautréamont, Rimbaud, les surréalistes s'en chargeront); pour Freud, l'anticipateur fulgurant de ce qu'allait être la psychanalyse, rien de moins (et de désigner « L'homme au sable », dans les Contes nocturnes, *comme le gisement par excellence de l'« inquiétante étrangeté »; il aurait pu aussi bien en appeler aux vertus prémonitoires du « Magnétiseur » qu'on lira ici et qui décrit, avec une intuition qui laisse pantois, ce que sera plus tard, au détail près, une cure psychanalytique).*

Mais à quoi bon citer ces références illustres ? Hoffmann – lisons-le, c'est tout – n'a besoin de personne d'autre que lui-même pour nous séduire, et nous attacher à jamais.

Arrêtons donc là l'expression d'un enthousiasme qui, sous la plume d'un éditeur, vilain oiseau s'il en est, pourrait paraître suspect, et revenons à ce que nous écrivions plus modestement (l'âge n'arrange personne) lorsque nous proposions aux leceurs, à la fin de l'année 1979, une édition enfin complète et fidèle du livre qu'on va lire…

☆

Dans son édition des Fantaisies à la manière de Callot [1], *première partie d'un vaste projet d'« intégrale » d'Hoffmann qui devait être laissé en chantier à sa mort, Albert Béguin n'avait pu joindre le texte des « Kreisleriana », qu'Hoffmann considérait pourtant comme le noyau de cette œuvre, selon ses fantasques principes de composition. Albert Béguin, traducteur des* Kreisleriana *dès avant la guerre* [2], *regrettait cette relative infidélité et s'était promis d'y remédier un jour. La mort seule l'empêcha de voir son vœu réalisé.*

C'est aujourd'hui chose faite. Le présent volume propose pour la première fois au public français de ce siècle le texte intégral des Fantaisies, *dans l'ordre exact voulu par Hoffmann c'est-à-dire avec les « Kreisleriana » – qui en sont à l'évidence inséparables.*

Fidèle à son principe (reprendre les meilleures traductions du XIX*e siècle – quand elles existaient – quitte à les faire retoucher lorsqu'elles étaient manifestement fautives, ou simplement maladroites), Albert Béguin pour cet ouvrage utilisa l'excellente version, trop partielle hélas, d'Henri Egmont (1836). « Le chevalier Gluck » et « Informations sur les récentes fortunes du chien Berganza » furent traduits par Madeleine Laval, et « Le vase d'or » par André Espiau de la Maëstre. Albert Béguin n'avait pu mettre la main sur le texte idéal – c'est-à-dire un texte à la fois complet et traduit* d'une seule coulée. *Ce texte pourtant existait. En 1891 en effet avait vu le jour à Paris, dans l'indifférence à peu près générale, un modeste volume intitulé* Fantaisies dans la manière de Callot *(traduction par Henri de Curzon). Le livre sombra vite dans l'oubli. Henri de Curzon était pourtant le premier traducteur*

1. Club des Libraires de France, Paris, 1956-1958.
2. Fourcade. Paris, 1931.

d'Hoffmann à publier les Fantaisies *en y intégrant à leur juste place les « Kreisleriana », selon le vœu formel de l'auteur.*

Mais ce témoignage de fidélité n'est pas le seul mérite de sa traduction. Outre le scrupule linguistique dont il témoigne sans cesse (qualité rarissime à l'époque, rappelons-le), Curzon nous surprend, et très vite nous transporte par le ton d'enthousiasme miraculeusement « hoffmannesque » qu'il sait donner à son texte. Autre vertu, et qui manque singulièrement aux meilleurs interprètes d'Hoffmann en français (Egmont à peu près seul excepté) : une parfaite connaissance du langage musical, utilisé ici avec un exemplaire discernement.

Nul doute que si Albert Béguin avait pu se procurer cette traduction, il l'eût aussitôt élue. Nous ne croyons donc pas avoir été infidèles à sa mémoire en offrant à celle-ci la place qu'elle méritait dans la présente Intégrale des contes et récits *d'Hoffmann. Nous tenons d'ailleurs à remercier ici Mme Raymonde Vincent, veuve d'Albert Béguin, qui nous a cordialement encouragés à agir dans ce sens.*

Madeleine Laval (aujourd'hui disparue), fidèle alliée d'Albert Béguin dès l'origine de son projet de traduction des Œuvres *d'Hoffmann, aura brillamment assumé à sa suite la responsabilité de cette vaste entreprise. C'est elle qui s'était chargée ici de la révision, difficile mais indispensable, du texte d'Henri de Curzon – les exigences de notre siècle en matière de fidélité à l'original devant être prises en compte avec autant d'attention qu'il se peut. Elle avait tenu à maintenir à sa place l'« Avertissement » que le traducteur avait joint à son édition de 1891. Le ton en est peut-être un peu vieilli ; il n'en éclaire pas moins d'un jour précieux les débuts littéraires d'Hoffmann (dont ces* Fantaisies *sont le premier livre), évoqués ici avec autant d'émotion que d'érudition. Enfin et surtout, il anticipe avec une belle hardiesse sur les raisons que nous avons aujourd'hui de redécouvrir ce grand Romantique, tout à la fois célèbre et méconnu, dans un texte enfin digne de lui.*

J.P.S.

AVERTISSEMENT DU TRADUCTEUR

On prend de plus en plus, aujourd'hui, l'habitude de chercher dans la vie même, dans les souvenirs, dans les lettres d'un écrivain, l'origine de ses œuvres ; on y puise, et avec raison, les détails et les documents qui peuvent éclaircir leur histoire et, en quelque sorte, leur raison d'être ; on va enfin, au besoin, jusqu'à demander aux écrits mêmes des données sur l'auteur, et on laisse ensuite aux lecteurs le soin et le plaisir de tirer leurs conclusions en toute connaissance de cause.

Rien ne serait plus facile que d'appliquer une telle méthode à Hoffmann. Contes fantasques ou romanesques, mais toujours profonds en quelque manière, ou discussions esthétiques de poésie et d'art, il est tout entier dans ses écrits, qu'il a du reste souvent peuplés de ses propres souvenirs, et où il s'est même mis plus d'une fois d'une façon fort simple : en prenant la parole pour son compte, et en la gardant jusqu'au bout.

Mais nous n'avons pas l'intention de pousser ici à fond cette étude, qui serait féconde et des plus curieuses, même après le très intéressant volume que Champfleury a consacré à Hoffmann[1], *et où il a fait connaître au public plusieurs pages*

1. *Contes posthumes d'Hoffmann*, Paris, 1856. (*Toutes les notes sont de Henri de Curzon.*)

importantes et encore inaperçues du précieux ouvrage de Hitzig, l'ami et le biographe du conteur allemand. Nous nous bornerons aux quelques détails indispensables à l'éclaircissement du recueil que nous publions aujourd'hui, pour la première fois, dans son intégralité.

C'est le premier livre d'Hoffmann, et c'est celui qui le fit soudainement célèbre par toute l'Allemagne. Mais il n'en faudrait pas conclure que c'est une œuvre de jeunesse. Hoffmann est né au mois de janvier de l'année 1776, et les quatre petits volumes qui composent le recueil des Fantaisies dans la manière de Callot *parurent de 1813 à 1815. Il atteignait donc la quarantaine... C'est que rien n'est plus étrange, rien n'est plus* allemand *que la vie qu'il avait menée jusqu'alors. Fils d'un conseiller criminel de Kœnigsberg, né dans une famille riche qui soigna autant son instruction qu'elle négligea son éducation, doué d'une intelligence et d'une vivacité remarquables, Hoffmann avait de bonne heure éveillé et poussé ses facultés de tous les côtés. Ses talents de dessinateur et surtout de musicien, qu'il garda toute sa vie, se révélèrent ainsi à la fois sans nuire jamais à la solidité de son travail et de son érudition de légiste. Assesseur, en 1800, du gouvernement de Posen, où il se maria, déplacé pour cause de caricatures un peu trop malicieuses et relégué en 1802 à Plock, où il se distingua par son activité, enfin conseiller de régence à Varsovie dès le commencement de 1804, une carrière tranquille et honorable d'homme de loi estimé et écouté, doublé d'artiste et de dilettante, s'ouvrait devant lui. Ce sont les événements de la guerre de 1806 qui le plongèrent soudain, et pour sa gloire, dans une détresse qui devait être féconde et le sortir de pair : il y a des hommes, et de grands esprits, qui ont toujours besoin d'être contraints et pressés pour tirer d'eux-mêmes et mettre au jour ce qu'il y a en eux de supérieur.*

Mais les premières années furent dures. Chassé de sa charge, de sa maison, sans ressources et sans avenir, ou du moins sans qu'il pût pour le moment rien obtenir, Hoffmann brisa provisoirement avec sa carrière de légiste, et sans perdre un instant courage se mit à donner des leçons de musique. Malgré tout, sa détresse était grande, et l'espoir que lui apporta un instant la place de chef d'orchestre qu'on lui offrit à Bamberg, dans un théâtre qui ne put jamais marcher, ne fit que retarder le moment où il dut se dire : « Nous n'avons plus qu'à mourir de faim. »

C'est cet instant, en 1809, que sa vraie destinée choisit pour se révéler à lui. L'idée heureuse lui passa par la tête – il avait récolté tant de choses dans cette vie romanesque qu'il menait depuis trois ans ! – d'écrire à Rochlitz, le directeur de la Musikalische Zeitung, *la* Gazette musicale *de Leipzig. Or cette lettre, qui ne paraît malheureusement pas avoir été conservée, était si plaisante et si spirituellement tournée malgré la détresse amère qui s'y faisait jour, Hoffmann y disait d'une façon si originale : qu'il avait faim, et qu'il avait absolument besoin de gagner quelque chose, mais qu'il savait qu'il faut travailler pour cela, qu'il ne demandait rien autre ; qu'il n'était rien, il est vrai, et n'avait rien, mais voulait tout avoir sans trop savoir quoi… que Rochlitz* flaira *du premier coup un esprit peu ordinaire, et, sans aller plus loin, lui demanda simplement quelque article dans le style de sa lettre, qui fût à la fois sérieux et humoristique, fantaisiste au besoin, et qui parlât musique.*

Nous voici arrivés à notre sujet. Dix jours après, Hoffmann lui envoyait deux des « Kreisleriana » : « Les souffrances musicales de J. Kreisler » et l'article sur « La musique instrumentale de Beethoven ». Et tout joyeux, il put écrire sur son journal : « Ma carrière littéraire paraît vouloir commencer. » Il disait vrai : on voit dès lors les articles critiques se succéder régulièrement, puis devenir des nouvelles, des contes, et bientôt l'imagination et la vivacité d'impression d'Hoffmann, en s'affermissant chaque jour, développent en lui un talent de composition et de mise en scène dont l'originalité et la puissance peu ordinaires étonnent et saisissent toute la société, celle du moins des gens qui lisent. Décidément un écrivain, un esprit est né au monde des lettres. Et en effet, joignez à ces dons primesautiers un style alerte, léger dans la plaisanterie, chaud et poétique dans les descriptions, aussi éloigné que possible de la pesanteur proverbiale et dogmatique de la race, que Jean Paul Richter n'a que trop conservée dans ses plus fantasques inventions : est-il un écrivain plus à part dans la littérature que l'auteur des Fantaisies dans la manière de Callot ?

Mais le roman des débuts littéraires d'Hoffmann n'est pas fini. Quand la première partie de ce recueil parut, en 1813, la fortune avait recommencé de lui sourire un peu : on l'avait appelé à la direction de l'orchestre de Dresde. Puis ses deux petits volumes lui avaient valu de la réputation et du crédit. Il passa bien encore quelques moments difficiles, toujours à cause des guerres de Napoléon, et un peu aussi grâce à une maladie opiniâtre ; mais lorsqu'il put enfin, après cette période de tourments, faire les démarches nécessaires pour rentrer dans sa solide et honorable carrière d'autrefois, il ne vit plus que mains ouvertes pour l'accueillir. 1815 le trouve conseiller aulique à Berlin.

*Hoffmann dès lors cesse de nous intéresser dans sa vie privée, de nouveau partagée, mais avec plus de maturité que jadis, entre ses fonctions – qu'il remplissait non seulement avec exactitude, mais avec une autorité et un talent remarquables –, son travail littéraire, qui lui rapportait gros, et auquel il se livra avec une activité que l'on peut croire extraordinaire, quand on pense qu'il a écrit plus de soixante-dix contes petits et grands, quelques-uns considérables, et qu'il est mort en 1822, ses compositions musicales enfin, qu'il n'abandonna jamais complètement et qui lui valurent un jour, avec l'opéra d'*Ondine, *un succès que Weber a chaleureusement mentionné. Mais tout cela fait à la fois, et bien fait, n'est-ce pas curieux ? Et qui s'en douterait ?*

Nous avons dit plus haut que la vie personnelle de notre conteur – et aussi ses amis, tout ce qui l'entourait – se peint dans ses écrits. Rien n'est plus intéressant à suivre dans le recueil que nous publions ici, et c'est une étude que nous ne saurions trop conseiller à ceux qui voudraient pénétrer un peu la surface de ces contes ou de ces fantaisies. Touchons-en donc quelques mots : aussi bien ces détails ne seront-ils peut-être pas inutiles pour guider le lecteur.

Les lettres d'Hoffmann, ou son journal, voilà les sources où puiser. Elles nous apprennent ainsi que les premiers « Kreisleriana », « Gluck », « Don Juan », et jusqu'à « Berganza », ont été écrits à Bamberg, de 1809 à 1813. C'est au théâtre si désordonné de cette ville qu'il a puisé ces mille détails curieux, ces mille réflexions originales dont il a semé ensuite les résultats dans les pages attribuées au maître de chapelle Kreisler ; c'est là qu'il a pratiqué surtout Holbein, architecte, machiniste et décorateur de premier ordre, auquel il s'adresse en réalité dans son article sur « le parfait machiniste ». C'est encore à Bamberg qu'il a eu cette élève chérie, cette jeune chanteuse, Cécile, qu'il a mise en scène et à qui il a fait allusion dans « Ombra adorata », dans la « Biographie de Kreisler », dans « Berganza »... Et puisque nous en parlons, ajoutons que ce dernier écrit, auquel il tenait beaucoup, et qui eut un vif succès, est celui qui lui donna l'idée du titre du recueil. Une lettre de lui en fait foi : « J'ai mûrement pesé, dit-il, le sous-titre "Dans la manière de Callot", en me donnant ainsi du large. Pensez seulement à "Berganza". La scène du carrefour, et encore la cavalcade dans le vestibule, ne sont-ce pas de vraies Callottiana ? »

« Le magnétiseur » faisait aussi partie de la publication de 1813. Mais cette nouvelle, cette étude, a été écrite entièrement à Dresde, sous l'influence de découvertes récentes, qui avaient passionné Hoffmann. « Je crois, écrit-il à un ami laissé à Bamberg, que cet essai ne vous paraîtra pas sans intérêt, car il développe un côté encore tout neuf du magnétisme. »

L'amusante histoire du « Vase d'or », si poétique avec ses côtés profonds – si comique avec son excellent type de « philistin » flairant d'une lieue ce qui s'élève tant soit peu au-dessus de la vie terre à terre, pour le traiter avec horreur de poésie, par conséquent de folie, et le jeter à la porte : je veux dire le vice-recteur Paulmann –, a été terminée exactement le 31 décembre 1813, comme nous l'apprend encore Hoffmann dans une lettre, en se frottant les mains de joie. On y découvre toutes sortes de détails de visu sur Dresde, où notre conteur se plaisait infiniment. Et même, sur ce sujet, on ne trouvera peut-être pas de trop ici le fragment suivant, d'une longue et bien charmante lettre qu'il adressa à son ami de Bamberg, le Dr Speyer, précisément pendant son travail.

« A Dresde, dit-il, j'habite la campagne, c'est-à-dire devant la porte Noire, sur la rive du fleuve, dans une avenue qui conduit aux bains de Link. De ma fenêtre, tout encadrée de treilles et de vignes grimpantes, j'embrasse une vaste étendue des magnifiques environs de l'Elbe, c'est-à-dire, au-delà du cher fleuve, une partie de la Suisse saxonne, Königstein, Lilienstein, etc. Si je m'avance seulement de vingt pas plus loin que ma porte, ce que je puis faire toutes les fois que j'en ai envie en casquette et en pantoufles et la pipe à la bouche, je vois aussitôt s'étaler devant moi, dans toute sa largeur, Dresde-la-Superbe, avec ses dômes et ses clochers, et au-delà, par-dessus, les lointaines cimes de l'Erzgebirge. »

Vous retrouverez tout cela dans « Le vase d'or ». C'est à Dresde encore, en 1814, mais surtout à Berlin, l'année suivante, qu'il écrivit les derniers « Kreisleriana », où il s'est plu à rappeler d'autres souvenirs absolument vrais de sa vie quotidienne, comme l'anecdote des deux sœurs dans la « Lettre de Kreisler au baron Wallborn », comme le Club musical, comme toute cette enfance qu'il décrit dans « L'ennemi de la musique », et particulièrement le charmant personnage de sa tante. Son dernier conte enfin, « La nuit de la Saint-Sylvestre », a été composé cette même année 1814, au milieu des plus graves occupations du conseil aulique; et tout ici est encore relevé de souvenirs et de croquis pris sur le vif.

Car c'est un fameux observateur qu'Hoffmann! Et si habile à glisser sans en avoir l'air, comme sans y toucher, le vrai sous le fantastique[1]*, et la philosophie sous la poétique fantaisie… On lit dans un volume peu connu de Saint-Marc Girardin*[2] *quelques lignes trop curieuses et trop justes sur ce sujet pour que nous puissions nous empêcher de les transcrire ici : « Les œuvres d'Hoffmann sont pour ainsi dire un cours complet de toutes les impressions instinctives de notre âme. Sous ce rapport, l'imagination du romancier n'est pas inutile aux réflexions du philosophe ; elle lui découvre dans notre âme et dans notre intelligence beaucoup de choses dont la raison est toujours tentée de ne pas tenir assez de compte. Il y a pourtant, il faut que la philosophie s'y résigne, il y a hors du cercle de ses recherches habituelles beaucoup d'idées et de sentiments humains qui tiennent, l'histoire le prouve, une grande place dans le monde. Toute philosophie qui les néglige par dédain ou qui les nie par esprit de système est une philosophie incomplète. »*

Voilà qui est parler net, et nous ne pouvions mieux conclure sur la portée de ces écrits plus profonds qu'ils n'en ont l'air, que le conteur a qualifiés de fantaisies, *mais où il a mis son âme avec son esprit.*

Mais à vrai dire, c'est bien dans l'originalité très remarquable, très à part, de sa fantaisie *qu'est le talent principal d'Hoffmann, le fond de tous ses écrits. Jamais on n'a mieux décrit l'impression que cette fantaisie fait éprouver que ne fit un jour Théophile Gautier, dans un petit article à peu près*

1. Champfleury fait remarquer très justement que le titre de *Contes fantastiques*, donné souvent aux écrits d'Hoffmann, est de pure invention française, et dû au premier traducteur. Mais il n'en est pas moins vrai que le mot même de fantastique est constamment employé par Hoffmann (dès les premières lignes de ce recueil, par exemple) et qu'il faisait de la chose un emploi fréquent.

2. *Souvenirs de voyages et d'études*, 1853 (article sur Hoffmann). La citation a été faite par Champfleury.

ignoré[1], *dont on nous saura peut-être gré de détacher un passage caractéristique.*

«… Après un volume d'Hoffmann, je suis comme si j'avais bu dix bouteilles de vin de Champagne ; il me semble qu'une roue de moulin a pris la place de ma cervelle et tourne entre les parois de mon crâne ; l'horizon danse devant mes yeux et il me faut du temps pour cuver ma lecture et parvenir à reprendre ma vie de tous les jours. C'est que l'imagination d'Hoffmann, grisée elle-même, est vagabonde comme les flocons de la blanche fumée emportés et dispersés par le vent, fougueuse et pétillante comme la mousse qui s'échappe du verre, et que son style est un prisme magique et changeant où se réfléchit la création en tous sens, un arc-en-ciel, un reflet de toutes les couleurs de l'iris, une queue de paon où le soleil a réuni tous ses rayons !… »

Il est temps d'en venir à la traduction du présent volume. Nous l'avons déjà dit, c'est la première fois que ce recueil des Fantaisies…, *premier ouvrage d'Hoffmann, est traduit en France absolument complet et tel que l'auteur l'a combiné et disposé dans sa seconde et définitive édition de 1819*[2].

Pour ce qui regarde la disposition des œuvres d'Hoffmann en général, on sait que jamais aucune traduction ne s'est inquiétée de suivre les éditions allemandes et ne s'est demandé si Hoffmann n'avait pas eu des raisons pour l'établir. La raison en était simplement qu'on ne voulait pas tout traduire. C'est ainsi que dans le recueil le plus important, intitulé

1. Bien que rédigé vers 1830, il était resté inédit jusqu'au jour où Charles Spoelberch de Lovenjoul l'a publié dans son *Histoire des œuvres de Th. Gautier*, Paris, 1887.

2. A l'intention des curieux, mentionnons ici que, pour cette édition définitive, Hoffmann a rejeté un de ses *Kreisleriana*, écrit en 1814 à Dresde et intitulé « La princesse Blandina ». Il avait également laissé de côté un article (réimprimé par Hitzig) sur la représentation des pièces de Calderón au théâtre de Bamberg. Ceci date du temps qu'il était chef d'orchestre à ce théâtre en 1810.

Contes des Frères de Saint-Sérapion[1], *les récits ou les nouvelles sont encadrés, encastrés dans une sorte de trame ou de conversation continue des plus intéressantes et des plus curieuses, qui amène successivement chaque conte et l'accompagne de réflexions et d'à-propos. Or ce* fond *du recueil a toujours été négligé et omis en France; l'ordre des contes dès lors importait peu. C'est ce qui explique le bouleversement où ils se trouvent si souvent : heureux encore quand ils ne sont pas arrivés mutilés, condensés ou transformés devant le public.*

Nous ne voulons pas parler ici longuement des traductions autrefois courantes; il n'est pas de très bon goût de dire du mal de ses devanciers, et du reste Champfleury s'est chargé de la besogne. On peut du moins faire remarquer que presque toutes ces traductions sont d'une époque où l'on ne se piquait nullement encore de cette fidélité qui nous paraît aujourd'hui la première condition, la condition essentielle d'une traduction. Il est certain que ce fut le malheur des œuvres d'Hoffmann en France, que les traducteurs, Loève-Veimars en tête, se soient donné les coudées franches avec cet écrivain peut-être d'autant moins apprécié à sa juste valeur en Allemagne qu'il était plus appréciable en France. De là cet air « bonhomme » dont ils ne l'ont que trop affublé et que Champfleury a justement relevé. De là aussi les suppressions en nombre invraisemblable, ici un mot, là une phrase, plus loin un alinéa tout entier, au profit du « bon français » et, ce qui est mieux

1. Il est vraiment inexplicable que tous les traducteurs d'Hoffmann, et tous ceux qui citent ses ouvrages ou y font allusion, traduisent ce titre de *Serapions-Brüder* par *Les Frères Sérapion*, ce qui ne veut rien dire, ou trompe. Pourquoi pas alors « La nuit Sylvestre » pour *Sylvester-Nacht*? Ignore-t-on que les Allemands suppriment le plus souvent le mot *saint*, indispensable chez nous? Dans le recueil de contes indiqué ici, Hoffmann se met en scène, avec ses amis, en une sorte de cercle de conteurs fondé par eux-mêmes sous le patronage de saint Sérapion, dont on commence par raconter l'histoire.

*encore, au profit d'*additions *personnelles*[1]. *A cette époque (1830), on appelait cela des* traductions. *Aujourd'hui nous avons inventé un mot plus exact : nous appelons cela des* adaptations.

Pour nous, nous dirons simplement que nous avons fait de notre mieux pour traduire *et non* adapter, *et préféré, trop souvent peut-être, l'exactitude au beau langage. Nous demandons en ce sens toute l'indulgence du lecteur, car Hoffmann est véritablement, sans paradoxe, d'autant plus difficile à traduire qu'il est plus facile à lire. C'est un style clair et point du tout alambiqué, mais pétri de nuances et d'idées qu'il faut indiquer et sur lesquelles il ne faut pourtant pas insister plus qu'Hoffmann n'a fait et, en cela, la langue française est moins élastique que l'allemande. Nous serions heureux, et notre but serait rempli, si l'on trouvait du moins à ce pâle reflet de l'original une certaine exactitude d'impressions et un peu de la couleur et de la vivacité hoffmanniennes.*

HENRI DE CURZON

1. Loève-Veimars (1829) est le plus connu des traducteurs d'Hoffmann et c'est justice : c'est lui qui l'a fait connaître en France, qui a traduit le plus grand nombre de ses contes (sans du reste pour cela avoir fait du tout œuvre complète comme il le disait); c'est encore sa traduction qui est la plus élégante, enfin c'est lui qui y a mis le plus du *sien*. Mais, au point de vue de l'exactitude, les traductions partielles de Toussenel (1830), et surtout d'Henry Egmont (1836), étaient déjà meilleures, et celle de La Bédollière, qui est venue après (1830-1860), sans être bien bonne, est autrement correcte et presque aussi considérable. Mais tout cela, comme on voit, remonte à une époque assez reculée.

PRÉFACE
de
JEAN PAUL RICHTER

Sollicité d'écrire une préface à ce livre, peut-être ferais-je mieux de la présenter sous forme de compte rendu critique, puisque les avant-propos écrits par les auteurs eux-mêmes ne sont traditionnellement que des autocritiques publiques. M. l'Auteur de cet ouvrage se félicitera certainement de ce qu'ainsi le compte rendu – avec quelque neuf ou dix numéros d'avance[1] *– paraisse presque plus tôt que le livre lui-même, alors que d'autres auteurs en sont à remercier le ciel et les journaux littéraires quand paraissent enfin les critiques de leurs livres depuis longtemps disparus – soit de leur belle mort, soit par épuisement de l'édition.*

1. Jean-Paul, fidèle à l'esprit de dérision qui est bien sa marque, imagine qu'il écrit en 1823, c'est-à-dire dix ans après la sortie du livre en librairie – une façon comme une autre de dire leur fait aux revues littéraires dont il est l'ennemi juré.

Le ton général de la « préface » en question fait d'ailleurs subodorer le règlement de comptes. Le malheur est qu'Hoffmann, nouveau venu en littérature, en qui Jean-Paul sent obscurément un rival, en fasse plus ou moins les frais. Cette préface (commande de l'éditeur Kunz, peut-être un peu trop zélé en l'occurrence) dut le desservir plutôt que l'aider. Nous avons tenu pourtant à la reproduire à cette place qui est la sienne, dans la mesure où le génie humoresque de Jean-Paul s'y exprime avec une belle impertinence. *(A l'exception de la note appelée par un astérisque, qui est de l'auteur, les notes sont de Madeleine Laval.)*

Voici donc ce compte rendu, que l'on peut dès maintenant reproduire.

. . . .

GAZETTE LITTÉRAIRE D'IÉNA
décembre 1823

Belles-lettres

Fantaisies dans la manière de Callot
avec une préface de Jean-Paul
In-8°, chez C. F. Kunz à Bamberg, 2 volumes.

Ne cherchons pas d'excuses trop circonstanciées au retard avec lequel paraît notre annonce : pour qui a lu le livre, ce retard est sans conséquence… il ne s'agira en l'occurrence que de compléter un jugement par un autre ; quant à celui qui ne l'a pas lu, il n'aura qu'à se féliciter d'être à présent convié, et même contraint, à le lire.

D'ailleurs les gazettes et les feuilles littéraires, au moment de publier une annonce – de même les auteurs au moment de publier leurs ouvrages –, feraient bien d'observer plus strictement la vieille règle d'or et de retarder sagement l'heure de la parution – sans pour cela forcément attendre les neuf années préconisées par Horace. Le public allemand sait mieux que quiconque ce qu'il y gagnerait ; il peut en évaluer les intérêts moratoires. Avec le recul qu'autoriserait cette « poste restante » de la critique, il apprendrait à renouer avec de bons écrivains depuis longtemps oubliés, et il ne les oublierait plus ; car à en croire d'Alembert, si la facilité avec laquelle on retient les vers est le signe de leur qualité, que dire lorsqu'un livre entier subsiste dans la mémoire du public – mémoire dont la qualité majeure est plutôt la promptitude à s'enflammer que l'aptitude à retenir ! Semblable à César dont Cicéron vantait l'heureuse disposition à ne rien oublier hormis les insultes, ce public qui n'oublie rien plus facilement qu'un livre se sentirait donc secrètement insulté chaque fois qu'un modeste écrivain vient à lui assener sa dernière publication ! Au reste, il est rare que l'offense, même fréquente, atteigne le petit nombre aussi gravement qu'elle ne fait du grand nombre en un seul coup : le bon peuple, à ce compte-là, est plus souvent et plus grossièrement bafoué que ses princes.

Mais n'aggravons pas encore le retard de ce compte rendu à force de vouloir le justifier. Venons-en donc au titre du livre qui nous occupe, et commençons par observer qu'il pourrait être plus exact. Nouvelles artistiques *aurait été plus précis*. Car la manière picturale, ou plutôt poétique, de Callot ne se retrouve ici ni avec ses défauts, ni – à l'exception de quelques passages – avec ses grandeurs. L'auteur lui-même, dans ses premières pages, a mieux que personne parlé de ce Gozzi de la peinture, de ce Leibgeber*[1] *des formes et des couleurs ; et de même que l'humour est bien supérieur à la plaisanterie, de même Callot, en tant que caricaturiste poétique et « anagrammatiste » romantique de la nature, semble se situer bien au-dessus du prosaïque Hogarth.*

Mais nous pouvons faire à notre auteur un éloge de tout autre espèce. Sur les murs de sa chambre noire (camera obscura), *et dans les couleurs les plus naturelles, les coquetants vibrions de la colle et du vinaigre se livrent à des mouvements vifs, s'affrontent, tourbillonnent avec des claquements secs. Sous une forme réduite, fruits d'une humeur facétieuse et parfaitement sarcastique, sont dépeints tout aussi bien les tristes jeux de l'amour et de l'art que les arts eux-mêmes sans oublier les amateurs d'art ; le trait en est accusé, les couleurs chaudes, le tout empli d'âme et de liberté.*

* Bien que le chapitre VI, intitulé « Le magnétiseur », se situe dans un domaine à part ; c'est un récit captivant, avec des personnages fortement dessinés, et beaucoup de hardiesse dans la composition aussi bien que dans le romantisme de l'ensemble.

1. Personnage du roman de Jean-Paul *Siebenkäs*, prototype du cynique exalté.

C'est sur la préciosité en musique, et en particulier dans la troisième de ces fantaisies intitulées « Kreisleriana », que l'auteur déverse le flot le plus brillant et le plus dru de sa verve satirique. Comme la musique est en réalité l'art le plus répandu, l'art populaire par excellence, et que chacun plus ou moins chante – par exemple à l'église, ou encore pour mendier –, puisque au surplus elle est le seul art qui s'étende au règne animal, et qu'enfin, pour peu qu'on ait pris soin d'emporter avec soi son gosier ou ses doigts, on peut faire étalage de cet art à tout instant, en tout salon, et remporter de son propre chef les louanges de tous les buveurs de thé assemblés, tout cela posé, aucune folie n'est plus naturelle, ni plus excusable, ni plus fréquente que celle qui nous pousse, par désir éperdu de plaire – les femmes surtout – à faire nos roues de paon musicales dans tous les lieux à la mode, devant quiconque a des yeux pour voir à quel point la beauté de l'art et celle de l'artiste peuvent ne faire qu'un.

Ce qui rend le véritable virtuose – en l'occurrence le maître de chapelle Kreisler – si enragé contre ce charivari de salon, c'est peut-être moins l'offense faite à l'art que celle faite à l'artiste lui-même, lequel se voit généralement engagé comme directeur musical dans des résidences distinguées où il jouera le rôle de commandant de la place chargé de diriger des fusiliers musicaux n'ayant pas dépassé le niveau du b a-ba. « Ne pourrait-on », pense le maître de musique rabaissé au rang de maître de plaisirs – et peut-être le pense-t-il assez fort pour l'écrire –, « ne pourrait-on flatter les Grands et les Belles sans que mes oreilles en fassent les frais ? Et faut-il (poursuit-il avec plus de véhémence encore), faut-il aussi que ces oiseaux de paradis femelles ravissent aux hommes – ou ridiculisent – ce paradis de l'art, pour en défendre finalement l'entrée tels des anges montant la garde ! Ah ! par tous les diables et leur grand-mère ! » conclut-il enfin avec une violence péremptoire.

Un artiste, notre auteur par exemple, peut aisément passer de l'amour de l'art à la haine des hommes, et utiliser les guir-

landes de roses comme couronnes d'épines ou comme haires destinées à la sanctification des méchants. Mais qu'il songe donc à lui-même et à sa cause ! L'amour des hommes, précipité vers sa perte par amour de l'art, se venge cruellement en figeant l'art lui-même ; car si l'artiste preneur de mesures, l'artiste fabricant d'idées, le frappeur de blasons peuvent se passer d'amour, l'artiste véritable, lui, ne le peut pas, quel que soit celui des beaux-arts auquel il s'adonne. L'amour et l'art ont des vies aussi intimement mêlées que le cerveau et le cœur : chacun à son tour inocule de sa puissance à l'autre. Voilà pourquoi tant de panthéons de l'art sont de nos jours autant de palais de glace : demeures de la transparence et de la pureté, scintillant de toutes leurs parois, pourvues de tous les accessoires imaginables, tous de glace également – on y trouve même un lit nuptial et un poêle, lequel abrite une petite flamme de naphte qui ne risque pas de faire grand mal aux carreaux de glace de la maison.

Mais revenons à notre auteur, que nous avons suffisamment irrité avec nos considérations, et à sa colère contre les péchés criants dont pâtit l'art musical, et penchons-nous avec lui sur les péchés muets que commettent contre l'art gestuel les marionnettes articulées de nos pièces historiques ou mythologiques actuelles, ces pantins qui savent si bien disloquer leurs silhouettes, poupées dignes du cabinet de figures de cire, qui osent transfigurer leurs corps avant l'heure de la Résurrection ! C'est contre ces marionnettes – dans la mesure où elles utilisent le châle de la magie en guise de crépon de maquillage, attifant le créateur en vulgaire créature – que notre auteur a l'heureuse idée de s'emporter dans la cinquième de ses pièces. Son zèle ardent contre un art ainsi profané est chose excellente. Le beau et l'éternel, dit-il, ne sauraient servir à maquiller le laid et le temporel ; une image sainte ne sera jamais la parure d'un corps impie. Il est vrai : on pardonne plus volontiers le désir de plaire à une belle blasphématrice qu'à une belle pénitente, car il est possible de plaisanter avec le Diable, mais non pas avec Dieu.

Nous avons pu aussi constater une fois de plus à la lecture de cet ouvrage – et non sans un certain plaisir – que depuis quelques décennies la satire, l'ironie, l'humeur fantasque et même l'humour des Allemands empruntent souvent la voie tracée par les Anglais. Les « petites maisons » fréquentées par les lorettes, chères à Swift, et le cabinet de travail où nous introduit Sterne sont devenus les lieux de prédilection où se récolte notre sel comique. Sans doute répugnerions-nous à échanger cet esprit de sel actuel, même lorsqu'il se manifeste dans de simples libelles ou dans les colonnes des quotidiens, dans les articles du Morgenblatt, *de l'*Elegante Zeitung, *des* Heidelberger Jahrbücher, *des journaux littéraires, contre les larges et épais chaudrons à sel des Bahrdt*[1] *avec leurs* Almanachs des hérétiques, *des conseillers de guerre Krantz, des Wetzel, des fervents lecteurs de* Vademecum, *ou des bibliothécaires allemands dans leur ensemble, etc. Il est vrai que l'allégement du style comique n'est pas le signe obligé d'une maturation de l'esprit comique.*

Dans la cinquième de ses fantaisies, « Informations sur les récentes fortunes du chien Berganza », l'auteur précise qu'il se borne à donner une suite aux aventures des chiens Scipion et Berganza, dont Cervantès fit naguère le récit. C'est là une bonne contribution. Il se sert de son chien pour donner la réplique à un homme, dans un dialogue qui révèle souvent plus d'esprit que n'en témoigne Cervantès lui-même. Ce chien, bien tenu en main et dûment excité, s'acharne assez profondément sur les divers mollets des maîtres de spectacle (les régisseurs), lesquels mutilent le poète pour complaire aux acteurs (et aux spectateurs) et n'hésitent pas à arracher le nez des personnages – comme font les Turcs avec ceux des statues – de crainte que ceux-ci ne prennent vie. Ceux qui seraient incapables de rallonger un texte ne devraient pas se risquer à le raccourcir :

1. Théologien et pamphlétaire protestant, chaud partisan de la philosophie des lumières.

c'est à peine si un Goethe tenterait d'ajouter par soustraction quelque chose à Schiller; mais les castrats de l'art tailladent effrontément les artistes et n'ont pas honte de faire de la scène tour à tour la chaire ou le pilori du génie. Avouons-le, si nous étions nous-même auteur de tragédies ou de comédies, nous poursuivrions et honnirions plus âprement qu'aucun contrefacteur les remanieurs d'œuvres théâtrales, profanateurs sacrilèges de nos précieuses heures dominicales vouées aux Muses, sacro-saintes heures d'inspiration où il nous est donné de prétendre à exercer une action aussi agréable que salutaire sur la postérité des parterres et des paradis.

Il eût été correct que l'auteur, ne fût-ce que par le moyen d'une note, daignât expliquer les allusions qu'il fait au récit de Cervantès. Mais les écrivains de notre temps n'ont plus ces politesses. Sous prétexte que Goethe prend parfois ses contemporains pour une postérité dont la future ignorance n'a pas lieu d'inquiéter un immortel, et de même qu'Horace dédaignait d'éclairer son propos ad usum Delphini *des indispensables* notis variorum, *les autres Goethe (et nous pouvons être fiers de leur nombre) ne veulent pas être en reste avec lui et supposent connues du lecteur mille et mille choses qui n'ont pas grand-chance de l'être, comme le fait par exemple Tieck lorsqu'il nous prive des explications les plus nécessaires à la compréhension de son roman tudesque* Le Service des dames. *D'une façon générale, on se comporte grossièrement de nos jours à l'égard de la moitié de l'humanité, si tant est que l'humanité lectrice soit aussi vaste que cela. Tables des matières, errata, indications de chapitres, notes explicatives, citations se référant aux pages, mais aussi index, avant-propos (par exemple à ce livre-ci), division en paragraphes (comme ici encore*[1]*) toutes ces choses font aujourd'hui défaut. Que le lecteur s'en tire comme il pourra : l'auteur est un malotru!*

1. Le texte d'Hoffmann, dans la version allemande originale, est effectivement très compact.

Puisque les limites imposées par l'Institut nous interdisent tout jugement plus exhaustif, nous ne ferons qu'effleurer pour finir le plus indispensable. Selon la tradition en usage chez les critiques, laquelle veut que le rapporteur innommé indique le nom des auteurs dont il traite, alors que ceux-ci sont impuissants à faire comparaître le sien, faisons donc savoir que M. l'Auteur a pour nom Hoffmann, *et qu'il est directeur musical à Dresde. Le nombre de ceux qui le connaissent et qui l'apprécient, comme l'enthousiasme et les connaissances musicales que révèle ce livre, sont assurément de bon augure ; il faut y voir la preuve que nous avons réellement affaire à un grand musicien. Chose d'autant plus rare et d'autant plus merveilleuse que jusqu'ici le dieu Soleil a toujours dispensé le don de poésie de la main droite et le don de musique de la main gauche, mais à des hommes si différents, et tellement éloignés les uns des autres, que nous en sommes encore à attendre celui qui sera capable de composer et le livret et la musique d'un véritable opéra.*

Nous n'avons plus rien à ajouter en guise de conclusion, si ce n'est que la préface de ce livre a été rédigée de main étrangère, et pourtant connue ; mais fidèle à un scrupule que tout lecteur délicat devinera de lui-même, nous n'en dirons que ceci : la manière de son auteur est suffisamment connue.

FRIP [1]

Quant à moi, je ne saurais ajouter rien d'autre non plus que ceci : j'aimerais avoir rédigé une préface aussi pertinente que le compte rendu de Frip, *et que le public s'en contente... Pour lui comme pour moi, je souhaite encore que paraisse bientôt la suite promise, dans la manière la plus hardie de Callot.*

Bayreuth, le 24 novembre 1813

JEAN PAUL FRIEDR. RICHTER

1. Friedrich Richter Jean Paul.

PREMIÈRE PARTIE

JACQUES CALLOT

Pourquoi, maître hardi, ne puis-je me rassasier de la vue de tes gravures fantastiques ? Pourquoi tes personnages, qu'esquissent souvent deux simples traits audacieux, ne me sortent-ils pas de l'esprit ? Si je considère un peu longuement tes compositions puisées avec tant d'abondance parmi les éléments les plus hétérogènes, voici soudain que les mille et mille figures prennent vie, et que chacune à part ressort, souvent de l'arrière-plan le plus impénétrable où d'abord on eût eu peine à la découvrir, et qu'elle semble littéralement jaillir à nos yeux, dans toute sa vigueur, illuminée des couleurs mêmes de la vie !

Nul maître n'a su, comme Callot, ramasser dans un petit espace une pareille foule d'objets, qui sans dérouter le regard ressortent les uns à côté des autres – que dis-je ! – les uns dans les autres, en sorte que chacun à part garde son existence tout en s'associant à l'ensemble. Il se peut que des critiques difficiles lui reprochent son inhabileté dans l'art de l'ordonnance des masses ainsi que dans la distribution de la lumière ; mais c'est qu'aussi son art, par essence, sort des règles de la peinture, ou pour mieux dire : ses dessins sont seulement les reflets de toutes les extraordinaires apparitions fantastiques qu'évoque la magie de sa débordante fantaisie.

Car même dans ses scènes tirées de la vie réelle, dans ses

cavalcades, ses batailles, etc., on sent que c'est l'approche « physiognomonique », vivante et originale de l'art qui donne à ses figures, à ses groupes… je dirai : quelque chose de familier pour nous, et d'étrange tout à la fois. Même la plus vulgaire de ses scènes de la vie de tous les jours – sa *Danse de paysans*, jouée par des musiciens perchés dans les arbres comme des oiseaux – apparaît colorée de je ne sais quelle originalité *romantique*, qui fascine irrésistiblement tout esprit tant soit peu abandonné aux séductions du fantastique.

L'ironie, qui confronte l'homme et la bête pour tourner en dérision les actes et la misérable situation des humains, ne saurait habiter qu'en un esprit profond ; c'est ainsi que ces figures grotesques créées par Callot à mi-chemin de la bête et de l'homme découvrent à l'observateur sérieux, pour peu qu'il veuille bien aller au fond des choses, toutes les significations secrètes cachées sous le masque de la bouffonnerie. Quelle merveille, de ce point de vue, que le diable de la *Tentation de saint Antoine*, dont le nez allongé en arquebuse paraît braqué sur l'homme de Dieu ! Et le joyeux diable artificier, ou encore le diable clarinette qui se sert d'un organe des plus étranges pour fournir à son instrument le souffle nécessaire, toujours dans la même planche, ne sont pas moins divertissants.

Rendons hommage à Callot, qui sut être dans sa vie aussi impertinent et hardi qu'il l'était dans ses vigoureux dessins. On raconte que lorsque Richelieu lui demanda de graver la prise de Nancy, sa ville natale, il déclara nettement qu'il se couperait plutôt le pouce que d'immortaliser par son talent l'humiliation de son prince et de sa patrie.

Le poète, l'écrivain, qui transporte en imagination les scènes de la vie quotidienne dans le monde romantique de ses visions intérieures, toutes peuplées d'esprits, et qui les reproduit ensuite dans tout l'éclat qui en rejaillit sur elles, comme sous une merveilleuse toilette étrangère, n'est-il pas en droit de se réclamer de ce maître, et d'affirmer qu'il a voulu travailler « *dans la manière de Callot* » ?

LE CHEVALIER GLUCK

Souvenir
de l'année 1809[1]

La fin de l'automne à Berlin a généralement quelques beaux jours encore. Le soleil perce doucement les nuages, et aussitôt l'humidité s'évapore dans l'air tiède qui souffle par les rues. Alors on voit une longue file bariolée de promeneurs – élégants, bourgeois avec leur femme et les chers petits en habits des dimanches, ecclésiastiques, juives, référendaires, filles de joie, professeurs, modistes, danseurs, officiers, etc. – se presser sous les tilleuls dans la direction du Tiergarten. Bientôt, toutes les places sont occupées chez Klaus et Weber ; le café fume, les élégants allument leur cigare, on cause, on discute sur la guerre et la paix, sur les bottines de Mme Bethmann (la question est de savoir si la dernière façon était grise ou verte), sur le commerce fermé et la mauvaise monnaie, etc., jusqu'à ce que tout ce bruit se fonde dans un air de *Fanchon*, dont une harpe désaccordée, une couple de violons qui ne vont pas ensemble, une flûte pulmonique et un basson asthmatique se torturent eux-mêmes et les auditeurs avec eux.

Tout contre la balustrade qui sépare le domaine de Weber

1. Gluck est mort le 15 novembre 1787, il n'est pas inutile de le rappeler ici. (*Toutes les notes numérotées sans mention d'auteur sont du traducteur, celles appelées par un astérisque* [*] *sont d'Hoffmann.*)

de la chaussée se trouvent disposées plusieurs petites tables rondes avec des chaises de jardin. Là on respire le grand air, on observe les allants et venants, on est loin du cacophonique fracas de ce maudit orchestre… C'est là que je m'assieds, me laissant aller au jeu léger de ma fantaisie, qui m'amène des figures aimées avec lesquelles je converse sur la science, sur l'art, sur tout ce qui doit être du plus de prix aux yeux des hommes. Toujours de plus en plus variée roule devant moi la foule des promeneurs, mais rien ne me distrait, rien ne peut effaroucher ma société fantastique. Seul l'exécrable trio d'une valse particulièrement repoussante m'arrache au monde des rêves. Je n'entends que le dessus criard des violons et de la flûte, avec la basse ronflante du basson ; ils montent et descendent, solidement fixés en octaves invariables qui vous déchirent l'oreille. Involontairement, comme saisi tout à coup par une brûlante douleur, je m'écrie :

– Quelle musique enragée ! Quelles horribles octaves !

Près de moi, quelqu'un murmure :

– Maudit sort ! Encore un chasseur d'octaves !

Je regarde, et m'aperçois seulement alors que, sans que j'y aie prêté attention, un homme a pris place à la même table que moi, un homme qui rive sur moi son regard, et dont mon œil maintenant ne peut plus se détacher.

Jamais je n'ai vu une tête, une figure, qui ait produit sur moi, et si vite, une si forte impression. Un nez légèrement recourbé avançait sous le front large, ouvert, avec de remarquables saillies au-dessus de touffus sourcils grisonnants sous lesquels les yeux brillaient de je ne sais quel feu sauvage et plein de jeunesse (l'homme pouvait avoir un peu plus de cinquante ans). Le menton, délicatement dessiné, faisait un étrange contraste avec la bouche close, et un sourire bouffon produit par l'extraordinaire jeu de muscles des joues creuses semblait se révolter contre la profonde et mélancolique gravité répandue sur le front. Quelques rares boucles grises pendaient derrière les grandes oreilles trop écartées. Pour finir, une ample redingote à la moderne enveloppait tout entier ce grand et maigre personnage.

Sitôt que mon regard eut rencontré le sien, il baissa les yeux et poursuivit le travail que mon exclamation lui avait vraisemblablement fait interrompre : il versait, avec une satisfaction évidente, du tabac de différents petits cornets dans une grande tabatière ouverte devant lui, en l'humectant avec du vin rouge qu'il puisait à un petit carafon.

La musique s'était arrêtée : je sentis la nécessité de lui parler.

– Il est heureux que l'orchestre fasse silence, dis-je ; c'était véritablement insupportable.

Le vieux me jeta un rapide regard et versa son dernier cornet.

– Mieux vaudrait ne pas jouer du tout ! repris-je… N'êtes-vous point de mon sentiment ?

– Je ne suis d'aucun sentiment, dit-il. Vous êtes musicien, et connaisseur par profession…

– Vous vous trompez, je ne suis ni l'un ni l'autre. J'ai appris jadis le piano et la basse continue, choses qui font partie, dit-on, d'une bonne éducation, et on m'a enseigné, entre autres vérités, que rien ne produit un plus rebutant effet que la basse lorsqu'elle se développe en octaves avec le dessus. J'ai accepté cela sans discuter, et l'expérience m'a prouvé que je n'avais pas tort.

– Vraiment ! me répondit-il.

Il se leva et marcha lentement, d'un air réfléchi, vers les musiciens, tout en se frappant plusieurs fois le front du plat de la main, le regard dirigé vers le ciel, comme quelqu'un qui cherche à évoquer un souvenir. Je le vis parler aux musiciens, qu'il traita avec une dignité souveraine. Puis il revint sur ses pas, et à peine s'était-il assis que l'on commença de jouer l'ouverture d'*Iphigénie en Aulide*.

Il écouta l'andante, les yeux mi-clos, les bras croisés appuyés sur la table ; puis il indiqua l'entrée des voix en remuant doucement le pied gauche. Alors il releva la tête, jeta un rapide regard tout autour de lui, posa sur la table sa main gauche, les doigts largement écartés comme s'il plaquait un accord sur le piano, et leva en l'air sa main droite : c'était un maître de chapelle indiquant à l'orchestre l'entrée d'une nouvelle cadence. Mais la main droite retombe et l'allégro commence ! Une brûlante rougeur se répand sur ses joues blêmes ; les sourcils se rapprochent brusquement sur son front contracté ; une fureur intérieure enflamme son regard sauvage d'un feu qui efface de plus en plus le sourire flottant encore autour de sa bouche à demi ouverte…

Le voici maintenant qui se radosse à son siège ; les sourcils remontent, les muscles des joues retrouvent leur mobilité, les yeux s'illuminent ; une profonde, une intime douleur se fond dans le plaisir qui saisit tout son être et le secoue convulsivement ; sa respiration se fait profonde, des gouttes de sueur perlent sur son front ; il indique la reprise du tutti et les autres passages importants ; sa main droite ne perd pas la mesure, tandis que de la gauche il tire son mouchoir et le passe sur sa figure…

C'est ainsi qu'il animait, qu'il douait de muscles et de couleurs ce squelette que nous donnait, de l'ouverture, la misérable paire de violons. J'entendis ainsi la douce, l'ineffable plainte qu'élève la flûte quand les violons et les basses ont épuisé leur rage et que le tonnerre des timbales se tait ; j'entendis s'élever peu à peu les sons légers des violoncelles et du basson, qui remplissent le cœur d'une inexprimable mélancolie ; puis le tutti reprit à l'unisson, poursuivant sa route comme un géant majestueux, et la sourde plainte expira sous les pas qui l'écrasaient…

L'ouverture était achevée. L'homme laissa retomber ses deux bras et demeura assis, les yeux fermés, comme quelqu'un qu'une trop forte tension d'esprit a épuisé. Son flacon était vide : je remplis son verre de vin de Bourgogne que j'avais fait apporter. Il poussa un profond soupir et parut sortir d'un rêve. Je l'engageai à boire : il le fit sans cérémonie, et après avoir précipitamment avalé le plein verre d'un seul trait, il s'écria :

– Je suis content de l'exécution ! L'orchestre s'est bravement comporté !

– Et cependant, dis-je à mon tour, cependant nous n'avons eu là qu'une faible ébauche d'un chef-d'œuvre peint avec les couleurs mêmes de la vie !

– Ai-je raison ? Vous n'êtes pas de Berlin…

– Parfaitement juste ; ce n'est que par intermittence que je séjourne ici.

– Le bourgogne est bon ; mais il commence à faire froid…

– Eh bien ! allons vider la bouteille dans la salle.

– Bonne idée !… Je ne vous connais pas ; mais vous ne me connaissez pas non plus. Nous ne nous demanderons pas nos noms : les noms sont parfois importuns. Je bois du bourgogne, il ne me coûte rien, nous nous trouvons bien ensemble : c'est fort bien ainsi.

Il dit tout cela avec une bonne humeur cordiale… Nous étions entrés dans la salle ; en s'asseyant il défit sa redingote et je remarquai avec stupéfaction qu'il portait un gilet à longs pans couverts de broderies, des culottes de velours noir, et une toute petite épée d'argent. Mais il reboutonna soigneusement son vêtement.

– Pourquoi m'avez-vous demandé si j'étais berlinois ? commençai-je.

– Parce que dans ce cas j'eusse été forcé de vous quitter.

– Voilà qui sent le mystère !

– Pas le moins du monde : je n'ai qu'à vous dire que je suis… hum ! que je suis compositeur.

– Je ne vous comprends toujours pas.

– Alors pardonnez-moi ma première question ; car je vois que vous ne connaissez absolument rien à Berlin ni aux Berlinois.

Il se leva et fit quelques pas rapides de long en large ; puis il marcha vers la fenêtre et chanta d'une voix à peine perceptible le chœur des prêtresses d'*Iphigénie en Tauride*, tout en frappant des doigts sur le carreau aux entrées des tutti. Je remarquai avec étonnement qu'il introduisait dans la mélodie certaines variantes dont la force et l'originalité me frappèrent. Je le laissai faire sans l'interrompre. Il acheva et revint s'asseoir à sa place. Tout saisi par les manières étranges de cet homme et par ces fantastiques manifestations d'un rare talent musical, je gardais le silence. Après quelques instants il reprit :

– Avez-vous jamais composé ?

– Oui, je me suis essayé à cet art : mais tout ce que je croyais avoir écrit dans des moments d'inspiration, je le trouvais ensuite si insipide et si ennuyeux que j'ai tout planté là.

– Vous avez eu tort ; car déjà, d'avoir rejeté vos propres essais n'est pas une méchante marque de votre talent. On apprend la musique tout enfant, parce que papa et maman le veulent ainsi : alors on cogne et on racle sans relâche. Mais insensiblement l'esprit s'ouvre à la mélodie. Peut-être le thème à moitié oublié d'un petit lied, qu'on chantait ce jour-là d'une tout autre façon, a-t-il été la première pensée originale de votre œuvre, et cet embryon, laborieusement nourri de forces étrangères, arrive enfin au jour comme un géant qui dévore tout autour de lui et le transforme en moelle et en sang ! Ah ! comment indiquer seulement les mille manières dont on arrive à la composition !... C'est une large route royale où tous s'exercent en tous sens, poussant de joyeuses clameurs et criant : « Nous voilà initiés ! Nous sommes au but ! » Mais c'est par la porte d'ivoire qu'on entre dans ce royaume des rêves et cette porte, peu de gens l'aperçoivent ne serait-ce qu'une seule fois, encore moins la franchissent ! Ici, tout semble étrange à la vue. D'extravagantes figures voltigent çà et là, et chacune a son caractère propre. Elles ne se laissent pas apercevoir de la grande route : ce n'est que de l'autre côté de la porte d'ivoire qu'on peut les rencontrer. Il est difficile de sortir de ce royaume : comme devant le château d'Aleine, les monstres barrent le chemin ; cela tourbillonne, cela se tord... Beaucoup égarent leurs rêves dans ce royaume de rêves... Ils se dissolvent dans le rêve... Ils ne jettent même plus aucune ombre : autrement ils s'apercevraient, à leur ombre, du rayon de lumière qui court au travers de ce monde. Quelques-uns seulement, s'arrachant au rêve, se dressent et traversent hardiment ce royaume de songe… et ils arrivent enfin à la Vérité ! C'est le moment suprême, le contact avec l'Éternel, l'Ineffable ! Contemplez le soleil : c'est l'accord parfait[1], dont les trois notes, comme des étoiles, fondent sur vous pour vous envelopper de leurs traits de feu. Vous demeurez là comme une chrysalide prisonnière de la flamme, jusqu'à ce que Psyché, jusqu'à ce que votre âme s'élance à tire-d'aile dans le soleil !

A ces derniers mots, il se leva d'un bond, jetant ses regards, jetant ses mains vers le ciel. Puis il se rassit et vida rapidement le verre que j'avais rempli. Un silence se fit, que je ne voulus pas rompre pour ne pas écarter de sa route cet homme extraordinaire. Enfin il poursuivit, plus calme :

– Lorsque j'étais dans ce royaume de rêve, mille souffrances, mille angoisses me torturaient ! Il faisait nuit et j'étais frappé de terreur à la vue des masques de monstres ricanants qui fondaient en fureur sur moi et tantôt me plongeaient dans les abîmes de la mer, tantôt m'enlevaient au haut des airs. Puis des éclairs sillonnèrent la nuit, et ces rayons électriques étaient des sons, qui m'enveloppèrent de leur suave pureté… Alors je m'éveillai de mes angoisses et je vis un œil énorme, éclatant, qui fixait son regard sur un orgue. Et en même temps des sons en sortaient, qui scintillaient et s'enlaçaient en de splendides accords, tels que je n'en aurais jamais imaginé. Les mélodies se précipitaient à flots de toutes parts, et moi je nageais dans ce torrent et j'allais m'y engloutir, quand l'œil me regarda et me retint au-dessus des vagues mugissantes… De nouveau il fit nuit, et deux colosses couverts d'armes brillantes s'avancèrent vers moi : c'étaient la tonique et la quinte. Ils m'enlevèrent, mais l'œil sourit et me dit : « Je sais que son âme est pénétrée d'un ardent désir ; la douce et tendre adolescente

1. *Dreiklang*, trias harmonica, l'accord de la tonique, de la tierce et de la quinte.

qu'est la tierce va s'interposer entre ces colosses ; tu entendras sa voix suave, tu me reverras, et mes mélodies seront à toi... »

L'homme s'arrêta.

– Et vous revîtes cet œil ?

– Oui, je l'ai revu ! Pendant des années j'ai soupiré dans le monde des rêves... et tenez !... oui, tenez... Un jour, j'étais assis dans une splendide vallée, et j'écoutais les fleurs chanter en chœur. Seul un hélianthe demeurait silencieux et penchait tristement vers la terre son calice fermé. Des liens invisibles m'attirèrent vers lui... Il leva la tête... Le calice s'ouvrit... et l'œil apparut, qui m'inonda de sa lumière. Alors de ma tête les sons jaillirent, comme des éclairs, vers les fleurs qui les absorbèrent avidement. Les pétales de l'hélianthe s'étaient mis à grandir démesurément : des flammes en sortaient à flots ; elles m'enveloppèrent soudain... et je fus englouti avec l'œil au fond du calice.

A ces derniers mots il quitta précipitamment la salle, d'un pas vif et juvénile. En vain j'attendis son retour : je dus me résoudre à revenir vers la ville. Déjà j'approchais de la porte de Brandebourg, quand j'aperçus dans l'obscurité une longue figure marchant à grands pas : je reconnus aussitôt mon original, et l'interpellai :

– Pourquoi m'avez-vous quitté si brusquement ?

– Il faisait trop chaud... et puis l' « euphone » commençait de se faire entendre.

– Je ne vous comprends pas !

– Tant mieux.

– Tant pis ! car je voudrais bien vous comprendre entièrement.

– N'entendez-vous donc rien ?

– Non !

– C'est passé !... Allons. Je n'aime pas autrement la compagnie mais... vous ne composez pas... vous n'êtes pas berlinois...

– Je ne puis saisir ce qui vous anime contre les Berlinois !

Ici, où l'art est apprécié et pratiqué à un haut degré, j'imagine qu'un homme de votre génie artistique devrait se plaire !

– Vous vous trompez !… Pour mon supplice, je suis condamné à errer ici de tous côtés, comme une âme en peine dans le désert !

– Dans le désert, ici, à Berlin ?

– Oui ! c'est le désert autour de moi ; aucune âme avec qui je pourrais me trouver en sympathie ne vient à ma rencontre : je demeure seul.

– Mais les artistes, les compositeurs ?

– Au diable ! Ils épluchent, et puis ils épluchent ; ils raffinent tout jusqu'aux plus subtiles minuties ; ils bouleversent tout pour ne trouver qu'une seule pauvre pensée. Après tout leur bavardage sur l'art, sur le sens artistique, que sais-je encore ! ils n'ont plus le temps de passer à la création, et si l'humeur leur en vient une fois, s'il leur faut mettre au jour quelques idées, la froideur terrible de leurs œuvres montre simplement à quel point ils sont loin du soleil… C'est un travail de Lapon !

– Votre arrêt me paraît beaucoup trop dur. Au moins devez-vous être satisfait des magnifiques représentations du théâtre…

– J'avais pris sur moi de retourner encore une fois au théâtre, pour entendre l'opéra de mon jeune ami… Comment s'appelle donc cette œuvre ? Ah ! le monde entier est dans cet opéra ! A travers la foule bigarrée d'élégants personnages, on voit passer les esprits de l'Orcus… Tout a une voix là-dedans, et un son souverain ! Que diable ! c'est *Don Juan* que je veux dire [1]. Mais je ne pus même pas résister à l'ouverture, qui fut expédiée *prestissimo*, sans esprit ni intelligence. Et je m'étais préparé à cette représentation par le jeûne et la prière ! sachant que l'euphone est beaucoup trop violemment ébranlé par ces masses, et risque de rendre un son confus…

1. Représenté pour la première fois à Prague, le 29 octobre 1787.

– S'il me faut encore confesser que l'exécution des chefs-d'œuvre de Mozart est le plus souvent traitée ici avec une désinvolture à peine concevable, du moins les œuvres de Gluck jouissent d'une interprétation à coup sûr digne d'elles.

– Pensez-vous ?... J'ai voulu une fois entendre *Iphigénie en Tauride*. Au moment où j'entre dans la salle, j'entends jouer l'ouverture d'*Iphigénie en Aulide*. Hum, me dis-je, je me suis trompé. C'est l'autre *Iphigénie* qu'on donne ! Et puis me voilà stupéfait, car c'est l'andante, début d'*Iphigénie en Tauride*, qui arrive, et la tempête lui fait suite... Vingt années séparent les deux actions ! Tout l'effet, toute l'expression bien combinée de la tragédie s'en va d'un coup. Une mer calme... une tempête... les Grecs jetés sur le rivage : tout l'opéra est là ! Eh quoi ! le compositeur a-t-il écrit l'ouverture à l'étourdie pour qu'on la puisse jouer comme un petit morceau de trompette, n'importe quand, n'importe comment ?

– J'avoue que c'est une bévue. Cependant, ne fait-on pas tout pour exalter les œuvres de Gluck ?

– Oui, oui !... dit-il brièvement, et il sourit ensuite de plus en plus amèrement.

Soudain il s'échappa sans que rien pût le retenir. En un moment il fut comme évanoui, et plusieurs jours de suite je le cherchai en vain au Tiergarten...

Quelques mois s'étaient écoulés ; par un soir de froidure et de pluie, m'étant attardé dans un quartier écarté de la ville, je me hâtais vers mon logis de la Friedrichsstrasse. Je devais passer devant le théâtre : le fracas de la musique, les trompettes et les timbales me firent souvenir que l'on donnait justement ce soir-là l'*Armide* de Gluck ; j'étais sur le point d'entrer, quand un étrange monologue, juste devant ces fenêtres où l'on saisit presque chacun des sons de l'orchestre, vint éveiller mon attention :

– Maintenant c'est le roi qui arrive... Ils jouent la marche...

Allons, battez, battez les timbales ! C'est très vif ! oui, oui ! Il faut qu'ils te répètent onze fois maintenant, sans cela le cortège n'a pas le temps de se déployer… Ah ! ah ! *maestoso*, doucement, mes petits… Bon ! voilà un figurant qui trébuche sur son lacet ! En mesure, pour la douzième fois ! et toujours appuyés sur la dominante… Ô puissances éternelles ! cela n'en finit pas ! Maintenant il fait son compliment… Armide remercie très humblement… Encore une fois ? Ah oui ! il manque encore deux soldats ! Et maintenant, sus au récitatif !… Quel méchant génie m'a enchaîné ici par son charme ?…

– Le charme est rompu ! criai-je. Venez !

Je saisis par le bras mon original du Tiergarten, car le monologueur n'était autre que lui, et je l'entraînai avec moi. Il parut pris au dépourvu et me suivit en silence. Déjà nous étions arrivés dans la Friedrichsstrasse, quand il s'arrêta soudain.

– Je vous connais, dit-il. Vous étiez au Tiergarten. Nous avons causé longtemps… J'ai bu du vin… Je me suis échauffé… Puis l'euphone a résonné deux jours entiers… J'ai beaucoup souffert… C'est passé maintenant !

– Je me réjouis que le hasard vous ait de nouveau conduit vers moi. Faisons donc plus ample connaissance : je ne demeure pas loin d'ici ; que diriez-vous ?…

– Je ne puis ni ne dois aller chez personne.

– Eh bien, non ! vous ne m'échapperez pas : je vous suis !

– Alors il vous faudra marcher encore avec moi quelques centaines de pas… Mais ne vouliez-vous pas entrer au théâtre ?

– Je voulais entendre *Armide*, mais à présent…

– Eh bien, vous allez l'entendre, *Armide* ! Venez !

Nous montâmes en silence la Friedrichsstrasse. Brusquement, il tourna dans une rue et je réussis à peine à le suivre tant il la dévalait rapidement ; enfin il s'arrêta devant une maison de peu d'apparence. Il frappait depuis assez longtemps quand on finit par ouvrir. En tâtonnant dans l'obscurité nous atteignîmes l'escalier, puis une chambre à l'étage supérieur, dont mon guide ferma soigneusement la porte. J'entendis une autre porte s'ouvrir, et bientôt il revint avec de la lumière.

L'aspect qu'offrait l'étrange décoration de la chambre ne me surprit pas peu. Des sièges richement ornés à l'ancienne mode, une horloge dans sa boîte toute dorée et un large et lourd miroir donnaient à l'ensemble la morne apparence d'une splendeur surannée. Au milieu était un petit piano sur lequel il y avait un grand encrier de porcelaine, et à côté, quelques feuilles de papier réglé. Un regard plus attentif sur ces préparatifs de composition me convainquit toutefois qu'on n'avait rien dû écrire depuis longtemps ; le papier en effet était tout jauni, et une épaisse toile d'araignée revêtait l'encrier. L'homme se dirigea vers un angle de la chambre, où était une armoire que je n'avais pas encore remarquée ; lorsqu'il eut tiré le rideau, j'aperçus une rangée de livres joliment reliés, dont les titres portaient en lettres d'or : *Orphée*, *Armide*, *Alceste*, *Iphigénie*, etc. Bref, je voyais là l'ensemble des chefs-d'œuvre de Gluck.

– Vous possédez les œuvres complètes de Gluck ? m'écriai-je.

Il ne répondit pas, mais sa bouche se contracta en un sourire nerveux, et le jeu de muscles de ses joues creuses changea en un instant sa figure en un masque horrible. Il attacha fixement sur moi un sombre regard, et saisissant un des volumes – c'était *Armide* – il marcha solennellement vers le piano. Je l'ouvris promptement et dépliai le pupitre, ce qui parut lui faire plaisir. Il ouvrit alors le volume, et… qui pourrait peindre ma stupéfaction ! j'aperçus des pages réglées mais sans aucune note dessus.

– Je vais jouer maintenant l'ouverture !… commença-t-il ; vous, tournez les pages, et au bon moment !

Je le lui promis, et il se mit à jouer magnifiquement, magistralement, à pleins accords, le majestueux *tempo di marcia* par où débute l'ouverture, et ceci d'une manière presque parfaitement conforme à l'original ; mais l'*allegro*, lui, ne fit qu'offrir un condensé des idées maîtresses de Gluck. Il y introduisait tant de modifications neuves et géniales que ma stupéfaction croissait à chaque mesure. Ses modulations surtout étaient frappantes, sans être pour autant criardes, et il savait ajouter aux pensées maîtresses les plus simples tant de mélismes mélodieux, que chacune de ces pensées paraissait revenir toujours sous une figure nouvelle et rajeunie. Son visage rayonnait : tantôt ses sourcils se fronçaient et une colère longtemps contenue semblait sur le point d'éclater violemment en lui, tantôt ses yeux étaient noyés de larmes, comme sous l'effet d'une profonde douleur. Parfois, lorsque ses deux mains déroulaient à la fois de précieuses arabesques, il chantait le thème principal avec une agréable voix de ténor ; ou bien il imitait de la voix, de la plus singulière façon, le martèlement assourdi des timbales. Je tournais les pages avec soin, en suivant les indications de son regard. Enfin l'ouverture fut achevée, et il retomba épuisé, les yeux clos. Mais bientôt il se redressa et, tout en tournant rapidement plusieurs pages blanches du volume, il me dit d'une voix sourde :

– Tout ceci, monsieur, je l'ai écrit à mon retour du royaume des rêves. Mais c'était révéler aux profanes le mystère sacré, et dès lors une main de glace étreignit ce cœur ardent ! Il ne se brisa pas ; mais je fus condamné à errer parmi les profanes, comme une âme en peine, privé de mon corps, afin que personne ne puisse me reconnaître ; et ce sera ainsi jusqu'au jour où l'hélianthe m'emportera de nouveau vers l'Éternel... Ah ! maintenant chantons la grande scène d'*Armide* !

Alors il chanta le finale d'*Armide*, avec une expression qui pénétra jusqu'au plus intime de mon être. Ici encore il s'éloigna sensiblement de l'original ; mais cette musique transformée était bien la scène de Gluck, pour ainsi dire sublimée. Tout ce que haine, amour, désespoir, fureur peuvent exprimer par les traits les plus forts, il le rassemblait puissamment en une seule harmonie. Sa voix semblait celle d'un jeune homme : des profondeurs de la basse, elle s'envolait jusqu'à l'éclat vigoureux des notes hautes. Toutes mes fibres frémissaient...

j'étais hors de moi. Quand il eut fini, je me jetai dans ses bras et m'écriai d'une voix étranglée :

– Mais qu'est-ce à dire ? Qui êtes-vous ?

Il se leva et me toisa d'un regard grave et pénétrant ; mais comme j'allais continuer mes questions, il disparut soudain par la porte, avec la lumière, et me laissa dans l'obscurité. Cela dura près d'un quart d'heure… Je commençais à douter de le revoir, et cherchais déjà, m'orientant d'après la place du piano, à ouvrir la porte, lorsqu'il rentra soudain, la lumière à la main, vêtu d'un habit de gala brodé, avec un somptueux gilet, l'épée au côté.

Je restai pétrifié… Solennellement il vint à moi, me saisit doucement la main, et me dit avec un sourire étrange :

– Je suis le chevalier Gluck !

KREISLERIANA

Première série

D'où vient-il ? – Nul ne le sait ! – Qui étaient ses parents ? – On l'ignore ! – De qui est-il l'élève ? – D'un bon maître, car il joue merveilleusement, et comme il a de l'intelligence et de la culture d'esprit, on peut fort bien le souffrir, et même l'autoriser à enseigner la musique…

Et il a réellement été maître de chapelle, ajoutent les personnalités auxquelles il a exhibé, un jour de bonne humeur, un certificat authentique de la direction du théâtre de ... [1], où il est déclaré : « que le maître de chapelle Johannès Kreisler a été remercié de son office pour cette raison péremptoire qu'il s'était refusé obstinément à mettre en musique un opéra rimé par le poète de la cour ; qu'il a, de plus, à plusieurs reprises, parlé avec mépris du *primo uomo*, et prétendu dans des termes aussi extravagants qu'absurdes préférer ouvertement à la *prima donna* une jeune fille à qui il avait enseigné le chant ; on lui concède pourtant le droit de conserver son titre de maître de chapelle du prince de …, et même de reprendre ses fonctions,

1. On sait qu'Hoffmann a été maître de chapelle, c'est-à-dire chef d'orchestre, du théâtre de Bamberg et de celui de Dresde, ce qui ne nuisit en rien à sa carrière : il allait être nommé *conseiller de régence* à Berlin quand il publia le présent recueil.

pourvu qu'il se débarrasse de certaines singularités, de certains préjugés ridicules, comme par exemple de proclamer que la véritable musique italienne est morte, etc., et à condition qu'il veuille bien croire à l'excellence du poète de la cour, lequel est partout reconnu pour un second Métastase ».

Ses amis ont soutenu : « que la nature, en créant son organisme, a voulu faire l'essai d'une nouvelle formule, et que l'expérience a échoué, en ce sens qu'à un tempérament excessivement sensible, une imagination échauffée au point de devenir une flamme dévorante, il a été mêlé trop peu de flegme, et qu'ainsi l'équilibre a été détruit… Or cet équilibre est absolument nécessaire à l'artiste pour vivre en société : pour imaginer des œuvres qui répondent aux vœux du monde, même si l'on ne considère que ceux de l'élite. »

Qu'il en soit de lui ce qu'on voudra – toujours est-il que Johannès fut ballotté de-ci de-là par ses visions et ses rêves intérieurs, comme sur une mer toujours houleuse, et qu'il chercha en vain le port qui devait lui donner le repos et la sérénité sans lesquels l'artiste ne saurait rien créer. Voici donc ce qui arriva : ses amis ne purent l'amener à écrire une seule de ses compositions ; ou, s'il l'avait positivement écrite, à la laisser en repos sans la détruire. Parfois il composait pendant la nuit, dans un état d'esprit des plus exaltés : il réveillait l'ami qui demeurait près de lui, pour lui jouer dans le plus vif enthousiasme ce qu'il avait écrit avec une incroyable rapidité ; il répandait alors des larmes de joie sur l'œuvre réussie, il s'estimait lui-même le plus heureux des hommes ! Et le lendemain… la magnifique composition était au feu.

Le chant exerçait sur lui une action presque funeste, car sa fantaisie s'excitait au plus haut point, et son esprit disparaissait dans un monde où personne n'eût pu le suivre sans danger. Par contre, il se plaisait souvent à travailler sur le piano, pendant des heures, les thèmes les plus étranges, avec des dessins et des imitations d'un élégant contrepoint, pour en faire les pages les plus compliquées du monde. Si cela lui avait une fois bien réussi, il se trouvait dès lors plusieurs jours de suite de l'humeur la plus gaie, et une ironie malicieuse assaisonnait les discours dont il régalait le petit cercle paisible de ses amis.

Un beau jour, on ne sut comment ni pourquoi, il disparut. Beaucoup déclarèrent alors avoir remarqué en lui des signes de folie ; et le fait est qu'on l'avait vu franchir la porte de la ville, chantant gaiement et sautillant, avec deux chapeaux enfoncés l'un sur l'autre, et deux tire-lignes à régler le papier passés comme des poignards dans sa ceinture rouge. Cependant ses amis les plus intimes n'avaient rien remarqué en lui d'extraordinaire, car il avait toujours été coutumier de certaines explosions violentes, provoquées par quelque peine secrète.

Toutes les recherches sur ce qu'il était devenu demeurèrent vaines, et comme ses amis se consultaient au sujet de sa maigre succession en œuvres musicales et autres écrits, Mlle de B... parut, et fit savoir qu'à elle seule il appartenait de conserver ces papiers à son cher maître et ami, qu'elle ne croyait pas le moins du monde perdu. Les amis lui livrèrent dès lors avec empressement tout ce qu'ils avaient trouvé, et comme on découvrit au dos de plusieurs feuilles de musique de petits écrits, le plus souvent humoristiques, qui avaient été jetés rapidement au crayon, au hasard des instants favorables, la fidèle élève du malheureux Johannès permit à son fidèle ami d'en prendre copie et de livrer au public ces modestes fruits d'une inspiration fugitive.

I

SOUFFRANCES MUSICALES DU MAÎTRE DE CHAPELLE JOHANNÈS KREISLER

Ils sont tous partis. J'aurais pu le remarquer à leurs chuchotements, à leurs piétinements, leurs toussailleries, leurs bourdonnements dans tous les tons : c'était un vrai essaim d'abeilles quittant sa ruche pour prendre son vol… Gottlieb a placé deux bougies neuves et posé une bouteille de bourgogne sur le piano. Je ne puis plus jouer, car je suis tout à fait à bout de forces. La faute en est à mon noble et vieil ami qui est là sur le pupitre : c'est lui qui, une fois de plus, m'a emporté à travers les airs, comme Méphistophélès enlève Faust sur son manteau, et si haut que je ne pouvais même plus apercevoir les minuscules humains au-dessous de moi, malgré l'infernal tapage qu'ils menaient.

Une infâme soirée, une soirée indignement gaspillée ! Mais maintenant je me sens bien, et tout léger… J'ai même, pendant l'exécution, tiré mon crayon et noté en chiffres, de la main droite, page 63, sous la dernière variation, une couple de bonnes modulations, tandis que la main gauche continuait son labeur dans le torrent des sons ! Je poursuis maintenant mes écritures au dos, sur le côté blanc de la page. J'abandonne chiffres et sons, et c'est avec une vraie joie – comme le malade convalescent qui ne peut se retenir de raconter ce qu'il a souffert – que je note ici, dans tous leurs détails, les infernales tortures du *thé* d'aujourd'hui. Je ne le fais d'ailleurs pas pour moi seul, mais pour tous ceux qui parfois s'amusent et s'instruisent avec mon exemplaire des variations pour clavecin de Jean-Sébastien Bach, éditées chez Nägeli à Zurich : ils trouveront mes chiffres à la fin de la trentième variation, et guidés par le mot latin *Verte*, écrit en grosses lettres (je l'écris là tout de suite, dès que j'en aurai fini avec ces plaintes), ils tourneront la page et liront.

Ceux-là devineront aussitôt le véritable enchaînement des choses. Ils savent que le conseiller intime Röderlein donne ici de fort charmantes soirées, et qu'il a deux filles, dont le monde élégant tout entier déclare avec enthousiasme qu'elles dansent comme des déesses, qu'elles parlent français comme des anges, et qu'elles jouent la musique, chantent et dessinent comme les Muses. Le conseiller intime Röderlein est un homme riche : il produit à ses dîners trimestriels les meilleurs vins, les mets les plus exquis ; tout est établi sur le pied le plus raffiné, et quiconque, à ses thés, ne s'amuse pas comme un dieu n'a nulle bonne manière, nul esprit, surtout nul sentiment artistique.

Car c'est bien l'art, en effet, qu'on a en vue ici : outre le thé, le punch, le vin, les glaces, etc., on vous sert toujours un peu de musique que le beau monde absorbe avec autant de plaisir que le reste. Voici quel est le règlement établi. Après que chacun des hôtes a eu le temps de boire un nombre convenable de tasses de thé et qu'on a fait passer deux fois le punch et les glaces, les domestiques apportent les tables à jeu pour la partie la plus âgée et la plus sage de la société, qui préfère au jeu des musiciens celui des cartes – lequel, dans le fait, ne produit pas tant de tapage inutile… à peine le tintement d'un peu d'or.

A ce signal la partie la plus jeune de la société se précipite vers les demoiselles Röderlein, et il en résulte un brouhaha dans lequel on distingue ces mots :

– Belle demoiselle, ne nous refusez pas la jouissance de votre talent divin…

– Oh ! chante-nous quelque chose, ma bonne amie…

– Impossible !… un rhume… le dernier bal… rien étudié !…

– Oh ! je vous en prie, je vous en prie !

– Nous vous implorons !… etc.

Gottlieb pendant ce temps a ouvert le piano et dressé le pupitre, qui plie sous le poids du recueil de musique bien connu. D'une table de jeu là-bas la gracieuse maman crie : « *Chantez donc, mes enfants* *[1] ! » C'est la réplique pour mon rôle à moi ; je me place au piano, et les petites Röderlein sont amenées en triomphe vers l'instrument. Mais ici, un nouveau différend s'élève : aucune ne veut chanter la première.

– Tu sais, chère Nanette, combien je suis affreusement enrouée !

– Le suis-je moins, chère Marie ?

1. Tous les mots ou expressions en italique suivis d'un astérisque (*) sont en français dans le texte.

– Je chante si mal !…

– Oh ! chérie, commence donc, toi !… etc.

Mon idée subite (elle me vient à chaque fois) qu'elles devraient commencer toutes deux à la fois, en chantant un duo, est applaudie avec force. On feuillette le cahier, on finit par trouver la page soigneusement cornée, et on a tôt fait d'entonner *Dolce dell' anima*, etc.

Le talent des demoiselles Röderlein n'est, en vérité, pas négligeable. Je suis, à l'heure qu'il est, depuis cinq ans dans cette ville, et depuis trois ans et demi professeur dans la maison Röderlein. Eh bien ! il a suffi de ce court espace de temps pour que Mlle Nanette accomplisse des progrès étonnants : pour peu qu'elle chante une mélodie qu'elle a entendue seulement dix fois au théâtre et répétée ensuite à fond dix fois encore au piano, on reconnaît tout de suite ce que cela veut être. Quant à Mlle Marie, elle y arrive dès la huitième fois, et si sa voix se tient assez souvent un quart de ton plus bas que le piano, sa petite figure est si mignonne et ses lèvres de roses si acceptables qu'on finit par le supporter.

Après le duetto, chœur général d'acclamations ! Maintenant les ariettes et les duettinos alternent, et je martèle fraîchement l'accompagnement mille fois seriné. Pendant le chant, la conseillère des finances Eberstein, par ses toussoteries et ses fredonnements, a donné à entendre qu'elle chante aussi. Mlle Nanette s'écrie :

– Par exemple, ma chère conseillère, il faut maintenant que tu nous fasses entendre aussi ta voix céleste !

Nouveau brouhaha : elle a une grosse toux… elle ne sait rien par cœur.

Gottlieb apporte alors, en pliant sous le faix, une pleine brassée de musique : on feuillette, feuillette. D'abord elle veut chanter « La vengeance de l'enfer[1] » … puis « Vois donc[2] » …

1. De *La Flûte enchantée*.
2. De F. H. Himmel (1765-1814).

puis « Ah ! j'aimais [1] » … etc. Dans cette détresse, je mets en avant : « Une violette dans la prairie [2] » … Mais elle tient pour le grand genre, elle veut montrer ce qu'elle sait faire : elle tient à l'air de Constance.

Oh ! crie, va ! piaille, miaule, gargouille, gémis, soupire, chevrote, fredonne, bien à ton aise ! J'ai appuyé sur la pédale du fortissimo et je fais hurler le piano à m'en rendre sourd… Ô Satan, Satan ! lequel de tes esprits infernaux s'est emparé de ce gosier, pour y tenailler, y torturer, y tordre tous les sons ? Déjà quatre cordes ont sauté et un marteau est devenu invalide. Mes oreilles bourdonnent, ma tête tourne, mes nerfs frémissent. Tous les sons les plus faux des trompettes perçantes des saltimbanques ont donc été confinés dans cette petite gorge ! Cela m'a épuisé ! Je bois un verre de bourgogne. On applaudit furieusement et quelqu'un fait observer que la Conseillère des finances et Mozart semblent m'avoir fort enflammé. Je souris, les yeux baissés, bien stupidement, me rendant tout à fait compte de ma mine.

A présent commencent à s'agiter tous les talents jusqu'alors épanouis dans le secret : ils s'élancent pêle-mêle, avec rage. On se propose des débauches de musique : des ensembles, des finales, des chœurs vont être exécutés. Le chanoine Kratzer est connu pour avoir une basse divine, comme le remarque cette tête à la Titus, là-bas, qui se propose elle-même modestement comme n'étant proprement qu'un second ténor, mais toutefois membre de plusieurs académies de chant. Vite on organise tout pour le premier chœur de *Titus* [3]. Et cela marcha magnifiquement ! Le chanoine, qui se tenait juste derrière moi, tonna la basse au-dessus de ma tête comme s'il chantait à la cathédrale avec accompagnement obligé de trompettes et de timbales. Il trouvait les notes magistralement ; seulement,

1. De *L'Enlèvement au sérail*.
2. De Mozart également.
3. *La Clémence de Titus*.

dans sa hâte, il prenait le mouvement presque un temps trop tard. Du moins il lui restait fidèle jusqu'au bout, car il remorquait régulièrement une demi-mesure pendant tout le morceau. Quant aux autres, ils manifestaient une prédilection décidée pour la musique grecque antique, qui, comme on le sait, ne connaissait pas l'harmonie et marchait à l'unisson : ils chantaient tous la partie haute, avec de petites variantes provenant de l'addition accidentelle de menus dièses ou bémols, à peu près dans la proportion d'un quart de ton.

Cette exécution quelque peu bruyante souleva une émotion tragique, je veux dire une sorte d'épouvante générale, même aux tables de jeu qui pour le moment ne pouvaient plus comme auparavant concourir d'une voix mélodramatique à la beauté des passages chantés, comme par exemple : « Ah ! j'aimais… – Quarante-huit ! – J'étais si heureux… – Je passe… – Je ne connaissais pas… Whist !… – les tourments de l'amour !… – dans la couleur, etc. » Ce qui était d'un effet tout à fait exquis. (Sur ce je remplis mon verre.) Ce fut là le point suprême atteint par l'exhibition musicale d'aujourd'hui. « Maintenant, c'est fini ! » pensai-je ; je fermai le livre et me levai.

Mais déjà le baron, mon ténor antique, se précipitait vers moi :

– Oh ! cher, excellent, monsieur le maître de chapelle, vous devez improviser d'une manière toute divine ! Oh ! improvisez-nous donc quelque chose ! Rien qu'un peu ! Je vous en prie !

Je réponds très sèchement que la fantaisie m'a complètement abandonné aujourd'hui ; et tandis que nous sommes à disputer là-dessus, quelque diable sous la figure d'un élégant à double gilet a déniché dans l'antichambre, sous mon chapeau, les variations de Bach. Il s'imagine que ce sont des variationnettes dans la manière de *Nel cor mi non più sento* ou *Ah ! vous dirai-je, maman* *, et il les veut, il faut que je joue cela séance tenante. Je m'y refuse ; alors tout le monde tombe sur moi… Eh bien ! soit ! Écoutez, et crevez d'ennui, pensé-je ; et je me mets à la besogne.

Au n° 3, plusieurs dames s'éloignèrent, suivies de la tête à la Titus. Les Röderlein tinrent bon, non sans visiblement souffrir, jusqu'au n° 12, parce que c'était leur maître qui jouait. Le n° 15 mit en fuite l'homme au double gilet. Une politesse absolument excessive retint le baron jusqu'au n° 30, mais il ne se priva point de boire le punch que Gottlieb plaçait pour moi sur le piano. J'avais donc heureusement terminé. Mais à ce n° 30, le thème m'entraîna irrésistiblement plus loin. Les pages in-quarto grandirent tout à coup jusqu'à devenir des in-folio gigantesques, où mille modulations et variations de ce même thème se trouvaient écrites, qu'il me fallait jouer tout au long. Les notes prenaient vie, étincelaient, sautillaient autour de moi, un feu électrique s'échappait de l'extrémité de mes doigts sur les touches, le génie qui donnait cours à ce torrent faisait voler les idées à tire-d'aile, la salle entière était remplie d'une épaisse vapeur au milieu de laquelle les bougies brûlaient de plus en plus confusément… parfois un nez apparaissait, parfois une paire d'yeux, mais pour s'évanouir tout aussitôt. Si bien qu'enfin je demeurai seul, assis là avec mon Sébastien Bach, et servi par Gottlieb comme par un *spiritus familiaris*.

Je bois ! Faut-il donc qu'on torture d'honnêtes musiciens, au moyen de la musique même, comme je l'ai été aujourd'hui et le serai encore souvent ! Vraiment, il n'est pas d'art dont on fasse un si maudit abus que l'exquise, que la sainte musique, si facilement profanée dans sa délicate essence ! Avez-vous un vrai talent, un réel sentiment artistique ? Bon ! alors apprenez la musique, faites quelque chose qui soit digne de l'art, et livrez votre talent aux initiés dans une juste mesure. Voulez-vous musicailler sans le moindre talent ? Soit ! mais faites-le pour vous et entre vous, et n'en tourmentez pas le maître de chapelle Kreisler, ni les autres.

Maintenant je pourrais retourner à la maison, et terminer ma nouvelle sonate pour piano ; mais il n'est pas encore onze heures, et c'est une belle nuit d'été. D'ailleurs, je gage que près de mon logis, chez le grand maître de la Vénerie, les jeunes filles sont encore assises à leur fenêtre ouverte, à piailler vingt fois dans la rue, de leur voix criarde et aiguë qui perce comme une vrille : « Quand ton œil brille pour moi… », et toujours la première strophe seulement. Au-dessus, en biais, c'est un autre individu qui martyrise sa flûte avec des poumons dans le genre de ceux du Neveu de Rameau ; et puis mon voisin le cor, qui fait des recherches d'acoustique sur des sons qui n'en finissent pas. Les innombrables chiens du voisinage s'agitent, et le chat de mon hôtelier (on a compris que mon laboratoire musico-poétique est une petite chambre sous les toits), excité sans doute par le duo de tout à l'heure, fait de doux aveux à la chatte du voisin dont il est amoureux depuis mars, sous forme de longs gémissements qui vont d'un bout à l'autre de l'échelle chromatique. Après onze heures, tout devient plus tranquille ; je resterai donc ici jusqu'à ce moment, puisque, aussi bien, il y a encore du papier blanc et du bourgogne… dont je bois tout de suite un peu.

Il y a un ancien règlement, ai-je entendu dire, qui interdit aux artisans bruyants d'habiter dans le voisinage des hommes de science : est-ce que les malheureux, les opprimés compositeurs, qui sont forcés de fabriquer de l'or en vendant leur génie pour pouvoir filer la trame de leur existence, ne devraient pas pouvoir tourner ce règlement à leur profit, et bannir de leur voisinage les braillards et les cornemuseux ? Que dirait un peintre si, lorsqu'il travaille d'imagination, on venait tenir sous ses yeux toutes sortes de masques grimaçants ! Et encore, il lui suffirait de fermer les yeux pour pouvoir achever sans être troublé l'image née de sa fantaisie. Mais que nous sert à nous le coton dans les oreilles ? On entend, malgré tout, ce mortel charivari. Et quand l'idée, oui, quand l'idée arrive : juste, voilà nos chanteuses… voici le cor qui commence… et le Diable emporte les plus sublimes pensées !

La feuille est à présent complètement couverte d'écriture : mais je veux encore, sur la bande blanche laissée libre par le titre, observer en deux mots pourquoi j'ai résolu cent fois de ne plus me laisser tourmenter chez le Conseiller intime, et pourquoi cent fois j'ai rompu mon dessein… Eh bien à dire vrai, c'est la charmante nièce de Röderlein qui m'enchaîne à cette maison, et par des liens que l'art même a formés. Quiconque a été une fois assez heureux pour entendre chanter par Mlle Amalia le finale de l'*Armide* de Gluck ou la grande scène de Donna Anna dans *Don Juan* comprendra qu'une seule heure au piano avec elle répande un baume céleste dans les blessures que m'ont faites, misérable magister de musique que je suis, toutes les fausses notes de la journée. Röderlein, qui ne croit pas plus à la mesure qu'à l'immortalité de l'âme, la tient pour complètement inapte à la haute existence qu'on mène à ses thés, attendu qu'elle n'y veut pas chanter du tout, tandis qu'elle chante devant des gens tout à fait du commun, de simples musiciens par exemple, avec une ardeur qui n'est nullement convenable pour une jeune fille comme elle. Car ses notes filées d'harmonica, si longues, si soutenues, qui me transportent au ciel, elle les a manifestement surprises, à ce que pense Röderlein, en écoutant le rossignol, c'est-à-dire une créature privée de raison, qui ne vit que dans les bois, et n'est pas faite pour servir de modèle à l'homme, ce maître raisonnable de la création. Elle pousse même si loin son manque de dignité qu'elle se fait parfois accompagner au violon par Gottlieb, ainsi quand elle joue au piano de ces sonates de Beethoven ou de Mozart auxquelles aucun buveur de thé, aucun joueur de whist, ne peut rien comprendre !

J'ai bu mon dernier verre de bourgogne… Gottlieb mouche mes bougies, et paraît s'étonner fort de mon ardeur à écrire… On a joliment raison d'apprécier ce Gottlieb, qui n'a que seize ans. C'est un excellent, un profond talent. Mais aussi pourquoi son papa, le greffier des postes de la ville, est-il mort si tôt ? Pourquoi a-t-il fallu que le tuteur fît endosser au garçon la livrée ? Quand Rode [1] était ici, Gottlieb se tenait aux écoutes

1. Célèbre violoniste français, né à Bordeaux en 1774, mort en 1830.

dans l'antichambre, l'oreille collée à la porte de la salle, et il jouait des nuits entières. Le jour, il s'en allait, songeant et rêvant, se promener aux environs ; et la marque rouge de sa joue gauche est une empreinte fidèle du solitaire que Röderlein porte au doigt. Ayant en effet remarqué que l'état de somnambulisme est généralement provoqué par de délicats attouchements appropriés, Röderlein voulut ce jour-là, à l'aide d'un coup violent, produire l'effet diamétralement opposé. Entre autres choses, j'ai donné à Gottlieb les sonates de Corelli ; alors il s'est mis à livrer des combats acharnés aux souris du vieux piano d'Oesterlein qui était au grenier, et avec la permission de Röderlein, il a transféré l'instrument dans sa petite chambre… Rejette-la, cette odieuse livrée, honnête Gottlieb ! et laisse-moi, dans quelques années, te presser sur mon cœur comme le solide artiste que tu peux devenir avec ton remarquable talent, avec ton profond sentiment artistique !

Gottlieb était debout derrière moi, et essuyait les larmes qui coulaient de ses yeux quand je prononçai tout haut ces paroles… Je lui serrai la main en silence, et nous montâmes chez lui jouer les sonates de Corelli.

II

OMBRA ADORATA *

Que la musique est donc une chose souverainement merveilleuse, et combien cependant il est peu donné à l'homme de pénétrer ses profonds secrets ! Mais n'habite-t-elle pas le sein même de l'homme, ne remplit-elle pas son être intime de ses magiques apparitions, au point que son esprit tout entier se confie à elle et qu'une vie nouvelle et toute transfigurée

* Qui ne connaît le magnifique air de Crescentini [« sopraniste », 1766-1846], « *Ombra adorata* », par lui composé pour l'opéra *Romeo e Giulietta* de Zingarelli [1752-1837], et qu'il chantait avec un accent si particulier !

l'arrache dès ici-bas à l'oppression des tourments accablants de la nature terrestre ? Oui, une force divine le pénètre, et s'abandonnant avec un pieux sentiment d'enfant à ce que l'Esprit éveille en lui, il devient capable de parler la langue de ce romantique royaume inconnu des esprits ; il évoque de son propre fonds, sans s'en rendre compte, comme l'apprenti lisant à voix haute le livre de magie de son maître, toutes sortes d'apparitions merveilleuses qui traversent sa vie, planant en danses radieuses, et qui remplissent quiconque les peut contempler d'un désir ardent, infini, inexprimable…

Que mon cœur était oppressé lorsque j'entrai dans la salle du concert ! Combien j'étais courbé sous le poids de toutes ces frivoles misères qui, tels des insectes au dard venimeux, poursuivent et tourmentent ici-bas tous les hommes, et tout spécialement l'artiste… au point qu'à cette torture de piqûres incessantes il préférerait bien souvent le coup violent qui l'arracherait pour toujours à ses souffrances terrestres.

Tu compris le regard douloureux que je jetai sur toi, mon fidèle ami ! Cent fois sois-tu remercié pour avoir pris ma place au piano tandis que je cherchais à me cacher dans le coin le plus reculé de la salle. Quel prétexte avais-tu donc trouvé, comment étais-tu parvenu à obtenir l'exécution, non de la grande *Symphonie en ut mineur*, mais seulement d'une courte ouverture insignifiante, œuvre d'un compositeur non encore parvenu à la maîtrise ? Pour ceci aussi sois remercié du plus profond de mon cœur ! Que serait-il arrivé de moi si, presque étouffé par toute la souffrance de cette terre, depuis peu déchaînée sur moi sans relâche, le puissant esprit de Beethoven eût alors marché vers moi, et m'eût emporté, enlacé de ses bras de métal ardent, dans le monde du prodigieux et de l'incommensurable, qui s'ouvre à sa voix de tonnerre !

Lorsque l'ouverture prit fin, dans la puérile exubérance des timbales et des trompettes, il se fit un moment d'attente silencieuse, comme si l'on espérait quelque chose de tout à fait important. Cela me fit du bien : je fermai les yeux, et tandis que je cherchais à évoquer dans mon intime des images plus agréables que celles qui m'avaient envahi jusqu'à présent, j'oubliai le concert et avec lui naturellement tout son programme, qui m'était connu puisque je devais tenir le piano. Le silence pouvait avoir duré assez longtemps lorsque enfin la ritournelle d'un air commença. C'était tout délicat de forme et semblait parler, dans des accords simples mais qui pénétraient profondément au cœur, du désir ardent qui transporte l'âme pieuse à l'instant où elle s'envole vers le ciel pour y retrouver tout ce qu'elle a aimé, tout ce qui lui a été arraché ici-bas... Alors rayonna comme une lumière céleste ; du milieu de l'orchestre, une voix de femme, vibrante et pure comme une cloche, s'élevait :

Tranquillo io sono ; fra poco teco sarà mia vita[1] *!*

Qui pourrait décrire l'impression que je ressentis ! La douleur qui rongeait mon âme se fondit en un désir mélancolique qui répandit un baume céleste sur toutes mes blessures ! Tout fut oublié : je n'écoutais plus, ravi, sous le charme, que ces sons descendus d'un autre monde pour m'enlacer de leur étreinte et m'apporter leur consolation.

Le thème de l'air qui suit, *Ombra adorata*, est aussi simple que le récitatif ; mais avec autant de chaleur, un accent aussi profondément pénétrant, il exprime cet état d'espérance bienheureuse de l'âme, lorsqu'elle pressent la réalisation en un monde meilleur, plus élevé, de toutes les promesses qui lui ont été faites, et qu'elle prend son essor au-dessus des souffrances terrestres... Comme tout, dans cette composition si simple, se dispose sans artifice, naturellement ! Les phrases se déploient uniquement sur la tonique et la dominante ; point de modulation désagréable, point de figure cherchée : le chant coule

1. « Je suis tranquille ; dans peu ma vie sera avec toi ! »

comme un fleuve d'argent entre des fleurs éclatantes. Mais n'est-ce pas là justement le charme mystérieux qui obéit aux ordres du maître : qu'il ait pu donner à la plus simple mélodie, à la composition la plus dépourvue d'artifice, cette puissance indescriptible, cette irrésistible action ? Dans les mélismes si étonnamment brillants et clairs, l'âme vole d'une aile rapide à travers des nuages lumineux... C'est la joie exultante des esprits transfigurés !

Comme toutes celles qui ont été profondément senties par le maître, cette œuvre demande à être jouée elle aussi avec profondeur, et avec le sentiment – je pourrais dire le *pressentiment* clairement exprimé – de l'idéal que la mélodie porte en elle. Certains agréments ont été ajoutés, comme le veut le génie du chant italien, aussi bien dans le récitatif que dans l'aria ; mais n'est-il pas beau de voir que, comme par une tradition, la manière dont Crescentini, ce grand maître du chant, exécutait et ornait son air s'est perpétuée de telle sorte que personne n'a pu se hasarder, du moins impunément, à y introduire des ornements étrangers ? Avec quelle intelligence, avec quel souffle de vie animant toute la composition Crescentini a su placer ces fioritures accidentelles ! Elles sont la parure brillante qui ajoute des charmes au gracieux visage de la bien-aimée, qui font briller ses yeux d'un éclat plus vif et colorent ses lèvres et ses joues d'une pourpre plus intense.

Mais que dirai-je de toi, cantatrice admirable ! Avec l'enthousiasme brûlant des Italiens je te crie :

– Sois bénie du ciel* !

Car c'est bien la bénédiction céleste qui accorde à ton âme pieuse et tendre de faire retentir en sons vibrants et lumineux ces choses qui partent du plus profond du cœur... Les sons de ta voix m'ont saisi comme de nobles génies, et chacun d'eux disait :

* Les Italiens criaient à notre cantatrice allemande Häser, qui malheureusement s'est aujourd'hui complètement retirée de l'art : *Che sei benedetta dal cielo !*

– Relève la tête, ô toi qui es courbé sous le poids du chagrin ! Monte avec nous, viens avec nous dans la région lointaine où la douleur n'ouvre plus de saignantes blessures, mais où elle remplit l'âme, comme en une extase suprême, d'un ineffable désir !

Je ne t'entendrai plus jamais ; mais si la bassesse s'en prend à moi et, me tenant pour son semblable, soutient avec moi la lutte de la vulgarité ; si la sottise m'étourdit, si l'insulte ignoble du populaire veut me blesser de son dard empoisonné, c'est par tes accents que la voix consolatrice des esprits murmurera à mon oreille :

Tranquillo io sono : fra poco teco sarà mia vita !

Je m'élèverai alors, en un enthousiasme jamais éprouvé ; je planerai d'une aile puissante au-dessus de la honte de cette terre ; tous les sons, glacés dans mon sein blessé par le sang de la douleur, prendront vie, se mouvront, s'agiteront, et ils jailliront de toutes parts, brillants comme d'étincelantes salamandres. Et je pourrai les saisir, les enchaîner, jusqu'à ce que, ramassés en une gerbe de feu, ils deviennent une image flamboyante pour glorifier, pour célébrer ton chant – toi !

III

PENSÉES SUR LA HAUTE DIGNITÉ DE LA MUSIQUE

On ne saurait dissimuler qu'au temps présent (et le ciel en soit loué !) le goût de la musique s'étend chaque jour davantage, au point qu'il est aujourd'hui en quelque sorte d'une bonne éducation de faire aussi apprendre la musique aux enfants. De là vient que dans toute maison qui veut tant soit peu marquer, on trouve un piano ou au moins une guitare. De contempteurs de cet art si beau, on n'en voit plus que quelques-uns par-ci par-là ; mon dessein, ma mission, en cet instant, est justement de leur administrer une leçon bien sentie.

D'abord, le but de l'art en général n'est assurément autre que de procurer à l'homme un agréable divertissement, et ainsi de le distraire des affaires plus sérieuses, ou pour mieux dire, des seules qui lui conviennent : de celles qui lui rapportent du pain et des honneurs officiels ; et de le distraire si agréablement qu'il s'en retourne ensuite avec un redoublement d'attention et d'application à ce qui est le but essentiel de son être, je veux dire : qu'il soit un vaillant compagnon dans le moulin à fouler de l'État et qu'il se laisse (je reste dans la métaphore) dévider et filer de bon cœur.

Or il n'est pas d'art plus propre à remplir ce but que la musique. La lecture d'un roman ou d'un poème, même si le choix qu'on en fait tombe assez heureusement pour qu'il ne contienne rien qui répugne au bon goût – comme font tant d'œuvres modernes – et qu'ainsi il n'excite pas outre mesure l'imagination (laquelle est proprement le point le plus déplorable de notre péché originel, et qu'il faut combattre de toutes ses forces) ; cette lecture, dis-je, a cependant à mon sens ceci d'ennuyeux, que l'on devient forcé en quelque sorte de penser à ce qu'on lit : or il est clair que cela est contraire au but de la distraction proposée.

Il en va de même de la lecture à haute voix, car l'attention se détournant systématiquement de cet exercice, on s'y endort très facilement, ou bien on se plonge dans de graves pensées : or celles-ci, selon le régime de l'esprit que tout homme d'affaires un peu méthodique se doit d'observer, doivent périodiquement se reposer un certain temps. Quant au spectacle d'une peinture, il ne peut durer que très peu car l'intérêt est perdu sitôt qu'on s'est rendu compte du sujet que le peintre a voulu représenter.

Mais pour ce qui concerne la musique, les contempteurs impies d'un art aussi noble peuvent seuls nier qu'une composition réussie, c'est-à-dire qui se tienne dans des limites convenables et qui fasse se succéder une aimable mélodie après l'autre, sans fracas, sans se démener follement en toutes sortes de marches et de résolutions contrepointistes, fasse naître cette volupté merveilleusement confortable pendant laquelle on est complètement dispensé de penser, qui ne provoque en tout cas aucune pensée sérieuse, mais mille idées aussi douces qu'aimables, dont on n'aperçoit pas bien ce qu'elles renferment de particulier, mais qu'on laisse se dérouler devant soi, pour le plaisir. On peut du reste aller plus loin, et demander s'il est défendu à qui que ce soit, même pendant la musique, d'engager avec son voisin une conversation en règle sur toute espèce de sujets tirés du monde politique ou moral, et d'atteindre ainsi, d'une agréable façon, un double but !

Loin d'être défendue, cette méthode est même tout à fait à conseiller, attendu que la musique – on aura l'occasion de le remarquer dans tous les concerts et les soirées musicales – facilite singulièrement les conversations. Dans les intervalles de silence, tout se tait, mais avec la musique, c'est le torrent de la conversation qui commence à mugir, et qui s'enfle à mesure que les sons se mêlent à lui. Plus d'une femme dont tout le discours est ordinairement dans le genre de cet arrêt décisif : « Oui, oui ! » ou « Non, non ! » en arrive pendant la musique à approuver avec force paroles ce que ledit arrêt condamnait, ce qui ne manque pas, bien souvent, de faire tomber dans le panneau un amant, ou même un mari, tout enivré de la douceur de ce discours inaccoutumé.

Ah ! ciel ! que les avantages d'une belle musique sont incommensurables ! Venez, ô vous, détracteurs impies de ce noble art, que je vous conduise maintenant dans le cercle de la vie de famille, au foyer où le père, fatigué des grandes affaires de la journée, en robe de chambre et en pantoufles, fume joyeusement sa pipe, l'âme réjouie par le *murki*[1] de son fils aîné ! L'honnête petite Rose n'a-t-elle pas, justement à son intention, étudié la marche de Dessauer, et « Fleuris, chère

1. Sorte de danse gaie.

violette » ; ne s'en tire-t-elle pas si joliment que la mère en verse de brillantes larmes de joie sur le bas qu'elle est en train de repriser ? Est-ce que le coassement prometteur mais agaçant de son dernier-né ne finirait pas par lui sembler pénible à supporter si le son de cette aimable musique d'enfant ne venait répandre sur le foyer l'harmonie et la mesure ?

Si votre âme est complètement fermée à cette idylle domestique, triomphe de la simple nature, suivez-moi alors dans cette maison aux fenêtres étincelantes de lumière. Pénétrons dans le salon : le samovar tout fumant est le foyer lumineux autour duquel gravitent les beaux messieurs et les belles dames. On avance les tables à jeu, mais le couvercle du piano s'ouvre aussi en grand ; ici encore la musique sert à l'aimable divertissement, à la distraction générale. Musique du reste bien choisie, et qui n'a absolument rien qui puisse troubler, car les joueurs mêmes, encore qu'occupés par quelque chose de plus élevé, gain ou perte, la souffrent volontiers.

Enfin que dirai-je des grands concerts publics, qui fournissent l'occasion la plus avantageuse qu'il y ait de causer, avec accompagnement de musique, avec tel ou tel ami... ou, si l'on est encore à l'âge présomptueux, d'échanger de douces paroles avec telle ou telle dame (et la musique elle-même n'est-elle pas là pour fournir un heureux prétexte à ces entretiens) ? Ces concerts sont les véritables centres de distractions de l'homme d'affaires – et il faut de beaucoup les préférer au théâtre, car celui-ci donne parfois des représentations qui fixent l'esprit d'une manière absolument illicite sur un sujet complètement frivole et faux, si bien qu'on court le danger de se laisser aller à la poésie, chose dont se doit garder soigneusement quiconque tient à son honneur de citoyen.

Bref, c'est comme je l'indiquais au début un signe décisif de la façon constante dont on reconnaît aujourd'hui la véritable *tendance* de la musique, qu'elle soit ainsi pratiquée et enseignée avec tant d'application, tant de sérieux. Combien n'est-il pas heureux que les enfants, n'eussent-ils même pas la moindre disposition artistique – ce qui du reste n'a aucune espèce d'importance –, soient cependant astreints à l'étude de la musique, afin qu'ainsi, avant l'âge où l'on se produit en société, ils puissent au moins contribuer au divertissement et à la distraction de leur propre foyer !

La musique a encore un brillant avantage sur tous les autres arts : c'est que, dans toute sa pureté (je veux dire, sans mélange de poésie), elle est absolument morale, et n'encourt par suite aucune chance d'exercer une funeste influence sur la tendre jeunesse. Tel directeur de la police a pu ainsi délivrer sans hésitation à l'inventeur d'un nouvel instrument un certificat attestant que son invention ne contenait rien qui fût contraire à l'État, à la religion et aux bonnes mœurs ; tout maître de musique peut affirmer avec la même hardiesse au papa et à la maman que la nouvelle sonate de son choix ne renferme aucune pensée immorale.

Quand les enfants grandissent, il va de soi qu'ils doivent renoncer à la pratique de l'art, attendu qu'une pareille occupation ne saurait convenir à des hommes sérieux ; quant aux dames, elles arriveraient par là très facilement à négliger les devoirs supérieurs du monde, etc. Arrivés à cet âge, ils ne tirent plus de la musique qu'une jouissance strictement passive, préférant se la faire jouer par leurs enfants ou par des artistes de profession.

De cette *tendance* exactement définie de l'art, il découle aussi naturellement que les artistes – c'est-à-dire ces individus (assez fous, à dire vrai !) qui consacrent leur vie entière à un métier qui ne sert qu'au délassement et à la distraction – doivent être traités comme des espèces d'un ordre complètement inférieur, et qu'on ne doit les tolérer que pour cette unique raison qu'ils pratiquent le *miscere utili dulce*. Il n'est pas un homme d'esprit sain et d'intelligence rassise qui accorde au meilleur artiste la même estime qu'à un laborieux greffier, ou même à l'artisan qui bourre le coussin sur lequel siège le conseiller dans son cabinet du cadastre, ou au marchand à son comptoir, parce qu'ici c'est le nécessaire, et là-bas l'agréable seulement, qu'on a en vue. Si donc nous nous montrons polis et aimables envers les artistes, ce n'est que le fait de notre éducation, de notre *bonhomie*, qui nous portent à cajoler les enfants et autres personnes peu sérieuses, et à badiner avec eux. Beaucoup de ces malheureux exaltés se sont réveillés trop tard de leur erreur, et sont positivement tombés dans une sorte de folie, comme le révèlent à l'évidence leurs déclarations en matière d'art.

C'est ainsi qu'ils prétendent que l'art fait pressentir à l'homme son principe suprême, et qu'il l'enlève à la sotte activité, au tumulte de la vie vulgaire pour le conduire dans le temple d'Isis où la nature lui parle en une langue sacrée, jamais ouïe et pourtant intelligible pour lui. Mais c'est sur la musique que ces insensés professent les opinions les plus extraordinaires : ils l'appellent le plus romantique de tous les arts, parce que son objet n'est autre que l'infini ; le mystérieux sanscrit de la nature, exprimé par des sons, qui remplit l'âme de l'homme d'un désir infini, et par qui seul il comprend le chant sublime des arbres, des fleurs, des bêtes, des pierres, des eaux ! Les enfantillages absolument inutiles du contrepoint, qui n'égaient nullement l'auditeur et par conséquent manquent entièrement au but même de la musique, ils les appellent des combinaisons mystérieuses et inquiétantes, et vont jusqu'à les comparer à des mousses, des herbes ou des fleurs merveilleusement entrelacées. Le talent ou, selon l'expression de ces fous, le génie de la musique, brûle, disent-ils, dans le sein de l'homme qui exerce et professe l'art ; et si le principe plus vulgaire de son être s'applique à étouffer ou à arracher cette étincelle, le dévorent alors des flammes inextinguibles.

Quant aux personnes qui, comme je l'ai d'abord démontré, jugent très exactement de la véritable *tendance* de l'art, et particulièrement de la musique, ils les qualifient d'ignorants impies, qui devraient rester éternellement exclus du sanctuaire de l'Être suprême, et voient dans cette prétention même la preuve de leur folie. Car je vous le demande avec raison : qui vaut mieux, en fin de compte, le fonctionnaire public, le marchand, celui qui vit de ses rentes, qui mange et boit bien, qui se promène décemment en voiture, et que tout le monde salue avec déférence, ou l'artiste condamné à subsister tant bien que mal dans son univers fantastique ? Il est vrai que ces fous-là prétendent que l'élévation poétique au-dessus du vulgaire est une affaire tout à fait particulière, et qui transforme en jouissance bien des privations... Mais les empereurs et les rois de nos maisons de fous sont heureux aussi, avec leur couronne de paille sur la tête !

La meilleure preuve que toutes ces fleurs de rhétorique sont dénuées de sens, et qu'elles ne sont là que pour faire taire le reproche secret de n'avoir pas cherché le solide, c'est que presque aucun artiste ne l'est de son propre et libre choix : mais qu'ils sont sortis, qu'ils persistent aujourd'hui encore à sortir de la classe la plus pauvre. Nés de parents sans fortune, obscurs, ou déjà artistes eux-mêmes, c'est la nécessité, l'occasion, l'absence de vues sur le bonheur tel qu'on le goûte dans les classes vraiment utiles, qui les ont conduits à devenir ce qu'ils sont. Et il en restera toujours ainsi, quoi que fassent ces rêveurs.

Si donc une famille, qui a de la fortune et une haute position, est assez malheureuse pour posséder un enfant tout particulièrement organisé pour l'art, ou qui porterait dans son sein, suivant la ridicule expression de ces visionnaires de tout à l'heure, l'étincelle divine qui s'empare de l'être qu'elle habite et dévore qui lui résiste ; si cet enfant doit véritablement se fourvoyer dans le délire de l'art et dans la vie d'artiste, il faudra dès lors qu'un bon éducateur le contraigne à une sage *diète* de l'esprit, par exemple à la complète suppression de toute nourriture fantastique ou « exagérée » (les poésies et les compositions dites fortes, de Mozart, Beethoven, etc.), comme aussi à la représentation soigneusement répétée à l'esprit de l'enfant de la *tendance* absolument subordonnée de chacun des arts et de la situation tout inférieure de l'artiste, qui n'a ni rang, ni titre, ni richesse... afin de remettre très doucement dans la bonne voie le jeune sujet égaré, en sorte qu'à la fin il éprouve pour l'art et les artistes ce dédain solide qui ne peut être porté assez loin comme vrai remède contre toute excentricité.

Les artistes pauvres, qui ne sont pas encore tombés dans la démence que j'ai décrite plus haut, je ne crois vraiment pas les mal conseiller si je leur propose, pour s'arracher tant soit peu à leur penchant qui ne mène à rien, d'apprendre à côté quelque petit métier : ils vaudront alors au moins quelque chose comme membres utiles de l'État... Ainsi, moi, un connaisseur m'a dit que j'avais la main bien faite pour fabriquer des pantoufles, et je n'ai aucune répugnance à donner l'exemple en me faisant apprenti chez Schnabler, le maître pantouflier d'ici, qui se trouve être de surcroît M. mon parrain...

Je trouve, en relisant ces pages, que la démence de plus d'un musicien y a été représentée d'une façon très juste, et c'est avec une secrète horreur que je me sens à eux apparenté. Satan me chuchote à l'oreille que plus d'une chose, si loyalement pensée cependant, pourra bien leur paraître une déplorable ironie. Mais je le jure encore une fois : c'est contre vous, contempteurs de la musique, qui qualifiez d'inutiles fredons les chants et les pianotages si édifiants des enfants, et regardez la musique comme un art mystérieux et sublime qui n'est digne que de vous, c'est contre vous que mes paroles ont été dirigées ; et c'est en prenant en main l'arme la plus sévère que je vous ai donné à entendre que la musique est une excellente, une utile découverte de Tubalcaïn ressuscité, qu'elle égaie et distrait l'humanité, et qu'ainsi elle contribue d'une agréable, d'une paisible manière au bonheur du foyer, ce qui est la plus noble *tendance* que doit poursuivre tout homme cultivé.

IV

LA MUSIQUE INSTRUMENTALE DE BEETHOVEN [1]

On parle de la musique comme d'un art qui se suffit à lui-même, mais ceci n'est vrai que de la seule musique instrumentale, qui repoussant avec dédain toute aide, toute ingérence d'un autre art (la poésie), exprime si clairement l'essence propre de la musique qu'on ne peut vraiment la saisir qu'en elle. C'est le plus romantique de tous les arts ; on pourrait presque dire le seul véritablement romantique, car l'infini seul est son objet. La lyre d'Orphée a ouvert les portes des Enfers ; la musique ouvre à l'homme un royaume inconnu, un monde qui n'a rien de commun avec le monde sensible qui l'entoure, et dans lequel il se défait de tout sentiment défini pour s'abandonner à une aspiration ineffable.

Avez-vous seulement pressenti ce caractère essentiel, ô vous, pauvres compositeurs de musique instrumentale qui vous torturez à grand-peine à dépeindre des sentiments définis, que dis-je… des événements ? Mais comment a-t-il pu seulement vous venir à l'esprit de traiter plastiquement un art diamétralement opposé à la plastique ? Vos levers de soleil, vos tempêtes, vos *Bataille des trois empereurs*, etc. n'ont jamais été que de ridicules égarements qui ont encouru la juste punition d'un oubli total.

Dans le chant, où la poésie donne à entendre, par des paroles, des passions déterminées, la magique puissance de la musique agit comme le merveilleux élixir de sagesse, dont quelques gouttes rendent toute boisson plus précieuse et plus exquise. Chaque passion – amour, haine, colère, désespoir, etc. – telle que l'opéra nous la présente, la musique la revêt de

1. Article écrit au lendemain de la publication de la *Cinquième symphonie en ut mineur* (op. 67) et des deux trios en *ré* et *en mi bémol* (*op.* 70) – c'est-à-dire en 1809.

la pourpre brillante du *romantique*, et ce sont les impressions mêmes de la vie qui nous emportent, loin de la vie, dans le royaume de l'infini.

Si fort est le « charme » de la musique : gagnant sans cesse en puissance, il lui a fallu briser chacune des chaînes qui la retenaient attachée aux autres arts !

Certes, ce n'est pas seulement grâce à la facilité des moyens d'expression (perfectionnement des instruments, virtuosité plus grande de l'artiste), mais par leur plus profonde et plus intime connaissance de l'essence propre de la musique que les compositeurs de génie ont élevé la musique instrumentale à la hauteur qu'elle atteint aujourd'hui.

Mozart et Haydn, les créateurs de la musique instrumentale moderne, ont été les premiers à nous montrer cet art dans la plénitude de sa gloire ; mais celui qui sut le contempler d'un amour vraiment intense et le saisir dans le plus intime de son être, c'est Beethoven ! Les compositions instrumentales des trois maîtres respirent un égal esprit romantique, qui repose dans la même compréhension intime de l'essence propre de l'art ; le caractère de leurs compositions diffère cependant d'une façon remarquable.

L'expression d'une âme sereine d'enfant domine dans les œuvres de Haydn. Ses symphonies nous conduisent dans d'immenses plaines verdoyantes, au milieu d'une foule joyeuse et bigarrée. Heureux, des jeunes gens et des jeunes filles défilent devant nos yeux en aériens cortèges ; des enfants rieurs s'épient derrière les arbres, derrière les buissons de roses, et jouent à se jeter des fleurs. C'est une vie pleine d'amour, de félicité, comme avant le péché, dans une éternelle jeunesse ; ni souffrance, ni douleur, mais seulement un doux et mélancolique désir aspirant à cette chose aimée qui, dans le lointain là-bas, flotte dans l'éclat du soleil couchant, sans s'approcher, sans s'évanouir ; et tant qu'elle est là, la nuit ne tombe pas, car elle est elle-même cette lueur vespérale qui illumine les monts et la plaine…

C'est dans les abîmes du royaume des esprits que nous conduit Mozart. Une peur nous saisit, mais sans souffrance, et c'est plutôt le pressentiment de l'infini. L'amour et la mélancolie résonnent dans les gracieuses voix des esprits ; la nuit s'efface dans un brillant éclat de pourpre, et émus d'un désir ineffable, nous nous élançons vers ces fantômes qui nous attirent si amicalement dans leurs rangs, flottant parmi les nuages dans l'éternelle ronde des sphères (voir la *Symphonie en mi bémol majeur* de Mozart, connue sous le nom de *Chant du cygne* [1]).

De même, la musique instrumentale de Beethoven nous ouvre le royaume du prodigieux et de l'incommensurable. D'éclatants rayons sillonnent l'épaisse nuit de ce royaume, et nous découvrons des ombres gigantesques, qui volent de toutes parts et nous enserrent de plus en plus étroitement ; elles anéantissent notre être, mais non l'angoisse de l'infini désir dans lequel fléchit et disparaît chacune des voluptés qui jaillissent comme des éclairs en sons exultants de joie. Et c'est seulement par cette souffrance, qui, absorbant en soi amour, espérance, joie (sans les détruire toutefois), veut faire éclater notre sein dans un accord parfait de toutes les passions – que nous vivons en avant, que nous devenons des voyants transportés par l'extase.

Le goût romantique est rare ; plus rare encore le talent romantique : c'est pourquoi il en est si peu qui aient le pouvoir de faire résonner cette lyre dont le son embrase tout le royaume merveilleux du romantisme.

Haydn saisit romantiquement l'humanité dans sa vie « humaine ; il est plus *commensurable*, plus intelligible pour la masse.

Mozart s'empare plutôt du surhumain, du merveilleux qui habite l'intime de notre esprit.

La musique de Beethoven, elle, fait jouer les ressorts de la

1. Symphonie n° 39, K. 543 (1788).

peur, de l'effroi, de l'épouvante, de la douleur, et excite tout justement cette aspiration infinie qui est l'essence du romantisme. Il est par conséquent un pur compositeur romantique ; et ne se peut-il pas que de là vienne qu'il ait moins réussi dans la musique vocale, laquelle admet mal ce caractère d'aspiration imprécise, préférant faire résonner dans l'infini les seules passions qu'expriment les mots ?

Le puissant génie de Beethoven accable la plèbe des musiciens ; c'est en vain qu'elle prétend se roidir pour lui faire face. Mais nos juges à l'esprit sage jettent autour d'eux des regards nobles ; ils nous affirment qu'on peut les en croire sur parole, comme des hommes de haute intelligence et de vue profonde, et déclarent que ce bon Beethoven n'est assurément pas dépourvu d'une très riche et d'une très vive imagination, mais qu'il ne sait pas y mettre un frein ! A les en croire, il ne saurait même être ici question du choix et de la formation des idées : Beethoven jette tout au hasard, selon la soi-disant méthode du génie, comme le lui suggère sur le moment son imagination dans l'ardeur du travail. Mais n'est-ce pas plutôt qu'échappe à *votre* faible regard l'intime et profonde cohésion de chacune des compositions de Beethoven ? Que *vous seuls* êtes responsables si vous ne comprenez pas la langue du maître, parfaitement intelligible pour l'initié ? Que pour vous enfin la porte du sanctuaire le plus secret demeure fermée ?

A dire vrai, le maître (qui du point de vue de la réflexion se situe exactement au même rang que Haydn et Mozart) se place d'emblée au-dessus du royaume des sons, et y règne en souverain absolu. Les géomètres de l'esthétique ont souvent crié contre l'absence complète d'unité et de cohésion intimes qu'on remarque dans Shakespeare ; tandis qu'un regard plus profond voit en lui un bel arbre dont les feuilles, les fleurs et les fruits sont issus d'une graine unique. C'est ainsi que seule une très intime initiation à la musique instrumentale de Beethoven permet d'y voir à l'œuvre cette haute conscience, inséparable du vrai génie, que nourrit l'étude de l'art.

Quelle œuvre instrumentale de Beethoven confirme plus hautement tout ceci que la magnifique (au-delà de toutes proportions), que la profonde *Symphonie en ut mineur* ! Comme cette prodigieuse composition conduit irrésistiblement l'auditeur, par une gradation qui sans cesse l'élève, dans le royaume des esprits de l'infini ! Rien de plus simple que ce motif principal du premier *allegro*, qui ne consiste qu'en deux mesures, et n'indique même pas, dans ce début à l'unisson, le ton du morceau à l'auditeur. Ce caractère de désir inquiet, agité, que porte en elle cette phrase, le mélodieux développement le met encore mieux en lumière ! Il semble que la poitrine, serrée et angoissée par le pressentiment de l'immense, de l'anéantissement qui menace, veuille en des sons déchirants se donner violemment de l'air ; mais bientôt une aimable image surgit, toute brillante, qui illumine cette nuit profonde et effrayante (voyez le gracieux thème en sol majeur, établi d'abord légèrement par le cor en mi bémol majeur)…

Quelle simplicité – il faut le dire encore – dans ce thème que le maître a posé comme fondement à tout l'ensemble ! et comme toutes les phrases qui le cernent, qui le traversent, viennent merveilleusement se ranger autour de lui, dans leur juste proportion rythmique, comme pour exalter toujours davantage le caractère de l'*allegro* que le thème principal n'a fait qu'indiquer. Toutes ces phrases sont courtes ; presque toutes consistent en deux ou trois mesures, et encore divisées par la continuelle alternance des instruments à vent et à cordes. On croirait que de pareils éléments ne pourra jamais sortir que quelque chose de morcelé, d'insaisissable, et au lieu de cela, c'est justement cette ordonnance de l'ensemble, comme aussi la continuelle et successive répétition des phrases et des accords isolés, qui élève jusqu'au plus haut sommet le sentiment d'un désir ardent, ineffable. Aussi, sans même parler de ce que le maniement du contrepoint témoigne ici d'étude profonde de l'art, ce sont bien ces phrases incidentes, ces rappels continuels du thème principal qui mettent en évidence combien le grand maître a, dans son esprit, saisi et médité l'ensemble en un seul élan passionné.

Ne résonne-t-il pas comme la suave voix d'un esprit, qui emplit notre cœur d'espoir et de confiance, le gracieux thème de l'*andante con moto* en la bémol majeur ? Mais ici encore surgit le génie effrayant qui dans l'*allegro* pénétrait l'âme d'angoisse, menaçant à tout moment de crever la nuée d'orage où on l'a vu disparaître ; et devant ses éclairs s'envolent au plus vite les aimables images qui nous entouraient.

Que dire du menuet ? Écoutez les originales modulations, leurs résolutions dans l'accord majeur de dominante, que la basse saisit au passage comme tonique du thème suivant en mineur – et ce thème lui-même, qui se déploie en quelques mesures ! Ne vous saisit-il pas de nouveau, alors, ce désir ardent, inquiet, indicible, ce pressentiment du merveilleux royaume des esprits où le maître commande ? Mais voici que brille, comme un éblouissant rayon de soleil, le superbe thème de la phrase finale, au milieu de la joie exultante de l'orchestre tout entier… Quels extraordinaires dessins de contrepoint s'enlacent et se combinent ici de nouveau, pour la plus grande beauté de l'ensemble !

Pour plus d'un auditeur, tout cela peut bien n'être que le mugissement fugitif d'une géniale rhapsodie ; mais quiconque réfléchit sera à coup sûr profondément et intimement saisi en son âme d'un sentiment qui n'est autre que le désir ineffable et plein de pressentiment dont nous parlions ; jusqu'à l'accord final, et même dans les moments qui suivront, il ne pourra sortir du merveilleux royaume des esprits où douleur et plaisir, exprimés en sons, le tiennent enchaîné.

Les phrases dans leur structure intime, leur développement, leur instrumentation, la manière dont elles se succèdent, tout travaille en vue d'un but unique ; mais c'est principalement l'affinité secrète des thèmes entre eux qui produit cette unité qui seule peut fixer et retenir l'auditeur en un sentiment unique. Cette affinité-là devient manifeste à l'auditeur pour peu qu'il la déduise de l'enchaînement de deux phrases, ou s'il aperçoit la basse fondamentale commune à deux phrases différentes ; mais il est une affinité plus profonde, qui ne se démontre pas de cette façon, qui ne s'exprime souvent que d'esprit à esprit, et c'est justement celle-là qui domine sous les phrases des deux allégros et du menuet, et qui proclame magnifiquement le génie réfléchi du maître.

Combien profondément se sont gravées aussi dans mon âme, ô noble maître, tes superbes compositions de piano ! Que tout me paraît donc maintenant fade et insignifiant, qui n'est pas de toi, même du sage Mozart et du puissant Sébastien Bach ! Avec quelle joie n'ai-je pas reçu ton *opus* 70, tes deux magnifiques trios ! Car je savais d'avance qu'après les avoir un peu étudiés je serais à même de bien les comprendre. Et c'est là que j'ai le bonheur d'en être ce soir – comme un homme qui se promène à travers les labyrinthes treillissés d'arbres rares, de plantes et de fleurs merveilleuses d'un parc fantastique, et qui s'y enfonce toujours plus profondément –, à ne pouvoir réussir à sortir des extraordinaires enchevêtrements et des sinuosités de tes trios ! Les charmantes voix de sirènes de tes phrases, toutes brillantes d'une variété aux mille couleurs, me captivent et m'attirent vers elles avec de plus en plus de force. La spirituelle dame qui m'a joué aujourd'hui si parfaitement, à moi, le maître de chapelle Kreisler en personne, et spécialement en mon honneur, le trio n° 1 (je suis encore assis, à écrire, à son piano), m'a fait voir bien clairement à quel point il ne faut attacher son attention qu'à ce que le « génie » produit, et tenir tout le reste pour mauvais !

Je viens justement de répéter par cœur sur le piano quelques-unes des plus frappantes modulations de ces deux trios… Sans doute est-il bien vrai que le piano (le « pianoforte ») reste en somme un instrument plus utile pour l'harmonie que pour la mélodie. La plus délicate expression dont il soit capable ne donne pas à la mélodie cette vie toute mobile dans ses mille et mille nuances, que l'archet du violoniste, le souffle du joueur d'instrument à vent est si bien en mesure d'évoquer. C'est en vain que le pianiste se débat dans les difficultés insurmontables que le mécanisme lui oppose en faisant vibrer et résonner les cordes. Mais en revanche (la harpe mise à part, dont les ressources sont encore bien plus limitées), il n'est vraiment aucun instrument qui, aussi bien que le piano, saisisse en ses pénétrants accords le monde de l'harmonie, déployant à l'intention du connaisseur ses trésors sous les formes et les images les plus merveilleuses. L'imagination du maître a-t-elle embrassé tout un tableau harmonique, avec ses groupes colorés, ses vives lumières, ses profonds dégradés d'ombre, il peut sur le piano lui rendre la vie et le faire surgir de son univers intérieur, avec toutes ses couleurs, tout son éclat.

La partition d'orchestre, ce véritable livre magique musical, qui conserve dans ses signes cabalistiques toutes les merveilles de l'art des sons, ce chœur mystérieux des instruments les plus divers, prend vie au piano sous les mains du maître, et un morceau de la partition bien exécuté de cette façon, avec toutes les parties, pourrait être comparé à une excellente gravure exécutée d'après un grand tableau. Pour l'improvisation, pour le déchiffrage d'une partition, pour les sonates en solo, les accords, etc., le piano est supérieurement approprié ; de même pour les trios, les quatuors, les quintettes, etc. où entrent en ligne les instruments à cordes ordinaires, et qui appartiennent indiscutablement au genre de la composition de piano, du seul fait que s'ils sont dans les vraies données, c'est-à-dire exactement composés pour quatre, cinq parties, etc. : tout s'y résout en une seule harmonie, qui exclut par essence l'effet d'instruments isolés se livrant à de brillantes cadences.

Je professe une véritable aversion pour tout ce qui s'appelle concerto pour piano. (Ceux de Mozart et de Beethoven ne sont pas tant des concertos que des symphonies avec piano obligé.)

Ici, la virtuosité de l'interprète doit briller dans des cadences et dans l'expression de la mélodie ; mais le meilleur pianiste sur le plus parfait instrument s'ingénie en vain à atteindre ce que le violoniste, par exemple, obtient presque sans effort. Et puis tout solo, après le tutti complet des instruments à cordes et à vent, sonne froid et mesquin, et l'on s'extasie devant l'agilité du doigt, du virtuose, etc., sans que le cœur soit vraiment touché.

Mais comme le maître a donc bien saisi l'esprit le plus caractéristique de l'instrument, et avec quel soin il a su s'y conformer ! Un thème mélodique simple mais fécond, apte à recevoir les plus diverses variations contrapuntiques, est à la source de chaque phrase ; tous les autres thèmes et figures secondaires sont intimement fondus dans cette idée centrale, en sorte que tout s'enlace et se coordonne, par l'entremise de tous les instruments, dans la plus parfaite unité. Voilà pour la structure de l'ensemble ; mais dans cet édifice artistement agencé se succèdent en une fuite incessante les images les plus merveilleuses, où se côtoient et se confondent joie et douleur, mélancolie et volupté. D'étranges personnages commencent une danse joyeuse, et tantôt se fondent en un foyer de lumière, tantôt s'éparpillent en étincelant, en scintillant, se chassant et se poursuivant en groupes infiniment variés. Et au sein de tout ce monde d'esprits qui s'est ouvert à elle, l'âme écoute, en extase, cette langue inconnue, et comprend les mystérieux pressentiments qui l'ont envahie.

Seul a réellement pénétré dans les mystères de l'harmonie le compositeur qui par elle a pu agir sur l'âme des hommes. Les proportions mathématiques, qui ne sont pour le théoricien sans génie que des règles mortes et rigides, deviennent pour lui autant de préparations magiques dont il fait surgir un monde enchanté.

Malgré la douceur qui domine particulièrement dans le premier trio, même en y comprenant le mélancolique *largo*, le génie de Beethoven demeure ici grave et solennel. Il semble de l'avis du maître qu'on ne peut jamais parler de choses profondes et mystérieuses – même quand l'esprit intimement familiarisé à elles se sent joyeusement et gaiement exalté – en usant de paroles ordinaires, mais seulement de mots soutenus et nobles : la danse des prêtres d'Isis ne peut être qu'un hymne exultant de joie.

La musique instrumentale, là où elle doit produire un effet purement musical, et ne pas servir quelque but dramatique déterminé, doit éviter les jeux frivoles et les lazzi. Le sentiment vraiment profond – pour peu qu'il cherche à rendre cette impression de joie qui, plus noble et plus belle que celle de notre monde rétréci, vient de contrées inconnues embraser dans notre cœur une vie tout intime, pleine de délices – cherche une expression plus haute que ne peuvent la fournir les mots ordinaires, consacrés au plaisir terrestre et borné. Aussi cette gravité de toute la musique pianistique et instrumentale de Beethoven bannit déjà toutes les cadences casse-cou, avec gammes des deux mains à la fois, tous les sauts étranges, les capriccios ridicules, les notes lancées à la volée au-dessus de quintuples et sextuples croches, dont sont remplies les compositions de piano à la dernière mode.

S'il s'agit de la simple vélocité des doigts, les compositions pour piano du maître ne présentent aucune difficulté particulière, car ce peu de roulades, de triolets, etc., tout pianiste exercé doit en triompher sans peine ; et pourtant leur exécution n'est pas sans poser certaines difficultés. Plus d'un prétendu virtuose rejette les morceaux de piano du maître avec ce reproche : « trop difficile ! » et il ajoute encore : « et très ingrat ! » Pour ce qui est de la difficulté, l'exacte et convenable exécution d'une composition de Beethoven ne comporte rien de particulier, si ce n'est qu'il faut l'embrasser, la pénétrer profondément dans son essence, qu'il faut, dans la conscience de sa propre consécration, entreprendre hardiment de franchir le cercle des magiques apparitions qu'évoque son charme tout-puissant. Celui qui ne consent pas à cette initiation, celui qui ne considère la sainte musique que comme un jeu, comme un passe-temps pour les heures creuses, comme l'agrément d'un instant pour des oreilles blasées, qui ne la pratique qu'en vue de l'effet ou d'une *ostentation* personnelle : qu'il s'abstienne !

Seul, du reste, un pareil individu pensera à formuler le reproche de tout à l'heure : « et parfaitement ingrat ! » Le véritable artiste ne vit que dans l'œuvre même, qu'il a embrassée selon le sentiment du maître, et qu'il exécute comme telle. Il dédaigne de faire valoir si peu que ce soit sa personnalité, et toute son attention, tout son effort, tendent à ce but unique : rappeler à la vie, toutes brillantes de leurs mille couleurs, les charmantes images, les magnifiques apparitions que le maître, dans sa magique puissance, a enfermées en son œuvre, de sorte qu'elles enlacent l'auditeur dans des cercles étincelants de lumière et qu'enflammant son imagination, son sentiment le plus intime, elles l'emportent à tire-d'aile vers le lointain, vers l'invisible royaume des sons.

V

PENSÉES TRÈS DÉTACHÉES

Autrefois déjà, lorsque j'étais encore à l'école, j'avais l'habitude de noter ce qui me venait à l'esprit après la lecture d'un livre, l'audition d'un morceau de musique, l'examen d'un tableau, ou encore ce qui m'arrivait à moi de remarquable. Je m'étais fait relier pour cet usage un petit cahier sur lequel j'avais écrit le titre : « Pensées détachées ». Mon cousin, qui partageait ma chambre et poursuivait d'une ironie positivement maligne mes essais esthétiques, trouva le petit cahier et écrivit sur le titre, avant le mot *détachées*, cet autre mot : *très* ! Or à mon vif dépit, après m'être bien indigné contre ledit cousin, et comme je relisais une fois de plus ce que j'avais écrit, je trouvai que beaucoup de ces pensées détachées étaient en effet *très* détachées… sur quoi je jetai tout le cahier au feu et fis vœu de ne plus rien écrire ainsi, mais de tout *digérer* en moi-même de façon à laisser mûrir mes impressions.

Mais voici que j'examine ma bibliothèque musicale, et je constate à mon grand effroi qu'il m'arrive encore de me livrer à cette mauvaise habitude, étant cependant bien plus âgé et, comme on devrait penser, plus sage : et je m'y livre plus assidûment que jamais. Ne vois-je pas que sur presque toutes les pages blanches, toutes les couvertures de mes partitions, j'ai gribouillé des pensées à coup sûr *très* détachées ? Si un jour, lorsque j'aurai d'une ou d'autre façon disparu, un fidèle ami trouve à cette mienne succession une valeur positive, ou même (comme on a quelquefois l'habitude de le faire) en fait copier et porter à l'impression une partie, je le supplie d'avoir la pitié d'être sans pitié pour les pensées vraiment *très*, *très* détachées, et de les jeter au feu ; et quant aux autres, qu'il leur conserve, en manière de *captatio benevolentiae*, le titre que leur avait mis un écolier, avec la malicieuse apostille de son cousin.

On a beaucoup débattu aujourd'hui sur notre Sébastien Bach et sur les vieux maîtres italiens, sans pouvoir du tout s'accorder sur celui à qui devait aller la préférence. Alors mon spirituel ami a conclu ainsi :

– La musique de Sébastien Bach est à celle des vieux maîtres d'Italie ce que la cathédrale de Strasbourg est à Saint-Pierre de Rome.

Que cette vraie, cette vivante image m'a profondément saisi ! Dans les motets à huit voix de Bach, je vois l'architecture hardie, merveilleuse, romantique de la cathédrale, avec tous ses ornements fantastiques qui contribuent si artistement à l'impression d'ensemble, à cette sensation d'élan aérien tout de splendeur et de fierté. Quant aux chants pieux de Benevoli, de Perti : j'y reconnais les pures et grandioses proportions qui donnent aux masses énormes la *commensurabilité* indispensable, et élèvent l'âme en la remplissant d'une horreur sacrée.

Ce n'est pas tant en rêve que dans cet état de délire qui précède le sommeil, et particulièrement quand j'ai entendu beaucoup de musique, que je perçois comme un accord général des couleurs, des sons et des parfums. Il me semble que tous se manifestent de la même façon mystérieuse, comme à travers un rayon lumineux, pour s'unir ensuite en un merveilleux concert… L'odeur des œillets rouge sombre exerce notamment sur moi un pouvoir étrange et magique : involontairement je sombre dans un état de rêve, et j'entends alors, comme venus du lointain, s'enflant puis expirant, les sons profonds du cor de basset.

Il est des instants – surtout lorsque j'ai lu longtemps les œuvres du grand Sébastien Bach – ou les proportions numériques de la musique, et même les règles mystérieuses du contrepoint éveillent en moi une terreur secrète… Musique ! c'est avec un étrange frisson, c'est avec une espèce d'horreur même que je prononce ton nom ! Ô toi, sanscrit de la nature, exprimé par des sons ! Le profane contrefait ton langage en bégaiements enfantins ; l'impie qui te singe s'abîme dans sa propre ignominie !

On débite fréquemment sur les grands maîtres de petites anecdotes, qui sont si puérilement imaginées, ou racontées avec une si sotte ignorance, qu'elles me blessent toujours et m'indignent quand il me faut les entendre. Telle est par exemple la petite histoire de l'ouverture de *Don Juan* de Mozart, si prosaïquement absurde que j'en suis à me demander comment des musiciens même, auxquels on ne peut refuser quelque connaissance des choses, peuvent l'accueillir et la débiter comme cela est arrivé aujourd'hui encore ! Mozart aurait à les en croire remis de jour en jour, l'opéra étant depuis longtemps terminé, la composition de l'ouverture ; et la veille encore de la première représentation, comme ses amis en souci le croyaient à sa table de travail, il serait allé, tout joyeux, faire une promenade en voiture. Enfin le jour de la première, de bon matin, il aurait en quelques heures « composé » l'ouverture, si bien que l'encre était encore toute fraîche sur les partitions quand on les apporta au théâtre. Et tout le monde de s'étonner et d'admirer la rapidité avec laquelle Mozart a conçu ce morceau… Pourtant c'est bien de la même admiration qu'on devrait gratifier le premier copiste venu, pourvu qu'il soit tant soit peu leste et habile.

Ne croyez-vous pas que le maître qui a porté si longtemps en son esprit ce *Don Juan*, son œuvre la plus profonde, celle qu'il a composée pour « ses amis », c'est-à-dire pour ceux-là précisément qui le comprenaient dans son essence intime ; ne croyez-vous pas qu'il le portait en lui depuis longtemps, qu'il en avait ordonné et poli tout l'ensemble, avec tous ses éléments splendides et pleins de caractère, comme si l'œuvre était venue d'une seule coulée et sans défauts ? Ne croyez-vous donc pas que cette ouverture, reine de toutes les ouvertures, dans laquelle tous les motifs de l'opéra sont déjà esquissés avec tant de beauté et de vie, était exactement aussi achevée que l'œuvre entière avant que le maître eût pris la plume pour la transcrire ?

Si l'anecdote est vraie, c'est sans doute que Mozart a voulu, par ce retard de copie, taquiner ses amis qui n'avaient cessé de lui parler de la « composition » de l'ouverture ; car il devait trouver bien ridicule leur crainte qu'il ne pût trouver les heures nécessaires pour un travail qui n'avait en somme plus rien que de mécanique : puisqu'il ne s'agissait pour lui que de coucher par écrit l'œuvre reçue en un moment d'inspiration et longuement élaborée ensuite dans l'intime de son être.

Et dire que bien des personnes ont voulu trouver dans l'*allegro* le réveil en sursaut de Mozart qui aurait involontairement cédé au sommeil en composant ! Ah ! les plaisantes gens ! Je me souviens qu'un jour, à une représentation de *Don Juan*, quelqu'un se plaignit amèrement à moi : que toute cette histoire de statue et de démons était au fond terriblement peu naturelle ! Je demandai en souriant à ce quelqu'un s'il n'avait pas remarqué depuis longtemps déjà que cet homme blanc cachait un très maudit et rusé commissaire de police, et que les démons n'étaient autre chose que des sergents déguisés, et l'enfer enfin tout bonnement la prison où *Don Juan* allait être écroué pour ses péchés ; et je lui recommandai de prendre ainsi le tout du point de vue allégorique ! Sur quoi mon homme, tout enchanté, fit claquer ses doigts l'un après l'autre, et se mit à rire et à s'esbaudir, prenant soudain en pitié les autres spectateurs qui se laissaient si grossièrement abuser... Puis quand on parla devant lui des puissances infernales évoquées par Mozart du fond de l'Orcus, il sourit en me regardant d'un air extrêmement malin, auquel je répondis de même. Il pensait : « Nous savons ce que nous savons ! » Et il avait joliment raison !

Il y a longtemps que je ne m'étais amusé et diverti aussi bien que ce soir ! Mon ami est entré en jubilant dans ma chambre et m'a annoncé qu'il avait découvert dans une auberge du faubourg une troupe de comédiens qui, chaque soir, devant des hôtes d'aventure, présente les plus grandes tragédies et comédies du répertoire. Nous nous y rendîmes aussitôt. A la porte de la salle était collée une affiche manuscrite où il était dit, après les salutations humbles et navrées de la digne compagnie dramatique, que le choix de la pièce à jouer dépendait chaque soir de l'honorable public assemblé, et que l'aubergiste s'empresserait de servir de bonne bière et de tabac ses nobles hôtes des premières places.

Cette fois, sur la proposition de M. le directeur, on choisit *Jeanne de Montfaucon* [1], et j'ai pu me convaincre que, repré-

1. Mauvais drame de Kotzebue, fort sérieux du reste et nullement ironique, mais dont Hoffmann prend prétexte pour railler l'auteur sur le dos de ses interprètes de hasard.

sentée « ainsi », la pièce est d'un effet absolument indescriptible. C'est là qu'on aperçoit clairement comment le poète s'est particulièrement proposé d'ironiser sur la poésie ; ou mieux, combien il a voulu rendre risible le faux pathos, la poésie qui n'est pas poétique : de ce point de vue, cette *Jeanne* est une des plus divertissantes bouffonneries qu'il ait jamais écrites. Les comédiens et les comédiennes ont très bien saisi ce sentiment caché de la pièce, et arrangé la mise en scène d'une façon digne de tout éloge.

N'était-ce pas, par exemple, une heureuse idée qu'à ces mots échappés de la bouche de Jeanne (en proie à un désespoir comique) : « Il doit faire des éclairs !... » le directeur, sans craindre les dépenses de colophane, ait véritablement fait briller deux éclairs de suite ? Sauf le petit accident qui, dans la première scène, fit écrouler par hasard, et sans autrement de bruit, le château haut de six pieds (construit en papier), découvrant soudain un tonneau de bière au haut duquel, comme de son balcon ou de sa fenêtre, Jeanne était en train de haranguer de tout son cœur ses braves paysans – à part cela, les décors étaient magnifiques, principalement les montagnes suisses, traitées elles aussi dans l'esprit de la pièce, avec une heureuse ironie. De même le costume exprimait parfaitement la leçon que le poète veut donner, par la peinture de ses héros, aux sous-poètes : « Voyez ! veut-il dire en effet, voilà vos héros ! Au lieu des forts et agiles chevaliers du beau temps jadis, ce sont les femmelettes larmoyantes de notre siècle qui se démènent indécemment, et croient ensuite en avoir fait assez. » Tous les chevaliers qui paraissaient dans la pièce, l'Estavajell, le Lazarra, etc., arrivaient sur scène en tenue de ville, se bornant à jeter une écharpe par-dessus et à planter deux plumes à leur chapeau.

On avait encore imaginé une disposition vraiment extraordinaire, et qui mériterait d'être adoptée par les grandes scènes ! Je veux la noter, afin de ne jamais la laisser échapper de ma mémoire. Je ne pouvais assez m'étonner d'une chose :

savoir la grande précision des entrées et des sorties, et le remarquable accord de l'ensemble ; d'autant que le choix de la pièce était laissé au public : la troupe devait donc se tenir prête à jouer quantité de pièces sans autre préparation. A un mouvement quelque peu grotesque et visiblement involontaire d'un comédien placé dans la coulisse, je remarquai, à l'aide d'une lorgnette, que, des pieds des acteurs et des actrices, des fils très fins couraient vers le trou du souffleur, lequel les tirait au moment où ils devaient entrer ou sortir.

Un bon directeur, qui tient avant tout à ce que, sur la scène, tout émane de sa propre intelligence, de son propre avis, pourrait pousser ceci plus loin encore… De même que dans la cavalerie on emploie pour les diverses manœuvres des « appels » (on désigne ainsi des sonneries de trompette) que suivent immédiatement les chevaux, de même pourrait-on imaginer différentes manières de tirer la ficelle pour signaler les diverses attitudes : exclamations… cris… élévation ou abaissement du ton, etc., et les employer avec avantage en restant assis à côté du souffleur. La plus grande faute d'un comédien, à punir d'un congé immédiat, comme d'une mort civile, serait dès lors quand le directeur pourrait justement l'accuser « d'avoir trop tiré sur la *ficelle* » – et le plus grand éloge de toute la représentation « tout a marché *au cordeau* ! »

De grands poètes et de grands artistes sont sensibles même à la critique d'esprits de second ordre… Ils se laissent, bien trop volontiers, louer, caresser, porter aux nues ! Mais croyez-vous donc que cette vanité-là, dont vous êtes si souvent imbus, puisse vraiment habiter les grands esprits ? C'est que tout mot amical, toute sollicitation bienveillante fait taire la voix intérieure qui crie sans cesse au véritable artiste : « Que ton vol est donc bas, encore paralysé par la puissance de l'élément terrestre ! secoue vite tes ailes et prends ton essor vers les étoiles resplendissantes ! » Pressé par la voix, l'artiste erre le plus souvent çà et là sans pouvoir retrouver sa patrie, jusqu'à ce que l'appel des amis le ramène pour un temps aux voies et aux sentiers abandonnés.

Quand je lis dans la « Bibliothèque musicale » de Forkel[1] la basse et injurieuse critique de l'*Iphigénie en Aulide* de Gluck, les impressions les plus extraordinaires remuent mon âme jusqu'en son tréfonds. Si ce grand homme, si noble, a lu cet absurde verbiage, il a dû être envahi par le même sentiment de malaise qu'éprouve dans un beau parc, au milieu des fleurs et de la nature épanouie, un promeneur soudain assailli par des chiens hurlants et glapissants : incapables de lui faire le moindre mal, ils l'importunent cependant au plus insupportable degré ! Mais de même qu'on entend parler volontiers, une fois la victoire remportée, des tribulations et des dangers qui l'ont précédée, parce qu'ils en rehaussent l'éclat, ainsi l'âme et l'esprit se raniment et s'exaltent à considérer encore les monstres contre lesquels le génie a brandi sa bannière victorieuse, les renvoyant à l'abîme de leur propre ignominie !

Consolez-vous… vous qui êtes méconnus, vous qui êtes courbés sous l'injustice de l'esprit du jour ! C'est à vous qu'une victoire *certaine* est promise, et *celle-là* est éternelle, tandis que les fatigues de votre lutte ne sont que passagères !

On raconte qu'un amateur d'art distingué réussit un jour, après que le conflit des gluckistes et des piccinnistes se fut un peu refroidi, à amener Gluck et Piccinni à se rencontrer à une soirée chez lui. Le compositeur allemand, sincèrement heureux de voir cette méchante querelle enfin terminée, aurait

1. C'est ce même érudit (1749-1818) qui écrivit un jour cette note : « Beethoven n'a pas donné une seule œuvre qui, dans son ensemble, puisse être considérée comme un chef-d'œuvre. »

sous l'excitation d'une joyeuse pointe de vin découvert au compositeur italien tout le mécanisme de son art, le secret qui lui permettait d'émouvoir et d'exalter les hommes, et particulièrement les Français, si blasés : des mélodies dans le vieux style français… un travail allemand par-dessus, c'était là tout le mystère.

Pourtant le réfléchi, le doux Piccinni, grand dans son genre, et dont le chœur des prêtres de la Nuit, dans *Didon*, retentit toujours dans mon cœur avec des accents frémissants, n'a écrit aucune *Armide*, aucune *Iphigénie* comme Gluck ! Suffit-il donc de savoir au juste comment Raphaël esquissait et exécutait ses peintures pour être soi-même un Raphaël ?

Nulle causerie sur l'art n'a pu s'engager aujourd'hui, pas même ce divin bavardage sans rime ni raison que je file si volontiers avec les dames, simplement parce que cela me fait l'effet d'une voix fortuitement donnée comme accompagnement à une mélodie mystérieuse et pourtant clairement devinée par chacun ; rien ne réussissait vraiment : tout roula sur la politique.

Quelqu'un se mit à dire :

– Le Ministre… n'a point prêté l'oreille aux réclamations de la cour de…

Or je sais que ce ministre-là n'entend effectivement pas du tout d'une oreille… Aussitôt surgit devant mes yeux une scène caricaturale, qui ne sort plus de mon esprit de toute la soirée ! Je voyais le ministre susdit, debout au milieu de la pièce, l'air roide, le négociateur de… se trouvant par malheur du côté sourd, et l'autre, son rival, au côté qui entend ! Et puis tous deux mettent en œuvre tous les moyens imaginables, ruses ou farces, l'un pour que Son Excellence se retourne, l'autre pour qu'elle reste dans sa position, puisque de cela seul dépend l'issue du débat. Mais l'Excellence demeure, comme un chêne allemand, solidement enracinée à sa place, et le succès est à celui qui a eu la bonne fortune de s'attaquer au côté *qui entend* !

Quel artiste jadis s'inquiétait des événements politiques du jour ? Il ne vivait que dans son art, et farouchement retranché en lui, il traversait ainsi la vie ; mais un siècle néfaste et pesant a saisi l'humanité de son poing de fer, et la douleur lui arrache maintenant des accents nouveaux, qui lui étaient jadis étrangers.

On parle beaucoup de l'inspiration que les artistes obtiennent de haute lutte par l'usage des boissons fortes ; on cite des musiciens et des poètes qui ne peuvent travailler qu'ainsi (les peintres, autant que je sache, ont échappé à ce reproche).

Je n'en crois rien… Mais il est certain que dans l'heureuse disposition, je devrais dire, sous la constellation favorable, où l'esprit passe de l'*incubation* à la *création*, la boisson spiritueuse stimule la révolution des idées. Voici une image qui n'est pas bien noble, mais l'imagination me fait ici l'effet d'une roue de moulin que les flots du torrent font tourner à pleine vitesse… L'homme verse le vin, et le mécanisme tourne plus alertement !

C'est une chose vraiment remarquable qu'un noble fruit porte en lui le secret de gouverner l'esprit humain dans ses accents les plus originaux, et d'une si merveilleuse façon ! Mais ce qui fume en ce moment devant moi dans mon verre, c'est une boisson qui, tel un mystérieux étranger changeant partout de nom pour rester inconnu, ne porte pas d'appellation particulière. On l'obtient par le procédé suivant : on flambe du cognac, de l'arak ou du rhum, et on laisse s'égoutter dedans un peu de sucre que l'on place à cet effet sur un gril.

La préparation et l'usage modéré de cette boisson ont pour moi quelque chose de bienfaisant et de réjouissant. Quand la flamme bleue s'élève en palpitant, je vois jaillir les salamandres, étincelant de tous leurs feux, prêtes à combattre les esprits terrestres qui résident dans le sucre. Ceux-ci résistent vaillamment ; ils crépitent en flammes jaunes à travers les rangs ennemis ; mais la force qui les attaque est trop considérable, et ils s'affaissent en pétillant et en sifflant... Alors les esprits de l'eau s'envolent, ils tourbillonnent en vapeur, tandis que les esprits de la terre attirent en bas les salamandres épuisées et les dévorent dans leur propre royaume. Eux aussi pourtant s'abîment à leur tour, et de hardis petits esprits nouveau-nés brillent et montent dans le rouge étincelant, et ce que les salamandres et les esprits de la terre ont engendré dans leur chute a tout à la fois l'éclat des uns et l'énergie des autres.

Si l'on devait vraiment conseiller de verser des spiritueux à la roue de moulin de l'imagination (ce dont je suis assez d'avis, parce que cela procure à l'artiste, outre l'essor plus rapide des idées, un certain bien-être, et même une bonne humeur qui facilite le travail), il serait possible de formuler à l'égard des boissons à choisir certains principes réguliers. Ainsi je conseillerais par exemple, pour la musique d'église, un vieux vin du Rhin français ; pour l'opéra sérieux, de l'excellent bourgogne ; pour l'opéra bouffe, du champagne ; pour les canzonettes italiennes, des vins capiteux. Mais pour une œuvre de haut romantisme comme *Don Juan*, un simple verre de cette boisson produite par l'alliance de la salamandre et des esprits terrestres, voilà tout ce qu'il faut ! Toutefois je laisse à chacun son idée ; je me bornerai simplement à remarquer à part moi, en silence, que l'esprit engendré par la lumière et par le feu souterrain, qui gouverne si hardiment les hommes, est des plus dangereux, et qu'il ne faut pas se fier à sa bonne amitié, attendu qu'il change très vite de mine, et qu'au lieu de l'ami bienveillant et commode c'est un tyran effrayant qui apparaît soudain.

On a raconté aujourd'hui l'anecdote bien connue du vieux Rameau, répondant gravement au prêtre qui, à l'heure de la mort, l'exhortait à la pénitence avec toutes sortes de mots durs et malveillants sans pouvoir s'arrêter de prêcher et de crier :

– Mais comment donc Votre Révérence peut-elle chanter si faux !

Je n'ai pas pu me joindre au bruyant éclat de rire de la compagnie, parce que je trouve à cette histoire quelque chose de singulièrement émouvant... Le vieux maître de l'art des sons a donc pu, au moment où il s'était déjà détaché de tout lien terrestre, vouer si totalement son esprit à la divine musique, que toute impression sensible venue de l'extérieur ne fût plus pour lui qu'une dissonance interrompant les pures harmonies qui emplissaient son âme, le tourmentant et entravant son essor vers le monde de la lumière !

En aucun art, la théorie n'est plus fragile, plus insuffisante qu'en musique. Les règles du contrepoint ne s'appliquent naturellement qu'à la structure harmonique, et une phrase exactement travaillée d'après elles est comme le croquis correct que le peintre ébauche selon les règles précises des proportions. Mais pour le *coloris*, le musicien est absolument abandonné à lui-même ; car l'instrumentation n'est pas autre chose. L'infinie variété des phrases musicales rend à elle seule impossible de hasarder seulement *une règle* ; on peut cependant, appuyé sur une vive imagination corrigée par l'expérience, donner certaines indications, dont je dirai qu'elles constituent dans leur ensemble une véritable « mystique des instruments ».

L'art de se servir, quand il le faut, soit de tout l'orchestre soit d'instruments isolés, est la *perspective musicale* ; et de même, la musique peut reprendre l'expression que lui a empruntée la peinture, le *ton*, et le distinguer du *mode*. Dès lors, dans un second sens, plus élevé, le *ton d'un morceau* serait le caractère plus profond qui s'exprime par le maniement particulier du chant et l'accompagnement de figures et de mélismes qui s'y rattachent.

Il est tout aussi difficile de faire un bon dernier acte qu'un finale réussi – l'un et l'autre sont ordinairement surchargés de figures, et le reproche « il ne peut arriver à conclure » n'est que trop souvent mérité. Pour les poètes comme pour les musiciens, ce n'est pas un mauvais système que de commencer par faire ces deux choses, le dernier acte et le finale. Au contraire, l'ouverture, ou le prologue, doivent sans exception être faits en dernier lieu.

VI

LE PARFAIT MACHINISTE

Quand je dirigeais encore l'orchestre de l'Opéra de ..., ma fantaisie ou le hasard me conduisaient souvent sur la scène, et je m'inquiétais fort de la décoration et de la machinerie. Mes méditations à ce sujet, poursuivies longtemps en silence, me suggérèrent enfin des conclusions que j'aimerais mettre en lumière dans un petit traité spécial, à l'usage et au profit du décorateur, du machiniste, et même du public, sous le titre : «*Le Parfait Machiniste*, par Johannès Kreisler », etc. Mais comme d'habitude dans la vie, le temps émousse les desseins les plus arrêtés, et qui sait si, outre le loisir convenable qu'exige cette œuvre théorique importante, l'humeur même me viendra aussi de l'écrire réellement ? Dès lors, pour sauver à présent de la ruine les premiers principes au moins, les idées les plus remarquables de l'excellente théorie par moi inventée, je me bornerai, autant que j'en suis capable, à écrire tout cela à la diable. Pour le reste, je suis d'avis que : *Sapienti sat* !

Pour commencer, je rends grâces à mon séjour à ..., auquel je dois d'avoir été complètement guéri de mainte erreur dangereuse où j'étais tombé ; comme aussi j'ai complètement perdu ma déférence enfantine pour des personnes que j'avais tenues jusque-là pour grandes et géniales. Je puis dire qu'après une diète intellectuelle forcée, mais très salutaire, ma santé fut reconquise par l'usage assidu, à moi conseillé, de l'eau si claire et si pure qui, à ..., et particulièrement au théâtre, jaillit ?… non ! mais s'écoule doucement et sans bruit de nombreuses sources.

Ainsi je pense encore avec une vraie honte intérieure à l'estime, à la puérile révérence même, que j'accordais au décorateur comme au machiniste du théâtre de … Tous deux partaient de ce principe insensé que décorations et machines devaient servir le poème sans qu'on les remarquât, et que dès lors, grâce à l'effet d'ensemble, le spectateur devait se trouver transporté tout entier hors du théâtre, comme sur des ailes invisibles, dans le monde fantastique de la poésie. Ils étaient d'avis qu'il ne suffit pas d'employer, pour parfaire l'illusion, des décors combinés avec une profonde érudition ou avec un goût raffiné, des machines agissant avec une puissance enchantée et incompréhensible aux yeux du spectateur. Selon eux, il était de la plus extrême importance d'éviter (et jusqu'au plus petit détail) tout ce qui eût pu nuire à l'effet final. Pas un décor placé contre l'intention du poète, non ! pas un ! Car souvent un seul arbre faisant saillie mal à propos… une seule corde qui pend, détruit toute l'illusion.

Il est très difficile, poursuivaient-ils, de maintenir le spectateur dans l'illusion qu'il aime, en ayant recours à de grandioses proportions ou à une noble simplicité, ou encore en éliminant avec soin tout ce qui risque de suggérer une comparaison entre les dimensions fictives du décor et celles de la réalité (par exemple avec les personnages qui entrent en scène), et d'entretenir ainsi l'illusion en dissimulant soigneusement le mécanisme des machines. Ainsi les poètes eux-mêmes, qui cependant voyagent volontiers dans le royaume de la fantaisie, pourraient-ils leur crier :

– Croyez-vous donc que vos montagnes et vos palais de toile, vos peintures sur des planches mal assurées puissent nous tromper un seul instant, malgré toute la largeur de vos scènes ?

Mais ce machiniste et ce décorateur répondraient encore que la faute en est à l'étroitesse de vues et à la maladresse de leurs collègues peintres et architectes, qui au lieu de concevoir leurs travaux dans l'esprit poétique le plus élevé, auraient avili la scène quand elle eût été plus vaste encore (ses dimensions n'ayant d'ailleurs pas autant d'importance qu'on le croit), jusqu'à en faire la misérable boîte d'optique que l'on sait.

Par le fait, les profondes et terribles forêts, les colonnades à perte de vue, les cathédrales gothiques de ce décorateur, étaient d'un effet superbe… on ne pensait certainement pas à la peinture et à la toile. Le tonnerre souterrain du machiniste, ses écroulements aussi, remplissaient l'âme d'horreur et d'effroi, et ses motifs volants traversaient l'espace d'une façon aussi charmante que vaporeuse.

Ah ! ciel ! comment ces braves gens, malgré leur étalage de sagesse, ont-ils pu professer des opinions aussi fausses ! Mais peut-être abandonneront-ils, s'ils lisent ceci, leurs pernicieux phantasmes et arriveront-ils comme moi à quelque bon sens… Aussi vaut-il mieux que je m'adresse directement à eux et que je leur parle un peu de cette catégorie de représentations théâtrales pour lesquelles leurs talents sont le plus souvent mis à contribution – je veux dire les opéras. A la vérité, c'est seulement au machiniste que j'ai proprement affaire, mais le décorateur peut en tirer aussi son profit. Donc :

Messieurs !

Vous n'avez peut-être pas déjà remarqué vous-mêmes, et en ce cas je vais vous le révéler ici, que les poètes et les musiciens ont conclu contre le public une coalition des plus dangereuses.

En effet, ils n'ont pas conçu un moindre dessein que de chasser le spectateur hors du monde réel où il se trouve pourtant fort bien, et, après l'avoir complètement détaché de tout ce qui lui était familier et agréable, de le tourmenter de toutes les impressions et passions possibles – les plus préjudiciables qui soient à la santé ! Au théâtre, il lui faut rire, pleurer, s'effrayer, avoir peur, s'épouvanter comme il leur plaît à eux ; bref, selon le dicton, danser absolument au son de leur flûte. Ce n'est que trop souvent que leur méchant dessein leur réussit, et l'on a déjà vu bien des fois les tristes suites de leurs interventions malfaisantes. Plus d'un spectateur a cru véritablement, ne serait-ce qu'un instant, à ces machines fantastiques ; pas une seule fois il ne s'est avisé que les personnages ne parlent pas ici comme font les braves gens, mais qu'ils chantent ; et plus d'une jeune fille encore la nuit suivante, et jusqu'à deux jours après, n'a pu chasser de son esprit et de ses pensées toutes les apparitions que poète et musicien avaient bel et bien évoquées par leurs charmes, ni mener convenablement à bonne fin son tricot ou sa broderie.

Mais qui doit obvier à ce désordre, qui doit faire que le théâtre devienne un sage délassement, que tout y demeure paisible et tranquille, qu'aucune passion malsaine des sens ou de l'esprit n'y soit éveillée ? Qui ? Nul autre que vous, messieurs ! A vous incombe la douce obligation de vous unir, pour le bien de l'humanité éclairée, contre le poète et le musicien... Luttez hardiment, la victoire est sûre, car vous avez le moyen suprême entre les mains !

Le premier principe dont vous devez partir dans tous vos efforts c'est : guerre au poète et au musicien... Renversement de leur méchant dessein d'enlacer le spectateur dans de trompeuses illusions et de le chasser du monde réel. Il suit de là que juste à proportion de ce que font ces individus, de tous leurs efforts pour faire oublier au spectateur qu'il est au théâtre, vous devez au contraire, par une combinaison bien appropriée des décors et de la machinerie, le lui rappeler sans cesse. Ne m'avez-vous pas déjà compris, est-il donc nécessaire de vous en dire plus ? Mais je sais ! vous êtes tellement enfoncés dans vos combinaisons fantastiques que, même dans le cas où vous reconnaîtriez mon principe comme exact, vous ne sauriez découvrir les moyens même les plus simples de mener convenablement au but que nous avons en vue. Il faut que je vous mette, comme on dit, quelque peu sur la voie.

Eh bien, par exemple, vous n'imaginez pas de quel effet irrésistible peut être la simple introduction, dans le décor, d'un portant étranger. On voit aussi apparaître un fragment de chambre ou de salon au beau milieu d'un sombre caveau, et tandis que la *prima donna* se lamente avec les accents les plus émouvants sur sa captivité et sa prison, le spectateur rit sous cape, parce qu'il sait fort bien que le machiniste n'a simplement qu'à sonner pour faire disparaître ladite prison… qui dissimule mal un salon des plus accueillants ! Mais il y a mieux encore : ce sont les fausses frises et les toiles de fond montrant le nez dans le ciel, car elles enlèvent au décor tout entier sa soi-disant vérité, soudain révélée comme la plus honteuse imposture.

Il est pourtant des cas où le poète et le musicien, par leurs diaboliques artifices, savent si bien étourdir les spectateurs qu'ils ne remarquent rien de tout cela : emportés comme dans un monde étranger, ils se livrent entièrement à la séduisante fascination du fantastique. Cela arrive surtout dans les grandes scènes, ou dans les ensembles avec chœurs. Dans cette situation désespérée, il est un procédé qui atteindra toujours son but. Tout à fait à l'improviste, par exemple au milieu d'un chœur lugubre groupé autour des personnages principaux en proie justement à la plus haute émotion, vous faites tomber brusquement une toile de fond qui jette le trouble parmi les acteurs et les disperse ici et là, de sorte que plusieurs se retrouvent au fond de la scène, complètement isolés de leurs camarades qui ont réussi à rester sur le devant. Je me souviens d'avoir vu un jour employer ce moyen dans un ballet : ce fut réellement d'un effet extrême, sinon parfait. La *prima balle-*

rina dansait justement un beau pas seul, tandis que l'ensemble des figurants était groupé derrière : au moment précis où elle s'arrêtait au fond de la scène, dans une pose magnifique, les spectateurs ne pouvant se lasser de la saluer de leurs acclamations et de leurs cris d'allégresse, le machiniste fit tomber une toile de milieu qui la déroba du même coup aux yeux du public. Malheureusement c'était une chambre avec une grande porte au milieu ; et à peine était-on revenu de sa surprise que la danseuse prisonnière franchissait la porte d'un bond décidé, continuant imperturbablement son pas seule ; sur quoi, la toile de milieu remonta, pour la consolation des figurants. Apprenez par là que la toile de milieu ne doit pas avoir de porte, et qu'elle doit former le plus vif contraste avec les décors en place. Au milieu d'une solitude couverte de rochers, une perspective de rues, au milieu d'un temple, une sombre forêt rendront ainsi d'excellents services.

Il peut être aussi fort utile, particulièrement dans les monologues ou les airs très travaillés, qu'une frise ou un portant menace de s'abattre sur la scène, ou s'écroule réellement. Car, outre que l'attention du spectateur est absolument détournée de la situation poétique, la *prima donna* ou le *primo uomo*, qui était peut-être justement sur le théâtre et a couru danger d'être grièvement blessé, peut encore exciter chez le public une plus grande et plus sensible sympathie ; et quand après cela tous deux chantent – faux, bien évidemment – on s'écrie : « La pauvre femme, ou le pauvre homme ! c'est l'effet de l'angoisse qu'il a éprouvée ! » et l'on applaudit ferme ! On aura aussi avantage, pour atteindre au même but, qui est de détourner l'esprit du spectateur des personnages du poème de manière à diriger son attention sur la personne même des acteurs, à faire se renverser toutes les machines placées sur la scène. Ainsi je me souviens qu'une fois, dans *Camille*, le praticable et l'escalier conduisant au souterrain s'effondrèrent juste au moment où tous les personnages accourus à la délivrance de Camille se trouvaient dessus… Ce fut un cri… une clameur… un hurlement apitoyé dans le public ! Et quand enfin on annonça, de la scène, que personne n'avait été sérieusement blessé et qu'on allait continuer, avec quelle sympathie fut dès lors écoutée la fin de l'opéra ! Cela dit, cette sympathie, comme il se devait, ne s'adressait plus aux personnages de la pièce mais aux acteurs que l'angoisse et l'effroi avaient si fort éprouvés.

Aussi est-il bien injuste d'exposer au danger les acteurs derrière les coulisses, car tout effet tombe de lui-même s'il n'a pas lieu devant les yeux du public. Les maisons aux fenêtres desquelles ils regardent, les balcons du haut desquels il leur faut faire des discours doivent pour cette raison être aussi bas que possible, de sorte que, pour y monter, il ne faille ni haute échelle ni échafaudage élevé. Ordinairement, le personnage qui vient de parler du haut de sa fenêtre arrive ensuite sur scène par la porte au-dessous… Et à ce propos, pour vous montrer mon zèle, et combien je me dessaisis volontiers en votre faveur de toutes mes connaissances accumulées, je vais vous noter ici les dimensions d'une maison praticable avec porte et fenêtre, telles que je les ai notées au théâtre de… Hauteur de la porte : 5 pieds ; espace libre jusqu'à la fenêtre : un 1/2 pied ; hauteur de la fenêtre : 3 pieds ; de là jusqu'au toit : 1/4 de pied ; toit : 1/2 pied. Total : 9 pieds 1/4. Nous avions un acteur plutôt grand qui, lorsqu'il jouait Bartholo dans *Le Barbier de Séville*, n'avait qu'à monter sur un tabouret pour regarder à la fenêtre ; or un jour, le hasard fit que la porte du rez-de-chaussée s'ouvrit inopinément : on vit ses longues jambes rouges, et dès lors le public n'eut plus d'autre souci que de savoir comment il ferait pour passer par la porte. Ne ferait-on pas mieux de proportionner à la taille des acteurs les maisons praticables, les donjons et les remparts de ville utilisés à de telles fins ?

Il est très mal à propos d'effrayer les spectateurs par un coup de tonnerre subit, par un coup de feu, ou par tout autre fracas inattendu. Je me souviens encore parfaitement de votre maudit tonnerre, monsieur le machiniste ; il roulait, sourd et effrayant, comme s'il sortait des abîmes des montagnes… Mais que signifie cela ? Ne savez-vous donc pas qu'une peau de veau convenablement tendue sur un cadre, et sur laquelle on tambourine avec les deux poings, fournit un très agréable tonnerre ? Au lieu de vous servir de ce qu'on appelle la *machine à canon*, ou de tirer réellement à poudre, il suffit de claquer un peu vivement la porte de la garde-robe ; ainsi personne ne s'effraiera à l'excès. Mais pour éviter encore le moindre effroi aux spectateurs, ce qui est le plus grand et le plus sacré devoir du machiniste, le moyen suivant est infaillible. Qu'un coup de fusil parte, ou qu'un éclat de tonnerre se produise, on dit ordinairement en scène : « Qu'entends-je !… Quel fracas !… Quel bruit !… » Il faut donc que le machiniste attende chaque fois cette réplique pour faire partir son coup de feu ou son tonnerre. Outre que le public se trouve dûment averti par les paroles prononcées, il y a aussi cet avantage : que les ouvriers du théâtre peuvent regarder à leur aise, et n'ont besoin d'aucun signal spécial pour leur opération indispensable ; la réplique de l'acteur ou du chanteur leur sert d'avertissement, et leur permet encore plus à propos de battre la porte de la garde-robe ou de travailler la peau de veau à coups de poings. De plus, le tonnerre donne chaque fois à l'ouvrier qui se tient comme un *Jupiter fulgurans* dans la coulisse, avec sa trompette de fer-blanc toute prête, le signal des éclairs. Comme quelque chose pourrait facilement s'enflammer dans les cintres, il faut qu'il s'avance assez hors de la coulisse, pour que le public voie bien la flamme, et si possible la trompette elle-même : ainsi il n'ira pas se demander inutilement comment, au nom du ciel, on fabrique ces éclairs. Ce que j'ai dit plus haut des coups de feu vaut aussi pour les sonneries de trompettes, la musique sur scène, etc.

J'ai déjà parlé, monsieur le machiniste, de vos légères et vaporeuses machines volantes ! Est-il vraiment bien raisonnable d'employer tant de réflexion, tant d'art à donner au mensonge l'apparence de la vérité, pour que le spectateur croie malgré lui à cette apparition céleste qui descend enveloppée d'un nimbe de nuages. D'ailleurs, même les machinistes qui partent d'un principe plus juste que le vôtre donnent encore dans une autre faute. Ils laissent bien apercevoir les ficelles du dispositif, mais elles sont si minces que le public tombe en mille angoisses, craignant que la divinité, le génie, etc., ne soient précipités en bas et ne se cassent bras et jambes. Le char des nuages – ou le nuage – doit donc être maintenu par quatre cordes bien fortes et peintes en noir, et il faut le faire monter on descendre par saccades, le plus lentement possible. Ainsi le spectateur qui verra clairement de la place la plus éloignée ces mesures préventives pourra juger en toute confiance de la solidité du système, définitivement tranquillisé cette fois sur les aléas de ce voyage à travers le ciel.

Vous tirez grande vanité de vos mers houleuses et écumantes, des effets optiques de vos lacs, et vous avez cru certainement célébrer un triomphe de votre art lorsque vous avez réussi à faire passer dans l'eau le reflet des personnes qui marchent sur un pont. Il est vrai que cet effet-là vous a obtenu quelque admiration ; et pourtant, je vous l'ai déjà déclaré, vos fins étaient foncièrement erronées ! Une mer, un lac, un fleuve, bref toute surface d'eau sera au mieux représentée de la façon suivante : on prend deux planches, aussi longues que la scène est large, on les fait échancrer sur le bord supérieur et peindre de petites vagues bleues et blanches, et on les suspend l'une derrière l'autre avec des cordes, de telle sorte que le bord inférieur touche juste le sol. On donne alors à ces planches un mouvement de va-et-vient, et le bruit de craquement qu'elles font entendre en raclant le plancher figure le clapotis des vagues.

Que dire encore, monsieur le décorateur, de vos lugubres et mystérieux clairs de lune, alors qu'un machiniste habile change en clair de lune n'importe quelle perspective ? On n'a qu'à découper un trou rond dans une planche carrée ; on le bouche avec du papier, et on place derrière une lumière enfermée dans une boîte peinte en rouge. On descendra ensuite cet appareil au moyen de deux fortes cordes peintes en noir, et voilà le clair de lune demandé !

Ne serait-ce pas encore une chose tout à fait conforme au but proposé, si, devant une trop violente émotion du public, le machiniste faisait disparaître sous la scène, à l'improviste, tel ou tel des plus grands scélérats de la pièce, lui coupant du même coup toute parole capable d'exciter encore l'extravagance du public ? Pour ce qui est de l'usage des trappes, je tiens cependant à faire cette remarque : il ne faut mettre un acteur en danger que dans le cas extrême où il en va du salut des spectateurs. Hors cela, on doit avoir pour lui tous les ménagements possibles et ne laisser partir la trappe que s'il se trouve dessus dans la position et l'assiette convenables. Mais comme personne ne peut s'en rendre compte, si ce n'est l'acteur lui-même, il est mal à propos de faire donner le signal par le souffleur préposé à la sonnette du sous-sol : c'est bien plutôt l'acteur (soit que les puissances infernales l'engloutissent, soit qu'il disparaisse comme un esprit) qui peut le mieux donner le signal, avec trois ou quatre solides coups de pied sur le plancher ; après quoi il s'enfoncera lentement et sûrement dans les bras des ouvriers du théâtre, qui l'attendent juste au-dessous.

J'espère que vous m'avez maintenant entièrement compris, et comme chaque représentation donne mille occasions d'engager la lutte avec le poète et le musicien, j'espère aussi que vous agirez désormais conformément aux vrais principes et aux exemples par moi exposés.

Quant à vous, monsieur le décorateur, je vous conseille encore en passant de ne point considérer les portants comme un mal nécessaire, mais comme le point principal de la question ; de regarder chacun d'eux, autant que possible, comme un tout se suffisant à soi-même, et d'y peindre un maximum de détails. Dans une perspective de rues, par exemple, il faut que chaque portant représente une maison d'au moins trois ou quatre étages. Ainsi les fenêtres et les portes des maisons du devant de la scène doivent être assez petites pour que manifestement aucun des personnages n'y puisse habiter (puisqu'ils atteignent presque le second étage); il faudrait être lilliputien pour franchir ces portes et se montrer à ces fenêtres. Par cette destruction de toute illusion, le décorateur aura atteint, de la manière la plus aisée et la plus plaisante, le grand but qu'il doit toujours poursuivre.

Si, contre toute attente, le principe sur lequel je fonde ma théorie entière de la décoration et de la machinerie ne devait pas pénétrer dans votre esprit, messieurs, il me faudra vous faire remarquer que, bien avant moi, il a été énoncé *in nuce* par un homme respectable et estimable entre tous... Cet homme n'est autre que le bon maître tisserand Zettel[1], qui soutient que même dans la si tragique tragédie de *Pyrame et Thisbé*, le public doit être préservé de toute angoisse, de toute crainte, etc., bref de toute exaltation. Simplement, toutes ces choses dont vous devez essentiellement vous acquitter, il les rejette sur le dos du prologue, qui est chargé de dire tout de suite aux spectateurs que les épées ne font pas de blessures, que Pyrame ne sera pas réellement tué, et que par-dessus le marché Pyrame n'est pas Pyrame, mais bien Zettel le tisserand.

Laissez pénétrer jusqu'à votre cœur les paroles d'or du sage Zettel, lorsqu'il dit de Schnock le menuisier, qui doit représenter un lion féroce :

« Oui, il faut que vous prononciez son nom, et qu'on aperçoive bien son visage à travers le cou du lion, lui-même devant s'adresser au public en ces termes, ou à peu près : "Gracieuses dames..." ou "Belles et gracieuses dames, je désirerais..." ou "Je vous prierais..." ou "Je voudrais vous prier... Ne craignez rien, ne tremblez pas ainsi ! Ma vie pour la vôtre ! Si vous pen-

1. Voir *Songe d'une nuit d'été*, de Shakespeare. Hoffmann traduit par Zettel le personnage de Bottom, et par Schnock celui de Snug; il modifie aussi quelques mots de la citation qui vient plus loin.

siez que je vinsse ici comme un lion véritable, c'est ma peau seulement que je plaindrais. Mais non, je ne suis rien de tel ; je suis un homme comme un autre !" Et puis faites-lui seulement dire son nom et déclarer à toute l'assistance qu'il est bien Schnock, le menuisier. »

Vous avez, je dois le supposer, quelque sentiment de l'allégorie, et vous trouverez facilement, dès lors, le moyen de suivre aussi dans votre art le système préconisé par Zettel le tisserand. L'autorité sur laquelle je m'appuie ici me garantit de tout faux jugement, et j'espère ainsi avoir semé une bonne graine, d'où naîtra peut-être un arbre de science !

DON JUAN

I

AVENTURE FABULEUSE D'UN VOYAGEUR ENTHOUSIASTE

Une sonnerie stridente et le cri retentissant : « Le spectacle commence ! » me réveillèrent du doux sommeil dans lequel j'étais enseveli. Des basses se répondent en bourdonnant… un coup de timbale… des éclats de trompettes… un *la* pur, soutenu par le hautbois… les violons qui s'accordent… Je me frotte les yeux. Est-ce que le Diable, qui toujours veille, m'aurait… dans quelque ivresse ? Non ! Je me trouve bien dans la chambre de l'hôtel où je suis descendu hier soir, à moitié éreinté. Juste au-dessus de mon nez pend la houppe brillante d'un cordon de sonnette : je le tire violemment, le garçon paraît.

– Mais, au nom du ciel, que signifie cette musique confuse que j'entends juste à côté ? Donne-t-on donc un concert dans la maison ?

– Votre Excellence (j'avais bu du champagne au dîner de la table d'hôte !)… Votre Excellence ne sait peut-être pas encore que cet hôtel est attenant au théâtre. Cette porte de tapisserie donne sur un petit corridor qui vous mène directement au n° 23 ; c'est la loge des étrangers.

– Comment !… un théâtre ?… une loge pour les étrangers ?

– Oui, la petite loge des étrangers, pour deux personnes, trois au plus… mais réservée aux personnes de distinction comme vous ; toute tapissée de vert, avec une grille sur le devant, tout contre la scène ! S'il plaît à Votre Excellence... Nous donnons aujourd'hui le *Don Juan* du célèbre M. Mozart, de Vienne. Nous porterons sur la note le prix de la loge : un thaler huit groschen.

Il ouvrait déjà la loge en prononçant ces derniers mots, tant au seul nom de *Don Juan* j'avais mis de précipitation à gagner le corridor par la porte dérobée. La salle était spacieuse, pour une ville de second ordre, décorée avec beaucoup de goût et brillamment éclairée. Loges et parterre étaient combles. Les premiers accords de l'ouverture me convainquirent qu'un orchestre tout à fait excellent, pour peu que les chanteurs fussent bons, allait me procurer la plus exquise jouissance de ce chef-d'œuvre.

Dès le premier andante, les terreurs de l'effroyable *regno al pianto* des Enfers me saisissent... les frissonnants pressentiments de l'horreur me pénètrent l'âme. Puis résonne à mes oreilles, comme un cri de joie sacrilège, la fanfare triomphale de la septième mesure de l'allégro... Je vois des profondeurs de la nuit ces démons enflammés menacer de leurs griffes flamboyantes des groupes qui dansent gaiement sur une mince voûte, au-dessus des abîmes sans fond. Le conflit du genre humain avec les horribles puissances inconnues qui l'assiègent en guettant sa chute se présente dans toute sa lumière aux yeux de mon esprit.

Enfin la tempête se calme, le rideau se lève. Transi, plein d'humeur, Leporello, enveloppé de son manteau, fait les cent pas dans la nuit sombre, devant le pavillon.

– *Notte e giorno faticar !*

Quoi ! de l'italien ? De l'italien, dans cette ville allemande ? *Ah che piacere !* je vais donc entendre tous les récitatifs, tout l'opéra, tel que le maître génial l'a conçu et élaboré !

Voici Don Juan qui s'élance hors du pavillon ; et voici derrière lui Donna Anna, qui retient énergiquement le criminel par son manteau... Ah ! quelle expression ! Elle pourrait être plus grande, plus svelte, plus majestueuse dans sa démarche, mais quelle tête ! Des yeux d'où l'amour, la colère, la haine, le désespoir lancent, comme d'un foyer unique, des éclairs de feu grégeois, étincelants, qui pénètrent et consument inextinguiblement le plus profond de l'âme ! Les tresses dénouées de la sombre chevelure roulent en boucles ondoyantes le long du cou. Le blanc vêtement de nuit découvre traîtreusement des charmes que l'on ne surprend jamais sans danger… Déchiré par l'horrible crime, son sein se soulève en violentes palpitations…

Et puis, quelle voix !

– *Non sperar se non m'uccidi…*

A travers la tempête des instruments, ces accents, qui brillent encore comme autant d'éclairs, semblent coulés dans un métal céleste ! En vain Don Juan cherche à s'arracher à ses mains… Mais le veut-il vraiment ? Pourquoi de son poing vigoureux ne repousse-t-il pas cette femme, pourquoi ne s'échappe-t-il pas ? Son crime lui a-t-il ôté la force d'agir ? A moins que le combat de haine et d'amour qui se livre en son cœur ne l'ait soudain privé de son énergie et de son courage ?

Le vieux père a expié de sa vie la folie qui l'a conduit à attaquer dans l'obscurité ce robuste adversaire ; Don Juan et Leporello, dialoguant en récitatif, s'avancent vers la rampe. Don Juan défait son manteau et apparaît superbement vêtu de velours rouge tailladé et brodé d'argent. C'est une forte, superbe figure : le visage, d'une beauté virile, le nez ferme, les yeux pénétrants, les lèvres délicatement dessinées. L'étrange jeu d'un muscle du front, juste au-dessus des sourcils, donne pendant une seconde à sa physionomie quelque chose de méphistophélique qui sans ravir au visage sa beauté éveille pourtant une involontaire horreur. On le croirait doué de la puissance fascinatrice que possède le serpent à sonnettes ; il semble que les femmes sur qui il a jeté les yeux ne puissent plus se détacher de lui, et doivent forcément, soumises à son sinistre pouvoir, consommer elles-mêmes leur perte. Long et maigre, dans son habit rayé de rouge et de blanc, son petit manteau rouge, son chapeau blanc orné d'une plume rouge elle aussi, Leporello trottine autour de lui. Les traits de son visage expriment un singulier mélange de bonhomie, de friponnerie, de convoitise et d'impudence ironique. Avec ses cheveux et sa barbe grise, ses sourcils noirs font un étrange contraste. On voit tout de suite que le vieux coquin mérite bien d'être le valet complice de Don Juan.

Ils ont fui heureusement par-dessus le mur… Des flambeaux… Donna Anna et Don Ottavio paraissent. Celui-ci est un gracieux, coquet, propret petit jeune homme de vingt et un ans tout au plus. En qualité de fiancé d'Anna, il était vraisemblablement logé dans la maison, pour qu'on ait pu l'appeler si vite. Au premier bruit – qu'il a dû entendre – il aurait pu accourir et peut-être sauver le père ; mais il lui fallait d'abord s'ajuster ; et surtout il ne doit pas volontiers s'exposer à sortir la nuit…

– *Ma qual mai s'offre, o dei, spettacolo funesto agli occhi miei!*

Les accents effroyables et déchirants de ce récitatif et du duo suivant expriment plus que le désespoir inspiré par un crime affreux. L'odieux attentat de Don Juan, qui ne fut pour elle qu'une menace, même s'il cause la mort de son père, ne peut suffire à arracher de tels accents à un cœur angoissé. Un combat funeste, mortel, tout au fond de l'âme, peut seul les faire retentir.

Voici la longue et maigre Donna Elvira, splendide encore des restes manifestes d'une grande beauté aujourd'hui flétrie. Elle invective le traître Don Juan :

– *Tu nido d'inganni…*

Mais juste au moment où le compatissant Leporello remarque fort judicieusement : *Parla come un libro stampato*, je crus sentir la présence de quelqu'un à côté de moi, ou plutôt derrière moi.

On avait pu aisément ouvrir la porte de la loge et s'y glisser à mon insu. Ce fut pour moi comme un coup de poignard dans le cœur. J'étais si heureux de me trouver seul dans cette loge, libre d'étreindre de toutes mes fibres sensitives, pareilles aux tentacules d'un poulpe, ce chef-d'œuvre si parfaitement interprété, afin de le faire pénétrer entièrement en moi ! Un seul mot (qui risquait par-dessus le marché d'être une sottise) m'aurait arraché d'une si douloureuse façon à ce moment sublime d'enthousiasme poétique et musical ! Je résolus donc de ne faire aucune attention à mon voisin, et, complètement enfoncé dans la représentation, d'éviter tout mot, tout regard. La tête appuyée sur ma main, tournant le dos au nouveau venu, je rivai mes yeux sur la scène.

La suite de la représentation répondait à son remarquable début. La petite, l'appétissante, l'amoureuse Zerlina console avec des accents et des manières toutes gracieuses cet excellent maladroit de Mazetto. Don Juan laisse voir à nu le fond ulcéré de son âme, son mépris pour la canaille qui l'entoure, tout juste bonne à satisfaire en lui le désir de séduire et de corrompre. C'était l'air impétueux *Fin ch' han dal vino...* Le muscle de son front soulignait tout ceci plus énergiquement encore qu'auparavant.

Mais voici que les masques paraissent. Leur trio est une prière qui monte au ciel en un pur et brillant rayon. Maintenant la toile de fond se lève. Quelle gaieté soudain : les verres résonnent ; les paysans et toutes sortes de masques conviés à la fête de Don Juan tourbillonnent en foule joyeuse... Mais surviennent les trois conjurés, prêts à la vengeance. Tout prend un air plus solennel, jusqu'au moment où la danse reprend...

Voici Zerlina sauvée, et, dans le puissant et foudroyant finale, Don Juan qui se jette hardiment, l'épée haute, contre ses ennemis. Il fait sauter de la main du fiancé son acier de parade, et se fraie un passage à travers la vile canaille qu'il bouscule, comme fit le vaillant Roland triomphant de l'armée du tyran Cimosco, si bien que tous culbutent pêle-mêle le plus comiquement du monde...

J'avais déjà cru sentir plusieurs fois, tout contre moi, une légère, une chaude haleine, et distinguer le bruissement d'une étoffe de soie : cela me fit bien supposer le voisinage d'une femme ; mais tout plongé dans le monde de poésie que m'ouvrait l'opéra, je n'y prêtais pas attention. La toile étant maintenant tombée, je voulus examiner ma voisine… Non ! aucun mot ne pourrait dire quelle fut ma stupéfaction : Donna Anna, en costume, telle absolument que je venais de la voir sur le théâtre, se tenait auprès de moi, ses yeux pleins d'expression appuyant sur moi le regard le plus troublant. Sans voix aucune, je la regardai fixement : sa bouche (il me parut ainsi) se crispa en un léger et ironique sourire, où je me vis moi-même et quelle sotte figure je faisais. Je sentais la nécessité de lui parler, et pourtant je ne pouvais remuer ma langue paralysée par l'étonnement et même, je devrais bien le dire, par une sorte d'effroi.

Enfin, enfin, ces paroles m'échappèrent :

– Comment est-ce possible, comment pouvez-vous être ici ?

A quoi elle répondit aussitôt dans le plus pur toscan que, si je ne comprenais ni ne parlais l'italien, elle était obligée de se refuser le plaisir de m'entretenir, ne parlant elle-même d'autre langue que celle-là… Comme un chant résonnaient les douces paroles. En même temps, l'expression de son œil d'un bleu sombre s'accentua, et chaque éclair qui en jaillissait versait un torrent de flammes dans mon être, dont toutes les pulsations s'accéléraient, dont toutes tressaillaient. C'était Donna Anna sans aucun doute… Examiner la possibilité qu'elle pût être tout ensemble sur scène et dans ma loge ne me vint même pas à l'esprit. De même que les rêves heureux combinent ensemble les choses les plus étranges, de même qu'une foi pieuse comprend l'inaccessible et l'associe sans hésiter aux phénomènes soi-disant naturels de la vie, ainsi tombai-je aussi, auprès de cette merveilleuse femme, dans une sorte de somnambulisme où je reconnus les secrètes relations qui m'attachaient à elle, relations si intimes que, dès son apparition sur le théâtre, elle-même n'avait pu détourner ses yeux de moi…

Avec quel bonheur je te redirais ici, mon cher Theodor, chaque mot de la remarquable conversation qui commença alors entre la signora et moi : mais hélas ! quand je veux transcrire en allemand ce qu'elle dit, je trouve chaque mot froid et terne, chaque phrase lourde, alors qu'elle s'exprimait avec tant de légèreté et de charme en toscan.

Tandis qu'elle parlait de *Don Juan* et de son rôle, il me semblait que la profondeur de ce chef-d'œuvre se dévoilait à moi pour la première fois, que j'y pouvais enfin regarder clairement, percevoir à plein les fantastiques apparitions d'un monde inconnu. Elle disait que toute sa vie était musique, et que souvent en chantant elle croyait saisir mille choses enfermées mystérieusement au fond d'elle-même, de celles que nulle parole ne saurait exprimer.

– Oui, poursuivit-elle l'œil étincelant et en élevant la voix, je comprends fugitivement ces secrets, mais tout reste froid et mort autour de moi, et lorsqu'on applaudit un trille difficile, une fioriture réussie, des mains de glace étreignent mon cœur brûlant ! Mais toi… tu me comprends ? Car je sais que pour toi aussi s'est ouvert le merveilleux, le romantique royaume que peuple la céleste magie des sons.

– Comment, toi, charmante et merveilleuse femme… toi… tu me connais donc ?

– Oui ! A travers le rôle de … dans ton dernier opéra. Ce rôle où s'exprime le magique délire de l'amour, l'ardeur infinie du désir, ne l'as-tu pas tiré de tes entrailles ? Je t'ai compris : ton âme s'est révélée à moi à travers ces harmonies. Oui (ici elle dit mon prénom), oui, je t'ai chanté et je me suis retrouvée dans tes mélodies !

La cloche du théâtre se fit entendre. Une rapide pâleur décolora la figure non fardée de Donna Anna ; elle appuya sa main sur son cœur, comme si elle ressentait une soudaine douleur, et sur ces mots prononcés à voix basse : « Malheureuse Anna, c'est maintenant qu'arrivent tes plus terribles moments !… », elle disparut de la loge.

Le premier acte m'avait enthousiasmé, mais après cette merveilleuse aventure, la musique agit sur moi d'une bien autre et extraordinaire manière. Il semblait que l'accomplissement, dès longtemps promis, des plus beaux rêves venus d'un autre monde dût réellement se produire dans ma vie ; il semblait que les plus secrets pressentiments de mon âme enthousiasmée eussent pris corps sous forme de sons et dussent se façonner étrangement pour la plus merveilleuse révélation. Dans la scène de Donna Anna, je me sentis frémir sous une douce et chaude haleine qui glissait autour de moi, m'enveloppant d'une délicieuse ivresse ; involontairement mes yeux se fermèrent ; un ardent baiser semblait brûler mes lèvres : mais ce baiser était comme le son longuement soutenu d'un désir éternellement altéré...

Voici le finale commencé, dans sa gaieté effrontée : *Già la mensa è preparata!* Don Juan, attablé, caresse deux jeunes filles et fait sauter bouchon sur bouchon, libérant les esprits pétillants hermétiquement enfermés dans leur étroite prison. La salle est peu profonde, avec une grande fenêtre gothique à l'arrière-plan, par laquelle on aperçoit au loin la nuit. Déjà, pendant qu'Elvire rappelle à l'infidèle tous ses serments, des éclairs sillonnent les ténèbres, et l'on entend le sourd grondement de l'orage qui se rapproche. Enfin voici les formidables coups à la porte. Elvire, les jeunes filles s'enfuient ; et, aux effrayants accords venus du monde souterrain, on voit entrer le terrible colosse de marbre, auprès duquel Don Juan n'est plus qu'un pygmée. Le sol frémit sous les pas tonnants du géant. Don Juan crie à travers la tempête, le tonnerre, les hurlements des démons, son terrible : « *No!* » L'heure de la mort est arrivée. La statue s'enfonce, une épaisse vapeur obscurcit la salle du festin, envahie par d'effroyables fantômes. Don Juan, que l'on aperçoit par intervalles luttant contre les démons, se tord dans les angoisses de l'enfer. Une explosion, comme si des milliers d'éclairs éclataient ensemble !... Don Juan, les démons, tout a disparu, on ne sait comment ! Leporello gît évanoui dans un coin de la salle.

Quel effet bienfaisant apporte maintenant l'apparition des

autres personnages, qui cherchent en vain Don Juan dérobé à la vengeance terrestre par les puissances souterraines. Il semble que de ce moment seulement, l'on échappe au cercle terrible des esprits infernaux… Donna Anna m'apparut toute changée : une pâleur de mort recouvrait son visage ; ses yeux étaient éteints, sa voix tremblante et inégale. Mais dans son petit duetto avec le suave fiancé – qui sitôt dispensé par le ciel de sa dangereuse besogne de vengeur ne songe plus qu'à la noce –, elle produisit un effet qui déchirait le cœur.

Le chœur fugué avait superbement couronné l'œuvre entière, et je me hâtais, vu l'état des plus exaltés où je me trouvais, de regagner ma chambre, quand le garçon vint me prévenir que le souper était servi ; je le suivis machinalement. Il y avait brillante société à cause de la foire, et la représentation de *Don Juan* était le sujet de toutes les conversations. On prisait généralement les artistes italiens et l'énergie de leur jeu : pourtant, de petites remarques, jetées par-ci par-là d'un air malin, montraient que personne n'avait seulement soupçonné le sens secret de l'Opéra des opéras. Don Ottavio avait beaucoup plu. Donna Anna avait semblé trop passionnée à l'un des interlocuteurs : il fallait, disait-il, se modérer un peu plus sur scène, et éviter les excès d'émotion. Le récit par Donna Anna de l'attentat de Don Juan l'avait absolument *consterné*. Là-dessus, il prit une prise de tabac et jeta un regard indescriptible de sotte malice à son voisin, qui avança que l'Italienne était du reste une fort belle femme, mais par trop insoucieuse de ses vêtements et de sa toilette ; ainsi, dans cette scène, une boucle de cheveux s'était déroulée et avait mis dans l'ombre le *demi-profil* de son visage ! Ici un autre se mit à fredonner : « *Fin ch' han dal vino…* », sur quoi une dame opina qu'elle était bien peu satisfaite de Don Juan : cet Italien était beaucoup trop sombre, beaucoup trop grave ; il n'avait absolument pas su rendre le caractère frivole et gai du rôle… Seule l'explosion finale eut tous les suffrages.

Écœuré par ce verbiage, je me sauvai dans ma chambre.

II

DANS LA LOGE DES ÉTRANGERS, N° 23

J'étais si oppressé, si à l'étroit dans ma chambre étouffante ! A minuit il me sembla entendre ta voix, mon cher Theodor ; tu prononçais nettement mon nom, et un frôlement d'étoffe semblait venir de la porte dérobée… Qui me retient de visiter une fois encore le lieu de ma merveilleuse aventure ? Peut-être te verrai-je, et Elle, qui remplit tout mon être ! Il est bien facile d'y apporter la petite table… deux bougies… l'écritoire !

Le garçon me cherche avec le punch commandé, et trouve la chambre vide, la porte de tapisserie ouverte… Il me suit jusque dans la loge, et m'examine d'un œil indécis. Sur mon signe, il place la boisson sur la table et s'éloigne, une question sur la langue, non sans se retourner une dernière fois pour me considérer. Je m'accoude à la balustrade de la loge en lui tournant le dos, et je contemple la salle déserte dont l'architecture, magiquement éclairée par mes deux bougies, s'élance en perspectives merveilleuses d'un style étrange et féerique. Le courant d'air qui traverse la salle agite le rideau… S'il allait se lever ? si Donna Anna allait paraître, angoissée par de hideux fantômes ?

– Donna Anna ! ai-je crié malgré moi.

Mon cri expire dans l'espace désert, mais les esprits des instruments de l'orchestre se réveillent… un son vibre dans l'air et semble murmurer le nom de mon adorée ! Je ne puis me défendre d'un secret effroi, mais ce frisson apaise salutairement mes nerfs.

Me voici maître de mes impressions, et je me sens prêt à t'expliquer, à toi au moins, mon cher Theodor, la façon dont je crois maintenant bien comprendre l'œuvre magnifique du divin maître, son essence profonde. Seul le poète comprend le poète ; seule l'âme romantique peut pénétrer le romantisme d'une œuvre ; seul l'esprit exalté dans la poésie, qui a reçu l'initiation au milieu du temple, peut comprendre ce que l'initié a exprimé dans son inspiration.

Si l'on considère uniquement le livret de *Don Juan* sans y chercher aucun sens allégorique, de manière à s'en tenir au seul point de vue de l'histoire, on peut à peine concevoir comment Mozart a pu penser et composer une pareille musique là-dessus. Un bon vivant, qui aime par-dessus tout le vin et les filles, qui invite de bon cœur à un joyeux souper la statue de pierre du vieillard qu'il a tué en défendant sa propre vie : vraiment, il n'y a rien là de bien poétique, et à parler franchement, un tel homme n'est guère digne que les puissances souterraines le tiennent pour un échantillon tout à fait rare de leur musée infernal ; il ne mérite guère qu'une statue de marbre animée par l'esprit d'un mort se donne la peine de descendre de cheval pour exhorter le pécheur à la pénitence avant sa dernière heure ; ni que le Diable envoie ses meilleurs compagnons pour disposer de la façon la plus horrible le transport dudit pécheur dans son royaume !

Tu peux m'en croire, Theodor, la nature favorisa Don Juan, comme le plus cher de ses enfants gâtés, de tout ce qui élève l'homme, dans une affinité plus grande avec la divinité, au-dessus de la foule du vulgaire, au-dessus des œuvres de fabrique usuelle qui sortent de l'atelier pour être vendues au rabais, comme autant de nullités dépourvues de valeur et qui n'entrent en ligne de compte que dans les additions du commis de service. Voilà ce qui prédestine Don Juan à triompher, à dominer partout. Un vigoureux, un superbe corps, une physionomie d'où jaillit et rayonne cette étincelle qui embrase le cœur de pressentiments ineffables ; une âme profonde, une intelligence prompte à saisir… Mais c'est l'inévitable conséquence de la chute de l'homme, que le démon ait le pouvoir de l'épier, et que, jusque dans les aspirations à l'idéal suprême où il exprime sa nature divine, il lui tende des embûches. Ce conflit des puissances divines et diaboliques est l'essence même de la vie terrestre ; alors que la victoire remportée est le signe de la vie surnaturelle. Don Juan voulait tout posséder de la vie, parce que sa nature tout à la fois physique et spirituelle l'y portait. Le désir toujours brûlant qui faisait bouillonner les flots de son sang dans ses veines le poussait à saisir avidement et sans relâche toutes les apparitions du monde terrestre, dans le vain espoir de trouver en elles son apaisement.

Il n'est réellement rien sur terre qui exalte l'homme dans sa nature la plus sensible autant que l'amour : c'est lui qui, par son action si secrète et si forte, détruit et transforme les éléments les plus intimes de l'être. Quoi d'étonnant dès lors que Don Juan espère calmer dans l'amour l'ardent désir qui déchire son sein, et que le Diable lui jette ici même ses lacs autour du cou ? Dans l'âme de Don Juan, cette pensée est l'œuvre artificieuse du grand Ennemi de notre race : que l'amour, la possession de la femme puissent satisfaire dès ici-bas ce qui ne repose dans notre âme que comme une promesse du ciel, ce désir infini qui nous place dans une relation immédiate avec le surnaturel. Fuyant sans cesse d'une belle femme à une plus belle ; jouissant de ses charmes avec la passion la plus ardente, jusqu'au dégoût, jusqu'à l'ivresse qui détruit tout ; se croyant toujours abusé dans son choix, toujours espérant trouver ailleurs l'idéal d'un suprême assouvissement, Don Juan devait finir malgré tout par trouver terne et plate toute vie terrestre. Méprisant l'homme, il ne lui reste plus qu'à se révolter contre les images qui l'ont d'autant plus amèrement abusé qu'elles étaient pour lui ce qui comptait le plus au monde. Pour lui désormais, la possession de la femme ne sera plus une façon d'assouvir sa sensualité, mais une insulte audacieuse à la nature et au Créateur.

Son mépris profond pour la façon vulgaire de considérer la vie, attitude au-dessus de laquelle, pour sa part, il a su s'élever, et la sarcastique aigreur avec laquelle il juge les hommes qui ont pu espérer qu'un amour heureux et l'union bourgeoise qui en est l'ordinaire sanction seraient le moins du monde capables de satisfaire les aspirations supérieures que la nature a perfidement glissées dans notre cœur : ce mépris, cette aigreur ne peuvent que l'inciter à se révolter, et à affronter hardiment, chaque fois que se révèle la relation intime qu'Il entretient avec nous, cet Être inconnu, ce Maître de nos destins qui lui apparaît comme un monstre sardonique prenant un cruel plaisir à se jouer des lamentables créatures nées de son caprice railleur. Séduire une fiancée chérie, détruire irrémédiablement l'amour heureux d'un couple : autant de victoires à ses yeux remportées sur cette puissance ennemie ; autant d'issues à cette vie restreinte, autant de façons d'échapper à la nature et à son Créateur. Et vraiment, il n'aspire plus qu'à s'évader de cette vie, mais c'est pour se précipiter en enfer. La séduction d'Anna, avec toutes les circonstances qui s'y rattachent, sera le sommet de cette trajectoire fatale.

Donna Anna est placée, sous le rapport des faveurs extrêmes de la nature, en opposition avec Don Juan. De même que Don Juan était, par essence originelle, un homme merveilleusement fort et beau, elle est une femme divine, sur l'âme pure de laquelle le Diable n'a rien pu. Tout l'art de l'enfer n'est arrivé qu'à la perdre ici-bas. Mais dès lors que Satan est l'artisan de cette perte, il faut aussi, selon les voies du ciel, que l'enfer ne diffère pas plus longtemps l'exécution de la vengeance. Don Juan invite, en se moquant de son image, le vieillard qu'il a tué à participer à son joyeux festin, et l'esprit du défunt, pénétrant alors seulement cet homme déchu et s'affligeant sur son sort, ne dédaigne pas de l'exhorter, sous un aspect terrifiant, à faire pénitence. Mais si pervertie, si déchirée est son âme que même la béatitude du ciel ne jette en elle aucun rayon d'espoir et ne peut l'enflammer du désir d'une existence meilleure.

Tu t'étonnes sans doute, mon cher Theodor, de ce que j'aie parlé de la « séduction » de Donna Anna ; mais je vais te dire en peu de mots, autant qu'il me sera possible en cet instant où chez moi les pensées et les idées se pressent en foule du fond de l'âme et débordent les mots, comment, sans aucun recours au texte, m'apparaît dans la musique même toute la relation de ces deux natures (Don Juan et Donna Anna) dans la lutte qu'elles ont engagée. J'ai déjà souligné à quel point la figure de Donna Anna était ici en parfaite opposition avec celle de Don Juan. Eh bien ! Qui sait si Donna Anna n'a pas été destinée par le ciel à faire reconnaître à Don Juan, dans cet amour même où Satan l'a fourvoyé, la nature divine qui est en lui, et à l'arracher au désespoir de ses tentatives chimériques ? Mais il la rencontre trop tard, à l'apogée de sa folie criminelle : seule désormais la joie diabolique de la perdre peut le satisfaire… ELLE ne sera pas sauvée ! Quand il s'est enfui, elle avait déjà succombé : le feu d'une sensualité surnaturelle, une flamme de l'enfer s'était emparée d'elle, rendant toute résistance vaine. Lui seul, Don Juan seul, pouvait allumer en elle cet égarement voluptueux dont elle l'étreint, et qui fait rage en elle avec toute la fureur des esprits infernaux. Quand il a voulu fuir, son crime accompli, la pensée de sa chute, comme un monstre effroyable qui vomirait une mort empoisonnée, l'a atterrée, la soumettant aux plus torturantes angoisses. La mort de son père par la main de Don Juan, son union prochaine avec le froid, le si peu viril, le si *ordinaire* Ottavio, qu'elle croyait aimer jusque-là, et maintenant dans le plus intime de son être l'amour, exalté par un feu dévorant, qui s'est embrasé dans l'instant de la suprême jouissance et brûle maintenant en elle comme une flamme de haine destructrice : tout cela déchire son cœur. Elle sent que seule la mort de Don Juan peut rendre la paix à son âme angoissée de mortelles tortures ; mais cette paix est en même temps sa propre mort sur la terre. Elle presse donc sans relâche son glacial fiancé de la venger ; elle-même, elle poursuit le traître, et ce n'est que lorsque les puissances souterraines l'ont entraîné dans l'enfer qu'elle retrouve le calme ; seulement il lui est impossible de céder à son fiancé qui exulte déjà à l'idée du mariage.

– *Lascia, o caro, un anno ancora, allo sfogo del mio cor!* dit-elle.

Mais elle ne passera pas cette année ; jamais Don Ottavio n'entourera de ses bras celle que son âme pieuse préserva d'être la fiancée consacrée de Satan !

Avec quelle vivacité j'ai senti tout cela, dans le plus profond de mon âme, en entendant les accords déchirants du premier récitatif et le récit de l'attentat nocturne. Même la scène de Donna Anna au second acte : « *Crudele !...* », qui à l'examiner superficiellement ne se rapporte qu'à Ottavio, exprime en secrètes harmonies, dans les plus merveilleuses relations, cette disposition intime de son âme qui dévore tout son bonheur terrestre. Que veut dire en effet, à prendre les mots mêmes, cette singulière prédiction introduite par le poète – même inconsciemment :

– *Forse un giorno il cielo ancora sentirà pietà di me !*

Deux heures sonnent... Une tiède haleine électrique glisse vers moi et m'enveloppe... Je respire l'odeur subtile du fin parfum italien qui m'avait révélé la présence de ma voisine lors de la représentation du soir. Un sentiment de bonheur me saisit, que seule la musique, il me semble, serait capable d'exprimer. Un air plus vif traverse la salle... Les cordes du piano frémissent dans la fosse d'orchestre... Ciel ! comme venue du lointain, portée sur les ailes vibrant en crescendo d'un orchestre aérien, je crois entendre la voix de Donna Anna :

– *Non mi dir, bell' idol mio !...*

Oh ! ouvre-toi, lointain et mystérieux royaume des esprits, Djinnistan éclatant de splendeur où une indicible et céleste douleur, pareille à la joie la plus ineffable, remplit, comble l'âme extasiée de tout ce qui lui a été promis sur la terre ! Laisse-moi pénétrer dans le cercle de tes ravissantes apparitions ! Puisse le rêve que tu évoques, tantôt pour éveiller l'épouvante, tantôt comme un messager bienveillant envoyé aux hommes de cette terre, conduire mon esprit, quand le sommeil enchaîne mon corps sous ses liens de plomb, jusqu'aux contrées éthérées !

III

CONVERSATION DE MIDI A LA TABLE D'HÔTE EN MANIÈRE D'ÉPILOGUE

UN HOMME ENTENDU *(tapotant bruyamment le couvercle de sa tabatière)*. – Il était fatal que nous ne puissions plus de sitôt entendre un seul opéra comme il faut ! Voilà où mène cette manie de tout exagérer !

UNE FIGURE DE MULATRE. – Oui, oui ! Je le lui ai assez souvent dit ! Le rôle de Donna Anna l'épuisait toujours !... Hier encore elle était comme possédée. Tout l'entracte elle l'a passé étendue sans connaissance, et dans la scène du second acte, elle a eu jusqu'à des attaques de nerfs...

UN INSIGNIFIANT. – Eh bien !...

LA FIGURE DE MULATRE. – Parfaitement des attaques de nerfs, et si violentes qu'il n'y a pas eu moyen de la transporter hors du théâtre.

MOI. – Pour l'amour du ciel ! J'espère que tout cela n'aura pas de suites trop graves ? Nous réentendrons bientôt la signora ?

L'HOMME ENTENDU A LA TABATIÈRE *(prenant une prise)*. – Difficilement, car la signora est morte cette nuit, sur le coup de deux heures.

INFORMATIONS SUR LES RÉCENTES FORTUNES DU CHIEN BERGANZA *

Pareil aux esprits d'Ossian surgissant de leur épais brouillard, je sortis de la salle enfumée et me retrouvai au grand air. La lune était levée et toute brillante, pour mon bonheur, car tout plongé dans les mille pensées, idées, projets qui se pressaient dans ma tête, comme une mélodie intérieure soutenue par l'accompagnement harmonique de la bruyante conversation des hôtes, je n'avais pas entendu sonner l'heure et m'étais attardé ; or il me fallait encore faire un quart d'heure de chemin à travers le parc pour regagner la ville. On sait que, juste à l'endroit où est l'auberge, on doit d'abord passer le fleuve avant de pénétrer dans le parc qui s'étend jusqu'à la cité. Averti par le passeur de suivre soigneusement le chemin de la grande allée si je voulais être sûr de ne pas m'égarer, je m'éloignai d'un pas vif dans la nuit fraîche. Je venais de dépasser la statue de saint Nepomuk, tout illuminée par le clair de lune, lorsque j'entendis à plusieurs reprises des soupirs angoissés. Je m'arrêtai malgré moi. Un heureux pressentiment me soufflait qu'il pourrait bien m'arriver là quelque aventure, ce qui, en cette vie banale et casanière, est toujours mon sou-

* Voir l'entretien des deux chiens Scipion et Berganza dans les *Nouvelles* de Cervantès.

hait, ma prière au ciel. Je résolus de chercher qui pouvait bien soupirer ainsi.

Le son me conduisit derrière le Saint-Nepomuk, à travers le bosquet, jusqu'à un banc de mousse. Là, les soupirs cessèrent soudain, et déjà je croyais m'être abusé, quand je distinguai juste derrière moi une voix sourde et tremblante, qui prononça à grand-peine ces paroles sans suite :

– Cruel destin !... Maudite Cannizarès !... Ta fureur garde donc son pouvoir jusque dans la mort ? N'as-tu pas rejoint dans l'enfer ton infâme Montiela, avec son bâtard du Diable !... Oh !... oh !... oh !...

Je ne voyais personne, la voix semblait sortir du fond du taillis ; soudain un dogue noir, couché tout contre le banc de mousse, se dressa devant moi, mais il retomba aussitôt avec des mouvements convulsifs, comme s'il allait mourir. Sans aucun doute, c'était lui qui avait soupiré et prononcé ces paroles. Cela me parut, à vrai dire, un peu extraordinaire, car je n'avais encore jamais ouï un chien parler si intelligiblement. Je me ressaisis cependant, jugeant qu'il valait assurément la peine d'accorder toute l'assistance possible à cet animal agonisant, à qui pour la première fois peut-être, en cette nuit de clair de lune, auprès de la statue de saint Nepomuk, l'angoisse de la mort déliait une langue trop longtemps enchaînée. J'allai puiser avec mon chapeau de l'eau à la rivière voisine et l'en aspergeai, ce qui lui fit ouvrir une paire d'yeux enflammés et me montrer, en grognant, des dents que n'aurait pas reniées le plus respectable des solistes.

Tout cela ne m'encourageait guère ; mais puisqu'il s'agit d'un chien intelligent, pensai-je, qui parle et qui par conséquent comprend aussi ce qu'on lui dit, tout doit être possible, pour peu qu'on y mette des formes.

– Monsieur, commençai-je, vous paraissiez vous trouver bien mal à l'aise il y a un instant ; vous en étiez, si j'ose dire, malade comme un chien, bien qu'il vous plaise d'en paraître un vous-même. Mais croyez-moi, si vous pouvez lancer ces regards si terribles, si vous pouvez encore grogner si peu que ce soit, vous n'en devez rendre grâces qu'à l'eau que j'ai été vous chercher dans mon chapeau tout neuf, à la rivière voisine, au risque évident de me mouiller les bottes.

Le chien se redressa péniblement ; puis, se couchant commodément sur le flanc, les pattes de devant bien allongées, il me considéra longuement, avec un regard sensiblement adouci ; il semblait se demander s'il devait vraiment parler, ou non. Enfin il commença :

– Tu m'as secouru ?... En vérité, si tu t'étais exprimé moins élégamment, j'aurais pu douter que tu fusses réellement un homme ! Mais tu m'as peut-être entendu parler, car j'ai la fâcheuse habitude de converser avec moi-même, le ciel m'accordant de temps à autre le don de la parole ; ainsi, ce ne fut probablement que la curiosité qui t'a poussé à me prêter assistance. Une vraie compassion pour un chien, voilà qui n'aurait rien d'humain !

Persévérant dans ma première politesse, je cherchai à convaincre le chien de mon affection particulière pour sa race en général et plus particulièrement pour l'espèce à laquelle il appartenait : ainsi lui fis-je bien savoir tout le mépris que je portais aux carlins et aux bolonais, fades et débiles parasites, manquant de tout esprit héroïque, etc. Quelle est l'oreille, ici-bas, qui se ferme opiniâtrement au doux bruit de la flatterie ? Sur la tête même du dogue, je la voyais, cette oreille, s'incliner spontanément à mon discours habilement combiné, et un mouvement à peine perceptible, mais gracieux, de la queue me convainquit de la progression d'une certaine bienveillance dans l'âme de ce Timon de la gent canine.

– Tu parais, reprit-il d'une voix sourde et à peine intelligible, tu parais m'avoir été envoyé tout spécialement par le ciel pour ma consolation, car tu éveilles en moi une confiance que je n'ai plus éprouvée depuis longtemps... Même l'eau que tu m'as apportée devait posséder une vertu particulière, car elle m'a merveilleusement rafraîchi et réconforté.

» Puisque j'ai donc le pouvoir de parler, ce sera un soulagement pour moi de bavarder sur mes peines et mes joies en paroles humaines, car votre langage semble fort bien approprié, par ses mots inventés pour désigner tant d'objets et de phénomènes de ce monde, à exposer toutes choses avec clarté ; encore que, pour tout ce qui touche aux dispositions intérieures de l'âme et à toutes les relations et combinaisons qu'elle entretient avec le monde extérieur, il me paraisse à moi que, pour les exprimer, mes grondements, grognements et aboiements, modulés en cent manières et gradations, soient une langue exactement aussi riche, et peut-être plus riche encore que vos paroles ; et pour ce qui est de ne pas comprendre mon langage de chien, j'ai cru souvent que la faute en était plutôt à vous qui ne cherchiez pas à me comprendre, qu'à moi, prétendument coupable de ne pas savoir m'expliquer d'une façon convenable.

– Très cher ami, m'écriai-je, tu viens d'effleurer là, sur notre langue, une pensée vraiment profonde ; tu me sembles allier des qualités d'intelligence et de cœur, ce qui est bien la chose la plus rare… Au reste, ne te méprends pas sur ce terme de « cœur » ; sois persuadé qu'il n'est pas pour moi un simple mot sans valeur, comme pour tant d'individus *sans cœur* qui ont cependant ce mot constamment à la bouche… Mais je t'ai interrompu…

– Avoue-le, répondit le chien, avoue que ce ne sont que la peur de l'extraordinaire, que mes paroles sourdes, mon aspect peu propre, au clair de la lune, à éveiller précisément la confiance, qui t'ont rendu d'abord si flatteur, si poli. Maintenant, tu as pris confiance en moi, tu me tutoies, et j'en suis bien aise. Si tu veux, passons la nuit à bavarder ; peut-être seras-tu aujourd'hui mieux disposé qu'hier, lorsque tu descendais l'escalier en trébuchant, de si méchante humeur, au sortir de cette savante réunion…

– Comment, hier, tu m'as ?…

– Oui, je me souviens maintenant parfaitement que c'était

toi qui manquas me renverser dans cette maison ; ce que je faisais là ?… je te le dirai plus tard. Je veux d'abord te révéler franchement et sans ménagement, comme à un vieil ami, à qui tu parles !

– Tu vois mon impatience !

– Eh bien ! sache donc que je suis ce chien Berganza qui, il y a plus de cent ans, à l'hôpital de la Résurrection de Valladolid…

Je ne pus me retenir plus longtemps, tant le nom de *Berganza* m'avait électrisé.

– Excellent homme ! m'écriai-je dans une joie folle… Comment, vous seriez le beau, le sage, l'avisé, l'excellent Berganza, auquel le licencié Peralta se refusait de croire, mais dont l'enseigne Campuzano avait si bien retenu les belles paroles ? Oh ! Dieu ! Quelle joie de contempler ainsi face à face ce cher Berganza !

– Et moi, et moi, cria Berganza, combien je me réjouis aussi de retrouver dans ce bois, la nuit précise où la parole m'est rendue, cet homme que je connais bien, qui depuis tant de semaines et tant de mois gaspille ici son temps à ne pas prendre de parti, qui a quelquefois une idée plaisante, plus rarement une idée poétique, jamais d'argent dans la poche, mais d'autant plus souvent un verre de vin de trop dans la tête ; qui fait de mauvais vers et de bonne musique ; que la jeunesse à la mode ne peut pas souffrir parce qu'elle le tient pour fou, que…

– Chut !… chut ! Berganza ! Je m'aperçois que tu ne me connais que trop bien : laissons donc là toute pudeur. Dis-moi donc, avant de me raconter (car j'espère bien que tu vas le faire) de quelle miraculeuse façon tu as pu te garder en vie si longtemps, et comment enfin tu es venu de Valladolid jusqu'ici, dis-moi pourquoi mes faits et gestes semblent si peu te plaire ?

– Ce n'est pas cela du tout, répondit Berganza : j'honore tes efforts littéraires et ton goût pour la poésie… C'est ainsi, par exemple, que tu vas sans aucun doute noter notre conversation présente et la faire imprimer ; je m'appliquerai donc à me montrer sous mon meilleur jour et à n'user que de mon langage le plus raffiné… Mais, mon ami, crois-le, c'est un chien d'expérience qui te parle. Ton sang coule trop chaud dans tes veines, ton imagination trop pétulante rompt souvent le cercle magique et te jette, non préparé et sans armes ni défense, dans un monde où les esprits ennemis risquent fort de t'anéantir un jour. Tu m'as peut-être compris : bois moins de vin, et pour te réconcilier avec cette jeunesse qui te tient pour fou, inscris au-dessus de ta table de travail, sur la porte de ta chambre, partout où tu le pourras, la règle d'or du Père franciscain, suivant laquelle il faut laisser aller le monde comme il va et ne dire que du bien du Père Prieur !…

» Mais dis-moi, mon ami ! n'as-tu rien sur toi avec quoi je puisse si peu que ce soit réduire au silence le violent appétit qui vient de s'éveiller tout à coup en moi ?

Je me rappelai le pain beurré que j'avais emporté pour ma promenade matinale solitaire et que je n'avais point mangé ; il était dans ma poche, encore enveloppé.

– Une saucisse ou quelque morceau de viande m'aurait plu davantage, mais nécessité fait loi, dit Berganza ; et il dévora avec satisfaction la tartine que je lui jetai par morceaux dans la gueule.

Quand tout fut mangé, il ébaucha quelques bonds assez raides et maladroits, après quoi il renifla et éternua plusieurs fois bruyamment, presque comme un homme, puis il se coucha dans une position de sphinx juste devant le banc de mousse où j'étais assis et, me fixant obstinément de ses yeux étincelants, il commença ainsi :

– Vingt jours et vingt nuits ne suffiraient pas, mon cher ami, pour te raconter tous les merveilleux événements, les diverses aventures et les expériences particulières qui ont rempli ma vie depuis le temps où j'ai quitté l'hôpital de la Résurrection à Valladolid… Il suffit que tu saches de quelle manière je quittai le service de Mahudès et que tu connaisses mes plus récentes tribulations. Ce seul récit sera déjà si long que je dois te prier de ne point trop m'interrompre. Quelques mots seulement, une réflexion à l'occasion, si elle est sensée, voilà tout ce que je te permets ; si elle est sotte, garde-la pour toi et ne m'interromps pas inutilement, car j'ai de bons poumons, et je puis en dire long sans avoir besoin de reprendre haleine.

Je promis la chose, lui tendant la main droite, dans laquelle il posa sa vigoureuse patte droite de devant, que je serrai et secouai à la loyale manière allemande. Ainsi fut conclu le plus beau pacte d'amitié que jamais la lune ait éclairé, et Berganza poursuivit dès lors en ces termes :

BERGANZA. – Tu sais que jadis, quand pour la première fois le don de la parole nous fut accordé, à moi et à mon défunt ami Scipion (fasse le ciel qu'il repose en paix !), l'enseigne Campuzano, qui en proie aux plus atroces souffrances gisait sans pouvoir parler sur son matelas à l'hôpital, surprit notre entretien ; mais comme l'admirable Don Miguel de Cervantès Saavedra a raconté au monde ce qu'en a recueilli Campuzano, je puis supposer que mes aventures d'autrefois, celles dont je fis part à mon cher et inoubliable Scipion, te sont suffisamment connues. Tu sais donc que j'avais charge de porter la lanterne devant les frères quêteurs qui récoltaient les aumônes pour l'hôpital. Or il arriva qu'une fois, dans une rue située au plus loin de notre couvent, où vivait une vieille dame qui donnait toujours largement, il me fallut attendre avec mon falot plus longtemps que d'ordinaire, la bienfaisante main ne voulant pas se montrer à la fenêtre. Mahudès me cria alors de quitter la place… Oh ! que n'ai-je suivi son conseil ! Mais les esprits malins qui me poursuivaient s'étaient ligués avec la constellation funeste qui prononça mon infortuné destin. Scipion hurla pour prévenir… Mahudès me conjura avec des accents pitoyables… Enfin j'allais partir, quand du bruit se fit à la fenêtre… et un petit paquet tomba par terre. J'allais m'approcher, quand je me sentis étreint par des bras décharnés qui s'enroulèrent autour de moi comme des serpents, un long cou de cigogne se dressa au-dessus de ma nuque, un nez de vautour aigu et glacé effleura mon museau, des lèvres bleues, à l'haleine pestilentielle, exhalèrent sur moi un souffle mortel venu des Enfers, la lanterne s'échappa de mes crocs, réduite en morceaux par un violent coup de poing… « Enfin je te tiens ! fils de p… ! Affreux et bien-aimé Montiel ! A présent, je ne t'abandonne plus, ô Montiel… mon cher fils, mon bon petit. Enfin ! je te retrouve… »

» Ainsi criait à mes oreilles la voix glapissante de ce monstre. J'étais hors de moi ! C'était la plus exécrable des créatures de l'enfer, c'était la maudite Cannizarès, qui avait sauté sur mon dos et me tenait solidement enlacé !… Mon souffle s'arrêta. Bien nourri et fort comme j'étais, j'aurais tenu tête au meilleur capitaine de gendarmes et à ses hommes ; mais devant ceci mon courage tombait ! Oh ! que Belzébul ne t'a-t-il mille fois noyée dans sa brûlante mare de soufre ! Je sentais le cadavre immonde s'insinuer entre mes côtes, ses mamelles pendillaient le long de mon cou comme des bourses de cuir, tandis que ses longues jambes décharnées traînaient derrière moi et que les pans déchirés de son linceul s'enroulaient autour de mes pattes… Oh ! l'horrible, l'affreux moment !

MOI. – Mais quoi, Berganza ? Ta voix s'altère… Je vois des larmes dans tes yeux ? Tu peux donc pleurer ?… Tu aurais donc appris cela de nous à moins que cette expression de la douleur ne te soit naturelle ?

BERGANZA. – Je te remercie, tu as interrompu mon récit au bon moment ; l'impression de l'horrible scène s'en trouve adoucie. Avant de poursuivre, je peux te dire un mot sur la nature de mes chers frères, que tu feras bien de noter attentivement. Tu n'as donc jamais vu un chien pleurer !… C'est pourtant un fait : la nature nous a contraints, tout comme vous, et avec cette ironie qui lui est propre, à chercher dans l'élément humide l'expression de l'émotion et de la douleur ; en revanche, elle nous a complètement refusé cet ébranlement du diaphragme d'où proviennent les bruits insensés que vous appelez rires. Il faut donc croire que le rire est une chose plus humaine que les larmes. Mais nous avons été gracieusement dédommagés de cette carence par un organisme particulier qui anime cette partie de notre corps que la nature vous a absolument refusée – à moins que, à ce que prétendent certains physiologues, elle ne vous l'ait finalement retirée pour vous punir d'avoir méconnu et dédaigné ses charmes, allant jusqu'à feindre de l'ignorer... Je veux parler de notre queue et de ses mouvements de va-et-vient qui, modulés de cent façons diverses, indiquent toutes les nuances de notre satisfaction, depuis les plus légères manifestations du plaisir jusqu'à la joie la plus exultante, activité que vous désignez si mal sous l'expression « frétiller de la queue ». La noblesse d'âme, la supériorité de l'esprit, l'énergie, le courage, la grâce se peignent chez nous par le port de cet appendice ; et l'expression de notre contentement intérieur se retrouve le mieux du monde dans cette partie de notre anatomie, de même que, lorsque nous la serrons entre nos pattes de façon à la dérober à la vue, il faut voir là l'expression de la plus grande angoisse, de la plus douloureuse tristesse... Mais revenons à mon horrible aventure...

MOI. – Ces réflexions sur toi et sur ta race, cher Berganza, sont la preuve de ton esprit philosophique ; aussi suis-je enchanté que tu interrompes de temps en temps ton récit.

BERGANZA. – J'espère bien te convaincre à la longue des nobles traits de mon espèce. Cet autre mouvement de la queue qui appartient aux chats ne t'a-t-il pas été de tout temps pénible et même insupportable ? Ne vois-tu pas dans ces contorsions, ces spirales félines l'expression de l'amitié feinte, de la malice sournoise, de la haine réprimée ?... Avec quelle loyauté en revanche, avec quelle franche et honnête gaieté frétille notre queue à nous ! Réfléchis à cela, mon cher, et connais mieux les chiens !

MOI. – Et comment ne le ferais-je pas !... Tu me remplis, cher Berganza, d'une réelle considération pour toi, pour tes semblables, et je ne m'en départirai de ma vie. Mais poursuis ton effroyable récit.

BERGANZA. – Je mordais, plein de rage, dans toutes les directions mais sans atteindre le fantôme. Enfin, ayant réussi à prendre appui contre le mur, je tirai de toutes mes forces sur le suaire qui s'était entortillé autour de mes pattes, et je réussis ainsi à tirer à moi cette créature… Je lui happai le bras. Elle poussa un cri épouvantable, et d'un bond vigoureux et hardi je la projetai au loin derrière moi.

MOI. – Dieu merci ! Te voilà délivré.

BERGANZA. – Hélas ! Écoute la suite ! Je m'enfuis en courant, littéralement transporté de rage, passai devant l'hôpital, franchis la porte de la ville, et me perdis dans la nuit, loin, toujours plus loin, dans une course irrésistible. Un feu m'apparut dans le lointain ; j'y fus en trois bonds : je me trouvai à un carrefour au centre duquel brûlait, sous un trépied supportant un chaudron de forme étrange, ce feu visible de si loin. Un crapaud monstrueux, hideusement tacheté de flamboyantes couleurs, se tenait dressé près du chaudron et y fourgonnait avec une longue cuiller ; l'écume bouillonnante débordait en crépitant et en sifflant dans les flammes ; celles-ci projetaient des escarbilles d'un rouge sanglant qui retombaient sur la terre en prenant des formes hideuses. Des lézards à figures humaines sottement ricanantes, des putois luisants, des rats à tête de corbeau, toute une vermine repoussante courait sauvagement en tous sens, en un cercle toujours plus étroit ; et un grand chat noir aux yeux étincelants y saisissait avidement ses proies pour les dévorer en grondant.

» Je restai là comme enchaîné par un charme : un froid de glace me courait sur l'échine et je sentais mes poils se hérisser. Le crapaud, avec sa façon de fourgonner sans fin dans le chaudron et avec son masque qui, ayant quelque chose d'humain, semblait comme une insulte à l'humanité, était à lui seul un spectacle affreux. Mais c'était le chat qui excitait surtout ma rage. Ce noir coquin, pensai-je, n'est-il pas de cette race grondante, grognante, flatteuse, flagorneuse et fausse qui répugne si fort à ta nature ? Et dans l'instant je me sentis le courage de combattre l'esprit infernal qui se présentait à moi sous la forme de mon ennemi naturel : un bond, un coup de dents, et tout ce maléfice serait anéanti ! Déjà je guettais le moment favorable où le chat allait se trouver assez près de moi pour que je puisse le saisir sûrement et vigoureusement… lorsqu'une voix perçante traversa les airs en criant : « Montiel ! Montiel ! »

MOI. – Hélas ! Berganza ! Je pressens de nouveaux malheurs… Mais continue.

BERGANZA. – Tu vois combien ce récit me saisit : encore à présent l'image me revient, aussi vivante que jamais, de cette nuit fatale où mon existence… Mais je ne veux pas anticiper…

MOI. – Eh bien ! poursuis ton histoire…

BERGANZA. – Mon ami !… La belle affaire que d'écouter ! Le narrateur, lui, halète et sue pour rendre convenablement en mots et en périodes bien construites toutes les choses extraordinaires, toutes les aventures étranges qui se pressent dans son esprit. Je me sens en vérité très épuisé, et désirerais vivement quelque saucisse bien accommodée, mon mets favori… Mais puisqu'il ne peut s'en trouver ici, force m'est de poursuivre le récit de mon aventure en restant sur mon appétit.

MOI. – Je suis impatient de connaître la suite, encore que je ne puisse me défendre d'une secrète horreur. T'entendre parler ne me paraît plus du tout extraordinaire à présent, mais je jette sans cesse un coup d'œil vers ces arbres pour voir si quelque diable de lézard à figure humaine n'est pas en train de ricaner.

BERGANZA. – « Montiel ! Montiel ! » criait la voix dans les airs… Puis près de moi : « Montiel ! Montiel ! » Tout à coup, je me vis entouré par sept vieilles femmes gigantesques et décharnées : sept fois je crus reconnaître la maudite Cannizarès, et pourtant aucune n'était vraiment Cannizarès, car la métamorphose continuelle de ces figures ridées, avec leurs nez de vautour pointus, leurs yeux d'un vert étincelant, leurs gueules édentées, rendait soudain étrange ce qui semblait le plus familier, familier ce qui semblait le plus étrange. Elles se mirent à piailler en chœur tout en tournant de plus en plus frénétiquement avec des gestes bizarres autour du chaudron, au point que leurs cheveux d'un noir de corbeau flottaient au loin dans les airs et que leurs suaires déchirés couvraient à peine leur jaune et hideuse nudité. Le chat noir criait au milieu de tout cela dans les tons les plus aigus, éternuant et félissant comme font les animaux de sa race, et projetant autour de lui mille étincelles. Il sautait au cou tantôt de l'une tantôt de l'autre de ces harpies, et la femme alors se mettait à tourbillonner, le pressant contre elle en dansant jusqu'à ce qu'il la quittât, tandis que les autres restaient absolument immobiles.

» Le crapaud cependant enflait à vue d'œil ; soudain il s'élança dans le chaudron fumant qu'il fit déborder sur le feu ; eau et flammes alors de pétiller, de siffler, de fermenter et de crépiter, donnant naissance à mille horribles images qui apparaissaient et s'évanouissaient aussitôt en un mouvement incessant qui angoissait les sens. C'étaient d'étranges et hideux animaux singeant la forme humaine ; puis des êtres humains se débattant avec d'épouvantables contorsions contre une forme animale ; et tout cela se mêlait, se pénétrait, s'enlaçait et se dévorait. Et toujours plus sauvages et plus emportées, les sorcières tourbillonnaient en dansant au milieu des épaisses vapeurs de soufre exhalées par le chaudron flamboyant.

MOI. – Berganza, c'est trop horrible !… Jusqu'à ta physionomie !… Abandonne, je t'en prie, cette manière de rouler ainsi tes yeux – d'ordinaire si spirituels…

BERGANZA. – Pas d'interruption à présent, mon ami ! Écoute plutôt la mystérieuse, l'épouvantable incantation des sorcières, que je garde intacte dans ma mémoire :

Mère aux hiboux! Mère aux hiboux!
Mère aux hiboux, vole vers nous!
Damoiseau a trompé le fils,
Le fils expiera pour sa mère.
Tôt jaillit le sang de la flamme!

Mère aux hiboux! Mère aux hiboux!
Mère aux hiboux, vole vers nous!
Si le coq rouge en a menti,
Le chat étranglera le coq,
La mère fournira caution!

Mère aux hiboux! Mère aux hiboux!
Mère aux hiboux, vole vers nous!
Dans le cinq, le sept se balance.
Kobolds et salamandres fuient,
Voyez-les filer dans les airs!

Mère aux hiboux! Mère aux hiboux!...

» Telles étaient les paroles du chant que glapissaient les sept effroyables spectres. Bien haut dans les airs retentissaient ces cris : « Ô mon fils Montiel! défie le damoiseau, défie le damoiseau!... »

» Alors, s'ébrouant tout en fureur et crachant des étincelles, le chat noir bondit vers moi; mais je rassemblai mes forces, et comme mes pattes de devant sont douées d'une vigueur et d'une adresse peu communes (le mot *patte* me plaît bien davantage que celui de *main*, si efféminé! Si seulement je pouvais dire « le » *patte*! Mais vos Adelung[1] à perruques l'interdisent)... Je disais donc : comme je possède une énergie et une habileté toutes particulières dans mes pattes de devant, je ter-

1. Adelung : célèbre philologue allemand, 1732-1806.

rassai mon ennemi, tout en le serrant fortement de mes crocs acérés, sans me soucier du misérable feu d'artifice qui jaillit alors en crépitant de son nez, de ses yeux, de sa gueule et de ses oreilles. Les sorcières se mirent à hurler et à se lamenter avec des cris déchirants : elles se roulaient par terre, ensanglantant leurs seins flasques avec les longs ongles de leurs doigts crochus. Mais je ne laissai pas échapper ma proie.

» Soudain, un volettement, un bruissement dans l'air... A califourchon sur un hibou, une petite vieille toute grise descend vers moi. Elle ne ressemble pas aux autres. Son œil vitreux me fixe avec un sourire de spectre. « Montiela ! » glapissent les sept femmes...

» Une secousse ébranle tous mes nerfs... Je lâche le chat... Tout haletant et hurlant, il s'enfuit sur un rayon de lumière rouge sang. Une épaisse vapeur m'environne... Le souffle me manque... Je perds connaissance... Je m'affaisse...

MOI. – Berganza, arrête Ton tableau est rehaussé de si vives couleurs : je vois la Montiela... les ailes de son hibou me font frissonner de je ne sais quelle horreur glacée... Je ne puis dissimuler que je languis d'impatience de te voir enfin délivré.

BERGANZA. – Lorsque je revins à moi, je gisais sur le sol, incapable de remuer une patte, et les sept spectres étaient accroupis par terre autour de moi, à me caresser et me palper de leurs mains crochues. Mes poils dégouttaient d'une graisse nauséabonde dont elles m'avaient oint, et une sensation indescriptible me faisait tressaillir jusqu'à la moelle. Il me semblait que j'étais contraint de m'extraire de mon propre corps, et par moments je me voyais positivement couché là, comme si j'étais un second Berganza, et puis je redevenais le premier, et puis j'étais encore cet autre Berganza qui voyait l'autre aux mains des sorcières ; et celui-ci aboyait et grondait après son double étendu à terre, l'exhortait à mordre hardiment autour de lui et à s'échapper du cercle d'un bond vigoureux... Et le Berganza qui gisait à terre... Mais qu'ai-je besoin de t'ennuyer avec la description de cet état étrange, résultat d'artifices infernaux, qui me partageait moi-même en deux Berganza combattant l'un contre l'autre !

MOI. – Autant que j'en puis juger par ta vie antérieure, par les paroles de Cannizarès et par la mise en scène de ce congrès des sorcières, tout cela n'avait pour but que de te donner une autre forme. Ce fils, ce Montiel pour lequel elles te tenaient désormais, devait apparaître sous la forme de quelque élégant jeune homme : voilà pourquoi elles t'oignaient de cette huile de sorcière, bien connue pour opérer de semblables métamorphoses.

BERGANZA. – Tu as parfaitement deviné, car tout en me caressant et en me palpant, les sorcières, de leurs voix plaintives et sépulcrales, psalmodiaient un chant dont les paroles annonçaient ma métamorphose :

Petit-fils ! Hibou te salue !
Le hibou a mordu le chat !
Petit-fils, prends bien garde à toi !
Ta mère apporte quelque chose.
Petit-fils, laisse là le chien !
Hou ! Dois tromper le damoiseau,
Tourne, fantôme de l'horreur !
Petit-fils, vite, hors de ta peau !

» Et chaque fois que le chant était terminé, la vieille au hibou frappait l'une contre l'autre ses mains osseuses, et son hurlement déchirait l'air d'une angoisse sauvage. Mes tourments croissaient à chaque instant ; mais voici qu'un coq chanta au prochain village, une lueur rouge traversa l'orient, et toute la horde s'envola soudain en bruissant et en sifflant à travers les airs, si bien qu'en un moment toute l'apparition fantastique s'était évanouie et dissipée. Et je me retrouvai, seul et épuisé, couché au bord de la grand-route.

MOI. – Réellement, Berganza, cette scène m'a épuisé aussi ; et c'est merveille que tu aies pu, malgré ta stupeur, retenir ces chants.

BERGANZA. – C'est la forte impression que j'en ressentis – outre qu'elles ont piaillé cent fois de suite ces incantations –, c'est le lancinement torturant de leurs vaines formules qui a gravé tout cela si profondément en moi, venant ainsi en aide à ma mémoire, au demeurant fort fidèle. La mémoire proprement dite, c'est-à-dire envisagée d'un point de vue philosophique, n'est autre qu'une forme d'imagination particulièrement vive et active, capable d'évoquer comme par enchantement chaque image du passé avec toutes ses couleurs propres et toutes ses particularités accidentelles, telle qu'elle se présentait à l'instant où l'attention fut excitée. Du moins ai-je entendu soutenir cette théorie par un de mes précédents maîtres, lui-même doué d'une mémoire extraordinaire, quoiqu'il retînt rarement les noms et les dates.

MOI. – Ton maître avait raison. Car il en va sans doute autrement des paroles qui se sont gravées profondément dans l'âme, et que l'on a enregistrées au plus vif de son être, que des formules apprises par cœur… Mais que t'arriva-t-il ensuite, Berganza ?

BERGANZA. – Tout faible et épuisé que j'étais, je pus quitter la grand-route en me traînant péniblement jusqu'à un fourré situé non loin, où je m'endormis. Lorsque je me réveillai, le soleil était déjà haut dans le ciel, et l'huile des sorcières grésillait sur les poils de mon dos ! Je me jetai dans le ruisseau qui bruissait au milieu du taillis, pour me nettoyer à fond de cette onction peu ragoûtante ; puis, tout ragaillardi, je m'enfuis loin de ces lieux, car je ne voulais pas rentrer à Séville où peut-être je risquais de tomber encore une fois entre les mains de l'infâme Cannizarès. Mais c'est maintenant qu'il te faut faire attention, car voici qu'arrive seulement, comme la morale après la fable, ce qu'il te faut savoir pour comprendre mon existence.

MOI. – C'est en effet ce que j'aimerais connaître. Car lorsque je te considère, lorsque je réfléchis qu'il y a déjà plusieurs centaines d'années…

BERGANZA. – Ne dis rien de plus ! La confiance que j'ai conçue pour toi mérite que tu la récompenses ; ou bien serais-tu toi aussi un de ces individus qui ne trouvent rien de merveilleux à voir fleurir puis mûrir les cerises, pourvu qu'elles deviennent des fruits que l'on puisse manger, et qui tiennent pour faux tout ce dont l'expérience ne les a pas encore convaincus ?… Ô licencié Peralta ! licencié Peralta !

MOI. – Ne t'emporte pas ainsi, mon cher Berganza ! Un proverbe dit : ce ne sont là que pauvres histoires d'hommes ! Prends donc pour ce qu'ils valent ce doute, cette incrédulité devant l'incroyable, qui malgré moi s'élève dans mon esprit.

BERGANZA. – Tu donnes toi-même le ton de la mélodie que j'entonnerai tout à l'heure ! Comment, maintenant, tout rempli d'une vie nouvelle, d'un nouveau courage, je bondis à travers prés et champs ; comment, de cette façon que tu devines, toi qui n'ignores rien de mon ancienne vie, j'eus la chance de trouver un gîte tantôt chez l'un, tantôt chez l'autre : je passe sur tout cela pour te dire tout de suite que chaque année, quand revenait le jour fatal qui m'avait amené dans ce maudit cercle de sorcières, les effets du sinistre enchantement m'éprouvaient d'une façon particulièrement angoissante… Si tu me promets de ne te formaliser de rien de ce qui pourrait peut-être vous concerner intimement, toi et ceux de ta race ; si tu veux bien ne pas me quereller sur telle expression peut-être impropre, j'essaierai…

MOI. – Berganza ! Reconnais en moi un véritable esprit universel et ce au sens propre du terme – bien différent de celui qu'on entend ordinairement. Je ne m'avise pas de diviser et de classifier, comme font si bien les esprits étroits, les phénomènes de la nature : le fait que tu parles, et avec beaucoup d'esprit, efface à mes yeux tout ce qui, auprès de ce miracle, n'est que secondaire. Parle-moi donc, mon bien cher, comme à ton ami, et dis-moi quels étaient, après tant d'années, les effets de cette huile maudite ?

Ici Berganza se leva, se secoua, puis, arrondissant l'échine, se gratta derrière l'oreille gauche à l'aide de la patte arrière gauche. Après avoir encore éternué plusieurs fois de bon cœur – à quoi je répliquai en prenant une prise et en disant : « *contentement* » –, il sauta enfin sur le banc ; là, il s'appuya contre moi, son museau effleurant mon visage, et l'entretien se poursuivit en ces termes :

BERGANZA. – La nuit est fraîche, mais tu peux profiter un peu de la chaleur animale qui parfois jaillit en étincelles électriques de mes poils noirs : cela me permettra de te dire à l'oreille ce que j'ai maintenant à te conter.

» Quand le jour fatal arrive et que l'heure mystérieuse approche, je ressens d'étranges appétits que je ne connais jamais en d'autres temps. Je voudrais, au lieu de mon eau accoutumée, boire du bon vin… manger de la salade d'anchois. En outre, il me faut remuer amicalement la queue devant certaines personnes qu'auparavant je haïssais à mort et après lesquelles je grondais… Et cela empire, empire sans cesse. Les chiens bâtis comme moi, en force et en courage, et que je combattais jusque-là sans crainte lorsqu'ils me défiaient, je les évite, tandis que les petits carlins et les roquets avec lesquels je jouais volontiers, l'envie me prend soudain de leur donner un coup de patte par-derrière qui leur fasse bien mal et dont ils ne puissent se venger. Tout se déforme et vacille au plus profond de moi, tout flotte et se brouille devant mes yeux… Des sentiments nouveaux, indéfinissables, m'oppressent et m'angoissent. Le bosquet ombreux sous lequel auparavant je reposais avec tant de plaisir et avec lequel je m'imaginais converser, quand le vent agitait les branches de façon à faire sortir de chaque feuille un doux bruissement, ce bosquet m'est odieux. Je ne peux plus fixer mes regards sur la lune éclatante, cette reine de la nuit, devant qui les nuages en défilant se parent d'un or somptueux… Au contraire, une puissance irrésistible m'attire vers le salon brillant de lumières : je voudrais y marcher sur deux pieds, rentrer ma queue, je voudrais me parfumer, parler français, manger des glaces, et que chacun pût me serrer la patte en me disant : *Mon cher baron!* ou : *Mon petit comte!* et ne rien flairer de chien en moi.

» Oui, c'est alors une chose horrible pour moi que d'être un chien; et tandis que, prompt comme la pensée, je gravis les échelons de ce que l'on suppose être les étapes de la nature humaine, un malaise grandit en moi. La honte me vient d'avoir naguère, par une chaude journée de printemps, gambadé sur le gazon, ou de m'être roulé dans l'herbe, et c'est alors un combat acharné qui se livre en moi, d'où je sors toujours plus réfléchi, plus grave… Me voici enfin homme : je commande à la nature, qui ne fait croître ses arbres que pour que l'on en puisse faire des tables et des chaises, et pousser ses fleurs que pour vous permettre de les piquer en bouquet à la boutonnière. Mais pendant que je m'élève ainsi jusqu'au plus haut de l'échelle, je sens tout à coup une épaisseur, une stupidité s'emparer de moi et me dominer de plus en plus, pour me réduire finalement à un état de défaillance absolue.

MOI. – Hélas ! Hélas ! Mon cher Berganza ! Ne l'avais-je pas dit ! Les sorcières voulaient parer de la forme humaine ce Montiel que papa Satan réservait sans doute à autre chose ; les charmes de l'enchantement ont échoué devant la puissance du damoiseau qui, avec son esprit insolent et railleur, tel Méphistophélès dans la cuisine des sorcières, s'amusa à brasser ustensiles et animaux avec une telle fureur que les os craquèrent de partout et que les débris en désordre s'envolèrent de tous côtés. C'est ainsi qu'elles t'ont voué à ce combat cruel que tu dois maintenant, me dis-tu, livrer chaque année en ce jour fatal.

BERGANZA. – Mais on dirait bien que c'est ce combat, par sa violence qui semble perpétuellement renaître d'elle-même, qui me maintient en vie pour l'éternité ; car chaque fois que je reviens à moi, je me sens curieusement rajeuni et fortifié. La constellation particulière sous laquelle je suis né, et qui m'a accordé non seulement de comprendre votre langage mais de pouvoir encore le reproduire réellement, est entrée en conflit avec les pratiques magiques des sorcières, et maintenant je cours le monde, sans craindre bâton, fusil ni épée, comme le Juif errant, assuré de ne jamais trouver le lieu de mon repos. C'est véritablement une destinée digne de compassion : quand tu m'as trouvé aujourd'hui, je venais justement de m'enfuir de chez un maître fort déplaisant, je n'avais rien mangé de la journée entière et j'étais plongé dans de tristes méditations sur les misères de ma condition.

MOI. – Pauvre Berganza !… Maintenant que je puis te considérer de tout près sous ce clair de la lune, je vois apparaître sur ton visage, bien qu'un peu basané, les signes indiscutables d'une fidèle loyauté de cœur, d'une vraie noblesse d'esprit. Ton talent de parole lui-même, encore qu'assez étrange, n'éveille plus aucune frayeur en moi. Tu es, je puis bien le dire, un chien de poète ; et comme je suis moi-même – tu dois le savoir, puisque tu me connais – enthousiasmé par tout ce qui est poésie, que penserais-tu de m'accorder ton amitié et de venir avec moi ?

BERGANZA. – Pourquoi pas… seulement…

MOI. – Ni coups de pied, ni coups de bâton… Tous les jours, comme dessert après l'ordinaire, une saucisse bien accommodée… Souvent aussi, l'aimable fumet d'une longe de veau parviendra jusqu'à toi, sans que tu attendes vainement après un bon morceau d'icelle.

BERGANZA. – Tu dois bien remarquer que ta proposition ne manque pas son effet, car je ne puis m'empêcher de renifler comme si le rôti était déjà tout proche. Seulement tu as laissé échapper quelque chose qui, sans me rebuter tout à fait, me rend pourtant fort incertain.

MOI. – Quoi donc, Berganza ?

BERGANZA. – Tu as parlé de poésie, d'enthousiasme…

MOI. – Et c'est cela qui t'effraierait !

BERGANZA. – Ah ! mon ami, laisse-moi être franc ! Je suis un chien, il est vrai ; mais votre avantage de marcher sur deux pieds, de porter des culottes et de bavarder sans cesse à votre gré ne l'emporte pas sur ce long silence où l'esprit se recueille, s'appliquant à saisir la nature dans ses profondeurs les plus sacrées d'où germe et s'élance la véritable poésie. A une noble et ancienne époque, sous ce ciel du Sud dont le rayonnement pénètre jusqu'à l'âme chaque créature, allumant partout un chœur d'allégresse, il m'arriva, fils d'une humble famille, de prêter l'oreille au chant de ces hommes qu'on appelle poètes. Leur poésie était comme un élan de l'âme, qui les portait à reproduire ces mêmes accents que la nature fait résonner à l'infini dans chaque cœur. Le chant des poètes était leur vie même ; ils la lui consacraient comme au plus haut but que la destinée, que la nature leur eût accordé d'atteindre.

MOI. – Berganza !... je suis émerveillé de te voir posséder un si réel talent poétique.

BERGANZA. – Mon ami, je te le répète, dès mes jeunes années, je me suis plu à fréquenter les poètes. Les croûtes de pain que quelque pauvre étudiant me donnait, partageant de bon cœur avec moi sa chiche pitance, me plaisaient plus au goût que tous les morceaux de rôti dédaigneusement jetés par un vénal domestique. En ce temps-là, un profond et saint désir embrasait encore la poitrine des élus, impatients d'exprimer en nobles paroles ce qu'ils ressentaient tout au fond de leur être, et même ceux qui n'étaient pas parmi les appelés avaient la foi et la piété ; ils révéraient les poètes comme des prophètes leur annonçant un monde magnifique et inconnu, plein de munificentes séductions, et ils n'osaient pas rêver, non initiés qu'ils étaient, pouvoir pénétrer un jour dans ce sanctuaire que la poésie leur faisait entrevoir de loin. Mais aujourd'hui tout a changé. Que le riche bourgeois, que M. le professeur ou M. le major possède une nichée d'enfants, et il faudra que le petit Hans, et Friedrich, et Peter se mettent à chanter, jouent d'un instrument, peignent, déclament des vers, sans que personne se demande si leur esprit peut le moins du monde supporter tout cela. Cela fait partie de ce qu'on appelle une bonne éducation, et ensuite chacun s'imagine pouvoir bavarder là-dessus et juger le poète, l'artiste dans le plus intime de ses principes et de ses œuvres, et les réduire à sa propre mesure. L'artiste peut-il être plus profondément blessé que lorsque la canaille le tient pour son égal ? Et cela arrive pourtant tous les jours. Que de fois n'ai-je pas été écœuré d'entendre ainsi un stupide étudiant disserter sur l'art, citer Goethe et se battre les flancs pour faire briller en lui ce génie poétique dont un seul rayon aurait anéanti l'insipide et impuissant fantoche qu'il était.

» Ce sont surtout – ne te fâche pas de cela, ami, au cas où tu aurais peut-être une femme ou une maîtresse de cet acabit – ce sont surtout vos femmes savantes, vos femmes poètes, vos femmes artistes qui me sont odieuses à mort ; et autant je me laisse volontiers caresser par une délicate main de jeune fille, autant j'aime à poser ma tête sur un gentil tablier, autant, quand j'entends discourir une de celles-là à tort et à travers, sans aucun sentiment profond, sans aucune élévation d'esprit, en un verbiage poétique appris par cœur, je ne songe qu'à une chose : appliquer à l'aide de mes crocs, dans quelque partie délicate de sa personne, un inoubliable souvenir !

MOI. – Fi donc ! Berganza !… C'est la vengeance qui parle ici en toi : parce qu'une femme, la Cannizarès, est la cause de tous tes maux…

BERGANZA. – Combien tu te trompes à vouloir ainsi combiner à tout prix des choses qui n'ont aucun rapport entre elles. Crois-moi, une surnaturelle et effroyable apparition comme celle-là, dans une vie, produit le même effet qu'une puissante secousse électrique : elle détruit celui qui s'avère incapable de lui résister, mais elle trempe d'une force nouvelle celui qui a la force de la supporter. Du moins est-ce là ce que j'ai éprouvé… Quand je me représente nettement la Cannizarès, mes muscles et mes fibres se tendent, mon sang bat plus vite dans mes veines, mais de cette commotion d'un instant je me relève plus vigoureux, un tel ébranlement opérant d'une manière bienfaisante sur mon activité physique et psychique. Mais une de ces femmes à culture poétique, avec sa superficialité, mise à la torture pour faire croire au monde entier qu'elle est enthousiaste de l'art, du sublime… que sais-je encore… Ah !… Ah !…

MOI. – Berganza !… Qu'as-tu donc ?… tu t'arrêtes ?… tu laisses retomber ta tête sur tes pattes ?

BERGANZA. – Ah ! mon ami, en te parlant de cela, je sens déjà la funeste lassitude, l'indescriptible dégoût qui me pénètrent : rien qu'à l'idée des misérables caquets artistiques de ces bas-bleus… qui m'affectent au point de me faire dédaigner pendant des semaines les rôtis les plus succulents !

MOI. – Mais, cher Berganza, ne pourrais-tu couper court à ces odieux verbiages par quelques grognements et aboiements efficaces ? Car quand même tu aurais été jeté à la porte, tu ne t'en serais pas moins trouvé délivré de ce cauchemar…

BERGANZA. – Interroge un peu ta conscience, ami ! et dis-moi si, pour un motif ou pour un autre, tu ne t'es pas souvent laissé tourmenter toi aussi sans nécessité apparente ? Tu t'es sûrement trouvé à ton tour dans une de ces fâcheuses compagnies : tu pouvais prendre ton chapeau et t'en aller, mais tu ne l'as pas fait. Un scrupule que tu ne peux guère nommer sans quelque honte intime t'a retenu… Tu n'as pas voulu offenser celui-ci, ou celui-là, encore que sa bienveillance à ton égard ne vaille pas un zeste… Ou bien quelque personne de la société, une silencieuse jeune fille là-bas près du poêle, qui ne fait que boire du thé et manger des gâteaux, avait éveillé ton intérêt, et tu as voulu saisir le moment convenable pour faire briller ta lumière devant elle et lui dire : « Divine créature ! qu'est-ce que toute cette conversation, ces chants, ces vers qu'on déclame ? Un seul regard de vos yeux célestes a plus de prix que l'œuvre entière de Goethe dans sa plus récente édition !… »

MOI. – Berganza ! Tu deviens mordant !…

BERGANZA. – Voyons, mon ami, puisque pareilles choses peuvent vous arriver à vous autres hommes, pourquoi donc un pauvre chien n'avouerait-il pas loyalement qu'il a été souvent assez absurde pour se réjouir lorsque, malgré sa trop vigoureuse nature pour un cercle où seuls gambadent des carlins et glapissent des bolonais, il lui a été accordé par faveur de se mêler à eux et qu'il a pu, le cou décoré d'un joli collier, se coucher sous le sofa de sa maîtresse, dans une chambre élégante ?... Mais qu'ai-je à te fatiguer avec mes efforts pour te prouver la méchanceté de vos femmes savantes ? Laisse-moi seulement te raconter la catastrophe qui m'a amené ici, et tu sauras pourquoi cette fade et superficielle chose que sont nos soi-disant cercles d'esprit d'aujourd'hui m'exaspère à ce point... Mais d'abord, que je me rafraîchisse un peu !

Berganza sauta rapidement à bas de son siège et s'enfonça d'un galop majestueux dans le taillis. Je l'entendis boire avidement à un fossé voisin où l'eau s'était accumulée. Bientôt il revint et, après s'être soigneusement secoué, se rassit près de moi sur ses pattes de derrière. Enfin, la tête tournée non de mon côté mais vers la statue de saint Nepomuk, et d'une voix sourde et plaintive, il commença en ces termes :

BERGANZA. – Je le vois encore devant moi, le bon, l'excellent homme, avec ses joues pâles et creuses, son regard sombre, le muscle mobile de son front ; celui-là, oui, était habité d'un véritable esprit poétique ; c'est à lui que je dois, outre maint souvenir de ces temps heureux, mes connaissances en musique.

MOI. – Comment, Berganza ?... Toi ?... des connaissances musicales ? Laisse-moi rire !

BERGANZA. – Voilà bien comme vous êtes ! Prompts au jugement ! Parce que vous nous tourmentez souvent des plus abominables cris, sifflements et braillements, et qu'alors nous nous mettons à hurler tout haut d'angoisse et d'impatience, vous nous refusez du coup tout sens musical ; et cependant je tiens que justement ma race pourrait acquérir des aptitudes très musicales, encore que je doive reconnaître à ces autres bêtes qui me sont odieuses [1] un certain avantage sur nous, car

1. Les chats.

la nature les a douées à l'évidence d'un talent d'expression musicale tout particulier, puisque, ainsi que le remarquait souvent mon noble maître et ami, ils exécutent leurs chants d'amour en duos, établis très habilement sur l'échelle chromatique en tierces montantes et descendantes. Sache donc que j'ai considérablement progressé en connaissances musicales, lorsque j'étais chez le maître de chapelle Johannès Kreisler, dans la belle Résidence de la Cour, tout près d'ici. Quand il improvisait sur son magnifique piano, et qu'il me révélait, dans le merveilleux enchaînement de ses magnifiques accords, les mystères les plus secrets du sanctuaire de l'art, je me plaçais devant lui et je l'écoutais attentivement, mon œil pénétrant fixé sur lui, jusqu'à ce qu'il eût fini. Après quoi il se rejetait en arrière, et de toute ma hauteur je me dressais contre lui, appuyant mes pattes sur ses épaules, et ne cessant de lui témoigner impétueusement – de la façon dont nous parlions tout à l'heure – mon approbation et ma joie. Il me serrait alors dans ses bras et disait : « Ah ! Benfatto ! (il me nommait ainsi en souvenir de notre première rencontre)… tu m'as compris ! fidèle et intelligent chien ; ne devrais-je pas renoncer à jouer devant tout autre que toi ?… Tu ne m'abandonneras pas, toi… »

MOI. – Tu dis qu'il te nommait Benfatto ?

BERGANZA. – Je le rencontrai pour la première fois dans le beau parc qui s'étend près de la porte de … Il paraissait occupé à composer, car il était assis sous un berceau de feuillage, avec une feuille de papier à musique et un crayon dans la main. Dans l'instant même où, tout brûlant d'inspiration, il se levait d'un bond en s'écriant : « Ah ! *ben fatto !…* », je fis mon apparition et me serrai contre lui de la façon que tu sais et qu'a déjà relatée l'enseigne Campuzano.

» Ah ! que n'ai-je pu rester chez le maître de chapelle ! Ce furent mes jours les plus heureux ! Seulement…

MOI. – Attends, Berganza… Je me souviens d'avoir entendu parler de Johannès Kreisler. On disait – ne t'en fâche pas ! –

qu'il avait été toute sa vie sujet à de légers accès de folie, jusqu'au jour où, à la suite d'une crise de véritable démence, il avait fallu le conduire à l'asile voisin, bien connu – ce à quoi il n'échappa qu'en prenant la fuite…

BERGANZA. – S'il s'est enfui, que Dieu accompagne ses pas ! Eh bien ! oui, mon ami, on a voulu tuer, on a voulu ensevelir vivant Johannès ; et quand, sous le sentiment de la supériorité divine que le génie lui avait accordée, il voulut se mouvoir et agir librement, on l'a bien sûr traité de fou.

MOI. – Il ne l'était donc pas ?

BERGANZA. – Oh ! sois donc assez bon pour me nommer celui d'entre les hommes qui pourra jamais figurer comme « prototype » de la normalité, mesureur universel de l'intelligence, capable de calculer exactement, d'après l'échelle thermométrique de sa propre tête, à quel degré se trouve l'intelligence du patient, et de décider s'il déborde ladite échelle vers le haut ou le bas !… En un certain sens, toute tête un tant soit peu excentrique est folle, et parait l'être d'autant plus qu'elle s'efforce avec plus d'ardeur de communiquer à la froide banalité de sa vie extérieure l'ardente chaleur des visions qui l'habitent. Quiconque sacrifie son bien-être, son bonheur, sa vie même à l'une de ces grandes et saintes idées qui sont l'apanage d'une nature d'essence supérieure, c'est-à-dire divine, est infailliblement traité de fou par celui dont les plus hautes aspirations ici-bas ne tendent qu'à ce but unique : mieux manger, mieux boire, et ne pas faire de dettes. Qui sait d'ailleurs si celui-ci, croyant stigmatiser celui-là, ne l'élève finalement pas au-dessus du commun dans la mesure où sa raison lui interdit tout commerce avec lui.

» Ainsi parlait souvent mon maître et ami Johannès Kreisler… Ah ! il devait avoir fait quelque funeste expérience, je le voyais bien à son changement d'attitude : souvent alors sa rage secrète éclatait en violents transports ; je me souviens qu'une fois il voulut me jeter un bâton à la tête, mais il en fut aussitôt affligé et me demanda pardon en pleurant… Quelle était la cause de ces humeurs, je l'ignore, attendu que je ne l'accompagnais qu'à ses promenades du soir et de la nuit, et que pendant le jour je veillais sur son petit ménage et sur ses trésors musicaux.

» Bientôt après, il lui vint un jour un grand nombre de visiteurs, et je pus entendre toutes sortes d'absurdes sornettes où revenaient à chaque instant les mots : arguments raisonnables, modération, etc. Mais en cette occasion, Johannès put éprouver ma force et mon agilité, car monté comme j'étais au suprême degré contre cette foule, un seul signe de mon maître suffit à me lancer d'un bond impétueux sur la canaille, donnant ainsi le signal d'une offensive qu'il paracheva glorieusement en les jetant l'un après l'autre à la porte.

» Le lendemain mon maître se leva tout languissant, épuisé, et me dit : « Je vois bien, cher Benfatto, qu'il ne m'est plus possible de rester ici ; il va donc falloir que je me sépare de toi, mon bon chien ! Ils m'ont déjà tenu pour fou quand je jouais pour toi ma musique en tenant toutes sortes de propos raisonnables ! Si tu demeurais davantage avec moi, tu pourrais à ton tour encourir le soupçon de folie, et de même qu'une ignominieuse réclusion m'attend (à laquelle pourtant j'espère bien échapper), pour toi c'est une mort honteuse entre les mains des gendarmes qui serait ton lot. Adieu donc, noble Benfatto ! »

» Il ouvrit la porte en sanglotant ; quant à moi, je n'eus plus qu'à franchir piteusement les quatre marches, et je me glissai dans la rue, l'oreille basse.

MOI. – Mais, cher Berganza, le récit de l'aventure qui t'a amené ici, tu l'as tout à fait oublié…

BERGANZA. – Tout ce que je t'ai raconté jusqu'ici en était précisément l'introduction. Comme je descendais la rue en courant, triste et absorbé en moi-même, une troupe d'hommes me croisa, et quelques-uns crièrent : « Attrapez ce chien noir ! Attrapez-le ! Il est enragé, il est sûrement enragé ! »

» Je crus reconnaître les ennemis de mon cher Johannès et,

comme je pouvais déjà me rendre compte que malgré mon courage et mon adresse j'allais cette fois avoir le dessous, je tournai lestement le coin de la rue et m'engouffrai dans une maison de belle apparence dont la porte par bonheur était ouverte. Tout y annonçait la richesse et le goût. Le large et clair escalier était bien ciré : effleurant à peine les marches de mes pattes sales, je fus en haut en trois bonds et me tapis étroitement dans l'angle d'un poêle. Peu après, j'entendis de joyeux cris d'enfant dans le vestibule et la charmante voix d'une fillette déjà grande, qui disait : « Lisette, n'oublie pas de donner à manger aux oiseaux; je m'occupe de mon petit lapin angora ! »

» Il me sembla à ces mots qu'une secrète et irrésistible force me poussait en avant. Je sortis donc de mon coin en rampant et en agitant la queue, dans la plus humble attitude qui soit à ma disposition, et me retrouvai tout juste... devant une très jolie jeune fille de seize ans au plus, qui arrivait dans le vestibule en tenant par la main un petit garçon aux boucles dorées et à la mine éveillée.

» En dépit de mon humble attitude, je fus, ainsi que je l'avais craint, la cause d'une grande frayeur. La jeune fille poussa un cri : « Quel est cet affreux chien ? Comment cette grosse bête a-t-elle pu entrer ici ? »

» Puis, serrant l'enfant contre elle, elle fit mine de s'enfuir. Je rampai alors vers elle, et me couchai à ses pieds en gémissant d'une voix douce et plaintive. « Pauvre chien, qu'as-tu donc ? » fit la belle enfant en me caressant de sa petite main blanche.

» Je pus dès lors donner libre cours à ma satisfaction, allant jusqu'à risquer mes bonds les plus gracieux. La jeune fille riait, l'enfant poussait des cris et sautait de joie. Bientôt il exprima le désir, ordinaire chez les petits garçons, de grimper sur mon dos. Sa sœur le lui défendit, mais je m'étendis sur le sol, et par toutes sortes de joyeux grognements et reniflements, je l'invitai moi-même à monter. Enfin la sœur le laissa faire à sa guise; sitôt qu'il fut assis, je me relevai lentement, et tandis qu'elle le tenait par la main dans une fort gracieuse attitude, je parcourus le vestibule de long en large, d'abord au pas, puis en faisant quelques courbettes.

» Le gamin poussait de plus en plus haut ses cris de joie et de triomphe ; sa sœur, elle, riait plus franchement encore. Une autre petite fille entra, battit des mains à la vue de cette cavalcade, puis courut tenir le petit garçon par l'autre bras. Je pus risquer alors des bonds plus hardis ; je me lançai même dans un court galop, et quand je me mis à secouer la tête comme le plus bel étalon arabe, les enfants hurlèrent de joie. Valets, servantes accoururent par l'escalier du haut et par l'escalier du bas ; la porte de la cuisine s'ouvrit, et l'imposante cuisinière laissa tomber sa casserole de cuivre qui fit un beau fracas sur le carrelage, avant de s'immobiliser, ses deux poings rougis sur les hanches, pour mieux rire du spectacle. Le public curieux grossissait toujours, et la bruyante gaieté de tous ces gens allait croissant : murs, plafond, plancher retentissaient sous les rires chaque fois que, véritable Paillasse, j'exécutais une folle cabriole.

» Soudain je m'arrêtai : on me crut fatigué, mais lorsqu'on eut fait descendre le petit garçon, je bondis bien haut et me couchai ensuite d'un air flatteur aux pieds de la jeune fille aux boucles brunes. « Vraiment, fit en souriant la grosse cuisinière, vraiment, mademoiselle Cécilia, il semble que ce chien veuille vous obliger à lui grimper dessus ! »

» Valets, femmes de chambre, servantes firent aussitôt chorus : « Oh ! oui ! le brave chien ! Qu'il est intelligent ! »

» Une légère rougeur envahit les joues de Cécilia, et dans ses yeux bleus s'alluma le désir de ce plaisir enfantin… « Dois-je ?… Ne dois-je pas ?… » semblait-elle se demander tout en me regardant amicalement, un doigt sur la bouche. Elle fut bientôt sur mon dos ; cette fois, tout fier de ce charmant fardeau, je pris le pas d'amble de la haquenée menant la reine au tournoi ; et comme les spectateurs assemblés avançaient, reculaient, s'écartaient sur notre passage, on eût dit un cortège triomphal parcourant le long vestibule !

» Tout à coup, une grande et belle femme, encore jeune, parut à la porte de l'antichambre et dit, fixant ma belle écuyère d'un regard sévère : « Voyez un peu cet enfantillage ! »

» Cécilia descendit de mon dos et sut avec de si tendres prières représenter ma rencontre imprévue, mon bon tempérament, ma conduite plaisante, qu'enfin sa mère dit au valet de pied : « Donnez à manger au chien, et s'il s'habitue à la maison, il pourra y rester et monter la garde la nuit. »

MOI. – Ainsi donc, tu fus accepté !

BERGANZA. – Ah ! mon ami, le reproche de la belle dame avait été comme un coup de tonnerre à mes oreilles, et si je n'avais pas compté dans le même moment sur mes talents de cour, je me serais enfui. A présent, je te fatiguerais à te raconter par le détail tous les moyens que j'employai pour me glisser successivement de l'écurie dans le vestibule, et de là finalement dans le salon d'honneur de la dame... Seulement ceci : les cavalcades du petit garçon, qui paraissait être le favori de sa mère, me sauvèrent d'abord de l'écurie, et puis l'affection de la charmante jeune fille, à qui je m'étais livré de toute mon âme dès la première fois que je l'avais vue, me conduisit enfin dans les appartements. Cette jeune fille chantait divinement, et je vis bien que le maître de chapelle Johannès Kreisler n'avait pu penser à nulle autre qu'elle quand il parlait de l'effet mystérieux et magique produit par la voix d'une jeune artiste dont le chant était présent dans ses œuvres, ou plutôt les inspirait. A la manière des grandes cantatrices italiennes, elle avait l'habitude de solfier une bonne heure de suite tous les matins ; je me glissais alors auprès d'elle, en saisissant quelque bonne occasion, dans le salon où se trouvait le piano, et je l'écoutais attentivement. Quand elle avait fini, je lui manifestais mon assentiment par toutes sortes de bonds joyeux, dont elle me récompensait par une excellente collation que je dévorais de la plus décente manière, sans salir le parquet. C'est ainsi qu'on en vint à parler dans toute la maison de ma gentillesse et de ma singulière inclination pour la musique ;

Cécilia vantait particulièrement, outre ces qualités, ma *galanterie* à l'égard de son petit lapin angora, qui pouvait sans danger de punition me tirer les oreilles, etc. La maîtresse de la maison me déclarait un chien *charmant*, et quand j'eus enfin assisté à un thé littéraire et à un concert avec la gravité convenable et une tenue exemplaire, le cercle des intimes, auquel on avait fait part de ma romanesque entrée dans la maison, me fit l'honneur, par un vote unanime, de m'élever à la dignité de chien ordinaire de Cécilia ; c'est ainsi que le but auquel j'aspirais fut complètement atteint.

MOI. – Bon ! Te voilà donc dans une maison élégante, et le favori d'une jeune fille, d'après tes expressions, tout à fait aimable ; mais ne voulais-tu pas m'entretenir de l'insincérité et de la superficialité que manifestent les prétendus tempéraments poétiques, et surtout me raconter la catastrophe qui te chassa jusqu'ici ?

BERGANZA. – Doucement, doucement, mon ami ! Laisse-moi conter mes aventures comme elles me viennent à l'esprit. N'est-il pas salutaire pour moi de m'arrêter plus longuement sur les quelques instants heureux de ma vie nouvelle ? Et d'ailleurs, tout ce que je t'ai raconté de mon entrée dans cette maison (que je souhaiterais à présent en enfer) se rattache expressément à la malheureuse catastrophe que je te dirai tout à l'heure aussi brièvement que possible, en deux mots, à moins que mon maudit penchant à dépeindre toutes choses en termes si vifs et si colorés, telles en tout cas que les perçoit mon imagination, ne me pousse de nouveau où je ne voudrais pas.

MOI. – Eh bien ! va, cher Berganza ! Poursuis ton récit à ta guise.

BERGANZA. – Finalement, la Cannizarès avait sans doute raison.

MOI. – Quelle est encore cette énigme ?

BERGANZA. – On dit bien que c'est le diable pour deviner une chose ; mais il y a pourtant bien des choses que le Diable ne devine pas ; c'est pourquoi on dit aussi : « Quel diable d'imbécile ! »... Nous avons toujours été, moi et mon ami Scipion, dans une situation étrange. En fin de compte, je suis réellement ce Montiel banni de l'espèce humaine, et le masque de chien qui devait le châtier lui sert maintenant de récréation et de divertissement.

MOI. – Berganza ! je ne te comprends pas !...

BERGANZA. – Aurais-je donc pu amasser, avec mon sentiment sincère pour tout ce qui est bon et vrai, avec mon profond mépris pour le caractère si superficiel de cet esprit mondain, dépouillé de toute vertu sacrée, qui s'est emparé aujourd'hui de la plupart des hommes, aurais-je pu amasser une aussi précieuse expérience, un tel trésor de ce qu'on appelle philosophie de la vie, si je jouissais d'une brillante enveloppe humaine !... Merci à toi, Satan, qui as laissé bien inutilement grésiller sur mon dos l'huile des sorcières ! Me voici à présent devenu chien, et couché sous un poêle où personne ne prend garde à moi. Pauvres hommes ! je vois votre nature la plus intime se découvrir devant moi sans honte ni pudeur, et je la considère avec le mépris et l'ironie profonde que mérite votre ennuyeuse et vaine bouffissure.

MOI. – Les hommes ne t'ont-ils donc jamais rien montré de bon, pour que tu attaques toute leur race avec cette amertume ?

BERGANZA. – Mon cher ami, dans ma vie passablement longue, j'ai reçu en vérité un certain nombre de bienfaits, peut-être immérités, et je pense avec reconnaissance à chacun des instants joyeux et aimables que tel ou tel m'a procurés sans arrière-pensée. Je dis bien : *sans arrière-pensée* ! Faire le bien !... il y aurait long à dire là-dessus ! Si quelqu'un me gratte le dos ou me chatouille délicatement les oreilles – ce qui me porte aussitôt à un agréable état de rêverie –, ou si quelqu'un d'autre me tend le plus beau morceau du rôti, pour que je consente à rapporter, quand il lui en prend fantaisie, la canne qu'il a lancée au loin, parfois jusque dans l'eau, ou à faire le beau dressé sur mes pattes de derrière (manœuvre que j'abomine), je prétends que ni l'un ni l'autre ne m'a fait du bien le moins du monde : c'est un prêté pour un rendu, un acheté pour un vendu, où il ne peut être question ni de bienfait ni de dette de reconnaissance. Mais l'égoïsme crasse des humains est tel que chacun se vante avec ostentation de ce qu'il a donné et rougit de ce qu'il a reçu, de sorte qu'il arrive souvent que deux personnes s'accusent réciproquement d'ingratitude pour des bienfaits reçus de part et d'autre. Mon ami Scipion, qui connut parfois lui aussi une vie difficile, fut jadis, dans un village, au service d'un riche paysan ; c'était un homme dur, qui ne lui donnait presque rien à manger, mais le gratifiait en revanche le plus volontiers du monde de solides rations de coups. Un beau jour, Scipion – dont le défaut n'était assurément pas la gourmandise – avala une terrine de lait, poussé par la faim ; le paysan s'en aperçut et le rossa jusqu'au sang ; le pauvre chien n'avait plus qu'à s'enfuir pour échapper à une mort certaine, car son maître furieux s'emparait déjà d'une pioche de fer. Il traversa le village ventre à terre ; mais en passant devant l'étang du moulin, il vit le fils de son maître, un enfant de trois ans, qui jouait sur le bord, tomber juste à ce moment dans l'eau. D'un bond vigoureux Scipion s'y jeta aussitôt, saisit de ses crocs les vêtements du gamin, et le tira heureusement jusqu'à la verte prairie où le petit, bien vite remis de ses frayeurs, sourit à son sauveur et lui prodigua mille caresses. Scipion s'enfuit aussi vite qu'il put, pour ne jamais revenir au village. Eh bien vois-tu, mon ami, voilà un pur acte de charité… Pardonne-moi, mais pareil trait chez un homme ne m'est pas venu cette fois-ci à l'esprit.

MOI. – Tant d'amertume à l'égard des humains et le peu de crédit dont nous jouissons visiblement auprès de toi n'empêchent pas que je te prenne toujours plus en affection, vaillant Berganza ! Permets-moi donc de te témoigner mon sentiment, sans calcul aucun, d'une façon qui, je le sais, te sera réellement agréable.

Berganza s'approcha de moi en s'ébrouant un peu ; je le

caressai et lui grattai plusieurs fois le dos jusqu'à la queue ; il agitait sa tête en tous sens, et gémissait de plaisir et de volupté, se prêtant et se pliant à ma main bienfaisante. Lorsque je m'arrêtai enfin, notre entretien reprit.

BERGANZA. – Cette agréable sensation physique me remet en l'esprit les plus aimables images : je revoyais à l'instant la charmante Cécilia, dans sa simple robe blanche, sa sombre chevelure gracieusement arrangée en tresses brillantes, quittant le salon, tout en larmes, et regagnant sa chambre. J'allais à sa rencontre, et selon mon habitude je rampais me blottir à ses pieds. Alors, me saisissant la tête entre ses deux petites mains et me regardant de ses yeux clairs où brillaient encore des larmes, elle me disait : « Hélas ! hélas ! ils ne me comprennent pas !… Personne, même pas maman ! Dois-je donc te le dire à toi, fidèle chien, ce que je pense tout au fond du cœur ? Hélas ! je ne saurais même pas l'exprimer, et le pourrais-je, tu ne me répondrais pas : du moins tu ne me ferais pas de mal ! »

MOI. – Cette jeune fille, cette Cécilia, m'intéresse décidément de plus en plus !

BERGANZA. – Dieu, Notre Seigneur, à qui je recommande mon âme (puisse le Maudit ne pas en avoir sa part ! bien que je lui doive très vraisemblablement ce masque de *noble Vénitien* sous lequel je me pavane depuis si longtemps déjà dans le grand bal masqué d'ici-bas), Notre Seigneur, dis-je, a créé des humains d'espèces bien diverses ! L'étonnante variété des dogues, des lévriers, des bichons, des caniches, des carlins n'est rien, comparée à l'infinie diversité des nez pointus, camus, retroussés, recourbés… sans parler des innombrables variantes de mentons, d'yeux, de muscles du front. Enfin est-il seulement possible de se représenter dans son ensemble la multiplicité des formes d'esprit, des manières de voir et de juger ?

MOI. – Mais où veux-tu donc en venir ?

BERGANZA. – Prends cela pour un lieu commun, si tu veux !… pour une idée vulgaire… peu m'importe !

MOI. – Mais tu t'écartes encore du récit de ta fameuse « catastrophe » …

BERGANZA. – Je voulais simplement te dire que ma maîtresse, la dame de la maison, avait su attirer chez elle tout ce qui se trouvait dans la ville en fait d'artistes et de savants ; elle leur avait fait connaître là les familles les plus éclairées, et avait ainsi constitué un cercle artistico-poético-littéraire, sur lequel elle régnait. Sa maison était en quelque sorte une bourse des lettres et des arts où se traitaient toutes sortes d'affaires : jugements sur l'art, sur les œuvres d'art, sur les artistes même… Mais les musiciens… voilà certes une bien singulière espèce !

MOI. – Comment cela, Berganza ?

BERGANZA. – N'as-tu pas remarqué combien les peintres sont pour la plupart entêtés et obstinés dans leur opinion, et comment leur méchante humeur les empêche de goûter le moindre plaisir ; comment de leur côté les poètes ne se délectent que de leurs propres œuvres ? Les musiciens, eux, glissent d'un pied léger par-dessus tout cela : friands mangeurs, buveurs meilleurs encore, s'ils se trouvent en face d'un bon plat ou du premier d'entre les crus, ils sont au septième ciel, ils oublient tout ce qui les entoure, se raccommodent avec le monde – qui parfois les pique malicieusement – et pardonnent bénévolement à l'âne si son hi-han ne donne pas une septième parfaite… puisque sa qualité d'âne l'empêche de chanter autrement… Bref les musiciens ne flairent pas le Diable, même s'il est sur leurs talons.

MOI. – Mais, Berganza, encore une fois, pourquoi cette digression ?

BERGANZA. – Pour te dire que ma maîtresse jouissait, tout particulièrement auprès des musiciens, de la vénération la plus grande ; lorsque après six semaines de répétitions elle arrivait à écorcher sans mesure ni style quelque sonate ou quelque quintette, elle recevait d'eux les compliments les plus renversants. Car ses vins, choisis de première main, étaient exquis, et dans toute la ville on ne mangeait pas de meilleur steak que chez elle.

MOI. – Fi !… Johannès Kreisler n'aurait jamais fait cela !

BERGANZA. – Il l'a fait comme les autres ! Il ne faut voir là ni flagornerie ni duplicité ; non, c'est simplement affaire de bienveillance : mieux vaut supporter de bon cœur ce qui est mauvais, mieux vaut prêter sans impatience l'oreille à des sons confus qui tâchent en vain de devenir de la musique… cette bienveillance, cette patience étant grandement encouragées par l'espèce de bien-être, de béatitude intime, que provoque infailliblement le bon vin dégusté après un excellent repas… C'est pour tout cela que j'aime les musiciens ; et comme en général leur royaume n'est pas de ce monde, on les tiendrait plutôt pour des habitants d'une ville lointaine et inconnue, singuliers dans leurs faits et gestes, et même risibles, car Hans rit de Peter parce qu'il tient sa fourchette de la main gauche, sous prétexte que lui, Hans, l'a tenue toute sa vie de la droite…

MOI. – Saurais-tu donc pourquoi les gens aiment tant se moquer de tout ce qui ne leur est pas familier ?

BERGANZA. – Parce que l'habitude est pour eux la plus grande commodité ! Ils s'imaginent que celui qui s'en passe et fait autrement qu'ils ne font est un fou qui se complique inutilement la vie : un insensé qui ne se martyrise, en se comportant de si étrange façon, que par préjugé à l'égard de ces vénérables coutumes dont l'utilité n'est plus à démontrer ! Et de se gausser de ce que cet étranger soit si sot et eux si avisés. Et d'en rire à gorge déployée – ce dont je les félicite de tout cœur !…

MOI. – J'aimerais bien maintenant que tu en reviennes à ta maîtresse.

BERGANZA. – M'y voici. Ma maîtresse avait la singulière prétention de vouloir elle-même exercer tous les arts. Elle jouait, comme je l'ai dit, de divers instruments, et elle composait même ; elle peignait, elle brodait, elle modelait le plâtre et l'argile, elle faisait des vers, elle déclamait; et puis il fallait que le cercle entendît ses odieuses cantates et s'extasiât devant les lamentables figures qu'elle avait peintes, brodées ou modelées. Peu de temps avant mon entrée dans la maison, elle avait fait la connaissance d'une célèbre actrice mimique que tu as dû voir souvent; ce fut là l'origine de tous les excès auxquels se livra bientôt le petit cercle. Ma maîtresse était assez belle, mais l'approche de l'âge avait quelque peu marqué les traits de son visage, déjà assez accusés par eux-mêmes, et arrondi au-delà de la mesure des formes plutôt rondelettes; elle posait pourtant devant le cercle en Psyché, en Vierge Marie, et que sais-je encore en fait de figures de déesses ou de saintes ! Le diable emporte le Sphinx et le Professeur de philosophie !

MOI. – Quel professeur de philosophie ?

BERGANZA. – Ces réunions autour de ma maîtresse avaient pour accompagnement obligé les figures suivantes : un Maître de musique qui donnait des leçons à Cécilia, un Professeur de philosophie et un Caractère indécis.

MOI. – Qu'entends-tu par Caractère indécis ?…

BERGANZA. – Je ne puis pas désigner autrement ce personnage, car je n'ai jamais pu savoir ce qu'il pensait vraiment. Mais puisque j'ai justement ces trois personnages, je ne puis m'empêcher de te rapporter ici une conversation que je surpris un jour entre eux. Le Musicien voyait le monde entier dans le reflet de son art et semblait jouir d'une assez faible intelligence, car il prenait pour argent comptant toutes les expressions de satisfaction polie qu'on voulait bien lui accorder, persuadé que l'art et les artistes sont partout tenus en haute estime. Le Philosophe en revanche, sur la face jésuitique et faunesque duquel jouait le plus réel dédain des faits et des gestes ordinaires des hommes, ne se fiait à personne et croyait au mauvais goût et à la barbarie comme au péché originel. Il était un jour dans l'antichambre auprès d'une fenêtre, en compagnie de l'homme au caractère indécis, lorsque le Musicien, qui volait encore dans les régions sublimes, vint à eux.

» – Ah ! s'écria-t-il (mais permets-moi, pour éviter ces perpétuels « dit-il » … « répondit-il », de prendre dès à présent la forme de la conversation. Si jamais tu publies notre entretien actuel, veille à ce que cette conversation-là soit insérée dans la nôtre d'une façon convenable)…

MOI. – Je vois, cher Berganza, que tu ne laisses rien au hasard, et que tu appliques au moindre détail ton savoir et ton intelligence. Ton récit est trop extraordinaire pour que, nouveau Campuzano, je ne le rapporte à mon tour au public. Insère comme tu voudras cette conversation au milieu de la nôtre, car je pressens qu'un éditeur attentif ne manquera pas de mettre une véritable puce à l'oreille du compositeur d'imprimerie chargé de l'affaire, en lui recommandant de disposer tout ceci de manière à faciliter la tâche du lecteur.

BERGANZA. – Voici donc la conversation :

> » LE MUSICIEN. – C'est vraiment là une femme supérieure, avec son sens profond de l'art, sa vaste culture.
>
> » LE CARACTÈRE INDÉCIS. – Oui, on doit le dire, Madame est *portée* sur l'art de façon tout à fait extraordinaire !
>
> » LE PROFESSEUR DE PHILOSOPHIE. – Vraiment ? Vraiment ? vous pensez réellement ce que vous dites, messieurs ? Eh bien ! moi je dis non ! Je soutiens le contraire.
>
> » LE CARACTÈRE INDÉCIS. – Il est de fait, après tout, que malgré l'enthousiasme que témoigne notre ami musicien, il se pourrait bien…
>
> » LE PROFESSEUR DE PHILOSOPHIE. – Croyez-moi, ce chien noir là-bas, sous le poêle, qui nous regarde avec tant d'intelligence, comme s'il écoutait attentivement notre entretien, a certainement plus d'estime et d'amour pour l'art que cette femme – à qui Dieu veuille pardonner de

s'approprier ainsi une chose qui lui est absolument étrangère. Rien ne réchauffera jamais son sein glacé ! Quand l'âme de certains, perdue dans la contemplation de la Nature, de l'Univers créé par Dieu, déborde d'un ravissement sacré, elle demande, elle, combien de degrés Réaumur marque le thermomètre et s'il va recommencer à pleuvoir ! Ainsi l'art, ce médiateur entre nous et l'Univers éternel que nous ne pressentons clairement qu'à travers lui, n'allumera jamais en elle la moindre flamme, n'éveillera jamais la moindre pensée. Avec ses exercices artistiques, avec ses fleurs de rhétorique et ses phrases, elle vit en pleine vulgarité !... Elle est prosaïque... prosaïque, ignoblement prosaïque !...

» Le Philosophe avait prononcé si haut ces derniers mots, et en gesticulant si fort, que dans le salon où se trouvait la compagnie, presque tous du coup se dressèrent, prêts à partir en guerre, toutes forces dehors, contre ce « prosaïsme » qui comme un traître ennemi paraissait s'être glissé sournoisement parmi eux, et que le cri de guerre du Professeur venait de dénoncer. Le Musicien en était resté tout saisi, mais le Caractère indécis le prit à part et lui chuchota aimablement à l'oreille :

» – Mon bon, que dites-vous des paroles du Professeur ? Savez-vous pourquoi il s'est si amèrement emporté, pourquoi il jette ainsi des pierres contre la froideur glaciale, contre le prosaïsme ?... Vous conviendrez que Madame est, pour son âge, encore assez fraîche et jeune... Eh bien ! il a – riez, riez bien ! – le Professeur s'est enhardi jusqu'à chercher à lui expliquer à fond, entre quatre yeux, certaines propositions philosophiques visiblement trop osées pour elle... Et elle a repoussé tout net ce donneur de leçons très particulières... Il a pris la chose fort mal, et ne cesse depuis de déblatérer et de jurer contre elle !

» – Voyez-moi donc cette face de bouc ! Me voici fermement revenu à mon opinion, conclut le Musicien.

» Et tous deux se mêlèrent à la compagnie.

» Quant à moi, je le répète : le diable emporte le Sphinx et le Professeur de philosophie !

MOI. – Et pourquoi cela ?

BERGANZA. – Tous deux furent cause que je n'eus plus la permission d'assister aux représentations mimiques de ma maîtresse ; et il s'en fallut d'un cheveu que je ne fusse chassé de la maison sous l'injure et l'opprobre.

MOI. – Ce « Sphinx » est sans doute une allégorie qui te sert à me présenter quelque nouveau personnage de ton cercle ?

BERGANZA. – Pas le moins du monde ! C'est un vrai sphinx que je veux dire, avec sa coiffure égyptienne et le regard fixe de ses yeux en amande.

MOI. – Raconte donc.

BERGANZA. – Était-ce pour se venger de son cours de philosophie manquée, comme le prétendait le Caractère indécis, ou tout bonnement par répulsion, par dégoût pour les vaines aspirations artistiques que s'arrogeait ma maîtresse, toujours est-il que le Professeur était son *ichneumon*, sa mouche du coche, la poursuivant sans relâche et retournant son esprit sans qu'elle y prît garde. Il avait une manière à lui, et des plus adroites, de l'embrouiller, de l'empêtrer si bien dans ses propres fleurs de rhétorique et ses phrases à elle, ainsi que dans ses jugements philosophico-esthétiques, qu'elle se perdait immanquablement dans le labyrinthe hérissé d'ivraie d'un galimatias prosaïque dont elle cherchait en vain la sortie. Il poussait si loin la malice que, sous le nom de « propositions philosophiques profondes », il lui soufflait des sentences qui ne voulaient rien dire ou qui aboutissaient à quelque banale niaiserie, et que l'excellente mémoire de la dame s'empressait de retenir – ce qui lui permettait ensuite d'en faire état à tout propos avec la plus grande ostentation. Plus ces propositions étaient folles et incompréhensibles, plus elles lui plaisaient, car plus aussi montaient, dans les têtes faibles de l'entourage, l'admiration, et même l'idolâtrie pour cette admirable femme d'esprit.

» Mais venons au fait ! Le Professeur m'avait pris en extraordinaire amitié ; chaque fois qu'il le pouvait, il me caressait et me donnait quelque bon morceau. Je répondais à cette inclination par la plus cordiale affection. Je fus donc d'autant mieux disposé à le suivre, un soir qu'il m'attira dans une autre pièce au moment où la société allait passer dans le salon tendu de noir où Madame devait donner une de ses représentations mimiques. Il m'avait réservé, comme d'habitude, un bon morceau de gâteau, et tandis que je dévorais, il commença de me chatouiller la tête et les oreilles ; puis il tira de sa poche un foulard dont il me ceignit le front, et qu'il drapa avec beaucoup de soin de part et d'autre de ma nuque. M'ayant contemplé un instant, il se mit alors à pousser de grands éclats de rire en s'écriant : « Chien intelligent !... intelligent chien !... montre-toi aujourd'hui plus malin que jamais, et ne gâte pas ma plaisanterie ! »

» Habitué à être costumé depuis que j'avais fait du théâtre, je le laissai faire de moi tout ce qu'il voulut et le suivis sans difficultés, à pas légers, dans le salon où Madame venait tout juste de commencer sa représentation. Le Professeur sut si habilement me soustraire aux regards des spectateurs que personne ne me remarqua. Enfin, après avoir incarné tour à tour les Vierges et les Cariatides, Madame fit son entrée parée d'une très étrange coiffure qui ressemblait à la mienne à un cheveu près, s'agenouilla, et étendit les bras sur un tabouret placé devant elle, tout en forçant ses yeux ordinairement intelligents à prendre un regard spectral et fixe... et pour tout dire consternant. C'est alors que le Professeur me poussa doucement en avant ; sans soupçonner précisément le sens réel de cette plaisanterie, je m'avançai gravement jusqu'au milieu de la pièce et me couchai sur le parquet nez à nez avec la dame, les pattes de devant étendues dans ma posture habituelle. Grandement surpris de voir sa silhouette sous cet angle et la trouvant fort singulière, surtout pour ce qui était de cette partie du corps sur laquelle on a coutume de s'asseoir, et dont la nature l'avait un peu trop généreusement pourvue, je restai là à la fixer obstinément, de ce regard grave et réfléchi qui m'est ordinaire. Au silence de mort qui régnait dans l'assistance succéda un fou rire général et immodéré. Alors seulement ma maîtresse, abîmée jusque-là dans son extase artistique, vint à m'apercevoir : elle bondit furieuse, avec des gestes sauvages, et poussa le cri de Macbeth : « Qui m'a fait cela ? »

» Mais personne ne l'entendit, car tous, littéralement électrisés par ce spectacle du plus haut comique, criaient et s'exclamaient à la fois : « Deux sphinx !... Deux sphinx en conflit !... – Chassez ce chien hors de ma vue ! Hors de ma vue ! Chassez-le de chez moi ! hurlait la dame. »

» Déjà les domestiques tombaient sur moi quand ma protectrice, l'adorable Cécilia, s'interposa, me délivra de ma coiffure égyptienne et m'emmena dans sa chambre. Mais s'il me fut permis de rester dans la demeure, le salon des pantomimes me fut à jamais fermé.

MOI. – Au fond, tu n'y as pas perdu grand-chose, car tu avais, grâce à ce plaisant Professeur, assisté à la plus réussie des bouffonneries artistiques ! La suite aurait été bien terne, puisqu'on t'aurait naturellement empêché de participer plus avant au spectacle.

BERGANZA. – Le lendemain, il n'était partout question que du double sphinx ; il circula même là-dessus un sonnet, dont je me souviens encore parfaitement, et qui était vraisemblablement, lui aussi, l'œuvre du Professeur.

LES DEUX SPHINX

Sonnet

Qui gît là sur le sol dans cette robe à plis,
Avec ces yeux vitreux, ces deux bras étendus ?
Plus habile qu'Œdipe en serait le devin :
Résoudre telle énigme est exploit dangereux !

Mais vois de quelle mine hautaine et singulière
Ce sphinx noir devant nous darde un regard de feu
Sur la marionnette assise en vis-à-vis
Pour que la farce meure abolie par la farce !

Les voici qui se lèvent ! C'est le chien ! C'est Madame !
Unissant à l'envi leur beau talent de mime ;
La pure poésie les tire de la fange !

Peut-on imaginer lien plus noble et plus ferme !
Ils n'ont de vie qu'en l'art : lui, chien ; et elle, dame.
Lui, c'est Pagliacio, et elle... Arlequinette !

MOI. – Bravo, Berganza ! Le sonnet n'est pas mal tourné, pour une satire de circonstance, et tu l'as débité avec la gravité et le ton mesuré qui conviennent. D'une façon générale, je trouve à la forme du sonnet un charme tout particulier – je dirais presque musical !

BERGANZA. – Charme qu'il a certes pour toute oreille un peu raffinée... et qu'il aura toujours.

MOI. – Et pourtant la forme, le mètre du poème m'ont toujours paru d'un ordre secondaire, auquel on n'a donné que trop d'importance ces derniers temps...

BERGANZA. – Grâces soient rendues aux efforts de vos modernes poètes – parfois excellents –, qui ont su rétablir dans ses droits bien acquis l'art métrique exercé jadis avec zèle et amour par les grands maîtres de nos pays du Sud ! La forme, le mètre d'un poème, c'est la couleur fortuite que le peintre donne aux costumes de ses personnages… c'est le ton dans lequel le compositeur écrit. Ces deux artistes ne choisissent-ils pas couleur et tonalité après mûre réflexion, avec tout le soin imaginable, selon que la gravité, la dignité, le charme, la gentillesse, la légèreté, en un mot l'heureux équilibre des personnages ou de la composition l'exigeront ? Une bonne part de l'effet qu'ils ont en vue ne dépend-elle pas de la justesse de ce choix ? Le coloris audacieux d'une draperie relève souvent un personnage d'apparence médiocre, de même qu'une tonalité insolite rehausse l'idée musicale la plus ordinaire ; de là vient que, souvent, des vers dénués de tout sens profond, tout d'apparence et de surface, captivent cependant l'esprit, l'entraînant dans un agréable crépuscule, tant ils ont de séduction dans la forme, tant leurs rimes s'entrelacent avec grâce ; ils exercent alors un charme mystérieux qui n'a rien à voir avec ce que la raison espérait y découvrir : un charme auquel ne saurait résister aucune âme sensible…

MOI. – Oui ! Mais l'abus qu'en font aujourd'hui les tristes artisans de la forme…

BERGANZA. – Ce prétendu abus pourrait bien se dissoudre dans ses effets mêmes. Il n'est pas jusque dans cette rigoureuse observance actuelle de la métrique où ne se manifeste, à mon avis, l'épouvantable sérieux qui, à l'époque funeste où nous sommes, a gagné toutes les branches de l'art et de la littérature. Lorsque naguère le premier poète venu inventait pour chacune de ses œuvrettes un mètre nouveau, si bancal et boiteux fût-il, lorsque la seule forme méridionale qui eût encore droit de cité, l'*ottave rime*, se vit défigurée et gâtée de la plus folle façon, les peintres à leur tour ne voulurent plus apprendre à dessiner, ni les compositeurs étudier le contrepoint. Bref, un mépris de toute école s'était répandu partout, qui devait donner lieu dans tous les arts aux plus monstrueuses caricatures. Tandis que la rigueur formelle, même chez les poètes médiocres, conduit au moins à une certaine discipline d'expression, toujours préférable aux plates extravagances d'une cervelle vide. Je maintiens donc que c'est belle et satisfaisante chose que de s'appliquer de son mieux à soigner la forme métrique !

MOI. – Ton raisonnement, mon cher Berganza, ne manque pas de hardiesse ! Je ne puis te donner tort sur le fond... Je n'aurais certes jamais cru que mes opinions se rallieraient un jour à celles d'un chien d'esprit !

BERGANZA. – Il y avait, dans ce cercle que mes maîtresses réunissaient autour d'elles, un jeune homme que l'on honorait du titre de « poète » et qui, attaché de toute son âme à la nouvelle école, vivait dans un univers de sonnets, de *canzóni*, etc. Il ne pouvait être question chez lui de profondeur particulière de sentiment ; ses poésies pourtant, écrites selon la métrique des pays latins, témoignaient d'une certaine harmonie et d'un charme d'expression dont l'âme et l'oreille des connaisseurs étaient frappées. Il était, comme tous les poètes en général, et comme on l'exige presque d'eux, d'une nature fort amoureuse, et honorait de loin Cécilia comme s'il se fût agi d'une sainte : avec ferveur, avec recueillement. A l'instar du Poète, le Musicien, bien que nettement plus âgé, s'appliquait à faire sa cour à la demoiselle dans le pur esprit de la chevalerie. Et c'était souvent entre ces deux hommes une rivalité tout à fait comique, dans laquelle ils surenchérissaient de mille petites attentions et galanteries. Comme ils étaient fort cultivés l'un et l'autre et ne supportaient qu'à grand-peine les jeux musicaux, déclamatoires et mimiques de la maîtresse de maison, ne se joignant au cercle de ses admirateurs que pour l'amour de sa fille, Cécilia les distingua sans peine de tous les autres jeunes fats qui papillonnaient autour d'elle ; et elle récompensa leur galanterie toute désintéressée avec une franchise gaie et naïve qui mit le comble au ravissement qu'elle éveillait en leur cœur. Une parole aimable, un sourire gracieux adressé à l'un d'eux éveillait souvent chez l'autre une jalousie comique, et c'était un plaisant spectacle que de les voir, tels des troubadours de l'ancien temps, se défier l'un l'autre en poèmes et en chansons à qui célébrerait le mieux la grâce et le charme de Cécilia.

MOI. – Ton tableau m'a l'air bien séduisant ! De si tendres et si pures relations avec une âme d'enfant ne peuvent être que salutaires à l'artiste… Mais ce conflit du poète et du musicien a sans doute donné lieu à quelques œuvres admirables…

BERGANZA. – N'as-tu pas remarqué, mon cher ami, que toutes ces mêmes personnes qui, le cœur sec et l'âme stérile, s'attribuent d'autorité un talent poétique tiennent toujours ce qui les concerne pour éminemment singulier et remarquable ?

MOI. – Certes ! Tout ce qui se passe entre les parois de leur coquille, elles le tiennent d'emblée pour merveilleux ; et comme il ne peut rien arriver de commun à des personnes à l'esprit si éclairé, leur âme reste absolument fermée aux divines merveilles de la nature.

BERGANZA. – C'est ainsi que ma maîtresse était assez insensée pour voir dans les moindres événements de sa vie quelque chose de prestigieux, comme si tout y était marqué du signe du destin. Même ses enfants étaient nés dans des circonstances particulières, sous des auspices spirituels exceptionnels ; elle donnait clairement à entendre que d'étranges contrastes, des éléments ennemis s'étaient heureusement combinés dans leur esprit et que le résultat de cette association tenait du prodige. Outre Cécilia, elle avait encore trois fils plus âgés, frappés comme elle au coin de l'insignifiance et de la bêtise, aussi ternes que de la monnaie de billon, et une autre fille, plus jeune, qui manifestait dans tous ses faits et gestes aussi peu de cœur que de raison. Cécilia était la seule réellement douée par la nature, non seulement d'un profond sentiment artistique mais d'un véritable talent de création. Avec une âme moins enfantine et naïve, elle eût pu être facilement grisée par la solennité avec laquelle sa mère la traitait, ainsi que par sa façon de lui répéter sans cesse qu'il y avait en elle une artiste innée et incomparable – ce qui l'eût à coup sûr entraînée sur des voies d'où personne ne revient aisément… une femme moins que tout autre.

MOI. – Qu'est-ce à dire, Berganza ? Croirais-tu toi aussi à l'imperfectibilité des femmes ?

BERGANZA. – De toute mon âme ! Toutes les femmes à l'esprit compliqué, rigide ou cultivé à l'excès relèvent inexorablement, pour peu qu'elles aient dépassé l'âge de vingt-cinq ans, de l'*ospitale degli incurabili* : il n'y a plus rien à faire pour elles. Le printemps des femmes est en même temps l'apogée de leur vie ; elles se sentent alors à double titre, et avec une vitalité qui ne se dément jamais, avides d'éprouver du fond de leur cœur toutes les manifestations de la vie. La jeunesse pour elles enveloppe toutes choses d'une pourpre brillante et les fait resplendir, comme transfigurées, à leurs yeux extasiés. Un éternel printemps aux mille couleurs pare jusqu'aux ronces des haies de ses fleurs odorantes ! Point n'est besoin d'une beauté rare, d'une intelligence extraordinaire, non !… rien que ce printemps, rien que ce je ne sais quoi dans l'expression ou le son de la voix, ou dans quelque autre détail, qui éveille l'attention, si fugitive soit-elle : et la jeune fille est assurée de rencontrer partout des hommages, même des hommes d'esprit ; si bien qu'elle apparaît, parmi les personnes plus âgées de son sexe, comme auréolée de gloire, comme la reine de la fête. Mais passé le tournant funeste de l'âge, ces vives couleurs s'estompent, la vivacité s'éteint en même temps qu'apparaît une sorte de froideur qui, dans chaque plaisir, tue ce qui a le plus de saveur pour l'esprit : nulle femme n'est alors en mesure de modifier les tendances que l'on décelait en elle en cet âge d'or qui lui semble être la forme même de la vie ; et si elle se trouvait engagée dans des erreurs d'intelligence ou de goût, elle les emporte avec elle jusque dans la tombe, quand même elle les renierait ensuite pour satisfaire au bon ton et à la mode du temps.

MOI. – Il est heureux, Berganza, qu'il n'y ait là aucune de

ces dames sur le retour pour t'entendre : tu risquerais de passer un bien vilain moment !

BERGANZA. – N'en crois rien, mon ami ! Au fond, les femmes sentent parfaitement à quel point leur vie entière se concentre dans leur printemps ; sinon comment expliquer cette manière de nier leur âge qu'on leur reproche avec raison. Aucune ne veut avoir dépassé la borne fatidique. Elles se débattent, regimbent, résistent opiniâtrement pour occuper une place, si infime soit-elle, en deçà de cette barrière, qui une fois franchie leur ferme à jamais un pays rempli de délices et d'insouciance. Mais que d'autres jeunes filles, de plus en plus nombreuses, se pressent derrière elles, parées des plus belles fleurs de leur nouveau printemps, et bientôt chacune demande à l'autre : « Que vient faire parmi nous cette triste personne ? » Alors elles doivent s'enfuir, couvertes de honte, et se réfugier dans leur petit jardin, d'où elles peuvent du moins contempler encore les fruits de cette merveilleuse saison à l'issue de laquelle brille fatidiquement le chiffre *Trente*, plus redoutable à leurs yeux que ne serait l'ange à l'épée flamboyante.

MOI. – Tout cela est fort pittoresque, mais plus pittoresque que vrai ! Car j'ai personnellement connu des femmes d'âge mûr dont les grâces aimables faisaient complètement oublier l'absence de jeunesse.

BERGANZA. – C'est tout à fait possible ; et je t'accorderai que le cas n'est pas rare. Mes précédentes affirmations n'en sont pas moins rigoureusement fondées, et je les maintiens ! Une femme intelligente, qui a reçu dans sa jeunesse une bonne éducation, qui ignore les erreurs de jugement et qui garde de son enfance un esprit heureusement éclairé, t'offrira toujours un entretien agréable, pourvu que tu t'accommodes de rester avec elle dans un juste milieu et que tu veuilles bien renoncer à toute prétention un peu haute ; si elle est spirituelle, elle ne manquera pas d'idées ou de saillies plaisantes, mais celles-ci, au lieu de s'appliquer avec aisance à ce qui relève d'un comique authentique, sont plutôt les fausses et brillantes couleurs dont elle pare les éclats de son humeur secrète et qui ne t'abuseront ni ne te divertiront longtemps. Si elle est belle, elle ne pourra s'empêcher d'être aussi coquette, et ton intérêt pour elle ne tardera pas à dégénérer en un *faunisme* peu recommandable (pour ne pas employer un autre terme de plus bas étage), sentiment qu'une jeune fille en son printemps ne saurait inspirer à un homme, à moins qu'il ne soit particulièrement corrompu…

MOI. – Tu parles d'or !… Mais cet immobilisme total… cette façon de persister dans ses erreurs de jeunesse une fois tourné le cap de l'âge… Là, tu es bien sévère, Berganza !

BERGANZA. – Mais juste ! Nos poètes comiques l'ont très bien senti : aussi depuis quelque temps notre scène ne désemplissait-elle plus de vieilles demoiselles langoureuses et sentimentales, tristes survivances de cette période de sensiblerie qui avait coïncidé avec celle de leur jeunesse ; mais cette mode aujourd'hui est passée, et il serait temps d'ouvrir la scène à nos Corinnes [1]…

MOI. – J'imagine que tu ne veux pas faire allusion à la divine Corinne, à cette poétesse qui fut couronnée à Rome, au Vatican ?… Ce myrte admirable dont les racines se nourrissent du sol italien, mais qui a étendu ses rameaux jusqu'au-dessus de nos têtes et à l'ombre duquel il nous est permis de respirer l'arôme embaumé des fleurs du Sud ?

BERGANZA. – Voilà qui est fort bien et fort poétiquement dit – quoique ton image soit de proportions un tantinet gigantesques : ce myrte qui étend son ombre depuis l'Italie jusqu'à l'Allemagne est vraiment du plus grand style ! Eh bien oui, c'est à cette Corinne que je pensais, à celle qui, peinte à dessein comme ayant dépassé le printemps des femmes, est apparue telle une véritable consolation, un vrai baume aux yeux de toutes celles qui ont pris de l'âge, et auxquelles s'ouvre ainsi toute grande la porte de la poésie, de l'art et des lettres – bien qu'elles eussent dû penser (selon mon rigoureux axiome)

1. Allusion à l'héroïne de Mme de Staël.

qu'après avoir été *tout* en leur printemps, elles ne peuvent plus *rien* devenir... Mais au fait, n'as-tu jamais trouvé cette Corinne insupportable?

MOI. – Comment eût-il été possible?... A vrai dire pourtant, quand je l'imaginais s'approchant de moi en chair et en os, je n'étais pas sans éprouver un sentiment de gêne assez oppressant... et j'avoue que je ne me serais sans doute pas senti tout à fait à l'aise en sa présence.

BERGANZA. – Ton sentiment est parfaitement juste; si beaux qu'aient été son bras et sa main, je n'aurais jamais pu me laisser caresser par elle sans éprouver cette sorte de secrète répugnance qui généralement m'enlève l'appétit – pour parler « cyniquement »! Au fond, l'histoire même de Corinne fait triompher ma doctrine; car devant le pur et resplendissant rayon de la jeunesse, son auréole pâlit jusqu'à devenir un reflet. Et dans sa quête bien féminine de l'homme aimé, elle se perd irrémédiablement elle-même : elle qui n'est qu'absence de féminité, ou plutôt féminité monstrueusement déformée!... Ma maîtresse prenait d'ailleurs un plaisir extrême à se faire admirer en Corinne...

MOI. – Quelle folie si elle ne sentait pas au moins en elle la véritable impulsion de l'art!

BERGANZA. – Rien moins que cela, mon ami! tu peux m'en croire! Ma maîtresse aimait rester à la surface des choses, et elle avait acquis une certaine habileté dans l'art de conférer à cette surface un éclat qui aveuglait les yeux de sa lumière fallacieuse, en sorte qu'on n'en pouvait deviner la platitude. Elle se figurait déjà être elle-même Corinne, à cause de ses mains et de ses bras – qu'elle avait en vérité fort beaux. Du jour où elle avait lu le livre, elle s'était dénudé la poitrine et les épaules plus qu'il n'est convenable à une femme de cet âge, et se parait outre mesure de chaînes élégantes, de camées et d'anneaux anciens; de même passait-elle souvent plusieurs heures à oindre ses cheveux d'huiles précieuses et à les tordre ensuite en tresses évoquant la coiffure antique de quelque impératrice.

Elle se plaisait à puiser les détails de sa toilette dans le bric-à-brac d'antiquités de Böttiger[1]. Mais un beau jour les séances mimiques prirent subitement fin.

MOI. – Et comment cela, Berganza ?

BERGANZA. – Comme tu peux t'en douter, ma soudaine apparition en sphinx avait déjà porté un coup fatal à ces représentations ; les séances de tableaux vivants avaient bien un temps poursuivi leur cours, mais je n'y étais plus admis. Parfois, selon la méthode que tu sais, on y représentait des groupes entiers ; mais Cécilia n'acceptait jamais d'y participer. Un jour pourtant, vivement pressée par sa mère, et sur les chaudes sollicitations du Poète et du Musicien réunis, elle consentit pour la prochaine *Académie mimique* (c'était le terme choisi dont ma maîtresse désignait ces exercices) à représenter le personnage de la sainte dont elle portait si justement le nom. A peine eût-elle promis que les deux amis déployèrent un zèle infatigable à rassembler et disposer tout ce qui était nécessaire à leur bien-aimée pour incarner dignement et efficacement sa sainte patronne. Le Poète réussit à se procurer une excellente copie de la *Sainte Cécile* de Carlo Dolce, dont l'original, comme on sait, se trouve à la galerie de Dresde, et puisqu'il était en même temps habile dessinateur, il donna au costumier du théâtre de la ville des croquis si exacts de chaque pièce du costume que l'artisan put tailler au plus juste et dans des étoffes parfaitement appropriées le vêtement destiné à draper Cécilia. Le Musicien de son côté fit des préparatifs mystérieux et parla d'une surprise qu'on ne devrait qu'à lui seul. Cécilia, voyant les industrieux efforts de ses amis qui rivalisaient plus que jamais de zèle pour lui tourner mille compliments, prêta un intérêt de plus en plus vif à ce rôle qu'elle avait d'abord si obstinément dédaigné. Elle avait peine à attendre le jour de la représentation, qui arriva enfin…

1. Archéologue illustre, mort en 1835 ; auteur de Sabine ou la Matinée d'une dame romaine à sa toilette, 1803.

MOI. – J'ai hâte d'en savoir plus, Berganza !... bien que je soupçonne encore quelque méfait diabolique...

BERGANZA. – Cette fois, je m'étais bien promis de pénétrer dans la salle coûte que coûte ; je m'attachai aux pas du Philosophe, et celui-ci, par pure reconnaissance de ce que j'eusse si bien servi sa farce de l'autre jour, fut assez habile pour m'ouvrir la porte au bon moment : je pus donc me glisser et m'installer à la meilleure place sans être vu. On avait tendu un rideau à travers le salon ; quant à l'éclairage, tout en venant du haut de la pièce comme à l'habitude, il n'était pas, cette fois, placé au centre et ne projetait plus de tous côtés sur les objets cette lumière qui les rendait comme transparents : il n'était disposé que sur un seul des côtés. Quand le rideau s'ouvrit, on vit apparaître sainte Cécile, exactement comme dans le tableau de Dolce, revêtue du même étrange costume que son modèle, assise devant un petit orgue ancien dont elle considérait les touches, la tête baissée, comme si elle méditait sur la façon de rendre sensible les sons qui lui flottaient par l'esprit. C'était exactement le tableau de Carlo Dolce. D'abord retentit au loin un accord longuement soutenu qui se perdit dans les airs. Cécilia releva doucement la tête, et l'on entendit, comme venu du lointain, un choral de voix de femmes, œuvre de notre musicien. Les accords de ce chœur de chérubins et de séraphins, simples et pourtant étranges dans leur enchaînement merveilleux, et qui semblaient descendre d'un autre monde, me rappelèrent certaine musique d'église que j'avais entendue il y a deux siècles de cela en Espagne et en Italie ; et je me sentis pénétré comme jadis d'un tressaillement sacré. Les yeux de Cécilia, dirigés vers le ciel, brillaient d'une sainte extase ; involontairement le Philosophe tomba à genoux, les mains levées, et s'écria du fond de l'âme : « *Sancta Cœcilia, ora pro nobis !* » Beaucoup d'autres spectateurs suivirent son exemple, dans un véritable enthousiasme, et lorsque le rideau se referma en un sourd bruissement, tous, sans excepter même les quelques jeunes filles présentes, restèrent plongés dans un silencieux recueillement, jusqu'à ce qu'un bruyant transport d'admiration unanime vînt soulager tous ces cœurs oppressés. Le Poète et le Musicien se précipitèrent l'un vers l'autre comme des fous, et s'embrassèrent à n'en plus finir en pleurant à chaudes larmes.

» On avait prié Cécilia de garder toute la soirée le costume extraordinaire de la sainte; mais elle avait eu la délicatesse de refuser. Quand elle reparut au milieu de la société dans la simplicité de sa parure habituelle, tous accoururent au-devant d'elle en la comblant des plus grandes louanges; mais elle, dans sa candeur enfantine, ne pouvait concevoir ce qu'on avait tant à louer, et reportait tout ce que la représentation avait eu de profondément saisissant aux heureuses dispositions du poète et du musicien. Madame seule était mécontente, car elle sentait bien qu'avec ses poses, étudiées pourtant elles aussi à partir de peintures et de dessins, et mille fois cherchées devant la glace, elle n'avait pu produire l'ombre d'un effet comparable à celui que Cécilia venait d'obtenir du premier coup. Elle démontra avec talent tout ce qui manquait encore à la jeune fille pour être une véritable artiste mimique – ce qui lui attira cette remarque doucement méchante du Philosophe, que Cécilia ne gagnerait pourtant pas à ce que Madame lui donnât ce qu'elle avait de génie superflu en ce domaine. Madame conclut là-dessus que des études particulières – de philosophie naturelle notamment – l'obligeaient de suspendre provisoirement ses représentations. Cette déclaration, faite de la plus mauvaise humeur, comme aussi la mort d'un proche parent survenue sur ces entrefaites, modifièrent toutes les habitudes de la maison. Celui-ci, d'ailleurs, était bien l'un des vieillards les plus burlesques que j'aie jamais rencontrés.

MOI. – Comment cela?

BERGANZA. – Ses parents étaient des gens de qualité; et comme il savait un peu crayonner et racler le violon, ils l'avaient persuadé dans son jeune âge qu'il comprenait quelque chose à l'art. Il avait fini par le croire, et à son tour l'avait affirmé avec tant d'assurance que d'autres le crurent aussi, supportant de bon gré cette tyrannie en manière de goût qu'il s'était arrogé dans ses belles années. Cela ne pouvait bien sûr durer éternellement, car on s'était vite aperçu de son insuffisance. Il n'en faisait pas moins remonter à cette époque de sa soi-disant haute célébrité la courte période de l'âge d'or de l'art, invectivant assez grossièrement tout ce qui avait été fait par la suite sans sa participation et au mépris des règles scolastiques qui lui avaient été inculquées au biberon. Cet homme était médiocre et ennuyeux dans son commerce; mais dans ses essais artistiques, auxquels il ne pouvait encore renoncer tout à fait, et qui tendaient naturellement à prendre l'accent de la désolation, il était aussi divertissant que dans sa manière de s'emporter contre tout ce qui dépassait les limites de son petit horizon de format in-douze. Berf, cet homme, avec ses fausses vues sur l'art et l'influence non négligeable qu'il continuait à exercer, aurait pu causer beaucoup de mal… lorsqu'il nous fit la grâce de mourir juste comme il entrait dans le sixième âge.

MOI. – Eh oui!…

… Le sixième âge
Est celui du maigre Pantalon, long chaussé,
Lunettes sur le nez et bissac au côté,
Culottes du jeune âge encore bien conservées,
Mais cent fois trop flottantes à ses flancs décharnés;
Et la voix mâle et pleine elle aussi s'est changée
En un fausset d'enfant, en un accent flûté
Et aigrelet…

BERGANZA. – Tu as bien vivement ton Shakespeare sur la langue! Donc ce drôle de vieillard, qui ne manquait jamais d'admirer hautement tout ce que ma maîtresse entreprenait, mourut, et le cercle fut pour quelque temps désorganisé; jusqu'à ce que le fils d'un familier de la maison, revenant de l'université, prît la place qui était libre, ce qui rendit quelque animation à tout ce petit monde.

MOI. – Comment cela ?

BERGANZA. – Eh bien, en deux mots, Cécilia fut mariée à M. George (c'est ainsi que l'appelait son phtisique de père, dont le portrait peint à l'eau sur de l'eau aurait encore eu trop de vigueur); et c'est cette nuit de noces qui amena la funeste catastrophe qui m'a conduit ici.

MOI. – Comment ? Cécilia mariée ? Mais… et toutes les galanteries du Poète et du Musicien ?

BERGANZA. – Si les chansons pouvaient tuer, George à coup sûr ne serait pas resté en vie. Madame avait annoncé son arrivée avec beaucoup de pompe, et il fallait bien cela pour le tenir à l'abri de la moquerie générale qu'autrement la gaucherie de ses manières et l'insignifiance des histoires qu'il rabâchait jusqu'à la nausée n'auraient pas manqué de soulever. Il avait été évidemment frappé de bonne heure par ce mal qui mena le pauvre Campuzano à l'hôpital de la Résurrection, et cette affection, comme aussi d'autres péchés de jeunesse, devait avoir quelque peu altéré ses facultés. Toute son imagination tournait dans le cercle des événements de ses années d'université, et il en assaisonnait le récit, entre hommes, des pires obscénités – pires encore que celles que j'ai pu entendre dans les corps de garde et les cabarets de bas étage –, bien qu'il les racontât avec une évidente satisfaction et un vif plaisir. S'il y avait des dames, il faisait signe à l'un ou à l'autre de le rejoindre dans un coin de la pièce, et son rire sonore, ponctuant chaque anecdote, faisait entendre à la compagnie que c'en avait encore été une bien bonne ! Tu penses bien, cher ami, si cet esprit malpropre avait soulevé répugnance et dégoût parmi les membres choisis du petit cercle !

MOI. – Mais Cécilia, l'enfantine et pure Cécilia, comment pouvait-elle seulement… un homme aussi abject ?

BERGANZA. – Ah ! mon ami ! les pièges artificieux du Diable, qui saisit toutes les occasions de manifester par d'insupportables contrastes son mépris pour les hommes… il est bien difficile d'y échapper ! C'est d'intelligence avec la mère que

George se rapprocha de Cécilia. Il sut, par des caresses en apparence anodines, mais calculées avec toute l'habileté du libertin roué qu'il était, éveiller les sens de la jeune fille et, par toutes sortes de grivoiseries à peine voilées, orienter sa curiosité sur certains mystères qui dès lors la retinrent comme envoûtée. Et une fois attirée dans ce cercle pernicieux, cette âme innocente et pure aspira sans retenue les vapeurs empoisonnées qui, l'étourdissant, devaient faire d'elle la victime des plus déplorables *convenances*.

MOI. – Convenances ?

BERGANZA. – Et quoi d'autre ? La situation de fortune de Madame, fort ébranlée, rendait souhaitable une alliance avec une riche maison : aussitôt, toutes les belles idées et perspectives artistiques, développées avec tant de fleurs de rhétorique et de belles phrases, s'en allèrent au diable.

MOI. – Mais je n'arrive toujours pas à comprendre comment Cécilia…

BERGANZA. – Cécilia n'avait encore jamais aimé : elle prit l'excitation des sens pour le noble sentiment de l'amour. L'ardeur qui bouillonnait en elle ne put éteindre la divine étincelle qui brûlait jusque-là dans son sein ; mais ce ne fut plus qu'une faible lueur qui, se maintenant avec peine, ne retrouva jamais sa vivacité ni sa pureté de flamme. Bref, le mariage fut consommé.

MOI. – Mais la catastrophe, mon cher Berganza ?

BERGANZA. – Maintenant que l'essentiel est dit, ce sera l'affaire de peu de mots. Tu peux penser si je haïssais ce George. Aussi quand j'étais là lui fallait-il ne pousser ses dégoûtantes caresses que jusqu'à un certain degré. Passait-il à certaines familiarités à lui particulières, je les troublais aussitôt par de vigoureux grognements ; et comme un jour il avait essayé de m'imposer silence par un soufflet, je le punis d'une bonne morsure au mollet, et je l'aurais déchiré s'il eût été possible d'attraper quelque chose d'autre que de l'os. Ce mannequin poussa alors un cri qui retentit jusqu'à trois chambres de là, et jura ma mort. Cécilia continua malgré cela de m'aimer, et implora mon pardon; mais m'emmener avec elle, comme elle en avait l'intention, il n'y fallait pas songer : tout le monde s'y opposait, du moment que j'avais happé le mollet du fiancé – bien que le Caractère indécis, qui venait encore quelquefois à la maison, soutînt hardiment que le mollet de George était une négation, un *non-être*, et qu'avoir péché à son endroit était par suite impossible, qu'on ne pouvait pas mordre là où il n'y avait rien, etc. Il me fallut donc rester avec Madame. Triste fatalité !

» Aussi, le jour du mariage, je m'évadai secrètement, tard dans la soirée; mais en passant devant la maison brillamment éclairée de George, voyant la porte grande ouverte, je ne pus résister à la tentation de prendre, coûte que coûte, un dernier congé de Cécilia… à mon ancienne manière. Je me faufilai donc parmi le flot des invités qui entraient, montai l'escalier, et ma bonne étoile me fit rencontrer l'aimable Lisette, la femme de chambre de Cécilia, qui m'entraîna dans sa petite chambre où je vis bientôt fumer devant moi un beau morceau de rôti. Je le dévorai avec colère, avec rage, ainsi que tout ce qu'elle me donna, soucieux d'abord de prendre des forces en prévision du long voyage que j'allais sans doute avoir à faire; puis je me glissai dans le corridor tout éclairé. Dans la presse des domestiques allant et venant, et de tous ceux qui assistaient en curieux à la fête, personne ne me remarqua. Je reniflai et flairai attentivement de tous côtés, et mon subtil organe me révéla le voisinage de Cécilia; une porte entrebâillée me livra passage, et juste à ce moment-là, je vis Cécilia, dans sa magnifique toilette de mariée, sortir d'une chambre voisine avec quelques amies. Il eût été peu sage de me montrer dès ce moment : tapi dans un coin, je les laissai passer. J'étais à peine seul qu'un doux parfum me parvint de la chambre en question, m'attirant irrésistiblement de ce côté; je me faufilai dans la pièce : c'était la chambre nuptiale, toute brillamment décorée, tout embaumée. Une lampe d'albâtre jetait sa douce lumière sur les objets alentour, et j'aperçus les élégants vêtements de nuit de Cécilia, avec leur riche parure de dentelles, étalés sur le sofa. Je ne pus m'empêcher de les flairer avec délices ; mais à ce moment j'entendis des pas pressés dans la pièce voisine et me hâtai de me cacher dans un angle du mur, tout près du lit nuptial.

» Cécilia entra tout agitée, suivie de Lisette, et en quelques minutes la somptueuse robe fut échangée contre le léger vêtement de nuit… Qu'elle était belle ! Je sortis de ma cachette, rampant et gémissant doucement. « Comment, toi ici ? toi, mon chien fidèle ? » s'écria-t-elle, et ma soudaine apparition à cette heure sembla la saisir comme la vue d'un spectre, car une pâleur subite envahit son visage.

» Tendant la main vers moi, elle parut vouloir se convaincre que c'était bien moi qu'elle voyait, et non quelque fantôme. D'étranges pressentiments durent la traverser, car des larmes jaillirent de ses yeux, et elle dit : « Va, va, chien fidèle, il me faut maintenant quitter tout ce que j'aimais, puisque je l'ai, lui ! Hélas ! On dit qu'il me tiendra lieu de tout, et c'est vrai, il est très bon, plein des meilleures attentions, quoique parfois… Mais je ne comprends pas bien tout cela… Allons, va, va ! »

» Lisette ouvrit la porte, mais je me cachai sous le lit, et elle ne dit mot ; quant à Cécilia, elle n'avait rien vu.

» Elle était seule. Mais elle dut bientôt ouvrir la porte à son époux impatient. Celui-ci paraissait ivre, car il se laissa aller aussitôt aux plaisanteries les plus ignobles, brutalisant de ses lourdes caresses la délicate épousée. Quand je le vis ensuite, tout brûlant des désirs insatiables du libertin surexcité, découvrir sans pudeur les charmes les plus secrets de la chaste jeune fille, pareille à l'agneau du sacrifice, tandis qu'elle pleurait silencieusement sous la brutale étreinte de ses mains… j'en devins fou, et ne pus me retenir de grogner – mais personne ne m'entendit. Alors il prit Cécilia dans ses bras et voulut la porter jusqu'au lit ; mais le vin lui montant de plus en plus au cerveau, il trébucha avec elle contre le bois du lit qui heurta la tête de la pauvre enfant, lui arrachant un cri. Elle se dégagea de ses bras et se jeta dans le lit. « Petite chérie, serais-je ivre ? Ne sois pas fâchée, petite chérie ! » balbutiait-il d'une langue embarrassée tout en ôtant sa robe de chambre.

» Il allait la rejoindre. Mais, visiblement épouvantée par l'odieuse violence de cette misérable brute qui ne voyait dans sa chaste et angélique épouse qu'une vénale fille de joie, elle poussa un cri d'angoisse déchirant : « Malheureuse que je suis ! Qui me défendra contre cet homme ! »

» A ces mots je bondis sur le lit, plein de rage, happai d'une mâchoire vigoureuse la maigre cuisse du misérable, et le traînai sur le parquet de la chambre jusqu'à la porte que j'enfonçai en pesant de toute ma force, et de là jusque dans l'antichambre. Tandis que je le déchirais, il restait là, cloué au sol, couvert de sang, et rugissait de douleur. Les sons effroyables réveillèrent toute la maison ; bientôt tous furent là : valets et servantes descendaient l'escalier en courant, armés de tisonniers, de pelles, de gourdins ; mais devant l'affreux spectacle, ils restèrent stupéfaits d'horreur, aucun n'osant approcher, me croyant sans doute enragé et redoutant quelque blessure mortelle. George cependant, à moitié évanoui, geignait et haletait sous mes morsures et mes coups, car je n'avais toujours pas lâché ma proie. Ce fut alors autour de moi une pluie de bâtons et d'ustensiles divers... Les fenêtres volèrent en éclats... verres et assiettes, restés là depuis le repas de la veille, furent précipités des tables et réduits en mille morceaux. Mais aucun coup ne fut assez bien dirigé pour m'atteindre. Ma colère, si longtemps concentrée, me rendait sanguinaire, et j'allais saisir ma victime à la gorge et lui donner le coup de grâce, quand quelqu'un surgit avec un fusil qu'on dirigea aussitôt sur moi : j'entendis la balle siffler contre mon oreille. Alors seulement je lâchai mon ennemi sans connaissance, et dévalai l'escalier.

» Comme une armée furieuse, la troupe compacte dégringola à mes trousses ; ma fuite lui donnait du courage. De nouveau volèrent sur moi balais et bâtons, et même des tuiles, dont quelques-unes m'atteignirent assez durement. Il était temps de décamper. Je me précipitai vers la porte de derrière, qui heureusement n'était que poussée, et dans l'instant je me trouvai dans le vaste jardin. Déjà la meute était sur mes talons ; le coup de feu avait réveillé les voisins, et de tous côtés partait le cri : « Un chien enragé, un chien enragé ! »

» Des pierres sifflaient dans l'air tout autour de moi lorsque je réussis enfin, après trois bonds infructueux, à passer par-dessus le mur. Je détalai à travers champs sans m'arrêter, m'accordant à peine un instant de repos avant de me retrouver sain et sauf dans cette ville, où d'étranges circonstances me firent trouver une place au théâtre.

MOI. – Comment, Berganza ? Toi au théâtre ?

BERGANZA. – Tu sais que c'est chez moi une vieille inclination.

MOI. – En effet, je me souviens que tu as déjà raconté à ton ami Scipion tes hauts faits sur la scène ; tu les as donc renouvelés ici ?

BERGANZA. – Point du tout. Je suis maintenant, comme précisément nos héros du théâtre, tout à fait apprivoisé, un vrai personnage de salon en quelque sorte. Alors qu'autrefois j'étais le vaillant dogue volant au secours de son maître le chevalier, terrassant l'ennemi ou mordant à belles dents le flanc du dragon, je me borne à présent à danser au son de la flûte de Tamino et à effrayer Papageno. Ah ! mon ami, il en coûte bien des peines à un honnête chien de rouler ainsi sa bosse par le monde ! Mais dis-moi, comment as-tu trouvé l'histoire de la nuit de noces ?

MOI. – Pour être franc, cher Berganza, tu me parais avoir vu les choses en noir. Cécilia a pu être douée par la nature des plus rares talents d'artiste, je l'accorde…

BERGANZA. – Douée comme artiste ? Ah ! mon ami, si tu avais entendu seulement trois notes d'elle, tu dirais : « La nature a déposé en elle le plus mystérieux des charmes, la divine harmonie qui ravit les êtres ! » Ô Johannès, Johannès !

C'étaient là bien souvent tes propres paroles !... Mais poursuis ton objection, mon poétique ami !

MOI. – Ne sois pas susceptible, Berganza. Je suis d'avis qu'il est possible que ce George soit une bête (passe-moi le terme). Mais l'âme de Cécilia n'était-elle pas capable de le débestialiser ? Et n'aurait-il pu devenir, comme tant de jeunes viveurs, un époux rangé, parfaitement honorable ? Et elle une honnête ménagère ? Cela n'aurait pas été un si mauvais résultat.

BERGANZA. – Sans doute, sans doute ! Cependant, écoute bien attentivement ce que je vais te dire. Imagine que quelqu'un possède un lopin de terre particulièrement favorisé par la nature : en creusant le sol, il y découvre toutes sortes de filons aux teintes merveilleuses, toutes sortes d'essences métalliques ; le ciel l'a nourri de nuées légères et de rayons chaleureux, et maintenant les plus belles fleurs dressent au-dessus de cette terre bénie leurs corolles éclatantes, et leurs innombrables parfums s'exhalent vers le ciel avec allégresse, tel un chœur de louanges à la bienfaisante nature. Or voilà que notre homme veut vendre cet admirable coin de terre ! Il se trouverait sans doute beaucoup de gens qui aiment les belles fleurs, qui les cultiveraient et les soigneraient. Mais il lui vient cette pensée : les fleurs ne sont que des ornements, et leur parfum est vanité ! Et il vend son terrain à un homme qui arrache lesdites fleurs et plante à la place d'honnêtes légumes, des pommes de terre et des navets – toutes choses assurément fort utiles et dont on pourra se régaler, mais les belles fleurs au doux parfum sont perdues pour jamais. Eh bien, que dirais-tu de ce propriétaire, de ce jardinier ?

MOI. – Que le Diable lacère mille fois de ses griffes le maudit jardinier !

BERGANZA. – Parfait, mon ami ! Nous voilà d'accord, et du coup ma rage en cette horrible nuit de noces que je n'oublierai jamais de ma vie se trouve largement excusée !

MOI. – Dis-moi, cher Berganza, tu as tout à l'heure abordé un sujet qui m'intéresse prodigieusement... le théâtre !

BERGANZA. – Parler de théâtre me répugne au-delà de toute expression : c'est un des sujets les plus rebattus qui soient depuis que toutes les gazettes sans exception ont des rubriques théâtrales et que le premier venu, tout dépourvu qu'il soit d'un coup d'œil exercé ou des connaissances préliminaires indispensables, se sent le droit, dès qu'il y fourre le nez, d'en bavarder à tort et à travers.

MOI. – Mais dis-moi donc, toi qui fais preuve d'un tel sens poétique, toi qui manies le vers si aisément que j'aimerais fort – puisque tu ne sauras sans doute jamais utiliser ta patte pour écrire – rester toujours ton secrétaire et noter chacune de tes paroles toutes les fois que le ciel t'accordera le don de parler, dis-moi : ne devons-nous pas savoir gré à nos poètes actuels de vouloir tirer de nouveau le théâtre de la bourbe où il est resté si longtemps plongé ? Que de magnifiques œuvres scéniques n'avons-nous pas vues ces derniers temps ! Et...

BERGANZA. – Halte-là, cher ami ! Cet effort pour relever enfin une fois pour toutes la scène et lui rendre l'élévation poétique pour laquelle elle est faite, pour la sauver de la fange de la vulgarité, cet effort mérite le vif intérêt et les éloges encourageants de tous ceux qui ont vraiment le sens de la poésie. Mais outre qu'il y a toujours, pour s'opposer à ces efforts, une masse de gens soutenus par la plèbe, à moins qu'ils n'en fassent eux-mêmes partie (aux loges comme dans la galerie), il semble bien aussi que la dépravation et l'imbécillité de nos acteurs et actrices ne cessent de s'accroître : il ne sera bientôt plus possible de leur mettre entre les mains un chef-d'œuvre sans le voir déchiré et mutilé de la plus grossière façon.

MOI. – Je trouve le jugement que tu portes sur nos héros de théâtre bien sévère.

BERGANZA. – Mais juste ! Pour apprendre à connaître par le dedans les gens de ce peuple, il faut, comme j'ai fait, vivre tout un temps parmi eux, s'être posté souvent en silencieux observateur dans les coulisses. C'est vraiment quelque chose de magnifique que de pouvoir faire revivre, en le représentant, tel grand caractère de l'Antiquité ou des Temps modernes, que le poète a peint avec force et vérité et auquel il a prêté des paroles en accord avec l'élévation de son esprit, si bien qu'il semble au spectateur qu'il ait le privilège de contempler le héros à son plus beau moment – qu'il lui soit donné d'admirer la gloire suprême à laquelle il s'est élevé ou de déplorer l'horreur de son déclin. Il semblerait que toute la puissance d'imagination de l'acteur dût être absorbée par le caractère du personnage qu'il représente ; il devrait devenir lui-même ce héros qui ne peut parler ni agir autrement qu'il ne fait ; il n'aurait même pas conscience d'éveiller chez le spectateur des sentiments d'étonnement, d'admiration, de ravissement, d'effroi ou de terreur. Mais écoutons ce héros dans les coulisses : il peste contre son rôle pour peu que les mains du public n'aient pas assez manœuvré ; il se complaît à débiter, revenu dans sa loge, les plaisanteries les plus grossières, sous prétexte qu'il a enfin « dépouillé le fardeau du sublime ». Oui, entends-le se prévaloir de ce qu'il s'acquitte de sa partie avec d'autant plus de sans-gêne et de dédain que celle-ci est plus poétique et par conséquent moins intelligible pour lui, et, se grandissant encore dans sa présomption, railler les soi-disant connaisseurs à qui d'aussi absurdes et folles balivernes peuvent donner une joie si puérile. Quant à ces dames, c'est la même chose absolument, à ceci près qu'il est encore plus difficile de leur faire accepter un rôle tant soit peu exotique, parce qu'elles font passer avant tout, comme autant de conditions indispensables, un costume qui soit à leur goût, à leur avantage, et l'assurance de faire – pour employer leur expression – une *brillante sortie*.

MOI. – Berganza, Berganza, voilà encore une botte contre les femmes !

BERGANZA. – Celle-là n'est que trop juste ! Un de vos plus récents poètes dramatiques, qui a produit des œuvres d'une réelle qualité poétique – et que le succès n'a abandonné que parce que le misérable plancher de la scène était trop faible pour supporter de grandes choses… les gigantesques héros de l'ancien temps se présentant d'une tout autre façon qu'un conseiller aulique en habit de gala brodé –, ce poète donc s'inquiétait, exagérément peut-être, lorsqu'un de ses ouvrages arrivait à la scène, de voir exécuter selon ses idées tous les détails extérieurs de la représentation : des décors aux costumes. Or il advint qu'une actrice de renom, qui passait pour avoir une excellente formation dramatique, accepta, pour un grand théâtre, de jouer dans sa dernière pièce un des premiers rôles. Il alla la trouver et s'appliqua à lui expliquer en détail, et le plus clairement possible, qu'il lui faudrait revêtir un long vêtement égyptien, couleur de terre d'ocre et abondamment plissé ; il se promettait un grand effet de ce costume exotique. Quand il eut fort éloquemment traité pendant près de deux heures, en termes aussi subtils que profonds, des admirables costumes de l'ancienne Égypte, et en particulier de celui qu'elle devait porter, et qu'il se fut drapé lui-même à l'égyptienne de diverses manières dans un châle qui traînait par là, quand la dame enfin l'eut patiemment écouté, il se vit brièvement congédier en ces termes : « Eh bien, j'essaierai. Si cela me va, tant mieux. Sinon, tant pis ! Je m'habillerai selon mon goût. »

MOI. – Tu connais assurément les faiblesses de nos héros et de nos reines de théâtre, cher Berganza, et je pense aussi avec toi qu'aucun acteur au monde ne sera jamais en mesure de suppléer par des avantages extérieurs au défaut d'un sentiment intime et profond – qui seul lui permet d'assimiler complètement le caractère de son rôle, d'*incarner* son personnage. Il peut momentanément faire illusion, mais son jeu manquera de vérité, et il risquera toujours d'être pris en flagrant délit d'usurpation et de se voir bien vite dépouillé de ses vains ornements. J'admets qu'il y a des exceptions…

BERGANZA. – Excessivement rares !

MOI. – Mais il y en a ! Et parfois là où on les cherche le moins. Ainsi j'ai vu il y a peu de temps, sur un petit théâtre, un acteur incarner Hamlet avec une vérité saisissante : la sombre mélancolie, le mépris affiché pour cette agitation humaine qui nous environne, l'obsession du crime affreux dont un fantôme venu du tombeau l'exhorte à se venger, le simulacre de la folie enfin, tout cela semblait tiré de lui-même, pour être ensuite exprimé en traits d'une vigueur extrême. Il était tout entier celui « auquel le destin a imposé un fardeau trop lourd pour ses épaules ».

BERGANZA. – Je devine que tu parles de cet acteur qui cherche en vain de ville en ville une scène idéale qui réponde, fût-ce modestement, aux justes prétentions qu'il revendique pour le théâtre, en artiste instruit et réfléchi qu'il est. Ne crois-tu pas, soit dit en passant, que ce soit déjà là une preuve bien caractéristique de la pitoyable insuffisance de nos acteurs ordinaires, qu'on le célèbre, lui, comme un artiste extraordinaire, sous prétexte que c'est un acteur « réfléchi »? Ainsi parce que cet homme, à qui le bon Dieu a simplement donné une âme vivante, pense vraiment, ou au moins ne redoute pas de se donner la peine de penser, le voilà du coup promu au rang de phénomène extraordinaire !

MOI. – Tu as raison, Berganza. Voilà bien comme un de ces mots que l'on entend partout finit par devenir l'expression type dont chacun use ensuite pour désigner officiellement l'essence d'une chose !

BERGANZA. – Cela dit, l'acteur dont nous parlons [1] est vraiment exceptionnel. Mais sujet à de fréquents caprices, le public le méconnaît le plus souvent ; quant à lui, ses camarades le détestent parce qu'il ne s'abaisse jamais jusqu'à leurs propos vulgaires, leurs plaisanteries populacières, leurs mesquins commérages et que sais-je encore ; bref, il est trop bien pour notre scène actuelle.

MOI. – N'y aurait-il donc vraiment aucun espoir d'amélioration pour notre théâtre ?

BERGANZA. – Fort peu ! D'ailleurs, je reporterais volontiers

1. Il s'agit de l'acteur Leo. *(Note de l'éditeur allemand.)*

une part de la faute sur la cohorte imbécile des directeurs de théâtre et de leurs régisseurs. Ils partent de ce principe fondamental : une pièce est bonne quand elle remplit la caisse et qu'on y applaudit généreusement les acteurs. Tel ou tel spectacle y a réussi ? eh bien, plus le nouveau s'en rapprochera par la forme, la donnée et l'effet, meilleur il sera ; plus il s'en éloignera, pire on le trouvera. Sans doute faut-il aussi des nouveautés, et comme les voix des vrais poètes ne s'éteignent pas toutes, et que certains sont encore là pour les entendre, on ne saurait éviter d'admettre à la scène quelques pièces qui ne soient pas tout à fait conformes à la mesure du vulgaire. Mais pour que le malheureux poète ne tombe pas complètement, pour qu'il satisfasse au moins jusqu'à un certain point aux conventions requises, M. le régisseur a la bonté d'en faire son affaire, et de retoucher la pièce à son idée. Autrement dit : on supprime ou bien on déplace des passages, voire des scènes entières, de sorte que l'unité de l'ensemble et chacun des effets minutieusement et rationnellement préparés se trouvent détruits ; et le spectateur, qui n'a plus devant les yeux que les traits les plus appuyés, sans tout le fondu des demi-teintes, ne peut plus reconnaître ce que l'auteur a voulu représenter. Le régisseur est pleinement satisfait : les personnages vont et viennent selon son désir, et les décors se succèdent selon la bonne règle.

MOI. – Ah ! Berganza ! Tu dis joliment vrai ! Mais aussi n'est-ce pas une effroyable vanité, qui ne peut sortir que de la plus stupide des stupidités, qu'un pareil rustre veuille se hausser au-dessus de l'œuvre du poète : une œuvre que son créateur, avant de l'assembler définitivement, a si longtemps portée dans son âme, ruminée, combinée ? Car ce sont précisément les œuvres des grands poètes, oui, ce sont elles dont il importe de préserver la texture secrète, sensible aux seuls esprits poétiques ! Seul le regard pénétrant du véritable connaisseur peut saisir le fil qui coordonne entre eux et rattache à l'ensemble chacun des plus infimes détails de la pièce !

Oserai-je dire encore une fois que cela est plus vrai pour Shakespeare que pour tout autre poète ?

BERGANZA. – J'ajouterai : et pour mon cher Calderón, dont les pièces, dans le bon temps de ma jeunesse, ravissaient le public espagnol.

MOI. – Tu as raison. Ces deux esprits présentent d'ailleurs de profondes affinités qui vont même jusqu'à s'exprimer parfois en images identiques.

BERGANZA. – Il n'est qu'*une* vérité... Mais que penses-tu de cette denrée de médiocre qualité qui chez vous n'est que trop répandue sur le marché ? On ne peut pas précisément l'appeler mauvaise, car les pensées et les traits inspirés n'y manquent pas, mais il faut les y pêcher au prix de mille peines, comme dans l'eau le poisson rouge, et l'ennui qui vous gagne à mener ce fastidieux travail rend l'esprit insensible aux rares accents de poésie qui s'y trouvent : on finit par ne même plus les remarquer.

MOI. – Cette denrée de médiocre qualité (je dois malheureusement t'accorder qu'il n'y en a que trop chez nous), je l'abandonnerai sans remords à la discrétion des régisseurs, qui peuvent exercer dessus leurs crayons noirs et rouges. Car d'ordinaire, pareilles œuvres ressemblent aux livres sibyllins qui, quoi qu'on en pût détruire, offraient toujours un texte d'ensemble utilisable, dont on ne daignait pas apercevoir les lacunes. Il y règne surtout une manière de faconde, d'*enflure* qui fait que chaque strophe en particulier semble toujours porter en elle les dix suivantes, et ainsi de suite ; il est regrettable qu'un grand poète, mort récemment, ait montré la voie de ce genre médiocre, surtout dans ses premières pièces en vers. Oui, crois-moi, cette vile marchandise est à rejeter !

BERGANZA. – A rejeter absolument ! Il ne faut pas qu'elle puisse parvenir jusqu'à la scène, je suis ici entièrement de ton avis. Mais néanmoins, s'il faut à tout prix la présenter aux caprices du public qui exige un va-et-vient continuel de productions nouvelles, et cela par nécessité, les chefs-d'œuvre étant si rares, eh bien, je tiens encore le système actuel de corrections pour dangereux, sinon inadmissible. Même un poète de bas étage a des intentions secrètes, et il s'y attache jusque dans des scènes qui peuvent paraître à un esprit peu poétique pur et simple remplissage. Bref, cher ami, purifier même une de ces œuvres au feu de la poésie, la dégager de toute scorie, extraire ainsi en un travail artistique l'or qui se trouve enfermé dedans, tout cela exigerait pour le moins qu'on fût un vrai poète ; à ce prix seulement on pourrait exercer les droits que confère la maîtrise de l'art, maîtrise qui ne s'acquiert que par le goût le plus épuré, par l'expérience poétique la plus profonde.

MOI. – Il est vrai que ces vertus ne sont pas l'apanage de nos directeurs de théâtre, ni de nos régisseurs… Mais il se glisse pourtant de temps à autre, au milieu de la marchandise, une pièce vraiment poétique, à l'expression vivante et forte, qui ne peut manquer son effet sur la foule. Directeur et régisseur l'ont mesurée ; ils ont trouvé conformes aux règles sa longueur, sa largeur et son épaisseur ; mais à l'unanimité ils ont déclaré que son contenu était d'un goût déplorable… et comme les connaisseurs, à plusieurs reprises, l'ont réclamée, ils se réjouissent par avance à la pensée du triomphe qui sera le leur quand elle sera sifflée, car il est hors de doute qu'elle le sera ! Pour mieux faire, le régisseur, bien méchamment, a pour une fois refusé à l'incorrigible poète le secours de sa bienveillante intervention ; il l'a laissé sans défense, abandonné à sa rusticité naturelle, à son ignorance de tout effet théâtral ; et à la seule pensée des premières scènes de la pièce, il ne peut réprimer un sourire de condescendance et de pitié, où joue l'orgueilleuse conscience de sa propre supériorité.

» Et puis… qui l'eût pensé ? Voici que ce vivant, ce noble drame connaît un succès absolument extraordinaire !… Il électrise la foule !… Le recueillement silencieux alterne avec les transports de joie qu'excite la puissance irrésistible de la vérité dramatique du texte. Et il se passe alors une scène comique entre le directeur et le régisseur : le jugement qu'ils ont signifié d'abord à qui les voulait entendre sur cette pièce qu'ils n'ont pas comprise les plonge dans l'embarras, et voici qu'ils se désavouent l'un l'autre ! Si par surcroît les acteurs ont été vigoureusement applaudis, ceux-ci n'hésiteront pas à se montrer à la fin aux côtés de l'auteur, tout en se moquant secrètement de la bêtise d'un public abusé par le jeu des comédiens au point de trouver bonne une pièce si sotte et si peu intelligible.

BERGANZA. – Il n'y a pas longtemps, j'ai été témoin d'une histoire de ce genre. Il s'agissait de l'œuvre la plus profonde et aussi la plus dramatique de l'illustre Calderón de la Barca : *La Dévotion à la Croix*. Sur les instances réitérées des connaisseurs les mieux inspirés, on en avait porté à la scène une excellente traduction en allemand. Tout se passa, dans le public aussi bien que dans la coulisse, de la même divertissante façon que tu viens de décrire !

MOI. – J'ai assisté moi aussi à la représentation de *La Dévotion à la Croix*, et l'impression produite sur la foule ne fut pas peu de chose ! Mais il se trouva bien sûr quelques personnes de haute culture pour condamner le caractère immoral de la pièce.

BERGANZA. – Ce jugement est très révélateur de l'actuelle déformation de votre esprit, de votre dépravation, dirais-je même. Je fais d'ailleurs remonter la décadence de votre scène à l'époque où l'on se mit à prétendre que le but suprême, que le seul but du théâtre devait être l'amélioration morale des hommes, et où l'on chercha à le ravaler au rang d'une simple école de bonnes mœurs. La pièce la plus gaie ne pouvait plus amuser en paix, parce que derrière chaque plaisanterie on voyait poindre la férule du maître d'école, du moraliste, toujours disposé le mieux du monde à punir les enfants pour peu qu'ils se laissent aller sans retenue au plaisir.

MOI. – Je sens d'ici l'effet puissant de la férule : vite, que le rire inconvenant se change en larmes bien convenables !

BERGANZA. – Vous autres Allemands, vous me faites l'effet de ce mathématicien qui, après avoir entendu l'*Iphigénie en Tauride* de Gluck, frappe doucement l'épaule de son voisin enthousiasmé et lui demande en souriant : « Mais qu'est-ce que cela *prouve* ? »

» Il faut à présent que toute chose, outre ce qu'elle est, signifie autre chose ; que tout conduise à un but parfaitement étranger qu'on vous fourre tout de suite sous les yeux ; il faut même que tout plaisir se change en autre chose que le plaisir, et serve encore à une autre fin d'ordre physique ou moral, de sorte que, suivant la vieille règle culinaire, l'agréable soit toujours associé à l'utile.

MOI. – Mais provoquer seulement un divertissement passager est un but bien limité ; j'imagine que tu en accordes un plus élevé au théâtre ?

BERGANZA. – L'art n'a pas de but plus élevé que d'allumer en l'homme un plaisir capable de libérer son être entier des tourments d'ici-bas, de l'emprise annihilante de la vie quotidienne, comme d'autant d'impures scories ; un plaisir qui élève assez son âme pour que, redressant fièrement et joyeusement la tête, il puisse parvenir à la contemplation du Divin, jusqu'à se confondre en Lui. Éveiller ce plaisir, élever l'âme jusqu'à ce point de vue poétique d'où l'on découvre les splendides merveilles du pur idéal, où l'on s'ouvre même à elles, où la vie familière elle-même apparaît comme illuminée et glorifiée dans ses manifestations les plus diverses par l'éclat de la poésie... Voilà, dans ma conviction, l'unique et véritable but du théâtre ! Sans le don d'observer les phénomènes de la vie non comme des entités isolées jetées au hasard par la nature ainsi que ferait par jeu un enfant capricieux, mais comme émanant d'un tout et réagissant à leur tour fortement sur ce tout ; sans le pouvoir de se les assimiler, et de les rendre ensuite avec les couleurs les plus vivantes, il n'est pas de poète dramatique ; sans ce don, vaines seront toutes les tentatives « de présenter un miroir à la nature, de montrer à la vertu ses propres traits, à l'infamie sa propre image, au siècle et à la matière même du temps la copie fidèle de leurs divers aspects ».

MOI. – Et le talent d'observation, que l'on exige avant toute chose d'un poète comique, devrait aussi se modeler en conséquence…

BERGANZA. – Absolument ! De la fidèle observation, de l'exacte interprétation des traits caractéristiques individuels, il ne peut sortir, tout au plus, qu'un portrait plaisant, qui ne saurait à vrai dire présenter d'intérêt que si l'on connaît l'original, et que l'on soit en mesure de juger ainsi, par comparaison, de l'habileté de main du peintre. Mais dès lors qu'il s'agit de caractères de théâtre, le portrait trop fidèle, ou le personnage fabriqué à l'aide de traits empruntés à droite et à gauche et assemblés pour les besoins de la cause, manqueront toujours de cette vérité poétique intime qui ne s'obtient qu'en observant l'homme du haut de ces sommets élevés dont nous parlions tout à l'heure. En un mot, le poète dramatique ne doit pas tant connaître les hommes, que l'homme… Le regard du vrai poète est celui qui pénètre la nature humaine jusque dans sa plus secrète profondeur, et qui domine ses manifestations en recueillant comme dans un prisme spirituel les mille et une réfractions de sa lumière.

MOI. – Tes vues sur l'art et sur le théâtre, cher Berganza, pourraient susciter maintes controverses. Mais ce que tu dis de la connaissance de l'homme et de celle des hommes me va tout à fait ; je comprends maintenant pourquoi les drames et les poésies d'un certain poète qui était en même temps acteur de son métier[1] ont été pendant un moment si haut prisés, pour être si vite oubliés ; de se voir si complètement passé de mode alors qu'il était encore en vie le paralysa d'ailleurs à ce point que tout nouvel essor lui devint impossible.

1. Iffland probablement (1759-1814), auteur d'une multitude de pièces de mœurs et qui, dans sa jeunesse, hésitant entre le théâtre et l'Église, passait son temps à déclamer des sermons.

BERGANZA. – Le poète dont tu parles est en grande partie responsable du crime qui entraîna si fatalement la chute de notre théâtre. Il était l'un des coryphées de cette ennuyeuse, larmoyante et moralisante secte qui a tout fait pour éteindre sous son déluge lacrymal chaque étincelle que tentait vainement de faire jaillir la vraie poésie. Ah ! comme il sut nous offrir en abondance de ces pommes interdites qui nous ont coûté le paradis !

MOI. – On ne peut toutefois lui refuser un certain talent dans sa façon de représenter vigoureusement les choses…

BERGANZA. – Talent qui se fourvoie presque toujours dans l'exagération du dialogue. Il m'a l'air d'avoir récolté quantité de traits individuels saisis tout vifs sur des personnages isolés, pour se les ajuster à lui-même ensuite comme un costume étranger, les retouchant et les retaillant sans cesse jusqu'à ce qu'ils fussent à sa convenance ; voilà comme il façonnait les caractères de ses pièces ! Ce qu'il peut rester au bout du compte de vérité poétique intime là-dedans, tu peux facilement le calculer…

MOI. – Et pourtant ses intentions le plus souvent étaient bonnes.

BERGANZA. – J'espère que tu ne prends pas ce mot d'intention dans le sens élevé de la langue des arts, et que tu désignes seulement par là le but moral – du moins en apparence – des drames de ce poète ; en ce cas je dois t'accorder que, abstraction faite de tout art, de toute poésie, ces drames peuvent parfaitement se ranger à côté des plus édifiants sermons de carême, qui menacent de l'enfer les impies et promettent le ciel aux dévots ? A ceci près que le poète a l'avantage, en qualité de dispensateur et d'exécuteur de la justice dramatique, de pouvoir aussitôt, suivant les circonstances, frapper lui-même avec le glaive. Récompenses et punitions, bourses bien garnies et titres de conseiller intime, dégradation civile et prison, tout est à sa disposition sitôt que la toile se lève pour le cinquième acte.

MOI. – Ce qui m'étonne, c'est que dans ces choses-là il puisse se trouver encore une certaine variété.

BERGANZA. – Et pourquoi pas ? N'aurait-ce pas été pour nos auteurs une excellente et féconde idée que de traiter les dix commandements en un cycle de drames ? Les deux injonctions : « Tu ne voleras point » et « Tu ne commettras point l'adultère » ont déjà été fort agréablement habillées à la scène ; il ne s'agirait plus que de trousser tout aussi adroitement les autres : « Tu ne convoiteras point le bien d'autrui », etc.

MOI. – Il y a quelque temps, ton idée eût paru moins ironique qu'aujourd'hui. Mais je n'arrive toujours pas à comprendre que cette époque pleurnicheuse et moralisante, qui nous a fait connaître le degré suprême de l'insupportable ennui, n'ait pas abouti à une révolte générale, à une véritable *révolution*, au lieu de pâlir et de s'éteindre ainsi de béate consomption !

BERGANZA. – Je vous crois incapables, vous autres Allemands, fût-ce sous la pire oppression, de vous laisser entraîner par quelque coup de foudre à la révolte. Cependant les choses auraient pu se passer autrement, c'est-à-dire de manière plus radicale et plus rapide, si un remarquable poète qui plus d'une fois encore saura réjouir votre cœur, surmontant jadis son juste dégoût pour ces misérables planches, nous eût narré du haut de la scène un conte dans le genre des *Trois Oranges* de Gozzi. Si l'on doute encore que de lui seul et du puissant génie dramatique dont il disposait eût dépendu l'investissement de ce lamentable château de cartes, que l'on songe seulement à l'effet que produisit son conte satirique écrit sous forme de comédie ; et qu'on veuille bien se rappeler la profonde révolution qu'il suscita chez tous les esprits éclairés amis du théâtre : même quand tout le monde aura oublié depuis longtemps toutes les allusions que véhicule ce texte, on continuera à le lire avec un plaisir extrême, comme une œuvre de haut divertissement.

MOI. – Je vois que tu veux parler ici du *Chat Botté*[1], qui me

1. Pièce poético-satirique de Ludwig Tieck, parue en 1797.

ravissait déjà quand je subissais encore la fâcheuse influence des productions de cette triste époque… Mais pourquoi bondis-tu ainsi, Berganza ?

BERGANZA. – Ah !… c'est pour me remettre !… Je veux me chasser de l'esprit tous ces maudits souvenirs de théâtre, et faire le vœu de ne m'y plus laisser engager. Mieux vaudrait pour moi retourner auprès de mon maître de chapelle.

MOI. – Alors tu n'acceptes pas l'offre que je t'ai faite de rester avec moi ?

BERGANZA. – Non ! quand ce ne serait que parce que j'ai conversé avec toi. En général il n'est pas sage de découvrir à quelqu'un tous les talents qu'on possède, parce qu'alors ce quelqu'un croit avoir le droit dûment acquis d'y recourir dès qu'il lui plaît. Ainsi pourrais-tu exiger sans cesse que je te fasse la conversation.

MOI. – Mais ne sais-je pas qu'il ne dépend pas de toi de parler quand tu veux ?

BERGANZA. – Quand bien même ! tu pourrais parfois prendre pour un caprice mon silence obstiné, refusant de penser qu'en cet instant il pourrait m'être impossible de parler le langage des hommes. Est-ce qu'on n'exige pas du musicien qu'il joue, du poète qu'il fasse des vers ? Le temps et les circonstances ont beau être si défavorables qu'il soit impossible de satisfaire l'importun, on n'en traite pas moins d'entêtement tout refus de leur part. Bref, tu connais maintenant trop bien mes dons et mes talents pour qu'il y ait à espérer entre nous des relations plus suivies. De plus, j'ai déjà trouvé où me caser ; brisons donc là-dessus.

MOI. – Je suis fâché que tu aies si peu confiance en moi.

BERGANZA. – Tu es bien, n'est-ce pas, musicien… et tu serais même écrivain… poète ?

MOI. – Je me flatte, de temps en temps…

BERGANZA. – C'est déjà trop !… Vous ne valez pas cher, tous tant que vous êtes ! Ah ! un tempérament pur, d'une seule venue, est décidément une chose bien rare !

MOI. – Que veux-tu dire là ?

BERGANZA. – Outre ces gens qui n'apparaissent que revêtus des faux clinquants de la poésie, outre vos mannequins tirés à quatre épingles et vos femmes savantes sans âme et sans cœur, il ne faut pas oublier tous ceux qui sont « mouchetés », au-dedans comme au-dehors, et qui scintillent de mille couleurs dont ils peuvent, s'il le faut, changer à volonté comme le caméléon.

MOI. – Je ne te comprends toujours pas…

BERGANZA. – Ils ont peut-être de la tête, du cœur. Mais c'est pour les seuls élus que la *fleur bleue* entrouvre d'elle-même sa corolle !

MOI. – Que parles-tu de fleur bleue ?

BERGANZA. – C'est une réminiscence d'un poète mort, et qui était bien des plus purs qui aient jamais vécu. Comme disait Johannès : les plus clairs rayons de la poésie illuminaient son âme d'enfant ; sa vie entière, si pieuse, fut une hymne aux accents sublimes chantée à la gloire de l'Être suprême et des divines merveilles de la Nature. Son nom de poète était : Novalis !

MOI. – Beaucoup le traitaient à toute occasion de rêveur et de fantasque…

BERGANZA. – Parce que dans la poésie comme dans la vie il ne voulait souffrir que ce qu'il y a de plus élevé, de plus sacré, et méprisait cordialement, quoique toute haine fût étrangère à son âme, nombre de ses collègues « mouchetés » – ce qui lui valut bien des ennemis ! Je n'ignore pas qu'on lui reprocha d'être obscur et emphatique. Il eût suffi pourtant, pour le comprendre, de descendre avec lui jusque dans les plus secrètes profondeurs de cette mine infiniment féconde où se révèlent les merveilleuses combinaisons dont use la nature pour relier entre eux les phénomènes et les assembler en un tout. Il est vrai que la plupart des gens manquent pour ce faire d'énergie et de courage.

MOI. – Je crois qu'il est un autre poète contemporain qui, du moins pour sa candeur d'âme et son vrai sens de la poésie, mérite d'être placé à côté de lui.

BERGANZA. – Veux-tu parler de celui qui fit vibrer avec une rare puissance la harpe des géants du Nord, et qui, soulevé d'un enthousiasme et d'une inspiration authentiques, fit revivre Sigurd [1], le héros sublime, avec un tel éclat que les faibles lumières de notre temps pâlirent aussitôt et que, devant son pas formidable, toutes ces armures qu'on avait prises jusqu'alors pour les héros eux-mêmes s'affaissèrent, creuses et vides de corps ? Si c'est à lui [2] que tu penses, je te donne raison. Il commande en maître souverain dans le royaume du merveilleux, où l'on voit accourir d'enthousiasme, à l'appel de sa baguette magique, mille étranges figures et apparitions. Et… mais voici qu'il me vient justement à l'esprit, par une singulière association, le souvenir d'un tableau, ou plutôt d'une gravure qui, si l'on veut bien ne pas s'en tenir étroitement à ce qu'elle représente, me semble exprimer à merveille la véritable nature des poètes qui en ce moment nous occupent.

MOI. – Parle, cher Berganza, de quelle œuvre s'agit-il ?

BERGANZA. – Ma maîtresse (je veux dire par là, tu le devines, notre poétesse et artiste mimique) avait orné un fort beau salon de toute une galerie d'excellentes *Scènes de la vie de Shakespeare*. La première planche, en manière de prologue, représentait la naissance du poète. L'enfant est couché au centre, le front haut et grave, et jette autour de lui le regard limpide de ses yeux clairs ; les Passions, empressées à le servir… la Crainte, le Désespoir, l'Angoisse, l'Horreur, toutes ces figures affreuses s'inclinent devant lui, semblant guetter le premier son qui sortira de ses lèvres.

MOI. – Mais quel rapport avec nos poètes ?

BERGANZA. – Ne pourrait-on, sans chercher trop loin, interpréter ainsi ce tableau : « Voyez comme la nature, sous ses

1. Le principal personnage des chants héroïques de l'Edda scandinave.
2. La Motte-Fouqué, l'auteur d'*Ondine* – dont Hoffmann tirera un opéra.

traits les plus divers, est soumise à cette âme d'enfant, et comme l'effrayant et même l'horrible se courbent à sa volonté et à sa voix; et reconnaissez qu'à lui seul cette puissance magique a été accordée »?

MOI. – Je connais bien ce tableau, mais j'avoue ne l'avoir jamais examiné sous cet angle; ton interprétation est assurément pertinente, et même fort pittoresque. D'ailleurs tu sembles doué de la plus vive imagination. Mais tu me dois encore l'explication de ces caractères que tu qualifies de « mouchetés ».

BERGANZA. – L'expression ne désigne qu'imparfaitement ce que je veux dire : c'est qu'elle est due à la haine que je porte à toutes les créatures mouchetées et tachetées de mon espèce. Il m'est souvent arrivé de mordre l'une d'elles aux oreilles simplement parce que sa robe était mélangée de blanc et de brun et que je croyais avoir affaire à quelque bouffon bariolé. Eh bien, vois-tu, mon ami! Il y en a tant parmi vous que l'on appelle poètes, auxquels on ne peut dénier l'esprit, la profondeur, l'âme même, et qui cependant, comme si la poésie était autre chose pour le poète que sa vie même, se laissent émouvoir par chaque vulgarité de la vie quotidienne, s'y abandonnent même parfois avec complaisance, isolant soigneusement de toutes leurs autres activités les heures inspirées qu'ils passent à leur table de travail! Ils sont égoïstes, intéressés, mauvais époux, mauvais pères, amis infidèles, mais n'en célèbrent pas moins le Saint des saints en saints accents, pour peu qu'une nouvelle feuille attende d'être mise sous presse.

MOI. – Mais qu'importe la vie privée, quand on ne demande pas au poète d'être autre chose que poète? A parler franc, je suis de l'avis du Neveu de Rameau, qui préfère voir dans l'auteur d'*Athalie* le poète plutôt que le bon père de famille qu'il était aussi.

BERGANZA. – Je trouve déjà regrettable que l'on considère à part – et d'ailleurs à part de quoi? – la vie privée du poète, comme s'il s'agissait d'un personnage politique, ou même tout bonnement d'un homme d'affaires ! Jamais je ne me persuaderai que celui dont la poésie n'élève pas la vie tout entière au-dessus du vulgaire, au-dessus des mesquines misères d'un monde tout conventionnel, qui ne sait pas être en même temps bienveillant et sublime, que celui-là soit un véritable poète, qu'il ait été poussé par une vocation intime, par une impulsion venue du plus profond de l'âme. J'aurai toujours besoin de chercher quelque chose qui puisse m'expliquer comment ce qu'il proclame lui a été inspiré du dehors, comment son esprit vif, son âme impressionnable ont pu faire mûrir, jusqu'à donner des fleurs et des fruits, la semence répandue en lui. Mais aussi, le plus souvent, quelque vice, ne serait-ce qu'une seule faute de goût révélatrice du malaise qu'éprouve toujours celui qui endosse un habit d'emprunt, trahit le défaut de vérité intime.

MOI. – C'était donc cela, ton caractère moucheté ?

BERGANZA. – Bien sûr ! Vous avez un poète – vous l'avez eu, devrais-je presque dire – dont les œuvres respirent souvent une piété capable d'émouvoir le cœur et l'âme, et cependant il peut passer, dans tout le reste, pour l'original du noir tableau que je t'ai fait de mon « caractère moucheté » [1]. Il est égoïste, intéressé, perfide envers des amis qui lui sont sincèrement dévoués, et je n'hésite pas à soutenir que seule la poursuite d'une idée fixe, en dehors de toute vocation intérieure véritable, l'a engagé dans cette voie qui risque à présent d'être la sienne pour jamais. Peut-être, à force de rimer, se voit-il déjà parmi les saints !

MOI. – Voilà bien une énigme pour moi !

BERGANZA. – Puisses-tu ne jamais la résoudre !... Tu ne trouveras pas sur moi un seul poil blanc : je suis noir *absolument* ! Eh bien, impute à cela, si tu veux, ma haine profonde de tout ce qui est bigarré. Quelle idée insensée que de se prendre pour la Vierge Marie !

1. Zacharias Werner (1768-1823), poète et dramaturge exalté, fort dissolu en dépit de son mysticisme.

MOI. – Ne sauterais-tu pas par hasard à un autre sujet ?

BERGANZA. – Bien au contraire ! J'y reste en plein ! Johannès Kreisler raconta une fois en ma présence à un de ses amis l'histoire d'une mère assez folle pour élever son fils dans la plus grande piété, avec le dessein d'en faire un jour un poète. Cette femme se figurait qu'elle était la Vierge Marie et son fils le Christ – méconnu il est vrai : il errait de par le monde, buvait du café et jouait au billard, en attendant le temps prochain où il rassemblerait son peuple pour le conduire tout droit au ciel. Doué d'une vive imagination, il vit dans la folie de sa mère le signe d'une haute vocation. Il se crut un élu de Dieu, destiné à révéler les mystères d'une religion nouvelle et purifiée ; eût-il été animé d'une force intérieure qui lui eût fait consacrer sa vie à cette vocation qu'il s'était découverte, il eût pu devenir un nouveau prophète ou que sais-je encore ; mais sa débilité innée, sa façon de s'empêtrer dans les mesquineries journalières de l'existence lui avaient fait trouver plus commode de se borner à mettre en vers cette vocation, quitte à la désavouer ensuite s'il croyait compromise son existence bourgeoise... Ah ! mon ami ! Ah !...

MOI. – Qu'as-tu, mon bon Berganza ?

BERGANZA. – Considère la fatale destinée d'un malheureux chien condamné, comme on dit, à bavarder à tort et à travers chaque fois que le ciel lui accorde le don de la parole... Mais je me réjouis que tu aies si bien accepté, peut-être même reconnu vrais ma colère, mon mépris pour vos faux prophètes, car je n'appelle pas autrement ceux qui, bafouant la vraie poésie, ne se meuvent que dans l'imposture et s'approprient ce qui ne leur appartient pas. Je te le dis, ami, ne te fie jamais aux êtres mouchetés !...

A ce moment, une fraîche brise matinale agita la cime des grands arbres, tirant de leur sommeil les oiseaux; et ils s'élancèrent d'un vol léger vers la pourpre lueur que l'aurore allumait derrière les montagnes et qui maintenant envahissait le ciel.

Berganza fit d'étranges grimaces, se livra à des bonds singuliers. De ses yeux étincelants semblaient jaillir des flammes… Je me levai, et le frisson d'épouvante auquel j'avais su résister pendant la nuit me saisit soudain.

– Traou!… Houâ!… Houâ!… Aoû!… Aoû!…

Hélas! Berganza voulait parler, mais les mots qu'il tentait de former se confondirent en un banal aboiement.

Avec la rapidité de l'éclair, il s'enfuit à grands bonds et fut bientôt hors de ma vue; mais j'entendais encore retentir au loin ses : « Traou!… Houâ!… Houâ!… Aoû!… Aoû!… » Et je savais bien, cette fois, ce qu'il fallait en penser…

DEUXIÈME PARTIE

LE MAGNÉTISEUR

Scènes de la vie de famille

SONGES, MENSONGES

– Songes, mensonges ! fit le vieux baron en tendant la main vers le cordon de la sonnette pour faire venir le vieux Kasper et apporter de la lumière.

Car il se faisait tard ; un vent froid d'automne rôdait à travers le salon d'été mal clos, et Maria, étroitement enveloppée dans son châle, les yeux à demi fermés, semblait ne plus pouvoir longtemps résister au sommeil.

– Et pourtant, continua-t-il en retirant sa main et en se penchant en avant dans son fauteuil, les deux coudes appuyés sur ses genoux, pourtant je me rappelle plus d'un rêve merveilleux de ma jeunesse !

– Ah ! mon bien cher père, releva Ottmar, existe-t-il des rêves qui ne soient pas merveilleux ? Mais ceux-là seuls qui nous annoncent quelque apparition frappante (« les esprits précurseurs des grandes destinées », selon ce qu'en dit Schiller), ceux qui nous précipitent soudain dans ce sombre royaume du mystère où notre regard embarrassé ne se reconnaît qu'avec peine, ceux-là seulement nous saisissent avec assez de puissance pour que nous ne puissions en dénier les effets.

– Songes, mensonges ! répéta le baron d'une voix sourde.

– Et même cette formule favorite des matérialistes qui trouvent tout naturel ce qui est le plus merveilleux, mais souvent absurde et incroyable ce qui est le plus naturel du monde, répondit Ottmar, même cette sentence cache une frappante allégorie.

– Quelle stupide interprétation vas-tu encore trouver à ce vieux proverbe rebattu ? demanda Maria en bâillant.

Ottmar se mit à rire et répliqua par ces paroles de Prospero :

– « Lève le rideau frangé de tes yeux et daigne gracieusement m'écouter ! » Sérieusement, chère Maria, si tu avais moins sommeil, tu aurais déjà soupçonné toi-même que, du moment qu'il est question d'un des plus splendides phénomènes de la vie humaine, c'est-à-dire du rêve, le seul fait qu'on le compare à l'écume [1] ne s'explique que si l'on pense, comme je fais, à la plus noble de toutes !... Telle est, bien évidemment, la mousse de l'impétueux, de l'effervescent, du pétillant champagne... que tu ne dédaignes pas de flûter toi non plus, quelque mépris que tu manifestes par ailleurs, en qualité de jeune fille réservée, pour toute espèce de jus de la treille ! Vois les mille petites bulles qui montent en perlant dans le verre et qui moussent à la surface ! Ce sont les esprits volatils qui se dégagent impatiemment de leur prison terrestre ; ainsi vit et se meut, pareil à cette mousse, le grand principe spirituel qui, à peine affranchi de l'oppression de la matière, agite ses ailes pour s'unir joyeusement à l'Esprit suprême, dans ce lointain royaume du ciel qui nous est promis à tous ; c'est lui encore qui saisit et comprend sans effort tous les phénomènes merveilleux de cette vie, jusque dans leurs plus secrètes manifestations. Il se peut donc aussi que le rêve naisse de l'écume qui libère nos esprits vitaux dès que le sommeil met en congé nos sens ; il se peut que le rêve nous fasse alors pénétrer dans une vie plus haute, plus intense, où non

1. *Träume sind Schäume*, littéralement : « les songes sont de l'écume ».

seulement nous soupçonnons toutes les apparitions d'un monde d'esprits bien éloignés de nous, mais où nous les reconnaissons réellement : où, en un mot, nous planons au-dessus de l'espace et du temps.

– Il me semble, interrompit le vieux baron qui parut s'arracher à un souvenir qui l'avait rendu rêveur, il me semble que j'entends parler ton ami Alban. Vous me connaissez tous deux pour votre adversaire irréductible. Ainsi tout ce que tu viens de dire là est fort beau à entendre, et certaines âmes sensibles ou sentimentales y prendront peut-être plaisir, mais c'est faux ! ne serait-ce que parce que c'est systématique ! D'après ce que tu extravagues sur nos rapports avec le monde des esprits et que sais-je encore, il faudrait croire que le rêve place nécessairement l'homme en état de bonheur parfait. Or tous les rêves que j'ai eus, et que je qualifie de merveilleux sous prétexte que le hasard leur a conféré une quelconque influence sur ma vie (j'appelle ici hasard une certaine coïncidence entre des circonstances absolument hétérogènes qui en viennent à s'unir et à se combiner en un tout cohérent), tous ces rêves, dis-je, étaient désagréables, voire franchement pénibles, au point que j'en ai souvent été malade, quoique m'abstenant de me creuser l'esprit à leur sujet – la mode n'étant pas encore de faire la chasse à tout ce que la nature, dans sa sagesse, a mis hors de notre portée.

– Vous savez, mon excellent père, répondit Ottmar, ce que je pense avec mon ami Alban de tout ce que vous appelez hasard, coïncidences, circonstances… Et pour ce qui est de la mode de se creuser la cervelle, mon bon père, vous ne devez pas oublier qu'elle est des plus anciennes, ayant son fondement dans la nature même de l'homme. Les disciples de Saïs…

– Halte-là, s'écria le baron, brisons, s'il vous plaît, un entretien que j'ai aujourd'hui d'autant plus de raisons d'éviter que je ne me sens nullement disposé à tenir tête à ton bouillant enthousiasme pour le merveilleux. Je puis même te l'avouer :

aujourd'hui précisément, 9 septembre, un souvenir de mes années de jeunesse me poursuit, que je ne puis chasser. Si je vous racontais cette aventure, Ottmar y trouverait la preuve qu'un rêve – ou enfin un état de rêverie – qui se rattachait d'une façon absolument singulière à la réalité exerça sur moi l'influence la plus funeste.

– Peut-être, cher père, dit alors Ottmar, allez-vous nous fournir, à mon ami Alban et à moi, un nouvel et précieux argument à l'appui de la théorie, aujourd'hui bien établie, de l'influence magnétique, laquelle résulte d'observations multipliées sur le sommeil et les rêves.

– Rien que ce mot de *magnétique* me fait bondir, s'écria le baron en colère. Mais à chacun ses idées, et tant mieux pour vous si la nature souffre que vous tirailliez son voile de vos mains pataudes, et si elle ne vous fait pas expier de votre propre perte votre folle curiosité !

– Ne nous querellons pas, cher père, sur des choses qui ont leur siège au plus intime de notre conviction, répliqua Ottmar. Mais ce souvenir de votre jeunesse ne peut-il donc se formuler en mots ?

Le baron se renfonça dans son fauteuil, et levant vers le ciel un regard chargé de pensées, comme il faisait toujours lorsqu'il était profondément ému, il commença :

– Vous savez que j'ai reçu mon éducation militaire à l'académie équestre de B… Parmi les professeurs attachés à l'établissement se trouvait alors un homme que je ne saurais oublier de ma vie. Oui, même maintenant, je ne puis penser à lui sans un secret frisson, je dirais presque sans horreur. Souvent il me semble qu'il va franchir la porte, tel un spectre… Sa taille de géant était rendue plus frappante encore par la maigreur décharnée de son corps, qui semblait ne consister qu'en muscles et en nerfs. Il devait avoir été bel homme dans sa jeunesse, car ses grands yeux noirs jetaient encore un regard brûlant dont on avait peine à supporter l'éclat. Fort avancé dans la cinquantaine, il avait la force et l'adresse d'un jeune homme; tous ses mouvements étaient vifs et décidés. Dans l'escrime, à l'estoc comme à la taille, il était supérieur aux plus adroits; et il maîtrisait le cheval le plus sauvage jusqu'à le faire gémir sous son étreinte.

» Il avait été autrefois major au service des Danois; mais il avait dû s'enfuir, racontait-on, pour avoir tué en duel son général. Certains soutenaient que cela ne s'était pas produit au cours d'un duel mais que, sur un mot blessant du général et avant que celui-ci pût se mettre en garde, il lui avait planté son épée au travers du corps. Quoi qu'il en soit, il s'était enfui du Danemark et exerçait pour lors à l'académie équestre, avec le grade de major, les fonctions d'instructeur supérieur pour les fortifications. Irascible au dernier degré, un mot, un regard pouvaient le mettre en fureur. Il punissait ses élèves avec une cruauté voulue, ce qui n'empêchait pas que tous lui fussent attachés d'une manière inexplicable. C'est ainsi qu'une fois, la dureté du traitement qu'il infligea à l'un d'eux, hors de toute règle et de toute discipline, ayant ému l'attention des supérieurs, une enquête fut ordonnée; or ce même élève ne fit que s'accuser lui-même, et parla encore si chaudement en faveur du major qu'il fallut bien tenir celui-ci quitte de toute faute.

» Il y avait des jours où il était comme étranger à lui-même. Le ton ordinairement dur et grondeur de sa voix de basse avait alors quelque chose d'indescriptiblement sonore, et on ne pouvait s'arracher à son regard. Il glissait d'un œil indulgent et léger sur chaque petite maladresse; et quand il serrait la main à l'un ou l'autre d'entre nous pour le féliciter de quelque chose de particulièrement réussi, c'était comme s'il eût fait de lui son serf en vertu d'un pouvoir magique irrésistible : car il eût pu lui ordonner à l'instant de courir à la mort la plus douloureuse, son ordre eût été exécuté à la lettre.

» Mais ces jours de calme étaient ordinairement suivis d'une effroyable tempête, devant laquelle tous n'avaient plus qu'à fuir et se cacher. Alors il revêtait dès l'aube son rouge uniforme danois, et courait à pas de géant le jour entier, sans relâche, que ce fût l'été ou l'hiver, par tout le jardin qui entourait le palais de l'Académie. On l'entendait parler danois d'une voix terrible et, tout en se livrant aux plus violentes gesticulations, il tirait l'épée comme s'il avait affaire à un adversaire redoutable, recevait et parait des coups… enfin, d'une botte bien calculée, il faisait tomber son rival, et avec des malédictions et des imprécations épouvantables foulait aux pieds le cadavre imaginaire. Puis il fuyait à une vitesse incroyable par les allées du parc, grimpait au haut des plus grands arbres et éclatait alors d'un rire moqueur que nous pouvions entendre jusque dans notre salle et qui nous glaçait le sang dans les veines. Ordinairement cette fureur lui durait ainsi vingt-quatre heures, et l'on avait pu observer qu'elle s'emparait toujours de lui aux équinoxes. Le lendemain, il semblait ne pas se douter le moins du monde de tout ce qu'il avait fait : il était simplement plus têtu, plus emporté, plus dur que jamais – jusqu'à ce qu'il revînt peu à peu à ses dispositions bienveillantes.

» Je ne sais d'où venaient les bruits merveilleux, extraordinaires, qui s'étaient répandus sur son compte parmi la gent domestique de l'École aussi bien que chez le commun peuple de la ville. On prétendait qu'il pouvait conjurer le feu, guérir les maladies par l'imposition des mains, que dis-je ! par son simple regard ; et je me souviens qu'il chassa un jour à coups de bâton des gens qui voulaient absolument être guéris par lui de cette façon. Un vieil invalide affecté à son service déclarait tout ouvertement qu'on savait bien que M. le major n'était pas un homme comme les autres ; il racontait comment, bien des années auparavant, au cours d'une tempête en mer, l'esprit du mal lui était apparu et lui avait promis non seulement de le délivrer du péril, mais de le douer d'une force surhumaine et de maintes facultés miraculeuses, offre à laquelle il avait souscrit en se dévouant à l'esprit des ténèbres. De là résultaient les rudes combats qu'il avait si souvent à soutenir contre le Diable, que l'on pouvait voir courir dans le parc sous la forme d'un chien noir ou de quelque autre animal inquiétant ; mais tôt ou tard, le major finirait à coup sûr par succomber d'une effroyable façon…

» Quelque niaises et absurdes que me parussent ces histoires, je ne pouvais, à les entendre, me défendre d'un intime frisson, et tout en répondant par l'attachement le plus dévoué à l'affection toute particulière que le major me témoignait entre tous, il se mêlait cependant dans mon âme, aux sentiments que j'éprouvais pour cet homme extraordinaire, un incompréhensible je ne sais quoi qui me poursuivait continuellement et que je ne pouvais m'expliquer à moi-même. Il me semblait que j'étais contraint par un pouvoir supérieur à demeurer fidèle à cet homme, comme si l'instant où mon affection cesserait dût être aussi celui de sa mort. Bien que sa présence me causât toujours un réel plaisir, il s'y ajoutait pourtant une certaine angoisse, le sentiment d'une insurmontable contrainte, qui faisait naître en moi une tension parfaitement anormale ; et j'en tressaillais souvent jusqu'au fond de l'âme. Quand j'étais resté longtemps avec lui, quand il m'avait traité d'une façon particulièrement affectueuse, et qu'il attachait sur moi son regard fixe et immobile tout en retenant mes mains solidement serrées dans les siennes, comme il avait accoutumé de faire en me racontant toutes sortes d'aventures étranges… il arrivait que cet état d'esprit si singulier me réduisît à l'épuisement. Je me sentais malade et abattu à en défaillir.

» Je passe sur toutes les scènes étranges qui se déroulèrent entre mon ami et maître et moi-même ; il allait par exemple jusqu'à prendre part à mes jeux d'adolescent, m'aidant assidûment à construire cette forteresse imprenable que j'élevais dans un coin du parc suivant les règles les plus rigoureuses de l'art militaire… Mais j'en arrive à l'essentiel. C'était, il m'en souvient exactement, dans la nuit du 8 au 9 septembre 17… Voici ce que je vis en rêve – un rêve aussi vivant que si j'eusse été réveillé… Le major ouvrait doucement ma porte, marchait lentement vers mon lit, et tout en attachant sur moi le regard effrayant de ses yeux noirs et enfoncés, il posait sa main droite sur mon front et sur mes yeux, sans que cela m'empêchât pourtant de le voir debout devant moi. Je gémissais d'angoisse et d'horreur. Alors il me dit d'une voix sourde : « Pauvre enfant de l'homme, reconnais ton maître et seigneur ! Que te sert de te raidir et de te débattre dans ta servitude, qu'en vain tu essaies de secouer ? Je suis ton Dieu, qui n'ignore rien de ton être le plus intime ; tout ce que tu y as jamais caché, tout ce que tu veux y cacher encore est clair et lumineux à mes yeux. Mais afin que tu ne te hasardes pas, misérable ver de terre, à douter de ma puissance sur toi, je m'en vais investir, d'une manière qui soit perceptible à tes sens, le plus secret laboratoire de tes pensées ! »

» Je vis alors étinceler dans sa main un instrument pointu et brûlant, qu'il me plongea dans le cerveau... L'effroyable cri d'horreur que je poussai me réveilla. J'étais baigné de sueur, et sur le point de m'évanouir. Quand je pus me remettre, un air lourd et étouffant emplissait la chambre, et il me semblait entendre la voix du major ; comme venue de très loin, elle m'appela à plusieurs reprises par mon prénom. J'attribuai cela à l'émotion que m'avait laissée cet épouvantable cauchemar et sautai à bas de mon lit pour ouvrir la fenêtre et faire entrer à flots l'air libre dans la chambre. Mais quel fut mon effroi lorsque je vis, à la clarté de la lune, le major arpenter l'allée du parc, revêtu de son uniforme de parade, tel exactement qu'il m'était apparu en rêve : il marchait à grands pas vers le portail qui donnait sur la pleine campagne. Il ouvrit brusquement la grille, la franchit et referma le battant derrière lui avec une telle violence que les gonds et le verrou, brutalement malmenés, protestèrent en un vacarme qui se répercuta longuement dans le calme de la nuit. « Qu'est-ce à dire ? Que peut bien chercher le major, là-bas, dans la campagne, en pleine nuit ? » pensai-je en moi-même ; et une indescriptible angoisse, une folle inquiétude s'empara de moi. Poussé par une force irrésistible, je m'habillai rapidement et allai réveiller l'excellent Inspecteur, un pieux vieillard de soixante-dix ans, le seul que le major, même dans le paroxysme aigu de sa fureur, redoutât et épargnât. Je lui racontai mon rêve et ce qui s'était passé ensuite.

» Le vieillard m'écouta très attentivement et dit : « Moi aussi j'ai entendu battre violemment la grille du parc, mais j'ai dû prendre cela pour quelque illusion… Cela dit, il se peut fort bien qu'il soit arrivé malheur au major ; il serait bon d'aller voir dans sa chambre. »

» La cloche de la maison eut bientôt réveillé maîtres et élèves, et nous nous dirigeâmes avec des flambeaux par le long corridor, comme en une procession solennelle, jusqu'à la chambre du major. La porte était fermée, et d'inutiles efforts pour l'ouvrir avec le passe-partout nous convainquirent que le verrou était tiré de l'intérieur. La grande porte par où le major aurait dû passer pour aller dans le jardin était elle aussi fermée et verrouillée depuis la veille au soir. Nos appels étant demeurés sans réponse, on finit par briser la porte de la chambre, et là… le regard fixe et hideux, une écume sanglante à la bouche, le major était étendu mort sur le carreau, dans son grand uniforme danois rouge, la main convulsivement crispée sur son épée ! Tous nos efforts pour le rappeler à la vie furent infructueux.

Le baron s'était tu. Ottmar fut sur le point de dire quelque chose, mais il y renonça ; le front appuyé sur la main, il semblait occupé à mettre en ordre les réflexions qui venaient de lui surgir à l'esprit. Ce fut Maria qui rompit le silence en s'écriant :

– Ah ! mon père !… quel horrible événement ! Je vois devant moi le terrible major dans son uniforme danois, le regard fixé sur moi : c'en est fait de mon sommeil pour cette nuit !

Le peintre Franz Bickert, reçu depuis quinze ans déjà dans la maison du baron en qualité d'ami intime de la famille, n'avait à son ordinaire pris aucune part à la conversation : il s'était promené de long en large, les bras croisés derrière le dos, faisant toutes sortes de grimaces bouffonnes et se risquant même de temps en temps à quelque cabriole grotesque… Tout d'un coup il éclata :

– La baronne a parfaitement raison ! A quoi bon ces histoires effrayantes, ces évocations bizarres, juste à l'heure d'aller se coucher ? Voilà qui est tout à fait contraire à ma modeste théorie du sommeil et des rêves, qui ne s'appuie, il est vrai, que sur une misère de quelques millions d'expériences… Si M. le baron ne fait jamais que des rêves pénibles, c'est simplement qu'il ne connaît pas ma théorie, et qu'il ne peut par conséquent la mettre en pratique. Ottmar parle d'influences magnétiques, d'effets de planètes, que sais-je encore… Il peut n'avoir pas tort, mais ma théorie me forge une cuirasse que ne saurait traverser aucun rayon lunaire…

– En ce cas, me voici réellement curieux de connaître cette admirable théorie, fit Ottmar.

– Laisse parler Franz, coupa le baron. Il nous persuadera bientôt à son gré de tout ce qu'il voudra.

Le peintre s'assit vis-à-vis de Maria, et prenant une pincée de tabac avec une grâce comique et un sourire tout à la fois doucereux et bouffon, il commença :

– Honorable assemblée ! Les rêves ne sont que de l'écume !… c'est là un vieux proverbe allemand, honnête et de bonne trempe. Mais Ottmar l'a interprété avec tant de subtilité et de raffinement que je sentais tout de bon monter dans mon cerveau, tandis qu'il parlait, ces petites bulles qui, dégagées de l'élément terrestre, cherchent à s'unir au suprême principe spirituel. Mais n'est-ce donc pas aussi dans notre esprit que s'opère la fermentation d'où jaillissent ces éléments subtils, eux-mêmes issus d'un principe unique ? Je demande enfin si notre esprit trouve en lui seul tous les ingrédients nécessaires à la production d'un tel phénomène, ou si, en vertu d'une loi d'équilibre, quelque puissance étrangère y concourt avec lui ? Et je réponds bien vite : oui, la nature entière, avec tous ses phénomènes, s'emploie moins à l'assister qu'à le laisser manœuvrer dans le laboratoire de l'espace et du temps ; ainsi, tout en se croyant son propre maître, il ne crée et n'agit que pour atteindre les fins qu'elle se propose. Nous sommes si intimement liés, par des rapports physiques ou spirituels, avec tout ce qui est extérieur à nous-mêmes, avec la nature entière, que le seul fait de nous affranchir de ces liens, en admettant même que ce fût possible, impliquerait la négation de notre existence. Notre vie *intensive* est entièrement déterminée par notre vie *extensive* : ce n'en est qu'un reflet, mais dans lequel les figures et les images, recueillies comme par un miroir concave, apparaissent sous de tout autres proportions, déformées, c'est-à-dire bizarres et énigmatiques, bien qu'elles ne soient que les caricatures d'originaux vraiment existants. Je soutiens hardiment que jamais un homme n'a pensé ou rêvé, en son for intérieur, chose que ce soit dont les éléments ne se trouvent dans la nature : il ne peut se soustraire à elle.

» Mises à part les impressions extérieures qui émeuvent notre âme et la placent dans un état de tension anormal – un soudain effroi par exemple, une vraie peine de cœur, etc. –, je pense que notre esprit, s'il se tient modestement dans les limites qui lui ont été fixées, peut facilement distiller, à partir des plus agréables manifestations de la vie, cette essence volatile qui engendre, au dire d'Ottmar, l'écume dont sont faits les songes. Quant à moi, dont la bonne humeur, le soir surtout, est supérieurement inaltérable – ce qu'on aura la bonté de m'accorder –, je prépare à la lettre mes rêves de la nuit en me faisant passer par la tête mille folies qu'ensuite mon imagination reproduit durant mon sommeil sous les couleurs les plus vives et de la manière la plus divertissante. Mais ce qui me plaît le plus, ce sont mes représentations dramatiques…

– Qu'entends-tu par là ? demanda le baron.

– Comme l'a déjà fait remarquer un écrivain bien inspiré, poursuivit Bickert, nous sommes dans nos rêves les meilleurs auteurs et acteurs dramatiques qui soient, parce que nous saisissons parfaitement, et dans ses moindres traits, chaque caractère étranger qui se présente à notre esprit et que nous nous ingénions à faire revivre alors dans la plus exacte vérité. Eh bien, c'est là tout le fondement de mon système : je pense aux mille aventures comiques de mes voyages, à tous les personnages plaisants que j'ai rencontrés de par le monde, et mon imagination, en ressuscitant la nuit toutes ces figures, avec toute leur drôlerie et leur sottise, me donne la plus divertissante comédie du monde. C'est comme si je m'étais tracé, la veille au soir, le canevas, tout juste l'esquisse de la pièce ; et voilà que dans le rêve, tout s'improvise avec feu, de la manière la plus vivante, selon les desseins du poète. Je porte en moi toute la troupe de Sacchi qui représente des fables dignes de Gozzi, et avec tant de vérité, tant de nuances d'après nature, que le public (c'est moi également qui l'incarne) y croit ni plus ni moins qu'à la réalité.

» Comme je l'ai dit, je ne comprends pas dans ces rêves, pour ainsi dire volontairement mis en scène, tous ceux qui sont le résultat d'une disposition d'esprit exceptionnelle due à des circonstances étrangères, ni ceux qui ont pu être suscités par quelque sensation physique venue du dehors. C'est ainsi en effet que se fabriquent tous ces songes dont chaque individu a éprouvé un jour ou l'autre le tourment, ces cauchemars (tomber du haut d'une tour, se voir décapiter, etc.) ordinairement provoqués par quelque douleur physique que l'esprit, plus indifférent pendant le sommeil à la vie animale et ne travaillant plus que pour lui-même, interprète à sa fantaisie d'après telle ou telle représentation fantastique prise parmi celles qui occupent alors l'imagination. Je me souviens de m'être trouvé, en rêve, au milieu d'une joyeuse compagnie réunie autour d'un punch ; un matamore d'officier, de moi bien connu, ne cessait de railler un étudiant qui finit par lui jeter son verre à la figure. Une mêlée générale s'ensuivit, et comme je cherchais à rétablir la paix, je fus si rudement blessé à la main… que la douleur me réveilla. Or, figurez-vous !… ma main saignait réellement : je m'étais tout simplement écorché à une grosse épingle fichée dans la couverture !

– Eh ! Franz ! se gaussa le baron, on dirait que pour une fois ce n'était pas un songe agréable que tu t'étais préparé là !

– Hélas ! hélas ! fit le peintre d'une voix lamentable. Qui peut quelque chose à ce que le destin nous inflige parfois pour nous punir ? Moi aussi, bien sûr, j'ai eu des songes effrayants, pénibles, épouvantables, qui me donnaient des sueurs d'angoisse et me jetaient hors de moi-même.

– Raconte vite ! cria Ottmar ; quand bien même ta théorie en devrait être jetée par-dessus bord !…

– Pour l'amour du ciel, gémit Maria, ne voulez-vous pas m'épargner un peu ?

– Non ! reprit Franz. Plus de ménagement à présent !… Oui, j'ai rêvé moi aussi les choses les plus épouvantables, comme tout un chacun ! Ne me suis-je pas présenté chez la princesse Amaldasongi, qui m'avait invité à prendre le thé, dans le plus magnifique habit chamarré, avec un gilet tout brodé ? Ne parlais-je pas le plus pur italien, *lingua toscana in bocca romana?* N'étais-je pas amoureux de cette charmante personne, comme il convient à un artiste ? Ne lui disais-je pas les choses les plus rares, les plus poétiques, les plus sublimes lorsque, baissant les yeux par hasard, un détail horrible me frappa : bien que vêtu le plus soigneusement du monde, et dans toutes les règles de l'étiquette, j'avais oublié ma culotte !

Avant que personne eût pu se fâcher de l'incongruité, Bickert poursuivit avec feu :

– Ah ! Dieu ! que ne dirai-je encore de tant de souffrances infernales de mes rêves !… N'étais-je pas, une autre fois, revenu à ma vingtième année, et n'avais-je pas l'intention de danser de tout mon cœur en compagnie des gentilles demoiselles du bal ? N'avais-je pas dépensé mon dernier sou à faire donner quelque regain de jeunesse à mon vieil habit, à l'aide d'une savante retourne, et à m'acheter une paire de bas de soie d'un blanc immaculé ? Tout heureux, j'arrive à la porte de la salle resplendissante de mille lumières et des plus merveilleuses toilettes : je remets mon billet, mais voilà-t-il pas qu'un diabolique chien de portier ouvre devant moi l'étroit coulisseau d'un poêle en me disant, d'un ton poli à mériter qu'on l'étranglât tout vif : « Que monsieur se donne la peine d'entrer par cette porte que voici : c'est par ici qu'il faut passer pour arriver dans la salle… »

» Mais tout cela n'est que misère à côté du rêve affreux qui m'a torturé et angoissé la nuit dernière ! Ha !… j'étais devenu une feuille de papier cavalier : juste au beau milieu, ma silhouette se découpait en guise de filigrane ! Et quelqu'un – c'était en réalité un satané poète fort connu, mais admettons que ce fût n'importe qui… –, ce quelqu'un, donc, tenait une plume monstrueusement longue, une plume de dindon au bec fêlé, taillée en dents de scie, dont il m'égratignait à plaisir, infortuné que j'étais, tandis qu'il griffonnait sur mon dos des vers raboteux et barbares !… Une autre fois, un démon d'anatomiste ne m'a-t-il pas, pour s'amuser, mis en pièces comme une poupée articulée destinée à servir à toutes sortes d'essais diaboliques, voulant voir, par exemple, quel effet produirait un de mes pieds planté au milieu de ma nuque, ou mon bras droit fixé dans le prolongement de ma jambe gauche ?…

Ici le baron et Ottmar interrompirent le peintre par un bruyant éclat de rire. Les pensées mélancoliques semblaient s'être évanouies. Le baron s'écria :

– N'ai-je pas raison de dire que dans notre petit cercle de famille, le vieux Franz est un vrai *maître des plaisirs*? De quel ton pathétique ne s'est-il pas lancé tout à l'heure dans la discussion de notre thème ! D'autant plus réussi a été l'effet de l'humoristique plaisanterie qu'il nous a décochée à la fin tout à l'improviste, ruinant ainsi par une irrésistible explosion de gaieté l'édifice de notre gravité solennelle ! D'un seul coup, nous voilà hors du monde des esprits, rendus à la vie réelle, heureuse et positive !

– Ne croyez pas, répondit Bickert, que, nouveau Paillasse, je me sois livré à ces plaisanteries à seule fin de vous distraire. Non ! ces songes horribles m'ont réellement tourmenté, mais il se peut bien que je me les sois préparés, eux aussi, à mon insu.

– Notre Franz, interrompit Ottmar, a acquis en ce qui concerne sa théorie sur l'origine des songes une certaine expérience, mais ce qu'il nous a raconté de la relation et de l'enchaînement des phénomènes en question, à partir de principes bien hypothétiques, est loin d'être concluant. Il est au reste une manière plus noble de rêver ; et c'est celle-là seule que possède l'homme dans cette sorte de sommeil vivifiant et heureux qui lui permet d'attirer en lui les rayons de l'Esprit du monde, dont il s'est enfin rapproché, ces rayons capables de le nourrir et de le fortifier d'une façon proprement divine.

– Attention ! dit le baron. Ottmar ne va pas tarder à enfourcher son dada pour une chevauchée dans ce monde inconnu que nous autres, pauvres incrédules, ne pouvons – à ce qu'il prétend – apercevoir que de loin, comme Moïse la Terre promise. Mais nous ne le laisserons pas s'envoler aussi facilement !... Il fait une bien vilaine nuit d'automne : que diriez-vous si nous restions encore une petite heure ensemble, si nous activions un peu ce feu qui meurt dans la cheminée, et si Maria nous préparait un délicieux punch de sa façon, source à laquelle s'abreuverait et se conforterait volontiers notre excellente humeur ?

Bickert leva au ciel des yeux comme illuminés, poussa un profond soupir, puis s'inclina devant Maria dans une attitude d'humble prière. Maria, qui pendant tout ce temps était restée silencieuse, livrée à une secrète méditation, se mit à rire de tout son cœur, comme elle avait rarement coutume de le faire, à la vue de la posture burlesque du vieux peintre, et elle se leva rapidement pour tout préparer avec soin selon le désir du baron. Bickert se mit à trotter çà et là d'un air affairé ; il aida

Kasper à apporter le bois, et tandis qu'il soufflait le feu, agenouillé de profil devant la cheminée, il ne cessait de crier à Ottmar de se montrer son digne élève, autrement dit de le dessiner bien vite, en guise d'exercice, dans l'attitude où il se trouvait, en observant bien exactement l'effet des flammes et les beaux reflets dont sa figure se trouvait présentement illuminée. Le vieux baron, qui avait en effet retrouvé sa bonne humeur, se fit même apporter, ce qui ne lui arrivait qu'aux meilleures heures, sa longue pipe turque au bec d'ambre précieux.

Lorsque la fine et légère odeur du tabac de Turquie se fut répandue à travers la salle et que Maria eut distillé, dans le bol d'argent, le jus de citron sur le sucre qu'elle avait elle-même cassé en morceaux, il sembla à tous qu'un esprit familier et gracieux fût venu présider au bien-être général, allumant et attisant si bien la jouissance de l'instant que tout ce qui avait précédé, tout ce qui allait suivre, en parut soudain comme terni et dénué du moindre intérêt.

– Quelle chose singulière, commença le baron, que la préparation du punch entre les mains de Maria soit toujours si réussie que je n'en puisse presque plus goûter d'autre ! Elle a beau donner ses plus minutieuses instructions sur la proportion des divers ingrédients et sur tout le reste, rien n'y fait !... Une fois, en ma présence, notre lunatique Katinka avait préparé le punch absolument comme Maria l'indiquait ; mais je n'ai pu en boire un seul verre. Il semble que ma fille couronne son opération en prononçant quelque formule magique sur cette boisson, ce qui lui confère un pouvoir bien particulier !

– En pourrait-il être autrement ? s'écria Bickert. Telle est la magie, le *charme* de l'élégance et de la grâce dont Maria anime tout ce qu'elle fait. La seule vue des préparatifs de ce punch indiquait assez qu'il serait délicieux, qu'il serait parfait !

– Très galant repartit Ottmar, mais avec ta permission, chère sœur, ceci n'est pas tout à fait exact. J'accorde à notre bon père que tout ce que tu apprêtes, tout ce qui te passe par les mains fait naître même en moi, si je le touche ou si je le déguste, un intime sentiment de satisfaction. Mais quant à l'enchantement qui serait à l'origine de ce phénomène, je l'attribue pour ma part à des influences spirituelles plus élevées, et non point à ta grâce ou à ta beauté, comme fait Bickert, qui ramène naturellement tout à cela puisqu'il te fait la cour depuis que tu as huit ans !

– N'allez-vous pas en finir aujourd'hui avec moi ? s'écria Maria d'un ton enjoué. A peine ai-je échappé aux apparitions et aux imaginations nocturnes que tu découvres en moi quelque chose de mystérieux, et, si je ne pense plus ni au terrible major ni même à quelque double de son espèce, je cours encore le risque de me prendre à présent pour un fantôme et d'avoir peur de ma propre image dans un miroir !

– Ce serait en effet un peu dur, fit le baron en riant, si une jeune fille de seize ans ne pouvait plus regarder son miroir sans risquer de prendre son propre reflet pour un fantôme !... Mais d'où vient qu'aujourd'hui nous ne puissions nous détacher des choses fantastiques ?

– Et pourquoi vous-même, cher père, répondit Ottmar, me donnez-vous involontairement à chaque instant l'occasion de dire mon avis sur toutes ces choses que vous rejetez de prime abord comme un bric-à-brac de mystères inutiles et même criminels – ce pour quoi vous ne pouvez souffrir mon cher Alban, avouez-le ? La nature ne peut pas nous faire un crime de ce besoin d'approfondir, de cette impatience de savoir qu'elle a elle-même déposés en nous. Il semble bien plutôt que, dans la mesure où ces exigences agissent puissamment en chacun de nous, nous devenions d'autant plus capables de nous élever vers les choses suprêmes, escaladant cette échelle que la nature a pris la peine d'installer à notre intention.

– Et d'autant plus capables, reprit Bickert, quand nous nous croyons déjà bien haut, de dégringoler honteusement pour convenir ensuite, au vertige qui nous saisit, que l'air subtil des régions supérieures ne vaut rien pour nos lourdes têtes.

– Franz, répliqua Ottmar, depuis quelque temps – je devrais dire : depuis l'arrivée d'Alban dans la maison –, je ne sais plus que faire avec toi ! Autrefois tu t'attachais de toute ton âme, de tout ton cœur, au merveilleux ; tu méditais sur les figures étranges, sur les taches bariolées qui ornent les ailes des papillons, sur les fleurs, les pierres ; tu…

– Halte ! cria le baron. Encore un peu, et nous allons retomber dans notre vieux débat. Tout ce que tu déterres, avec ton mystérieux Alban, des recoins les plus cachés, tout ce que vous extrayez, devrais-je même dire, de votre capharnaüm fantastique, pour élever un édifice ingénieux mais dépourvu de toute base solide, tout cela, je le range avec les songes, qui selon mon principe sont mensonges et restent tels. Ainsi en va-t-il de l'écume trompeuse qui mousse dans les flûtes : elle est sans consistance, sans saveur ; bref, elle n'est pas plus le produit suprême d'un travail secret que les copeaux qui volent autour du tourneur : même si le hasard a pu donner à ceux-ci une certaine forme, on ne les prendra jamais pour des objets achevés, pour des œuvres véritables nées de l'effort de l'artiste. Au reste, la théorie de Bickert est pour moi si évidente que je me réserve de la mettre en pratique pour mon usage.

– Eh bien, puisque nous en revenons encore une fois aux songes, dit Ottmar, qu'il me soit permis d'évoquer un événement dont Alban m'a récemment fait part, et dont le récit ne manquera pas de nous maintenir dans l'heureuse disposition où nous nous trouvons en ce moment !

– Tu peux raconter ton histoire, coupa le baron, mais à une condition : c'est que tu admettes le bien-fondé de ce que nous venons de dire, et que Bickert puisse librement jeter ses observations à la traverse de ton discours.

– Vous répondez à ma pensée, cher père, fit Maria ; car les histoires d'Alban sont d'ordinaire si effrayantes et si horribles, ou du moins tournées d'une façon si étrange que l'impression qu'on en éprouve, quoique fort exaltante en une certaine façon, vous laisse pourtant au bord de l'épuisement.

– Ma chère Maria sera contente de moi, répliqua Ottmar. Je me permets toutefois de prier Bickert de s'abstenir de ses remarques, pour cette raison qu'il croira trouver dans mon histoire une confirmation de sa théorie des rêves. Quant à mon cher père, il pourra se persuader combien il a été injuste envers mon ami Alban et envers les talents que Dieu lui a donné le pouvoir d'exercer.

– Je noierai dans le punch, dit Bickert, toutes les observations qui me viendront sur la langue, mais qu'on me laisse faire en toute liberté autant de grimaces qu'il me plaira : là-dessus, je serai intraitable !

– Accordé ! s'écria le baron.

Et Ottmar commença son récit sans plus de préambule.

– Mon ami Alban avait rencontré, à l'université d'I..., un jeune homme dont l'extérieur séduisait chacun au premier abord, et qui, par suite, était reçu partout avec bienveillance et empressement. Tous deux étudiaient la médecine ; et dans leur zèle assidu ils étaient toujours les premiers, chaque matin, à se retrouver dans la salle de cours : ces circonstances eurent tôt fait de favoriser entre eux des relations plus intimes, bientôt scellées par une véritable amitié ; Theobald (c'est le nom qu'Alban donnait à son ami) joignait au meilleur caractère l'âme la plus expansive. Il laissait pourtant voir chaque jour davantage une susceptibilité excessive, presque féminine ; avec cela un enthousiasme lyrique qui, en ce siècle bardé de fer tel un géant en marche insoucieux de ce qu'il broie sur son passage, ne manquait pas de passer pour une vertu bien futile, bien efféminée, et lui valait au reste mille railleries de la part de ses camarades. Alban seul, ménageant les sentiments délicats de son ami, ne dédaignait pas de le suivre dans ses jardins fantastiques et fleuris, sans toutefois s'abstenir de le ramener quand il le fallait aux âpres tempêtes de la vie réelle, s'efforçant ainsi d'enflammer toute étincelle de force et de courage que couvait peut-être le fond de son âme. C'était un devoir qu'il était d'autant plus jaloux de remplir que ces années d'études lui paraissaient les plus propices à éveiller et fortifier en Theobald cette énergie si nécessaire à l'homme, par le temps qui court, pour opposer une vaillante résistance aux coups imprévus du malheur, qui tels des éclairs jaillissent tout à coup dans un ciel serein.

» Le mode de vie de Theobald était parfaitement accordé à la simplicité de son caractère, qui le portait à ne prêter d'attention qu'à son plus proche entourage. Une fois ses études achevées et obtenue la dignité de docteur, il comptait retourner dans sa ville natale où il devait épouser la fille de son tuteur, avec laquelle il avait été élevé (il était orphelin); en possession d'une fortune importante, il pourrait dès lors vivre sans rechercher la clientèle, pour lui seul et pour la science. Le magnétisme animal, nouvellement remis en discussion, avait captivé son esprit; et à force d'étudier avec assiduité sous la conduite d'Alban tout ce qu'on avait écrit dessus et de combiner lui-même des expériences, il en vint bientôt à un système qui répudiait toute espèce d'intervention physique comme contraire à l'idée fondamentale d'une influence *immatérielle* des forces vives de la nature; il se tourna donc finalement vers ce qu'on appelle le magnétisme de Barbarie, autrement dit vers la plus ancienne école spiritualiste…

Au premier mot de *magnétisme* prononcé par Ottmar, le visage de Bickert avait aussitôt tressailli, imperceptiblement d'abord, puis en un *crescendo* entraînant dans son jeu tous les muscles, et enfin *fortissimo*, en une telle grimace – folle au-delà de toute expression ! – que le baron placé en face de lui faillit bien en éclater de rire. Bickert se leva d'un bond, et il allait prendre la parole quand Ottmar lui tendit un verre de punch qu'il avala de fort méchante humeur. Ottmar poursuivit alors son récit.

– Alban s'était jadis adonné corps et âme au mesmérisme, à une époque où la doctrine du magnétisme animal ne se propageait encore que dans le plus grand secret. Il préconisait ainsi le recours à certaines formes de crises violentes, ce que Theobald rejetait avec horreur. Mais tandis que les deux amis faisaient désormais, de leurs sentiments opposés en cette matière, l'objet de maintes discussions, il advint qu'Alban, qui ne pouvait nier les résultats de plusieurs expériences exécutées par Theobald, et que l'aimable enthousiasme de celui-ci pour tout ce qui relevait de la pure influence psychique séduisait malgré lui, s'appliqua davantage, à son tour, à étudier le magnétisme psychique, et finalement s'attacha tout de bon à l'école nouvelle qui, à l'instar de Puységur [1], concilie les deux systèmes. Quant à Theobald, ordinairement si complaisant à se soumettre aux convictions d'autrui, il ne se départit pas le moins du monde de son système et persista opiniâtrement à rejeter de ses expériences toute intervention physique. Il voulait même consacrer tout son loisir, toute sa vie par conséquent, à se plonger, autant que faire se pût, dans les arcanes mystérieux des influences subtiles, et à devenir, par son application infatigable à cette étude – et tout en gardant une complète indépendance d'idées –, un digne élève de la seule nature. Ainsi considérée, sa vie contemplative devait être une sorte de sacerdoce, et le sanctifierait, comme l'initié qu'élève une consécration toujours plus haute à mesure qu'il pénètre dans les salles les plus secrètes du grand temple d'Isis.

» Alban, qui avait une confiance sans bornes dans les pieuses dispositions de son ami, le fortifiait dans son dessein ; et lorsque Theobald eut enfin atteint le terme de ses années d'études et s'en fut retourné dans son pays, le dernier mot d'Alban fut pour lui demander de rester fidèle à ce qu'il avait entrepris.

» A peu de temps de là, il reçut de son ami une lettre dont l'incohérence témoignait du désespoir, du bouleversement intérieur, qui s'était emparé de celui-ci. Tout le bonheur de sa vie, écrivait-il, était détruit ! Il n'avait plus qu'à partir pour la

1. Le marquis de Puységur, en voulant élever et purifier le magnétisme mesmérien, avait mis au point une théorie du *somnambulisme*, dont les applications en thérapeutique lui permirent d'obtenir de spectaculaires guérisons.

guerre, puisque c'était là qu'était partie, délaissant les lieux de son enfance, la jeune fiancée qu'il chérissait; la mort seule pouvait le délivrer du malheur qui l'accablait! Alban n'eut cesse ni repos qu'il ne fût parti rejoindre son ami et, après nombre de tentatives inutiles, il parvint enfin à rendre à l'esprit de l'infortuné un peu de tranquillité.

» Au passage des troupes étrangères, à ce que racontait la mère de la jeune fille aimée, un officier italien avait pris ses quartiers dans la maison, et du premier coup d'œil était tombé éperdument amoureux de la demoiselle. Il lui avait fait la cour avec la fougue qui est particulière à sa nation et l'avait comblée de tout ce qui attire le cœur des femmes, de sorte qu'en peu de jours s'éveilla en elle une telle passion que le pauvre Theobald en fut bientôt complètement oublié : elle ne vivait plus désormais, n'existait plus que pour cet Italien. Il dut repartir pour la guerre, mais ce fut alors l'image du bien-aimé qui poursuivit sans relâche la pauvre fille : elle le voyait ensanglanté dans d'horribles combats, jeté à terre et mourant, son nom sur les lèvres; tant et si bien que, en proie à un véritable égarement de la raison, elle fut incapable de reconnaître le malheureux Theobald, qui, enfin de retour, ne songeait qu'à serrer dans ses bras sa joyeuse fiancée.

» Dès qu'Alban fut parvenu à faire revenir Theobald au sentiment de la vie, il s'empressa de lui confier le moyen infaillible qu'il avait conçu pour lui rendre le cœur de sa bien-aimée; Theobald trouva le conseil si profondément accordé à sa conviction intime qu'il ne douta pas un instant de son heureux résultat. Il se soumit donc aveuglément à tout ce que son ami avait imaginé.

» Je sais, Bickert, s'interrompit ici Ottmar, ce que tu voudrais dire en ce moment; je compatis à ta peine, et l'hésitation comique avec laquelle tu saisis le verre de punch que Maria te présente si gracieusement me divertit au plus haut point. Mais tais-toi, je t'en prie! Ton sourire aigre-doux est la meilleure des remarques et vaut mieux que toutes les phrases que tu pourrais imaginer pour gâter l'effet de mon récit. Ce que j'ai à vous dire, du reste, est si admirable, si touchant, que tu seras toi-même converti à y prendre l'intérêt le plus ému. Ainsi, fais bien attention ; et vous aussi, mon cher père : et vous verrez si je tiens rigoureusement parole.

Le baron se borna à proférer un hum ! hum ! Maria fixa sur les yeux d'Ottmar son clair regard, tandis qu'elle appuyait doucement sur sa main sa petite tête charmante, ce qui fit rouler ses belles boucles blondes le long de son bras.

– … Si les journées de la jeune fille, continua Ottmar, étaient remplies de tourment et d'effroi, ses nuits étaient absolument mortelles. Toutes les images terribles qui la poursuivaient au long du jour se présentaient alors devant elle avec un redoublement de force. D'un ton qui déchirait le cœur, elle appelait son amant et semblait, par mille sanglots étouffés, exhaler elle-même son âme auprès du cadavre sanglant dont l'image l'obsédait. A l'heure de la nuit où les rêves les plus terribles angoissaient ainsi la pauvre fille, la mère conduisait Theobald auprès de son lit. Il s'asseyait tout contre elle, et dirigeant sur elle sa pensée avec toute l'énergie de sa volonté, il la fixait d'un regard intense. Quand elle eut subi plusieurs fois cette épreuve, l'impression que lui causaient ses rêves parut s'atténuer : les accents violents et passionnés avec lesquels elle prononçait auparavant le nom de l'officier n'avaient plus le même caractère déchirant, et de profonds soupirs venaient soulager fréquemment son sein oppressé. Alors, Theobald posait sa main sur la sienne, et prononçait doucement, tout doucement, son propre nom. L'effet ne se faisait pas attendre. Elle répétait encore le nom de l'officier, mais avec une hésitation marquée, comme s'il lui fallait se rappeler chaque syllabe, chaque lettre, comme si une pensée étrangère se fût introduite dans le cercle de ses idées. Bientôt après, elle ne disait plus rien : il semblait seulement, aux mouvements de ses lèvres, qu'elle voulait parler, mais qu'elle en était empêchée par quelque influence extérieure.

» Le phénomène s'était déjà répété plusieurs nuits de suite. Alors Theobald commença, en tenant une de ses mains serrée dans la sienne, à lui parler à voix basse et par phrases entrecoupées. Il évoquait leur enfance. Tantôt il gambadait avec Augusta (le nom de la jeune fille me revient tout juste à l'instant) dans le vaste jardin de son oncle et, montant au haut des arbres, cueillait pour elle les plus belles cerises ; car toujours il s'arrangeait pour dérober aux regards des autres enfants ce qu'il y avait de meilleur, afin de le lui réserver, à elle seule. Tantôt c'était l'oncle lui-même qu'il harcelait si bien de ses prières que celui-ci leur apportait le beau livre d'images, si précieux, où l'on pouvait admirer les costumes de toutes les nations. Puis les deux enfants feuilletaient le volume, tous deux penchés sur la table, agenouillés sur le même fauteuil : on voyait à chaque page un homme et une femme représentés dans un paysage de leur contrée… et c'étaient toujours Theobald et Augusta, car ils auraient bien voulu se retrouver eux aussi tout seuls, dans quelque pays étranger, vêtus de ces costumes extraordinaires, et jouer à leur gré avec les belles fleurs, les belles plantes…

» Quelle ne fut pas la stupéfaction de la mère d'Augusta lorsqu'une nuit, celle-ci se mit à parler, entrant à son tour dans le jeu de Theobald. Elle aussi redevenait la petite fille de sept ans, et tous deux maintenant s'amusaient à l'évocation de leurs jeux d'enfants. Augusta cherchait elle-même dans son souvenir les événements les plus caractéristiques de ses années d'enfance. Elle avait toujours été naturellement violente et s'insurgeait souvent avec emportement contre sa sœur aînée, qui du reste avait un caractère réellement méchant et la tourmentait de la manière la plus injuste, ce qui donnait lieu à maint incident tragi-comique.

» C'est ainsi que par un soir d'hiver les trois enfants se trouvaient réunis… La sœur aînée, de plus méchante humeur que jamais, exaspérait de ses caprices la petite Augusta, au point que celle-ci en pleurait de colère et de chagrin. Theobald, à son habitude, était en train de dessiner toutes sortes de figures, auxquelles il savait donner ensuite un sens ingénieux. Afin d'y mieux voir, il voulut moucher la chandelle mais l'éteignit par mégarde : alors Augusta, saisissant rapidement l'occasion, se vengea des déboires qu'elle avait endurés de sa sœur aînée en appliquant à celle-ci un solide soufflet. La jeune fille courut aussitôt en criant et en pleurant vers son père, l'oncle de Theobald, accusant celui-ci d'avoir éteint la chandelle pour pouvoir la frapper en cachette. L'oncle accouru reprocha à l'enfant son odieuse méchanceté; et celui-ci, qui connaissait bien la coupable, se garda de nier le fait. Augusta se sentit secrètement déchirée quand elle entendit accuser son cher Theobald de n'avoir éteint la lumière, avant de faire son coup, que pour pouvoir ensuite tout rejeter sur elle. Mais plus elle pleurait, mieux l'oncle la consolait, déclarant que le coupable était bien découvert à présent, et toute la ruse du méchant Theobald mise au jour. Mais quand l'oncle se mit en devoir de procéder à une sévère punition, son cœur se brisa, et elle s'accusa. Elle avoua tout. Malheureusement, dans cet aveu même, l'oncle ne fit que découvrir l'amour extrême de la petite fille pour le garçon; quant à la constance de Theobald, qui, soulevé par un véritable héroïsme, se sentait tout heureux de souffrir pour Augusta, elle lui donna un motif de plus de le corriger jusqu'au sang pour le punir d'être un enfant si obstiné.

» La douleur d'Augusta fut sans bornes. Toute la violence de son caractère, toutes ses manières impérieuses avaient disparu. Le doux Theobald fut désormais son maître, à qui elle se soumettait de plein gré et qui pouvait disposer à son caprice de ses jouets, de ses plus belles poupées; et tandis qu'il devait autrefois acheter le simple droit de rester auprès d'elle en allant récolter des feuilles et des fleurs pour sa dînette, c'était elle à présent qui se trouvait trop heureuse de le suivre à travers les broussailles où il galopait sur son vaillant cheval de bois. Mais autant la petite fille lui était maintenant attachée de toute son âme, autant aussi l'injustice qu'il avait soufferte pour elle semblait avoir enflammé l'affection de Theobald jusqu'à l'amour le plus brûlant. L'oncle remarquait tout cela, mais ce ne fut que plus tard, lorsqu'il apprit à sa stupéfaction les véritables circonstances de l'affaire, qu'il ne douta plus de la profonde sincérité de cet amour réciproque que s'étaient voué les deux enfants, et qu'il agréa de grand cœur leur engagement mutuel de rester toute leur vie étroitement unis.

» Cet événement tragi-comique de leur enfance devait servir une seconde fois à les réunir. Augusta rejoua la scène depuis l'instant où l'oncle en colère avait fait irruption dans la chambre, et Theobald eut soin de rentrer exactement dans son rôle. Jusqu'alors Augusta s'était montrée pendant la journée silencieuse, méditative ; mais le matin qui suivit cette nuit-là elle fit à sa mère la confidence inattendue que, depuis quelque temps, elle rêvait de Theobald de la façon la plus insistante, ajoutant qu'elle s'étonnait qu'il ne revînt pas, ou du moins n'écrivît pas. Son désir de le revoir s'accrut chaque jour davantage, de sorte que Theobald n'hésita pas plus longtemps à paraître devant elle, comme s'il fût arrivé à l'instant de voyage (il avait évité soigneusement de se montrer depuis l'affreux moment où elle ne l'avait pas reconnu). Il fut reçu avec les transports de l'amour le plus tendre ; et bientôt après, elle lui confessa tout en larmes qu'elle lui avait été infidèle et qu'un étranger avait réussi, d'une manière singulière, à la détourner de lui et à la faire pour ainsi dire renoncer à sa propre nature comme sous l'influence irrésistible d'une puissance inconnue. Mais, ajoutait-elle, l'apparition bienfaisante de Theobald dans ses rêves si mouvementés avait chassé les esprits malfaisants qui la retenaient captive ; elle devait même avouer qu'elle ne pouvait plus se rappeler maintenant l'image de l'étranger, et que Theobald seul vivait dans le fond de son âme !

» Alban et Theobald étant tous deux convaincus que la véritable folie qui avait troublé l'esprit d'Augusta était à présent complètement dissipée, rien ne s'opposait plus à l'union des…

Ottmar allait sur ces mots achever son histoire, lorsque Maria, jetant un cri étouffé, tomba évanouie de son siège dans les bras de Bickert, qui s'était promptement élancé. Le baron sursauta, saisi d'effroi, et Ottmar s'empressa d'aller aider Bickert à transporter la jeune fille sur le sofa. Elle était étendue, aussi blanche qu'une morte ; toute trace de vie s'était effacée de son visage convulsivement contracté.

– Elle est morte, elle est morte ! s'écria le baron.

– Non ! fit Ottmar, elle vivra, elle doit vivre ! Alban la sauvera.

– Alban ! Alban ! Est-ce qu'il peut par hasard ressusciter les morts ! cria Bickert à son tour…

Dans le même instant la porte s'ouvrit et Alban entra. De cette démarche imposante qui lui était propre, il s'approcha silencieusement de la jeune fille évanouie. Le baron le fixait, le visage rouge de colère. Personne n'avait la force de parler.

Alban semblait ne voir que Maria. Il attacha fixement son regard sur elle :

– Maria ! qu'est-il arrivé ? demanda-t-il d'un ton solennel qui fit tressaillir les nerfs de la jeune fille.

Il lui saisit la main, puis sans se détourner d'elle :

– Pourquoi cette terreur, messieurs ? Le pouls bat faiblement, mais régulièrement. Je trouve cette chambre bien enfumée : qu'on ouvre une fenêtre, Maria se remettra aussitôt de cette attaque de nerfs insignifiante et absolument sans danger.

Bickert fit ce qu'il demandait, et Maria ouvrit les yeux. Mais son regard tomba sur Alban.

– Laisse-moi ! homme horrible, murmura-t-elle d'une voix à peine audible. Je veux mourir en paix…

Et se détournant d'Alban pour cacher son visage dans les coussins du sofa, elle sombra aussitôt dans un profond sommeil, ainsi qu'en témoigna bientôt sa calme respiration. Un sourire étrange, effrayant, voltigea sur la figure d'Alban. Le baron prit feu et sembla vouloir dire quelque parole violente ;

mais Alban le regarda fixement, et d'un ton où perçait, malgré sa gravité, une certaine ironie moqueuse, il lui dit :

– Du calme, monsieur le baron ! La petite manque un peu de patience, mais quand elle se réveillera de ce sommeil bienfaisant, ce qui aura lieu ponctuellement demain matin à six heures, qu'on lui donne douze de ces gouttes, et tout sera oublié !

Il tendit à Ottmar un petit flacon qu'il avait tiré de sa poche, et quitta la chambre d'un pas tranquille.

– Eh bien ! voilà notre docteur Miracle ! s'écria Bickert quand on eut porté la dormeuse dans sa chambre et qu'Ottmar eut quitté la pièce. Le regard profond du voyant… les manières solennelles… les sentences prophétiques… le petit flacon d'élixir miraculeux… Je me demandais s'il n'allait pas, comme Swedenborg, s'évanouir à nos yeux dans l'air, ou au moins, comme Beireis, sortir du salon avec son frac subitement changé de noir en rouge !

– Bickert ! interrompit le baron qui avait vu emporter Maria sans bouger de son fauteuil, muet et consterné. Bickert ! qu'est devenue notre joyeuse soirée !… Ah ! je l'avais pressenti au fond de moi : quelque malheur allait encore me frapper aujourd'hui… quelque accident fatal ramènerait Alban parmi nous. Et juste au moment où Ottmar le citait à comparaître, il a paru, semblable au génie familier qui veille sans relâche. Dis-moi, Bickert ! n'est-ce pas par cette porte qu'il est entré ?

– Sans doute, répondit Bickert, et ce n'est qu'à présent que j'y prends garde : il nous a joué là, tel un second Cagliostro, un petit tour de passe-passe qui, dans la détresse et l'anxiété où nous étions, nous a parfaitement échappé. J'ai moi-même fermé de l'intérieur l'unique porte du vestibule, et en voici la clé… Se peut-il que je me sois trompé et que je l'aie laissé ouverte ?

Bickert alla examiner la porte, et revint en riant :

– Le Cagliostro est complet ! s'écria-t-il. La porte est effectivement toujours fermée à clé !

– Hum ! fit le baron ; le docteur Miracle commence à tourner au vulgaire escamoteur…

– J'en suis fâché, reprit Bickert : Alban a la réputation d'un habile médecin ; et le fait est que, lorsque notre Maria jusque-là si bien portante s'est trouvée en proie à ses affreuses crises nerveuses et que tous les remèdes eurent échoué, le traitement magnétique d'Alban l'a guérie en quelques semaines. Tu ne t'y étais décidé qu'à contrecœur, et seulement sur les instances réitérées d'Ottmar… et parce que tu voyais, hélas ! se flétrir chaque jour davantage cette charmante fleur qui naguère encore levait sa tête vers le soleil d'un geste si libre et si joyeux…

– Crois-tu que j'aie bien fait de céder aux prières d'Ottmar ? demanda le baron.

– A cette époque assurément, répondit Bickert. Mais le séjour prolongé d'Alban ne me plaît pas précisément ; et quant au magnétisme…

– Tu le rejettes absolument ? interrompit le baron.

– Non pas ! répliqua Bickert. Et point ne m'était besoin pour y croire d'avoir été témoin de tant de phénomènes dus à son intervention. Ah ! Je ne sens que trop à quel point toutes les relations et les combinaisons si merveilleuses de la vie organique, dans la nature entière, dépendent de lui ! Mais toute notre science là-dessus est et demeure bien fragmentaire. Cela dit, si l'homme devait parvenir à la pleine possession de ce secret de la nature, ce serait à mes yeux comme si une mère avait perdu par mégarde une paire de ces ciseaux à découper à l'aide desquels elle peut façonner mille objets charmants pour l'amusement et la joie de ses enfants : ceux-ci ont trouvé les ciseaux, mais ils se blessent eux-mêmes dans leur empressement aveugle à vouloir créer, tout comme leur mère, des formes et des figures !

– Tu viens d'exprimer avec une admirable justesse le fond de ma pensée, dit le baron. Quant à ce qui regarde spécialement Alban, j'éprouve un embarras extrême ; je ne sais trop comment m'expliquer et accorder entre eux tous les sentiments singuliers qui me saisissent en sa présence. Parfois je me crois parfaitement éclairé sur son compte : sa science profonde a fait de lui un rêveur enthousiaste, mais son zèle, ses succès lui gagnent le respect de tous. Seulement, ce n'est qu'en son absence qu'il m'apparaît ainsi : dès qu'il s'approche de moi, cette image échappe soudain aux lois de la perspective, et ses traits déformés, bien que chacun d'eux soit terriblement ressemblant, refusent de s'accommoder en un tout cohérent et me remplissent d'horreur. Lorsque Ottmar, il y a plusieurs mois, nous l'a présenté comme son ami le plus intime, il m'a semblé que je l'avais déjà vu quelque part. Ses façons raffinées, son savoir-vivre me plurent, mais d'une manière générale, sa société n'avait pas de charme pour moi. Peu après, et pour dire la vérité – car ceci m'est souvent depuis lourdement tombé sur le cœur –, aussitôt même après l'apparition d'Alban, Maria tomba malade, comme tu sais, d'une façon tout à fait étrange ; et je dois le reconnaître, Alban, lorsqu'il fut enfin appelé, se chargea de la cure avec un zèle sans pareil, avec un dévouement, une affection et une fidélité qui auraient dû, après l'heureux succès du traitement, lui gagner la plus grande estime, la moins équivoque affection. J'aurais voulu le couvrir d'or... Eh bien ! tous mots de remerciements m'étaient pénibles à prononcer ; et sa méthode magnétique m'inspirait d'autant plus d'horreur qu'elle avait été couronnée de succès. Alban m'en devenait même plus odieux chaque jour. Il me semblait parfois qu'il eût pu me sauver du plus pressant danger de mort sans gagner seulement d'une ligne dans mon affection. Et pourtant sa manière solennelle, ses discours mystiques, ses charlataneries mêmes – comme de magnétiser, par exemple, les ormes, les tilleuls, et quels autres arbres sais-je encore ! ou bien, tourné vers le nord, les bras étendus, d'appeler à lui une force nouvelle émanée de l'Esprit du monde –, tout cela me captive d'une certaine façon, malgré le cordial mépris que je professe pour ce genre de pratiques.

» Mais, Bickert, remarque bien ceci : ce qu'il y a pour moi de plus extraordinaire dans tout cela, c'est que depuis l'arrivée d'Alban, je ne puis m'empêcher de penser plus souvent que jamais à mon major danois, celui dont je vous ai tout à l'heure raconté l'histoire. Et ce soir même, tiens, lorsqu'il m'a parlé avec ce sourire sardonique et vraiment infernal en me fixant de ses grands yeux noirs comme le jais : c'était le major en personne qui se tenait devant moi oui, la ressemblance était frappante !

– Eh bien ! reprit Bickert, voilà du coup ton étrange impression, ton *idiosyncrasie* éclaircie ! Ce n'est pas Alban, c'est ton major danois qui te tourmente et t'obsède. Le bienfaisant médecin est victime de son nez de vautour et de ses flamboyants yeux noirs ! Tranquillise-toi tout à fait, et chasse les sombres idées qui t'agitent. Alban peut être un visionnaire, mais à coup sûr il veut le bien, et il l'accomplit ; ainsi passons-lui ses charlataneries comme un enfantillage innocent, et estimons en lui le médecin habile et clairvoyant.

Le baron se leva et dit, en saisissant les deux mains de Bickert :

– Franz, tu as parlé là contre ta conviction intime ; tu voulais apporter un palliatif à mon anxiété, à mon inquiétude. Mais, vois-tu, c'est une conviction profondément imprimée dans mon âme : Alban est un mauvais démon ! Je t'en conjure, Franz ! sois vigilant… conseille-moi… aide-moi… soutiens-moi, si tu vois quelque chose vaciller dans le frêle édifice de cette famille… Tu me comprends… Il suffit !

Les deux amis s'embrassèrent. Minuit était depuis longtemps sonné lorsque chacun regagna sa chambre, pensif et l'esprit inquiet. A six heures précises, Maria se réveilla, comme Alban l'avait prédit : on lui donna douze gouttes du petit flacon, et deux heures après, elle entrait fraîche et enjouée dans le salon où le baron, Ottmar et Bickert l'accueillirent avec joie. Alban s'était enfermé dans sa chambre et avait fait dire qu'une correspondance pressante l'y retiendrait toute la journée.

LETTRE DE MARIA A ADELGUNDE

« Te voilà donc délivrée des périls et des soucis de cette vilaine guerre et désormais en lieu sûr. Non ! je ne puis te dire, chère amie de mon cœur, ce que j'ai éprouvé lorsque enfin, après si longtemps, j'ai revu ta gentille petite écriture ! Dans ma vive impatience j'ai presque déchiré ta lettre trop bien cachetée... D'abord j'ai lu et relu, sans bien comprendre ce que tu me disais, jusqu'à ce qu'enfin, m'étant un peu calmée, j'aie appris avec ravissement que ton cher frère, mon Hippolyte bien-aimé, se porte à merveille et que je le reverrai bientôt.

« Ainsi, aucune de mes lettres ne t'est parvenue ? Ah ! chère Adelgunde, ton amie Maria a été bien, bien malade, mais tout va mieux à présent, même si mon mal a été d'une sorte qu'il m'est impossible à moi-même de définir, à ce point que maintenant encore j'en suis littéralement épouvantée quand j'y pense ; et cette émotion, à ce que m'assurent Ottmar et le médecin, est encore un symptôme de maladie, qu'il faut extirper à fond. Ne me demande pas de te dire exactement ce qui s'est passé, je ne le sais pas moi-même : aucune douleur, aucune souffrance qu'on puisse désigner par un nom, et pourtant j'avais perdu tout mon calme, toute ma gaieté.

« Le monde me paraissait changé... les paroles prononcées à haute voix, les bruits de pas me transperçaient la tête comme autant d'aiguilles. Parfois, toutes les choses inanimées qui m'entouraient prenaient voix, me parlaient, et me harcelaient, et me tourmentaient dans des langues bizarres ; d'étranges apparitions m'arrachaient à la vie réelle. Peux-tu te figurer, chère petite Adelgunde, que les folles histoires de nourrice – l'Oiseau vert, le prince Facardin, la princesse de Trébizonde et que sais-je encore –, ces fables que tante Clara savait si bien nous raconter, prenaient vie maintenant à mes yeux de façon incroyable, car c'était *moi* qui subissais les métamorphoses imaginées par le méchant enchanteur !... Oui, il est bien ridicule d'avouer à quel point ces sottises agissaient sur moi, et d'une manière si pernicieuse que je devins de jour en jour plus faible et plus languissante. Je m'affligeais souvent jusqu'à la mort pour une chimère, un rien, et je pouvais ensuite me réjouir de nouveau jusqu'à l'extravagance pour quelque pareille sottise. Et mes forces vitales se consumaient ainsi, dans de violents accès provoqués par une force inconnue qui ravageait tout mon être. Certains objets auxquels auparavant je n'eusse pas pris garde non seulement frappaient vivement mon attention, mais pouvaient même me mettre positivement à la torture. Ainsi j'avais conçu une telle horreur des lys, que je perdais régulièrement connaissance sitôt qu'il en fleurissait un, même loin de moi ; car je voyais s'élancer du blanc calice de petits basilics luisants et lisses qui dardaient vers moi leurs langues acérées ! Mais comment, chère Adelgunde, te représenter cet état auquel je n'aurais pu donner le nom de maladie s'il ne m'avait pas affaiblie progressivement au point que j'entrevoyais à la fin la mort elle-même ?

« Maintenant je veux te confier quelque chose de bien singulier ; cela se rapporte à ma guérison. Je la dois à un excellent homme qu'Ottmar avait déjà introduit dans la maison et qui, de tous les fameux et habiles médecins de la Résidence, est assurément le seul qui possède le secret de guérir rapidement et infailliblement un mal aussi étrange que le mien. La chose singulière, la voici : autrefois dans mes rêves et mes visions apparaissait toujours un bel homme grave qui, malgré sa jeunesse, m'inspirait une vénération profonde, et qui sous ses divers costumes, mais toujours avec une robe traînante et une couronne de diamants sur la tête, jouait le rôle du roi romantique sachant rompre tous les maléfices du monde imaginaire des esprits. De tendres affinités devaient exister entre nous, car il me témoignait une affection extrême, en retour de laquelle j'aurais donné ma vie. Tantôt il me faisait l'effet du sage roi Salomon, et aussitôt après, par une aberration inconcevable, je ne pouvais m'empêcher de penser au Sarastro de *La Flûte enchantée* que j'ai vu représenter au théâtre de la Cour. Mais, chère Adelgunde, juge de mon épouvante lorsque, au premier coup d'œil jeté sur Alban, je reconnus le roi romantique de mes rêves !

« Alban est en effet ce médecin extraordinaire qu'un jour Ottmar avait ramené de la Résidence, le présentant comme son meilleur ami ; néanmoins, pendant ce court séjour, il avait si peu attiré mon attention que je ne pus même pas ensuite me rappeler ses traits. Mais lorsqu'il revint cette fois-ci, appelé pour me donner ses soins, une impression me traversa jusqu'au fond de l'âme, dont je ne pus me donner à moi-même la raison. Alban ayant en général dans sa physionomie, dans toutes ses manières, une certaine dignité, je dirais même quelque chose d'impérieux qui l'élève au-dessus de son entourage, il me sembla, dès qu'il eut fixé sur moi son regard grave et pénétrant, que je dusse me soumettre sans restriction à tout ce qu'il prescrirait, comme s'il devait lui suffire de vouloir avec force ma guérison pour que je fusse effectivement rétablie. Ottmar disait qu'on allait me traiter par le magnétisme, et qu'au moyen de certains procédés Alban me plongerait dans un état d'exaltation et de sommeil factice, grâce auquel je concevrais moi-même exactement le caractère de ma maladie, et préciserais la manière de la guérir.

« Tu n'imagines pas, chère Adelgunde, quel sentiment d'angoisse intime, de crainte, de terreur même et d'horreur m'a fait frissonner, à la pensée de me retrouver dans cet état d'inconscience et pourtant de vie si agissante ! Cependant, je ne le sentais que trop clairement, j'aurais fait de vains efforts pour me soustraire à ce qu'Alban avait résolu. Les moyens en question furent donc employés, et en dépit de ma répugnance, de mes craintes, je n'en ai éprouvé que des effets salutaires. Mes couleurs, ma vivacité sont revenues, et, au lieu de l'effrayante tension nerveuse qui me faisait souvent une torture de la chose la plus insignifiante, je me trouve à présent dans un état passablement tranquille. Ces folles visions de mes rêves ont disparu, et le sommeil me fait du bien ; quant aux images bizarres qui me viennent souvent en dormant, au lieu de m'angoisser elles m'animent et me divertissent. Pense un peu, chère Adelgunde : je rêve souvent que je puis, les yeux fermés, comme si un sens nouveau m'était donné, reconnaître les couleurs, distinguer les métaux, lire, etc., sitôt qu'Alban me le demande. Souvent même il m'ordonne d'observer ce qui se passe en moi et de lui dire tout ce que j'y aperçois, ce que je m'applique à faire avec la plus grande précision. Parfois je suis contrainte d'arrêter exclusivement ma pensée sur lui : il est là, debout devant moi, et je tombe peu à peu dans un état de rêverie où, perdant enfin la conscience de mon individualité, j'entre dans une sphère d'idées étranges qui ont l'éclat et la pureté de l'or ; et me voici pénétrée d'une animation singulière. Je sens bien que c'est Alban qui formule en moi ces divines pensées, car il occupe alors lui-même, comme une flamme sacrée et vivifiante, le foyer de mon être ; et s'il me quitte, spirituellement s'entend – car l'éloignement corporel m'est ici indifférent –, tout s'éteint et disparaît. Ce n'est que dans cet état de sympathie, *avec lui et en lui*, que je jouis réellement de la vie ; et s'il dépendait de lui de rompre alors cette union de nos esprits, mon être déserté succomberait sans doute à l'amertume de ce cruel abandon. Oui, tandis que j'écris ces lignes, je ne le sens que trop, c'est lui seul qui m'inspire jusqu'aux termes propres à expliquer cette mystérieuse corrélation de lui à moi.

« Je ne sais, ma bonne Adelgunde, si je ne te parais pas ridicule ou peut-être atteinte d'une manie fantastique, ni surtout si tu me comprends. En ce moment même, il m'a semblé que tes lèvres avaient murmuré doucement et tristement le nom d'Hippolyte. Crois-moi, Hippolyte n'a jamais été plus cher à mon cœur ; je le nomme bien souvent dans les pieuses prières que je fais pour son salut : que les saints anges le protègent, au milieu des batailles sanglantes, de toute atteinte meurtrière ! Mais depuis qu'Alban est mon seigneur et maître, il me semble que ce n'est qu'à travers lui que je peux aimer plus ardemment, plus profondément mon Hippolyte. C'est comme si j'avais le pouvoir de m'envoler vers lui, tel son génie protecteur, et de l'envelopper de mes prières comme un séraphin de son aile ; comme si le meurtre désormais rôdait en vain autour de lui, déployant sans profit toutes ses ruses. Alban, cet homme excellent et sublime, me conduit, comme la fiancée consacrée par une vie supérieure, jusque dans ses bras : car l'enfant ne doit pas s'aventurer sans son maître à travers les orages du monde !

« Ce n'est que depuis peu de jours que je comprends vraiment la magnanimité d'Alban. Mais le croirais-tu, chère Adelgunde, lorsque j'étais encore bien malade et impressionnable au-delà de toute mesure, il s'élevait souvent dans mon âme d'indignes soupçons à l'égard de mon maître et seigneur. Ainsi je tenais pour un péché contre l'amour et la fidélité le fait que, jusque dans les prières que je formulais en faveur de mon cher Hippolyte, l'image d'Alban surgissait dans mon âme à la place de la sienne : un Alban irrité et menaçant de ce que je voulusse m'aventurer sans lui hors du cercle qu'il m'avait tracé, comme une méchante enfant, qui, oubliant les avertissements de son père, se sauve du jardin paisible pour courir vers la forêt où des bêtes féroces, avides de sang, l'épient derrière les verts et charmants bosquets… Ah ! Adelgunde ! que ces doutes m'ont tourmentée ! Moque-toi bien de moi si je te dis que je fus même traversée par la pensée qu'Alban voulait artificieusement m'envelopper de ses filets et songeait, sous l'apparence d'un prodige sacré, à allumer dans mon cœur un amour terrestre ! Ah ! Hippolyte !…

« Dernièrement, nous étions familièrement réunis un soir, mon père, mon frère, le vieux Bickert et moi ; Alban, suivant son habitude, était encore retenu par une lointaine promenade. On parla de songes, et mon père ainsi que Bickert surent dire là-dessus toutes sortes de choses merveilleuses et divertissantes. Ottmar prit à son tour la parole et raconta comment, sur le conseil et sous la direction d'Alban, un de ses amis était parvenu à gagner l'ardent amour d'une jeune fille en se tenant auprès d'elle à son insu durant son sommeil et en gouvernant par des moyens magnétiques ses pensées les plus intimes. Là-dessus, il arriva que mon père et notre vieil ami Bickert lui-même se déclarèrent, comme ils ne l'avaient jamais fait en ma présence, les adversaires décidés du magnétisme... c'est-à-dire en quelque sorte les adversaires d'Alban. Tous les doutes, tous les soupçons que j'avais conçus contre lui se réveillèrent alors, plus violents que jamais au fond de mon âme. Et s'il était vrai qu'il employât des moyens secrets et diaboliques pour faire de moi son esclave ! Et s'il allait m'ordonner ensuite d'oublier définitivement Hippolyte, pour faire de lui le seul objet de mes pensées et de mes sentiments ! Une émotion jusqu'alors inconnue, une angoisse mortelle me pénétra. Je voyais Alban dans sa chambre, entouré d'instruments bizarres, d'horribles plantes, d'animaux, de pierres, de métaux flamboyants, et décrivant avec ses bras et ses mains, d'un mouvement convulsif, des cercles étranges. Son visage habituellement si tranquille et si grave était défiguré : c'était un horrible masque, et de ses yeux d'un rouge ardent s'échappaient, serpentant avec une immonde rapidité, ces lisses et glissants basilics que je croyais naguère apercevoir sur la corolle des lys. Ce fut alors comme si un torrent glacial ruisselait le long de mon dos. Je m'éveillai de cet état semblable à un évanouissement... Alban était devant moi !... Mais, Dieu du ciel !... ce n'était pas *lui*. Non ! c'était le masque épouvantable que mon imagination avait créé !...

« Combien ne fus-je pas honteuse de moi-même le lendemain matin ! Alban était instruit de mes doutes à son sujet, et son affectueuse bienveillance l'empêchait seule de me le faire sentir ; mais il savait comment je m'étais représenté sa personne : puisqu'il vit réellement en moi et connaît mes pensées les plus secrètes – que d'ailleurs, dans ma vénération et ma soumission, je ne cherche même pas à lui cacher. Il attacha au reste fort peu d'importance à cette crise nerveuse, et en rejeta toute la faute sur la fumée du tabac d'Orient que mon père fumait ce soir-là. J'aurais voulu que tu voies de quelle aimable sollicitude, de quels soins paternels m'entoura alors mon merveilleux maître ! Ce n'est pas seulement le corps qu'il sait conserver en santé, non ! c'est l'esprit surtout qu'il initie aux délices d'une vie supérieure !

« Ah ! si ma chère et fidèle Adelgunde pouvait être ici et se rafraîchir à cette pieuse vie que nous menons, dans le calme et la paix ! Bickert est toujours le joyeux vieillard d'autrefois ; mon père et Ottmar seuls montrent parfois une prédisposition d'humeur singulièrement triste. L'uniformité de notre existence n'est sans doute pas faite pour plaire aux hommes lancés dans le tourbillon des affaires et du monde… Quant à Alban, il nous entretient en un langage sublime des légendes et des mythes de l'antique Égypte et de l'Inde. Après cela, il m'arrive souvent de céder, surtout sous les grands hêtres du parc, à un sommeil involontaire dont je me réveille comme vivifiée. Je me compare alors à peu près à la Miranda de *La Tempête* de Shakespeare, que Prospero invite vainement à écouter son histoire ; ce sont justement les paroles de Prospero qu'Ottmar m'adressait encore l'autre jour : “Cède à ta fatigue !… tu ne peux faire autrement !”

« Maintenant, ma petite Adelgunde, tu sais tout de ma vie intime : je t'ai tout raconté, et cela me fait du bien au cœur. Les lignes ci-jointes pour Hippolyte… », etc.

FRAGMENT D'UNE LETTRE D'ALBAN A THEOBALD

« … a été dépassé. La dévotion porte en soi la bigoterie et toute bigoterie est une hypocrisie, dans la mesure où elle induit non tant à tromper les autres qu'à se délecter soi-même au reflet éblouissant de cette éclatante auréole d'or faux qui nous promeut d'autorité au rang de saint. N'as-tu pas senti maintes fois, mon cher bramine, surgir dans ton propre sein des sentiments que tu n'as pu concilier avec ce que tu tiens pourtant pour juste et sage dans l'habitude, parce que tu n'oses pas sortir de l'ornière creusée par la morale surannée des nourrices ? Or tous ces doutes à l'encontre des principes dogmatiques de Ma Mère l'Oye, toutes ces aspirations qui débordent les rives artificielles du torrent endigué par les systèmes moraux, la hâte irrésistible de battre hardiment des ailes que l'on sent fortement empennées à ses épaules et de prendre son vol pour les hauteurs, ce sont là, nous dit-on, autant de pièges du Diable, contre lesquels ont soin de nous prémunir les pédants de l'ascèse. Nous devons fermer les yeux comme des enfants crédules pour n'être pas aveuglés par l'éclat et la splendeur du Christ, que la nature met sans cesse au travers de notre route. Tout penchant qui propose un but supérieur à l'usage de nos facultés mentales, loin d'être condamnable, doit au contraire, prenant justement son origine dans la nature humaine, étant littéralement fondé en elle, tendre à l'accomplissement des fins de notre existence, lequel implique forcément le développement le plus étendu et le plus parfait de nos facultés physiques et psychiques.

« Je sais bien qu'en voilà déjà assez, mon cher bramine (je ne puis vraiment t'appeler autrement, avec cette manière que tu as d'envisager la vie), pour te provoquer à la controverse, puisque tous tes faits et gestes s'appuient sur une opinion opposée à celle que je n'ai fait à l'instant qu'esquisser. Sois cependant bien persuadé que j'estime ta vie contemplative et tes efforts pour pénétrer d'un regard toujours plus aigu les arcanes de la nature. Mais au lieu de te borner à jouir, dans une extase oisive, de l'aspect merveilleusement étincelant de cette clé de diamants, saisis-la plutôt d'une main hardie et ferme, et ouvre cette porte mystérieuse au seuil de laquelle tu hésites : sinon tu resteras là à jamais ! Tu es prêt pour le combat, pourquoi languir dans une lâche inertie ? Toute la vie est au prix d'un combat ; elle est elle-même un combat. Selon l'échelle la plus rigoureuse, la victoire est le partage du plus fort, et le vassal subjugué augmente d'autant la puissance de son vainqueur.

« Tu sais, mon cher Theobald, comme j'ai toujours tenu compte des exigences de ce combat, même dans la vie spirituelle ; comme j'ai hardiment soutenu que c'est précisément la mystérieuse supériorité spirituelle de tel ou tel enfant chéri de la nature, ce pouvoir dominateur qu'il s'acquiert le droit de s'arroger sur les autres, qui lui donne encore un aliment et une force de plus pour s'élever jusqu'à des régions toujours plus hautes. L'arme avec laquelle nous autres, en qui reposent la puissance et la supériorité, nous menons ce combat spirituel contre le principe inférieur afin de l'assujettir, cette arme est évidemment à portée de notre main. Pourquoi donc avoir appelé *magnétisme* cette influence souveraine, cette action d'absorber en nous et de maîtriser par des moyens à nous révélés un principe spirituel qui se situe hors du temps ? Cette dénomination est insuffisante ; et ce qui est pis, elle désigne aussi mal que possible ce que nous cherchons à signifier ici, puisqu'elle se réfère implicitement à une force dont les effets sont purement physiques. Il faut que ç'ait été quelque médecin qui ait parlé au monde le premier de ce grand secret, recelé jusqu'alors dans l'ombre d'un temple invisible comme son trésor le plus précieux, et cela à seule fin d'orienter vers des buts de qualité inférieure la force agissante de ce principe spirituel : ainsi se tisse le voile que le faible regard des profanes est censé ne pas franchir !

« N'est-il pas ridicule en effet de croire que la nature ne nous a confié le merveilleux talisman qui nous fait rois des esprits que pour nous guérir nos maux de dents, nos migraines et que sais-je encore ? Non ! c'est la domination absolue sur le principe spirituel de la vie que nous conquérons ici, en nous familiarisant chaque jour davantage avec le fabuleux pouvoir de ce talisman. Subjugué par sa vertu magique, tout principe spirituel étranger, désormais soumis, ne doit plus exister qu'en nous et par nous ; c'est nous seuls qu'il doit alimenter et vivifier de sa substance. Le foyer de toute spiritualité serait Dieu ? Eh bien, plus les rayons tendent à se rapprocher les uns des autres, convergeant en une pyramide de feu, plus ce foyer est proche ! Comment ces rayons se propagent-ils ? Ils embrassent la vie organique de la nature tout entière ; c'est même à cette émanation d'un principe spirituel unique qui se manifeste dans les animaux et les plantes que nous reconnaissons leur commune origine. L'aspiration à cette domination spiritualiste n'est rien d'autre que l'aspiration à la divinité ; et le sentiment de la puissance acquise exalte dans la proportion de ses forces le degré de la félicité éternelle. Or la quintessence de toute félicité est au cœur même du foyer ! Ah ! combien mesquin et pitoyable me paraît tout bavardage sur ce pouvoir superbe octroyé aux initiés ! Il est aisé de comprendre que seule une manière supérieure de considérer les choses, dans la mesure où elle est l'expression d'une initiation de l'âme, peut avoir pour conséquence une efficacité elle aussi d'ordre supérieur.

« De tout cela tu pourrais conclure que je m'abstiens d'utiliser aucun moyen physique ; mais il n'en est rien. C'est là que nous tâtonnons encore dans les ténèbres, et cela durera aussi longtemps que la secrète liaison de l'esprit et du corps ne sera pas parfaitement claire à nos yeux : je dirais presque que les remèdes physiques dont nous usons ne sont entre nos mains que les insignes d'une puissance souveraine auxquels se soumettent aveuglément des vassaux inconnus.

« Je ne sais vraiment, mon cher Theobald, comment j'en suis arrivé à t'en dire si long sur un sujet dont je parle peu volontiers, car je sens bien que seule une conviction née d'une organisation intellectuelle bien particulière doit donner du poids et de la force à ces mots vides de sens. Je voulais répondre à ton reproche d'avoir suivi un penchant de vivacité et de fougue, péchant ainsi contre tes vues soi-disant morales, et voilà que je m'aperçois seulement maintenant que j'ai dû te faire part l'autre jour des mobiles affectifs qui me retiennent dans la maison du baron, mais de manière bien trop décousue pour n'avoir pas été mal compris… Je n'épargnerai donc ni mon temps ni ma peine et reprendrai tous les détails de mon séjour ici ; et si mon cher, mon pieux bramine, dans un moment d'exaltation exceptionnel, veut seulement me suivre un peu sur mon terrain, je me trouverai lavé de toute faute…

« Tu sauras donc qu'Ottmar est un de ces hommes comme il y en a tant et qui, non sans esprit ni intelligence, et même avec une certaine ardeur enthousiaste, s'emparent de tout ce qui est nouveau dans le domaine de la science, mais bornent là leurs prétentions ; ainsi n'acquièrent-ils que des connaissances parfaitement superficielles, tout en se félicitant de la puissance de leurs facultés. Leur esprit, auquel le pressentiment même de l'essence des choses demeure étranger, se satisfait de ce savoir : à leur intelligence – qu'on ne saurait leur dénier – il manque la profondeur. Comme tu sais, Ottmar s'est attaché à moi : à mes yeux, il est comme le coryphée d'une classe innombrable de jeunes gens tels qu'on en rencontre si souvent, et je trouve plaisant de me divertir à ses dépens. Il a foulé le sol de ma chambre avec la même crainte respectueuse que si c'eût été le sanctuaire le plus saint, le plus secret du temple de Saïs ; aussi, comme il se courbait de lui-même sous ma discipline, en bon élève qu'il était, j'ai trouvé juste de lui confier divers joujoux inoffensifs – qu'il s'empresse d'exhiber triomphalement aux enfants de son entourage, faisant glorieuse parade devant eux de la faveur que lui témoigne le maître.

« Lorsque, cédant à sa prière, je l'accompagnai sur ses terres familiales, je trouvai dans la personne du baron son père un vieillard têtu, flanqué d'un vieux peintre original et fantasque qui s'avise parfois de jouer au Paillasse moraliste et sentimental. Pour ce qui est de Maria, je ne sais plus ce que je t'ai dit de l'impression qu'elle m'a faite ; mais je sens bien qu'il me sera difficile à l'heure qu'il est de m'en expliquer de manière que tu puisses parfaitement me comprendre. Pour dire vrai, j'ai choisi de m'en rapporter au fait que, me connaissant, tu aies saisi depuis longtemps à quel point mes tendances spiritualistes, à jamais incompréhensibles au vulgaire, commandent tous mes faits et gestes. Tu seras donc bien persuadé qu'une taille élancée comparable à celle d'une plante magnifique qui dans sa croissance délicate se pare de feuilles et de fleurs merveilleuses, ou que des yeux bleus dirigés vers le ciel comme aspirant à saisir ce que dérobe à nos regards le voile des nuages lointains… bref que toute l'angélique beauté d'une jeune fille ne saurait me jeter dans la doucereuse langueur où tombe le ridicule *amoroso*.

« Ce fut uniquement la découverte instantanée d'une secrète relation spirituelle entre Maria et moi qui me pénétra d'une sensation vraiment extraordinaire. A cette intime volupté se joignait l'irritant aiguillon d'une rage secrète, née de la résistance que je rencontrais chez elle. Une force étrangère et hostile retenait son esprit captif et contrariait mon influence. Je fixai donc sur ce point toute la force de ma pensée, et je reconnus l'ennemi ; je pus dès lors m'appliquer, en lutte réglée, à rassembler, à saisir comme en un miroir ardent tous les rayons qui s'élançaient de l'âme de la jeune fille pour les diriger vers moi.

« Le vieux peintre m'observait plus attentivement que les autres et paraissait se douter de l'effet produit sur moi par la demoiselle. Ce fut peut-être mon regard qui me trahit, car l'esprit est à ce point soumis à la contrainte du corps que le moindre de ses mouvements, portant aussitôt sur les nerfs, agit au-dehors et peut bouleverser en un instant les traits du visage… ou du moins le regard. Mais la manière vulgaire dont il prit la chose me divertit fort. Il parlait à tout propos du comte Hippolyte, le futur époux de Maria, prenant un vif plaisir à étaler devant moi la collection bariolée de ses vertus… en quoi il ne fit que me donner à rire intérieurement des sottes combinaisons que les hommes s'ingénient à échafauder avec une puérile et niaise habileté, me confortant dans les raisons que j'avais de me féliciter d'être initié à ces unions autrement profondes nouées par la seule nature, et de posséder assez de puissance pour les vivifier et les féconder.

« Attirer Maria tout entière en moi, engager toute son existence, son être même, assez complètement en moi pour que la rupture de cet enlacement intime dût entraîner sa propre perte, telle était la pensée qui, en me procurant un bonheur suprême, ne tendait qu'à accomplir les volontés de la nature. Cette étroite conjonction spirituelle avec la femme, dépassant de toute la hauteur du ciel, en fait de béatitude, la simple jouissance animale, fût-elle la plus délectable et la plus vantée, voilà ce qui convient à un prêtre d'Isis ; et tu connais ma théorie sur ce point, je n'ai pas besoin d'en dire plus… La nature a ainsi organisé la femme : elle l'a faite passive dans toutes ses tendances. C'est dans l'abandon volontaire de sa personnalité, dans sa *facilité*, cette sorte d'avidité à se laisser imposer par un être étranger la vénération et le culte des instances supérieures de l'esprit, que consiste la véritable ingénuité de la femme : de là vient tout le plaisir, à nul autre pareil, qu'on éprouve à la conquérir, à s'approprier sa substance.

« Dès lors, et bien que je me fusse éloigné, comme tu sais, du domaine du baron, je choisis de demeurer spirituellement auprès de Maria ; quant aux moyens secrets dont je me servis pour me rapprocher d'elle matériellement afin de pouvoir mieux agir sur sa volonté, je les passerai sous silence ; ce sont là des détails qui feraient mesquine figure, tout utiles qu'ils fussent à mes fins. Bientôt, par suite de mes manœuvres, Maria tomba dans un état extraordinaire qu'Ottmar, tout naturellement, dut prendre pour une maladie des nerfs ; et ainsi que je l'avais prévu, je revins dans la maison en qualité de médecin. Maria reconnut en moi celui qui lui était si souvent apparu en rêve dans tout l'éclat de sa puissance souveraine : ce qu'elle n'avait jusque-là qu'obscurément pressenti venait soudain frapper son esprit comme une réalité palpable.

« Il ne fut besoin que de mon regard, de ma ferme volonté, pour la mettre dans cet état que l'on qualifie de somnambulique, c'est-à-dire pour l'amener à déserter complètement son moi et à vivre désormais en esprit dans la sphère de son maître. Ce fut donc *mon* esprit qui l'accueillit et lui imprima l'élan nécessaire pour s'envoler de la prison où les hommes l'avaient enfermée. C'est seulement dans la mesure où elle existe en moi que Maria peut vivre désormais, qu'elle se trouve tranquille et heureuse. L'image d'Hippolyte ne doit plus se présenter à elle que sous des contours indécis, qui bientôt s'évanouiront eux-mêmes en fumée.

« Quant au baron et au vieux peintre, ils me poursuivent de leurs regards hostiles, mais c'est merveille de voir combien là encore se confirme la puissance que la nature m'a accordée ; car tout en me résistant, ils sont bien obligés à leur tour de me reconnaître pour leur maître, et ce doit être pour eux un sentiment assez désagréable. Tu sais de quelle étrange manière je me suis amassé un trésor de connaissances secrètes : tu n'as jamais voulu lire ce livre, et tu aurais été surpris cependant d'y voir développées, bien mieux que dans aucun traité de physique, les rares propriétés de certaines forces de la nature et leurs effets. C'est que je ne dédaigne pas de mettre mes soins à préparer bien des artifices : mais peut-on parler d'imposture sous prétexte que le vulgaire badaud s'étonne et s'effraie de ce qu'il regarde à juste titre comme surnaturel ? Ignore-t-on que la connaissance des véritables causes détruit seulement la surprise, et non le phénomène ?

« Hippolyte est colonel en service actif… et par conséquent en campagne. Je ne souhaite pas sa mort ; il peut bien revenir : mon triomphe n'en sera que plus éclatant, car la victoire est certaine… et si jamais l'adversaire devait se montrer plus fort que je ne l'ai pensé, tu peux être sûr, connaissant mon pouvoir, que… », etc.

LE CHATEAU DÉSERT

L'orage était passé; resplendissant de feux pourprés, le soleil couchant perçait les sombres nuages qui, chassés vers l'horizon, se dissipaient en blanches vapeurs. Le vent du soir agitait ses ailes, et les flots des senteurs exhalées par les arbres, les herbes et les fleurs s'épanchaient dans la chaleur de l'air. Au sortir de la forêt, le riant village dont le postillon m'avait signalé l'approche apparut juste devant nous dans le fond d'une verdoyante vallée, dominé par les hautes tours gothiques du château dont les fenêtres étincelaient aux reflets du soleil, comme si allaient s'en échapper des flammes.

Un son de cloche et de chants d'église parvint à mes oreilles : dans le lointain un convoi funèbre descendait lentement la route qui menait du château au cimetière. Lorsque je le rejoignis, les chants s'étaient tus; on avait ouvert le cercueil déposé, selon la coutume de l'endroit, au bord de la fosse, et le pasteur prononçait son discours. Comme on était sur le point de remettre en place le couvercle de la bière, je m'approchai et vis le mort. C'était un homme fort âgé qui reposait là, nullement défiguré, avec le visage serein de quelqu'un qui sommeille paisiblement. Le vieux paysan qui me conduisait me dit, profondément ému :

– Voyez de quel doux repos jouit notre vieil ami Franz ! Que Dieu m'accorde une aussi pieuse fin ! Oui… bienheureux ceux qui s'endorment dans le Seigneur !

Ce dernier adieu me sembla valoir toute la cérémonie préparée en l'honneur du défunt, et ces simples paroles du paysan, la plus magnifique oraison funèbre. On descendit le cercueil dans la fosse, et lorsque les mottes de terre qui tombaient avec un bruit sourd commencèrent à le recouvrir, la plus amère tristesse s'empara de moi, comme si c'eût été l'ami de mon cœur que l'on eût couché sous cette terre froide et insensible.

Je me disposais à gravir la colline sur laquelle s'élevait le château, quand le pasteur vint à moi. Je m'informai auprès de lui du mort qu'on venait d'enterrer. C'était le vieux peintre Franz Bickert, qui depuis trois ans habitait seul le manoir devenu désert, dont il était le dernier châtelain. Je manifestai le désir d'aller au château : le prêtre avait reçu en dépôt les clés jusqu'à l'arrivée du fondé de pouvoirs du propriétaire actuel. Ce ne fut pas sans un frisson d'angoisse que je pénétrai dans les vastes salles désertes qui avaient jadis accueilli des hôtes joyeux, et où régnait aujourd'hui un silence de mort. Bickert, durant les trois dernières années qu'il avait passées au château en ermite, avait travaillé son art d'une façon extraordinaire. Sans se faire aider de personne, même dans les préparatifs techniques indispensables, il avait entrepris de peindre dans le style gothique tout le premier étage, dont il habitait lui-même une chambre ; du premier regard, on soupçonnait, dans les combinaisons fantastiques de sujets hétéroclites, de profondes allégories, tout à fait dans l'esprit de l'ornementation médiévale. Ainsi voyait-on fréquemment reproduite une repoussante figure de diable, qui guettait une jeune fille endormie...

Je courus à la chambre de Bickert. Le fauteuil était toujours là, à l'écart de la table sur laquelle se trouvait encore un dessin commencé, tout comme si l'artiste venait de quitter à l'instant son travail ; une redingote grise pendait sur le dossier, et un petit bonnet de même couleur était posé à côté du dessin. Il me semblait que j'allais voir entrer le vieillard avec ce visage affable et bon où même les souffrances de la mort n'avaient point laissé de traces, et prêt à accueillir dans son atelier le visiteur étranger avec une franche cordialité.

J'exprimai au prêtre le désir de demeurer plusieurs jours, plusieurs semaines peut-être au château. Il parut étonné, et déclara qu'il était bien fâché de ne pouvoir satisfaire mon désir, mais qu'on devait apposer les scellés judiciaires en attendant l'arrivée du fondé de pouvoirs, et qu'aucun étranger n'était autorisé à habiter le château.

– Mais que diriez-vous si j'étais moi-même ce fondé de pouvoirs ?

Et j'exhibai dans le même temps la procuration du baron de F…, le propriétaire en titre. Il ne fut pas peu surpris, et se répandit en témoignages de politesse. Il m'offrit même une chambre au presbytère, pensant sans doute qu'habiter ce château désert ne pouvait me convenir ; mais je déclinai son offre. Je restai donc au château, et ce furent les papiers laissés par Bickert qui me fournirent de quoi occuper mes loisirs de la façon la plus captivante. Je ne tardai pas en effet à découvrir quelques feuillets, rédigés sous forme de courtes notes jetées sur le papier au jour le jour, qui me donnèrent la clé de la catastrophe qui avait anéanti une branche entière de cette importante famille. L'ensemble du dossier comprenait encore un mémoire au titre plutôt humoristique : « Songes, mensonges », et des fragments de deux lettres qui avaient dû tomber d'une façon bien extraordinaire entre les mains du peintre.

EXTRAITS DU JOURNAL DE BICKERT

« Ne me suis-je pas, n'en déplaise à saint Antoine, chamaillé moi aussi avec trois mille diables ? Et n'ai-je pas fait néanmoins bonne contenance ?… Quand on regarde hardiment ce peuple maudit dans les yeux, il s'évanouit de lui-même en poussière et en fumée.

« Si Alban pouvait lire dans mon âme, il y trouverait une réparation d'honneur et mes excuses formelles pour lui avoir imputé toutes ces diableries que mon imagination trop excitée me représentait sous les couleurs les plus crues, pour ma propre pénitence et mon instruction !…

« Il est arrivé ! frais, bien portant, brillant de juvénile ardeur, la chevelure d'Apollon, le front superbe de Jupiter, l'œil de Mars, le port du Messager des dieux… oui, le héros dont Hamlet trace le portrait. Maria n'est plus sur la terre, elle plane dans un ciel de félicité : Hippolyte et Maria, quel couple ! »

. . . .

« Je ne puis pourtant pas avoir confiance en lui… Pourquoi s'enferme-t-il dans sa chambre ? Pourquoi rôde-t-il la nuit sur le bout du pied comme le meurtre aux aguets ? Non, je ne puis avoir confiance en lui ! Parfois il me semble que je vais être forcé, le plus soudainement, le plus expéditivement du monde, de lui passer ma canne-épée au travers du corps pour lui dire ensuite poliment : *Pardonnez !*

« Je me méfie de lui. »

. . . .

« Singulier événement ! Comme je reconduisais par le corridor mon vieil ami jusqu'à sa chambre après une causerie à cœur ouvert que nous avions prolongée fort avant dans la nuit, une silhouette décharnée vêtue d'une robe de chambre blanche et tenant une lumière à la main passa soudain devant nous dans un bruissement… Le baron s'écria : “Le major !… Franz !… le major !”

« C'était incontestablement Alban ; seule la lumière projetée sur ses traits de has en haut avait pu modifier ainsi son visage, lequel paraissait en effet vieux et repoussant. Il semblait venir de l'appartement de Maria. Le baron insista pour se rendre chez elle. Mais elle dormait tranquillement, comme un pur ange de Dieu.

« … C'est enfin demain le jour depuis si longtemps attendu ! Heureux Hippolyte ! Mais quelle terreur m'inspire cette apparition, malgré tous mes efforts pour me persuader qu'il s'agissait bien d'Alban ! Le démon ennemi qui s'est manifesté au baron à l'époque de sa tendre jeunesse apparaîtrait-il de nouveau en ce jour comme un génie fatal régnant sur sa destinée et empêchant le bien de naître un jour ?… Mais loin de moi ces sombres pressentiments ! Persuade-toi, Franz, que ce tissu de rêves effrayants n'est ordinairement dû qu'au trouble d'un estomac malade. Ne devrait-on pas avaler des *diavolini* pour se préserver du désagrément des mauvais rêves ? »

. . . .

« Juste Dieu ! Morte ! Elle est morte !

« … Je dois faire part à Votre Seigneurie, pour les archives de la famille, des circonstances de la mort de la gracieuse baronne Maria… Ah ! j'ai décidément aussi peu que possible l'esprit fait pour les affaires diplomatiques ! Si Dieu ne m'avait pas accordé ce petit peu de main pour la peinture ! Toujours est-il que dans le moment même où Hippolyte la voulait serrer dans ses bras devant l'autel, elle est tombée morte… morte… morte !!! Le reste, je le recommande à la justice de Dieu. »

. . . .

« Oui, c'était toi !… Alban ! pernicieux démon ! C'est toi qui l'as tuée par tes artifices infernaux. Quel Dieu l'a découvert à Hippolyte ?… Tu as fui, mais va, fuis toujours, cache-toi au centre de la terre ; la vengeance te trouvera et t'écrasera !

« Non, je ne puis t'excuser, Ottmar ! C'est toi qui t'es laissé séduire par ce démon, et c'est à toi qu'Hippolyte peut en effet réclamer la bien-aimée de son âme !…

« Ils ont échangé aujourd'hui de trop dures paroles : le duel est inévitable. »

. . . .

« Hippolyte est resté sur le terrain !… Tant mieux pour lui : il la retrouve !… Malheureux Ottmar… malheureux père ! »

. . . .

«*Exeunt omnes*. Paix et repos éternels aux trépassés ! Aujourd'hui 9 septembre, à l'heure de minuit, mon vieil ami est mort entre mes bras !… Quelle merveilleuse consolation pour moi de savoir que je le reverrai bientôt ! La nouvelle de la sublime expiation d'Ottmar, qui a trouvé une mort héroïque sur le champ de bataille, a coupé le dernier fil qui retenait encore son âme aux choses de la terre…

« Je veux rester ici, dans ce château ; je veux errer dans les chambres où ils ont vécu, où ils ont aimé… J'entendrai souvent leurs voix… Mainte parole amie de la gracieuse et douce Maria, mainte cordiale plaisanterie de mon vieil et constant ami retentiront dans mon cœur comme un appel lointain de leurs âmes et me donneront la force et le courage de porter légèrement le fardeau de la vie. Il n'y a plus de présent pour moi : seuls les jours heureux du passé rejoignent cet au-delà lointain qui souvent m'enveloppe de rêves merveilleux, comme un nimbe de lumière où j'aperçois les amis que j'aime… Ils me font des signes en souriant. Quand donc… Quand m'en irai-je vous rejoindre ?… »

Et il s'en est allé !

LE VASE D'OR

Conte des temps modernes

PREMIÈRE VEILLÉE

Les tribulations de l'étudiant Anselmus.
Le tabac de santé du vice-recteur Paulmann.
Les serpents d'or vert.

Le jour de l'Ascension, vers trois heures de l'après-midi, un jeune homme qui franchissait en courant la porte Noire, à Dresde, s'en vint tomber dans un panier de pommes et de gâteaux que vendait une vieille mégère repoussante : tout ce qui avait échappé à l'écrasement fut éparpillé, et les gamins des rues se partagèrent joyeusement le butin que ce monsieur pressé avait répandu pour eux. Aux glapissements de la vieille, les commères laissèrent leurs étalages de gâteaux et d'eau-de-vie pour entourer le jeune homme et se mettre à l'injurier en règle, avec une impétuosité toute populaire ; si bien que, muet de honte et de dépit, il ne put que tendre sa petite bourse point trop garnie, que la vieille saisit avidement et empocha sans plus attendre.

Le cercle des assiégeants s'ouvrit alors ; mais comme le jeune homme reprenait sa course, la vieille lui cria :

– Va ! cours, cours toujours, fils de l'enfer ! A bientôt la chute : dans le cristal… dans le cristal !…

Sa voix aigre et croassante avait quelque chose de si horrible à entendre que les passants interloqués s'arrêtèrent et que les rires, qui commençaient à gagner l'assistance, s'éteignirent d'un coup. L'étudiant Anselmus (car c'était lui) se sentit, sans du reste comprendre un seul mot à l'étrange discours de la vieille, saisi d'effroi malgré lui ; il pressait déjà le pas pour se dérober aux regards de la foule curieuse et, comme il se frayait un chemin à travers le flot des gens endimanchés, il put entendre murmurer partout sur son passage : « Le pauvre jeune homme !... », « Ah ! la maudite femelle !... »

Les mystérieuses paroles de la vieille, par un bien étrange phénomène, avaient donné à la ridicule aventure on ne sait quelle tournure tragique, qui faisait qu'on regardait maintenant avec intérêt l'inconnu. Les dames de tout à l'heure considéraient avec indulgence la beauté naturelle de ses traits, dont l'expression était encore rehaussée par la flamme d'une colère contenue ; frappées par la belle prestance du jeune homme, elles excusaient à présent sa gaucherie et même sa toilette – qui se moquait visiblement des règles de toute mode. Le fait est que son habit gris brochet avait l'air d'avoir été coupé par un tailleur ne connaissant que par ouï-dire le goût du jour, et que son pantalon de satin noir – ménagé avec quels soins ! – donnait à l'ensemble un certain style « pion » qui s'accordait mal avec la démarche et le maintien de son propriétaire.

L'étudiant avait presque atteint l'extrémité de l'avenue qui conduit aux bains de Link ; la respiration était sur le point de lui manquer, et il fut bien forcé de ralentir un peu le pas. Mais c'est à peine s'il osait lever les yeux : encore et toujours il voyait les pommes et les gâteaux danser autour de lui, et chaque aimable regard que pouvait lui adresser telle ou telle demoiselle ne lui semblait que le reflet des malveillants éclats de rire de la porte Noire.

Il se trouvait maintenant à l'entrée des Bains, où se pressait une foule de gens en habits de fête. On entendait à l'intérieur les accents d'un orchestre d'instruments à vent et les éclats, de plus en plus bruyants, de la joyeuse cohue des clients. Des larmes en venaient presque aux yeux du pauvre Anselmus : lui aussi aurait bien voulu en ce jour de l'Ascension, qui avait toujours été pour lui une fête exceptionnelle entre toutes, prendre sa part des délices du paradis de Link ; il avait même projeté de s'offrir une demi-tasse de café au rhum et une bouteille de bière double, et pour être à même de se livrer à une bamboche en règle, il avait mis dans sa poche plus d'argent qu'il n'eût été prudent ou séant. Et voilà que son fatal coup de pied dans le panier de pommes l'avait dépouillé de tout son avoir ! Café, bière double, musique, spectacle des demoiselles en toilette... Bref, toutes ces jouissances rêvées, il n'y avait plus à y penser !...

Il poursuivit sa route à pas lents et piteux et prit finalement le chemin qui longe l'Elbe, et qui était tout à fait désert à cette heure. A l'ombre d'un sureau qui avait poussé à même le mur, il trouva un petit coin d'herbe accueillant : il s'y assit et bourra une pipe de ce tabac de santé que lui avait remis en présent son ami le vice-recteur Paulmann. Il percevait, juste à ses pieds, le léger clapotis des vagues dorées ; et au-delà du beau fleuve, sur le fond vaporeux de l'horizon qui rejoignait les prairies fleuries et les bois verdoyants, Dresde pointait la splendeur audacieuse et fière de ses tours ; tout au fond, dans le crépuscule, les montagnes dentelées annonçaient les lointains massifs de la Bohême. Mais l'étudiant Anselmus jetait sur tout cela de sombres regards tout en soufflant dans l'air ses nuages de fumée. Enfin il donna libre cours à sa mauvaise humeur :

– C'est pourtant vrai ! dit-il ; je suis né pour toutes les croix, toutes les misères possibles ! Je n'ai jamais pu tirer la fève des Rois ; à pile ou face, j'ai toujours parié de travers ; et quand ma tartine tombe, c'est toujours du côté du beurre ! Passe encore... mais n'est-ce pas une effroyable fatalité qu'aujourd'hui où me voilà enfin devenu étudiant – malgré le Diable et son train – il m'ait fallu me montrer encore sous le jour du piètre écolier que je suis resté ! Est-ce que je mets jamais un habit neuf sans y faire du premier coup une tache de graisse, ou sans y ouvrir un maudit trou en m'accrochant infailliblement à quelque clou mal enfoncé ? Est-ce que je salue jamais un conseiller aulique ou une dame sans expédier mon chapeau à une lieue, ou sans glisser sur le parquet ciré pour me retrouver honteusement par terre ? Déjà à Halle, chaque jour de marché, n'avais-je pas une dépense fixe de trois à quatre groschen pour pots cassés, parce que le Diable me met en tête de suivre mon chemin tout droit, comme un vrai lemming[1] ? Suis-je une seule fois arrivé à l'heure à mes cours, et d'ailleurs où que ce soit ? Que me servait de partir une demi-heure en avance et de me poster devant la porte, la main sur le loquet ? Sitôt qu'au coup de cloche je voulais entrer, le Diable lui-même me versait une cuvette d'eau sale sur la tête, ou me précipitait dans les jambes d'une personne qui sortait en courant : et je me voyais du coup engagé dans mille débats où je reperdais le temps gagné. Hélas ! hélas ! où êtes-vous, beaux rêves d'un bonheur à venir : moi qui me voyais déjà, dans ma présomption, parvenu jusqu'à la position de secrétaire intime ! Mais ma mauvaise étoile m'a rendu hostiles mes plus indulgents protecteurs !... Je sais que le conseiller intime auquel je suis recommandé ne peut souffrir les cheveux ras : à grand-peine le barbier m'arrange une petite queue derrière la tête, mais à la première révérence le satané ruban saute, et un carlin tout frétillant qui me renifle de partout la rapporte tout joyeux au Conseiller intime ! Épouvanté, je me précipite à sa poursuite, et culbute par-dessus la table où mon hôte travaillait tout en déjeunant, si bien que tasses, assiettes, encrier, boîte à poudre se fracassent par terre, et qu'un torrent d'encre et de chocolat inonde le rapport qu'il venait tout juste de rédiger. « Mais vous avez le Diable au corps, monsieur ! » hurle le Conseiller furieux en me jetant à la porte.

» Que me sert que le vice-recteur Paulmann m'ait donné de l'espoir pour une place de clerc, si la malchance qui s'acharne sur moi me la refuse ? Aujourd'hui encore... je voulais fêter bien en paix cette bonne fête de l'Ascension, et j'étais prêt à

1. Sorte de rat migrateur des pays nordiques, qui a coutume de cheminer droit devant lui sans contourner les obstacles.

relâcher les cordons de ma bourse. J'aurais pu, tout comme un autre, crier à la cantonade aux bains de Link : « Garçon ! une bouteille de bière double… et de la meilleure, je vous prie… » J'aurais pu rester attablé jusque bien tard dans la soirée, et même, qui sait ? tout près de telle ou telle société de belles jeunes filles brillamment parées. Je sais bien que le courage me serait venu, que j'aurais été un tout autre homme ; oui, j'aurais si bien poussé ma chance que si l'une ou l'autre avait demandé : « Quelle heure peut-il bien être ? » ou encore « Quel morceau joue-t-on là ? » je me serais élancé avec une grâce légère, sans renverser mon verre ni me prendre les pieds dans mon banc, et, m'avançant d'un pas et demi, j'aurais répondu en m'inclinant : « Permettez-moi, mademoiselle, de vous rendre ce service : c'est l'ouverture de *La Fée du Danube* », ou bien : « Six heures vont bientôt sonner. » Personne au monde eût-il pu le prendre de travers ?

» Non ! Je le dis bien haut : les jeunes filles se seraient regardées en souriant d'un air espiègle, comme elles font d'ordinaire quand je m'enhardis à montrer que je m'entends moi aussi fort bien au ton badin du monde et sais faire ma cour aux dames… Mais voilà que le Diable me fait choir dans cette maudite corbeille de pommes, et maintenant j'en suis réduit à fumer mon tabac de santé dans la solitude !…

Ici l'étudiant Anselmus fut interrompu dans son soliloque par un étrange bruissement : une sorte de grésillement, qui s'élevait du gazon, là, tout près de lui. Cela monta bientôt, puis parut gagner, comme en glissant, les branches et les feuilles du sureau qui s'arrondissait en voûte au-dessus de lui. Tantôt on eût dit que c'était le vent du soir qui agitait le feuillage ; tantôt c'était comme si de petits oiseaux gazouillaient et s'ébattaient dans les ramilles, en agitant leurs petites ailes de-ci de-là… Et puis cela se mit à murmurer et à chuchoter, comme si les fleurs elles-mêmes tintaient doucement, pareilles à autant de clochettes de cristal suspendues dans l'arbre. Anselmus écoutait, écoutait… Et sans qu'il sût comment, chuchotements, murmures, tintements se changèrent en douces paroles qui se perdirent presque aussitôt dans le vent :

« … A travers la ramure… parmi les branches, parmi les fleurs épanouies… balançons-nous… glissons… tordons-nous en spirale, ô mes sœurs !… Sœurette ! élance-toi dans la lumière… vite, vite, en haut… vite, en bas… le soleil du soir darde ses rayons, le vent du soir chuchote… on entend même la rosée… les fleurs chantent… agitons nos petites langues, chantons avec les fleurs, avec les branches… les étoiles bientôt brilleront… il nous faudra redescendre… A travers la ramure… parmi les branches… glissons-nous, enroulons-nous, balançons-nous, petites sœurs… »

Ainsi continuaient ces propos déconcertants. L'étudiant Anselmus pensa d'abord en lui-même : « C'est simplement le vent du soir, qui chuchote aujourd'hui des mots qu'on dirait intelligibles… » Mais dans l'instant résonna au-dessus de sa tête l'accord parfait de trois clochettes de cristal. Il leva les yeux et aperçut trois petits serpents diaprés de vert et d'or : enroulés autour des branches, ils tendaient leurs têtes effilées vers le soleil du soir. Anselmus entendit à nouveau murmurer et chuchoter les mêmes étranges paroles, tandis que les petits serpents glissaient et s'enlaçaient, montant et descendant parmi les feuilles et les branches ; et si rapides étaient leurs mouvements que le sombre feuillage du sureau en paraissait étinceler de mille émeraudes scintillantes…

« C'est le soleil du soir qui joue ainsi dans les branches », pensait l'étudiant Anselmus. Mais alors les clochettes retentirent de nouveau, et Anselmus vit nettement l'un des serpents abaisser vers lui du haut de l'arbre sa petite tête. Ce fut comme si une secousse électrique l'avait traversé ; il tressaillit au plus profond de son être et leva un regard éperdu. Deux yeux splendides, d'un bleu profond, le regardaient, empreints d'une si indicible nostalgie qu'il sentit presque éclater son cœur, soudain envahi par un sentiment jamais éprouvé où une félicité sans pareille se mêlait à la plus poignante douleur. Et comme, rempli à son tour d'un violent désir, il rivait ses regards sur ces yeux adorables, voici que retentirent à nouveau, plus forts cette fois, les suaves accords des clochettes de cristal : à l'instant même un ruissellement d'émeraudes l'encercla de mille petites flammes ondoyantes où se jouaient d'étincelants fils d'or…

Le sureau, agité d'un frémissement, lui adressa alors la parole :

– Tu as reposé dans mon ombre, mon arôme t'a enveloppé, mais tu ne m'as pas compris : le parfum est mon langage, pour peu que l'amour l'enflamme…

Le vent du soir l'effleura, et dit dans un murmure :

– J'ai caressé ton front, mais tu ne m'as pas compris : le souffle est mon langage, pour peu que l'amour l'enflamme…

Les rayons du soleil percèrent les nuages, et ce fut comme un flamboiement de paroles :

– J'ai épanché sur toi mon or ardent, mais tu ne m'as pas compris : le feu est mon langage, pour peu que l'amour l'enflamme…

Plus il s'absorbait dans le regard des deux yeux magnifiques, plus ardent devenait son désir, plus brûlante son impatience. Tout se mit alors à vibrer, à s'animer, comme à l'éveil d'une vie joyeuse. Plantes et fleurs tout autour embaumaient, et leur arôme était comme le chant merveilleux de mille voix de flûtes, et ce qu'elles chantaient, les nuages dorés du soir l'emportaient dans leur fuite, comme un écho, vers des pays lointains. Mais lorsque le dernier rayon du soleil se fut brusquement évanoui derrière les montagnes et que le voile du crépuscule tomba sur la campagne, on entendit une voix rauque et profonde, comme surgie du fond de l'espace :

– Eh bien ! eh bien ! Que sont là tous ces murmures, ces chuchotements ? Allons ! allons ! qui ira me chercher ce rayon de lumière derrière les montagnes !… Assez musé au soleil, assez chanté !… Allons ! revenez maintenant ! Passez les buissons et les herbes... passez les herbes et le fleuve... Allons ! allons !... Re... ve... nez !... Re... ve... nez !...

Ainsi s'éteignit la voix, tel le murmure d'un tonnerre lointain ; aussitôt les clochettes de cristal se brisèrent en une déchirante dissonance. Puis tout se tut. Et Anselmus aperçut les trois serpents étincelants qui se faufilaient à travers les herbes vers le fleuve ; à l'instant où ils se précipitaient dans l'eau, on entendit un fin bruissement : une flamme verte crépita sur les vagues à l'endroit où ils avaient disparu... fila en biais vers la ville... et s'évapora en un halo lumineux.

DEUXIÈME VEILLÉE

Comment l'étudiant Anselmus passa pour un ivrogne et pour un fou. Traversée de l'Elbe. L'air de bravoure du maître de chapelle Graun. L'élixir de Conradi et la fruitière de bronze.

– Ce monsieur n'est certainement pas dans son bon sens observa une respectable bourgeoise qui, s'en revenant de la promenade avec sa famille, s'était arrêtée et considérait, les bras croisés, l'extravagant comportement de l'étudiant Anselmus.

Celui-ci en effet, tenant enlacé le tronc du sureau, criait obstinément aux branches et aux feuilles :

– Brillez et resplendissez encore une fois, jolis petits serpents d'or ! Une seule fois ! faites entendre vos voix de clochettes ! Rien qu'une fois ! regardez-moi de vos adorables yeux bleus ! Rien qu'une fois ! sans quoi je me meurs de douleur et me consume de désir !...

Et là-dessus il soupirait et gémissait lamentablement du plus profond de son cœur ; et de désir et d'impatience il secouait l'arbre, qui pour toute réponse laissait entendre un sourd bruissement de feuilles, comme pour railler la douleur du pauvre étudiant.

– Ce monsieur n'est décidément pas dans son bon sens ! répétait la digne bourgeoise.

Anselmus éprouva alors la sensation d'être tiré d'un rêve profond et de se réveiller en sursaut, comme si on l'avait secoué, ou inondé d'eau glacée. Alors seulement il revit avec netteté le lieu où il se trouvait, et prit soudain conscience de l'étrange hallucination qui l'avait entraîné jusqu'à soliloquer à haute voix. Tout consterné, il regardait la brave femme. Saisissant finalement son chapeau, qui était tombé par terre, il allait s'enfuir au plus vite ; mais le père de famille était arrivé sur ces entrefaites, et après avoir posé sur le gazon le bambin qu'il portait, s'appuyant sur sa canne, il avait, tout ébahi, écouté et observé lui aussi l'étudiant. Ramassant la pipe et la blague à tabac que celui-ci avait laissées choir, il dit en les lui tendant l'une et l'autre :

– Eh, mon bon monsieur ! inutile de vous lamenter ainsi dans le noir et d'importuner le monde, quand tout votre mal est d'avoir taquiné quelques petits verres de trop ! Rentrez bien sagement chez vous et tâchez de dormir sur les deux oreilles !

– Hélas ! soupira l'étudiant Anselmus en rougissant fort.

– Allons, allons, poursuivit le brave homme ; ne vous mettez pas ainsi en peine, cela arrive à des gens très bien ; et le jour de l'Ascension, on peut bien, dans la joie de son cœur, boire un petit coup de plus que sa soif. Ce sont là des choses que l'on passe même à un homme de Dieu… car monsieur est sans doute étudiant en théologie… Tenez, si monsieur le permet, je me bourrerai bien une petite pipe avec son tabac, car j'ai fumé tout le mien là-haut.

Ainsi conclut le bonhomme, arrêtant Anselmus qui s'apprêtait à remettre pipe et tabac dans sa poche. L'homme se mit donc à curer lentement et méthodiquement sa pipe, et non moins lentement à la bourrer. Plusieurs jeunes filles s'étaient jointes au groupe ; elles causaient tout bas avec la dame, et riaient sous cape en regardant Anselmus. Celui-ci avait l'impression d'être assis sur un buisson d'épines, sur un faisceau d'aiguilles ardentes… Dès qu'il eut empoché blague et pipe, il détala à toutes jambes.

Tout ce qu'il avait pu voir de merveilleux un instant plus tôt lui était complètement sorti de la mémoire ; il se rappelait seulement avoir débité à haute voix, sous le sureau, toutes sortes de propos incohérents, ce qui lui causait d'autant plus d'horreur qu'il avait de tout temps professé une intime aversion pour les faiseurs de soliloques. « C'est le Diable qui s'exprime par leur bouche », proclamait son recteur, et il le croyait aussi. Et puis passer pour un *candidatus theologiae* pris de boisson, le jour de l'Ascension !… Rien que cette pensée lui était insupportable.

Il allait s'enfoncer dans l'allée de peupliers qui longe le parc de Kosel, lorsqu'une voix derrière lui l'interpella :

– Monsieur Anselmus ! Monsieur Anselmus ! pour l'amour de Dieu, où courez-vous donc si vite ?

Persuadé qu'un nouveau malheur allait fondre sur lui, l'étudiant restait cloué sur place. Mais la voix se fit à nouveau entendre :

– Monsieur Anselmus, revenez donc par ici : nous sommes là à attendre pour passer l'eau !

Alors seulement l'étudiant reconnut la voix de son ami, le vice-recteur Paulmann. Il retourna sur ses pas vers le fleuve, et trouva en effet le vice-recteur avec ses deux filles, flanqué du greffier Heerbrand, tous sur le point de monter dans une barque. Le vice-recteur l'invita à traverser l'Elbe avec eux et à passer ensuite la soirée chez lui, au faubourg de Pirna. Anselmus accepta de grand cœur, pensant échapper ainsi à la fatalité maligne qui s'acharnait sur lui.

Ils étaient au milieu du fleuve quand sur la rive d'en face, vers les jardins d'Anton, on tira un feu d'artifice. Les fusées s'élevaient dans le ciel en crépitant et en sifflant, des étoiles étincelantes éclataient haut dans les airs en faisant jaillir autour d'elles mille rayons, mille flammes pétillantes. L'étudiant

Anselmus, plongé dans ses réflexions, était assis auprès du batelier qui ramait. Mais lorsqu'il aperçut à la surface des flots le reflet des grappes d'étincelles et toutes ces flammes brasillantes, il eut l'impression de voir encore glisser dans l'eau de petits serpents d'or. Tout ce qu'il avait aperçu d'étrange sous le sureau se ranima en lui : de nouveau il fut saisi de l'ineffable désir, de la brûlante impatience qui là-bas avaient bouleversé son cœur, le plongeant dans un état où le ravissement le disputait à la douleur.

– Ah ! vous voilà donc encore, petits serpents d'or ! Oh ! chantez seulement, chantez donc ! Alors reparaîtront vos beaux, vos adorables yeux bleu sombre !... Ah ! seriez-vous encore ici, sous les flots ?

Ainsi criait l'étudiant Anselmus ; et on le vit faire un violent mouvement, comme s'il voulait soudain s'élancer du bateau dans les flots.

– Monsieur serait-il devenu fou ? s'écria le batelier en le retenant par le pan de son habit.

Les deux jeunes filles qui avaient pris place près de lui poussèrent un cri d'effroi et se réfugièrent à l'autre bout du bateau. Le greffier Heerbrand glissa quelques mots à l'oreille du vice-recteur Paulmann, à quoi celui-ci fit une assez longue réponse dont l'étudiant Anselmus ne saisit que ces mots :

– ... des crises du même genre... pas encore remarqué...

Là-dessus, ledit Paulmann quitta sa place, vint s'asseoir non sans quelque solennité doctorale près de l'étudiant, et lui dit en lui prenant la main :

– Comment vous sentez-vous, monsieur Anselmus ?

L'étudiant manqua défaillir, car dans le fond de son âme s'élevait en ce moment une affreuse discorde qu'il s'efforçait en vain d'apaiser. Il voyait bien clairement à présent que ce qu'il avait pris pour l'éclat des petits serpents d'or n'était que le reflet du feu d'artifice tiré des jardins d'Anton... Et cependant un sentiment jamais éprouvé, était-ce volupté ou douleur, il n'en savait rien lui-même, étreignait convulsivement son cœur ; et lorsque le batelier, de sa rame, frappait l'eau qui clapotait et mugissait comme se rebiffant de colère, il distinguait dans le fracas des vagues comme un murmure, un chuchotement mystérieux :

– Anselmus !… Anselmus ! Ne vois-tu pas que nous sommes toujours là à te précéder ?… Tes sœurettes ne te quittent pas des yeux !… Aie confiance… crois en nous, crois en nous !

Il lui semblait voir trois reflets verts qui sillonnaient l'eau. Mais quand ensuite il scrutait mélancoliquement les flots, espérant de toute son âme y voir apparaître les yeux ravissants, il lui fallait bien reconnaître son erreur : ce n'était que la lueur des fenêtres illuminées des maisons, car on approchait déjà de l'autre rive.

Il gardait le silence, en proie à son tourment. Mais le vice-recteur Paulmann insistait, haussant la voix :

– Comment vous sentez-vous, monsieur Anselmus ?

– Hélas ! monsieur le vice-recteur, répondit l'étudiant tout penaud, si vous saviez les choses extraordinaires que j'ai rêvées tout éveillé, oui, les yeux grands ouverts, sous un sureau, au pied du mur des jardins de Link… ah ! vous ne m'en voudriez pas d'être, comment dire, aussi… « absent » !

– Voyons, voyons, monsieur Anselmus, reprit le vice-recteur, je vous ai toujours tenu pour un jeune homme sérieux, mais rêver… rêver les yeux grands ouverts, et puis tout à coup vouloir sauter dans l'eau, cela, pardonnez-moi l'expression, il n'y a que les visionnaires ou les fous pour le faire !

L'étudiant Anselmus fut grandement affecté par les dures paroles de son ami ; mais la fille aînée de Paulmann, Veronika, une ravissante demoiselle de seize printemps, intervint :

– Mais, cher père, il faut bien pourtant qu'il soit arrivé quelque chose d'extraordinaire à monsieur Anselmus ; peut-être croit-il seulement qu'il était éveillé, alors qu'en réalité il a bel et bien dormi sous le sureau et qu'il a rêvé toutes ces folies qui lui trottent encore par la tête !

– Mais qu'est-ce qui empêche, chère mademoiselle, cher et

estimable vice-recteur, fit alors le greffier Heerbrand, que l'on puisse, même éveillé, tomber dans un certain état de rêve ? Cela m'est positivement arrivé une fois, à moi qui vous parle : une après-midi, à l'heure du café, comme j'étais dans un semblable état de torpeur, à ce moment particulier où le corps et même l'esprit s'abandonnent à l'œuvre de digestion, une inspiration subite me fit retrouver la place où j'avais égaré une pièce de mes dossiers ; et pas plus tard qu'hier, dans les mêmes conditions, j'ai vu une superbe page de latin calligraphié danser devant mes yeux grands ouverts.

– Sans doute, très honorable greffier, répondit le vice-recteur Paulmann, mais vous avez toujours eu un tel penchant pour les choses de poésie ! et de là on verse si facilement dans le fantastique et le romanesque !

Cela fit tout de même du bien à l'étudiant Anselmus de voir que l'on se préoccupait de lui, dans la triste situation où il se trouvait de passer pour un ivrogne ou pour un fou, et bien que la nuit fût assez avancée, il crut remarquer pour la première fois combien Veronika avait de beaux yeux bleu sombre... sans que lui revînt pour autant le souvenir de ces autres yeux, si merveilleux, qu'il avait entrevus sous le sureau. Le fait est que toute son aventure avait encore une fois disparu de son esprit. Il se sentait l'âme légère et joyeuse, et débordait même d'une telle confiance en lui que, tout à son allégresse, il s'enhardit à offrir à son avocate une main secourable pour descendre du bateau ; puis quand elle lui eut pris le bras, il sut d'autorité la conduire jusque chez elle, et avec tant d'adresse et de bonheur qu'il ne glissa qu'une seule fois, au seul endroit de toute la route où il y avait justement une flaque de boue – mais c'est à peine si la robe blanche de Veronika en reçut une éclaboussure.

L'heureuse transformation de l'étudiant Anselmus n'avait pas échappé au vice-recteur Paulmann : il lui rendit ses bonnes grâces, et le pria de lui pardonner les dures paroles qu'il avait proférées un instant plus tôt.

– Eh oui, ajouta-t-il, il arrive que l'homme soit victime de certaines hallucinations, qui peuvent réellement l'inquiéter, voire le tourmenter ; mais ce n'est là qu'une maladie du corps, que l'on guérit fort bien avec des sangsues appliquées *salva venia* (sauf votre respect)... sur le fondement : un savant célèbre, aujourd'hui décédé, en a administré la preuve [1].

A vrai dire, l'étudiant Anselmus ne savait plus lui-même quel avait bien pu être son état : avait-il été ivre, fou, malade ? En tout cas, les sangsues lui parurent complètement inutiles, attendu que les prétendues hallucinations s'étaient évanouies tout à fait, et qu'il se sentait l'humeur de plus en plus gaie à mesure que ses mille attentions délicates rencontraient plus de succès auprès de la belle Veronika. Le frugal souper fut comme d'habitude suivi d'un peu de musique ; l'étudiant Anselmus dut se mettre au piano, et Veronika fit entendre sa voix limpide et transparente.

– Chère mademoiselle, fit le greffier Heerbrand, votre voix a la limpidité d'une cloche de cristal !

– Ah, ça non, par exemple !

Ces mots avaient échappé à Anselmus, sans qu'il sût comment. Tout le monde le regardait avec surprise et consternation. Mais il continua dans un murmure :

– Les cloches de cristal, c'est dans les sureaux qu'elles tintent, si merveilleusement... si merveilleusement !...

Veronika avait posé la main sur son épaule :

– Que dites-vous donc là, monsieur Anselmus ?

L'étudiant retrouva aussitôt sa bonne humeur et se remit à jouer. Le vice-recteur Paulmann le considéra d'un air sombre, mais le greffier Heerbrand plaça une partition sur le pupitre et chanta à ravir un air de bravoure du maître de chapelle Graun [2]. Anselmus accompagna encore d'autres morceaux ;

1. Il s'agit de Friedrich Nicolaï, qui dans un article de 1799 recommande en effet pareil remède.

2. Maître de chapelle de Frédéric II (1703-1759).

enfin, un duo fugué qu'il exécuta avec Veronika, et que le vice-recteur Paulmann lui-même avait composé, mit tout le monde de l'humeur la plus joyeuse.

Il était assez tard, et le greffier prenait sa canne et son chapeau, quand le vice-recteur s'en vint mystérieusement à lui :

– Hum !… ne voudriez-vous pas, mon cher ami, dire au bon M. Anselmus lui-même… enfin ! ce dont nous avons parlé tantôt ?

– Mais très volontiers, répondit le greffier.

Et quand on eut fait cercle, il commença sans autre préambule :

– Nous avons dans notre bonne ville un curieux vieillard… On dit qu'il se livre à toutes sortes de sciences occultes, mais comme, à vrai dire, ces sciences-là n'existent pas, je le tiens plutôt pour un antiquaire plongé dans des recherches, un peu chimiste à ses heures. Je ne veux parler ici de nul autre que de notre ami l'archiviste intime Lindhorst. Il demeure seul, comme vous savez, dans une vieille maison isolée, et quand son service ne le retient pas, on le trouve toujours dans sa bibliothèque ou dans son laboratoire de chimie… où toutefois il ne laisse entrer personne. Il possède, outre beaucoup de livres rares, quantité de manuscrits, dont un certain nombre écrits en arabe, en copte, et même en d'autres caractères plus étranges qui n'appartiennent à aucune langue connue.

» Ces manuscrits, il souhaite les voir reproduits scrupuleusement, et il a besoin pour cela d'un homme qui s'entende à dessiner à la plume et puisse en reproduire à l'encre de Chine sur parchemin, avec la plus grande exactitude et fidélité, tous les caractères. Il s'agit de travailler, sous sa surveillance, dans une pièce spéciale de sa maison. Il paie chaque jour, outre le repas, un thaler en espèces, et promet en plus une importante gratification si le travail arrive heureusement à son terme. La durée de la séance est chaque jour de midi à six heures. De trois heures à quatre heures, on se repose et l'on mange. Comme il a déjà fait de vains essais avec plusieurs jeunes gens, il a fini par s'adresser à moi pour que je lui envoie un habile dessinateur : alors j'ai pensé à vous, cher monsieur Anselmus, car je sais que non seulement vous avez une très belle main, mais que vous dessinez aussi à la plume d'un trait élégant et délicat. Si donc vous voulez, par ces temps difficiles et jusqu'à votre éventuelle nomination, gagner chaque jour votre thaler, sans parler de la gratification promise, rendez-vous dès demain, sur le coup de midi, chez M. l'archiviste, dont vous connaissez certainement l'adresse. Surtout, gardez-vous bien de toute tache d'encre ! S'il en tombe une sur la copie, il vous faudra sans merci reprendre depuis le commencement ; mais si elle tombe sur l'original, M. l'archiviste est capable de vous jeter par la fenêtre, car c'est un homme irascible !

A l'offre du greffier Heerbrand, l'étudiant Anselmus fut rempli de la joie la plus vive, car non seulement il écrivait et dessinait fort proprement à la plume, mais c'était chez lui une vraie passion que de travailler à recopier avec tous les raffinements de la calligraphie. Il remercia donc ses protecteurs dans les termes les plus obligeants et promit de ne pas manquer l'heure de midi le lendemain.

Pendant la nuit, Anselmus ne rêva que de beaux thalers sonnants et trébuchants. Qui pourrait en faire un crime à ce pauvre garçon, si souvent trompé dans ses espérances par les caprices du sort, qui en était à tenir conseil pour le moindre liard et qui renonçait déjà à tant de ces plaisirs que réclame la vivacité de la jeunesse !

De bon matin, il rassembla ses crayons, ses plumes de corbeau et ses encres de Chine car l'archiviste, pensait-il, ne saurait lui fournir de meilleurs matériaux. Avant toutes choses, il passa en revue et mit en ordre ses chefs-d'œuvre de calligraphie et ses dessins, pour les présenter à l'archiviste comme preuve de sa capacité à satisfaire à l'emploi demandé. Tout d'ailleurs se déroulait à souhait ce matin-là ; une heureuse étoile semblait veiller tout particulièrement sur lui : sa cravate fut mise en place dès le premier nœud, pas une couture ne sauta, pas une maille ne fila de ses bas de soie noire, et son chapeau ne tomba pas une seule fois dans la poussière après avoir été brossé. Bref, à onze heures et demie sonnant, l'étudiant Anselmus se trouvait déjà, avec son habit gris brochet et ses souliers de satin noir, un rouleau de calligraphies et de dessins à la plume dans la poche, installé chez Conradi, rue du Château, à boire un... et même deux petits verres d'un élixir de bonne marque : « car ici, pensait-il en palpant son gousset encore vide, des thalers vont bientôt tinter ! »

En dépit du long chemin qu'il lui fallut faire jusqu'à la rue écartée où s'élevait la très vieille maison de l'archiviste Lindhorst, l'étudiant Anselmus se trouvait pourtant devant la porte avant midi. Il était là, contemplant le magnifique heurtoir de bronze ; mais juste comme le dernier coup de midi sonnait au clocher de l'église de la Croix, emplissant l'air de ses puissantes vibrations, alors qu'il s'apprêtait à saisir ledit heurtoir, la figure de métal soudain se tordit hideusement comme sous le jeu d'éclairs bleuâtres et grimaça en un effrayant rictus... Ciel ! c'était la fruitière de la porte Noire ! Ses chicots pointus s'entrechoquaient dans sa bouche flasque, et au milieu de tous ces claquements grinçait une effroyable voix nasillarde :

– Fou !... fou !... fou !... attends un peu !... Pourquoi courais-tu si vite ?... Pauvre fou !...

Saisi d'horreur, l'étudiant Anselmus recula en chancelant ; il voulut se retenir au montant de la porte, mais sa main agrippa le cordon de la sonnette et tira. Aussitôt un carillon strident de sons discordants se mit à retentir frénétiquement, et par toute la maison déserte résonna cet écho ricanant : « A bientôt la chute fatale dans le cristal !... »

Un frisson convulsif s'empara du pauvre Anselmus, pénétrant tous ses membres d'une fièvre glacée. Voilà que le cordon de la sonnette s'allongeait à présent jusqu'à devenir un monstrueux serpent, d'une blancheur translucide, qui se mit à l'enlacer, coulant autour de lui des anneaux de plus en plus serrés, jusqu'à ce que ses membres triturés et broyés en vinssent à se briser dans un affreux craquement et que son sang jaillit de ses veines, pénétrant le corps transparent du reptile, qui se teignit aussitôt de rouge…

– Tue-moi ! tue-moi ! voulait-il crier sous le coup d'une angoisse épouvantable ; mais ses cris se confondirent en un râle assourdi.

Alors le serpent leva la tête et planta son dard acéré de métal ardent dans la poitrine du malheureux Anselmus : une douleur déchirante sembla faire éclater l'artère où battait sa vie… et il perdit tout sentiment.

Quand il revint à lui, il reposait sur sa maigre couche ; à son chevet se tenait le vice-recteur Paulmann :

– Pour l'amour du ciel ! mon bon monsieur Anselmus, dans quelles folles extravagances êtes-vous encore allé donner !

TROISIÈME VEILLÉE

La famille de l'archiviste Lindhorst.
Les yeux bleus de Veronika.
Le greffier Heerbrand.

« L'Esprit jeta son regard sur l'eau : celle-ci s'agita et bouillonna en vagues écumantes, puis déferla avec un grondement de tonnerre dans les abîmes qui ouvraient leurs gueules noires et voraces pour l'engloutir. Comme autant de vainqueurs triomphants, les rochers de granit dressaient leur chef couronné de pics, protégeant la vallée en attendant que la lumière du soleil accueille celle-ci dans la tiédeur de son sein maternel, l'enlaçant de ses rayons comme de bras ardents pour la réchauffer sous ses caresses. Les germes qui par milliers dormaient sous le sable aride s'éveillèrent du profond sommeil où ils étaient plongés et tendirent vers la Mère leurs jeunes pousses et leurs petites feuilles verdoyantes ; comme des enfants souriant dans leur berceau de verdure, de boutons et de bourgeons, les fleurs qui reposaient, éveillées à leur tour par la Mère, sortirent doucement de leur léthargie et se firent une parure des rayons qu'elle colorait, pour leur plaisir, de mille nuances diaprées.

» Au milieu de la vallée se dressait un tertre noir, qui se soulevait et s'abaissait comme une poitrine d'homme en proie au plus brûlant désir. Du fond des abîmes montèrent alors en volutes des vapeurs qui s'amoncelèrent en masses compactes et hostiles pour tenter de voiler la face du Soleil. Mais celui-ci manda la Tempête qui fit irruption parmi elles et les dispersa de son souffle. Et lorsque les rayons dégagés atteignirent de nouveau la noire éminence, il en jaillit soudain, comme dans le spasme suprême de l'extase, un magnifique lys de feu qui épanouit ses somptueux pétales en autant de lèvres suavement offertes aux doux baisers de la lumière. Une clarté éblouissante gagna toute la vallée : c'était le jeune Phosphorus. Le lys pourpre l'avait aperçu et le suppliait, dans un élan d'amour ardent tout chargé de désirs : « Oh ! sois à moi pour toujours, beau jeune homme ! car je t'aime, et il me faudra mourir si tu m'abandonnes… »

» Le jeune Phosphorus répondit : « Je serai à toi, Belle Fleur, mais telle une fille ingrate tu devras abandonner père et mère, tu renieras tes compagnes, et tu voudras dominer de ta puissance toutes celles qui jusqu'alors partageaient tes jeux. L'ardent désir qui en ce moment embrase délicieusement tout ton être, divisé en cent rayons, te tourmentera alors, te martyrisera : car de l'Un naîtront bientôt tous les autres Sens, et la suprême volupté que va faire brûler l'étincelle que j'ai jetée en toi sera la souffrance sans espoir où tu périras, pour éclore à nouveau, dans une nature différente. Cette étincelle… c'est la Pensée ! – Hélas, soupira la fleur, ne puis-je donc pas rester à toi dans l'ardeur qui consume mon jeune être ? Puis-je donc t'aimer plus que je ne fais ?… et pourrai-je te contempler encore si tu m'anéantis ?

» Alors le jeune Phosphorus la baisa, et comme transpercée

par les rayons de sa lumière, elle flamboya de mille feux : et voici qu'en jaillit un être nouveau qui, fuyant la vallée, s'envola dans les espaces infinis, sans plus se soucier de ses compagnes d'enfance ni de l'adolescent bien-aimé. Celui-ci pleura son amour perdu, car lui aussi, c'était son amour infini pour le beau lys qui l'avait conduit vers ce val solitaire. Prenant en pitié son désespoir, les rochers de granit inclinèrent leurs cimes vers le jeune homme. Mais l'un d'eux entrouvrit son propre flanc, et un noir dragon ailé s'en échappa dans un grand bruissement d'ailes ; il s'adressa à Phosphorus : « Mes frères les métaux dorment là, tout au fond ; mais moi qui sans cesse veille, je suis venu pour t'aider ! »

» Montant et descendant parmi les airs, le dragon finit par happer au vol l'être né de la fleur de lys. Il le transporta jusque sur le tertre, au cœur de la vallée, et l'enveloppa de son aile : alors la fleur de lys reparut au jour ; mais la Pensée qui à présent vivait en elle déchirait son cœur, et son amour pour le jeune Phosphorus était une douleur poignante, dont l'haleine empoisonnée flétrissait et détruisait les petites fleurs qui naguère encore jubilaient sous son regard. Phosphorus revêtit alors une éblouissante armure, étincelante de mille feux, et s'attaqua au dragon : de son aile noire, celui-ci frappa la cuirasse qui rendit un son vibrant. Ranimées par cet éclat sonore, les petites fleurs reprirent vie et, pareilles à un essaim d'oiseaux de toutes couleurs, se mirent à tourbillonner autour du dragon dont les forces peu à peu s'épuisaient et qui, enfin terrassé, se déroba dans les profondeurs de la terre. La Fleur était délivrée : le jeune Phosphorus l'enlaça, plein du brûlant désir d'un amour céleste, et, dans une hymne d'exultante joie, les fleurs, les oiseaux et jusqu'aux hauts rochers de granit lui rendirent hommage comme à la Reine de la Vallée…

– Pardonnez-moi, monsieur l'archiviste et honorable ami, observa le greffier Heerbrand, mais tout ceci n'est qu'un tissu d'extravagances dans le goût oriental ! Nous vous avions pourtant prié de nous raconter, comme il vous arrive de le faire, quelques détails de votre si merveilleuse existence, de vos aventures de voyages, enfin quelque chose de véritable !

– Eh bien, quoi ? répliqua l'archiviste, ce que je viens de vous raconter est ce que je puis vous servir de plus véritable, mes bons amis, et fait aussi partie, en quelque sorte, de l'histoire de ma vie. Car je suis justement originaire de cette vallée, et le lys de feu qui finit par en être la reine est mon arrière-arrière-arrière-arrière-grand-mère ; ce qui fait que je suis à mon tour, en propres termes, un prince…

Ce fut un éclat de rire général.

– Oui, oui, riez bien de tout votre cœur, poursuivit l'archiviste Lindhorst ; il se peut parfaitement que ce que je vous ai raconté là, d'une manière il est vrai tout à fait sommaire, vous paraisse absurde et insensé ; rien n'est pourtant moins extravagant, davantage chargé de sens – ne serait-ce qu'allégoriquement parlant : rien n'est plus littéralement vrai. Mais si j'avais su que cette merveilleuse histoire d'amour, à laquelle je dois aussi ma naissance, devait si peu vous agréer, je vous aurais plutôt fait part de certaines nouvelles que mon frère m'a rapportées lorsqu'il est venu me voir hier.

– Eh quoi, monsieur l'archiviste ! vous avez donc un frère ? Mais où est-il donc… mais où demeure-t-il ? Est-il comme vous au service de la Couronne ? Ou peut-être est-ce un savant retiré dans la vie privée ?…

Ainsi fusaient les questions.

– Absolument pas ! répliqua froidement Lindhorst en prenant le plus naturellement du monde une prise de tabac. Il a mal tourné : il est passé chez les Dragons.

– Comment dites-vous ? cher et honorable archiviste, s'exclama Heerbrand : chez les Dragons ?…

– Chez les Dragons ?… chez les Dragons ? répétait-on de tous côtés en écho.

– Parfaitement, chez les Dragons, confirma Lindhorst. Mais en fait, ce fut par désespoir. Vous savez, messieurs, que mon père est mort depuis très peu de temps… il y a de cela à peine trois cent quatre-vingt-cinq ans, et c'est pourquoi je porte encore le deuil. Il m'avait légué, à moi, son favori, un magnifique onyx que mon frère voulait absolument posséder. Nous nous querellâmes là-dessus devant la dépouille de notre père, et de façon si inconvenante que le pauvre défunt, à bout de patience, se redressa soudain et précipita mon méchant frère en bas de l'escalier. Il en fut piqué au vif et s'en fut séance tenante chez les Dragons. Il demeure actuellement dans une forêt de cyprès tout à côté de Tunis : il lui faut veiller là-bas sur une fameuse escarboucle mystique dont cherche à s'emparer un diable de nécromant installé en villégiature quelque part en Laponie. C'est tout juste s'il dispose d'un petit quart d'heure (pendant que le nécromant soigne ses parterres de salamandres) pour venir me voir et me raconter à la hâte ce qui se passe de neuf aux sources du Nil.

Derechef, les assistants partirent d'un formidable éclat de rire. Seul l'étudiant Anselmus éprouvait une désagréable impression ; à peine pouvait-il regarder les yeux fixes et graves de l'archiviste sans tressaillir, d'une manière qu'il ne pouvait lui-même s'expliquer. La voix rude de Lindhorst, avec ses inflexions étonnamment métalliques, avait quelque chose de mystérieusement pénétrant qui le faisait trembler jusqu'à la moelle des os. Vraiment le dessein poursuivi par le greffier Heerbrand, lorsqu'il l'avait entraîné dans ce café, lui semblait avoir peu de chances d'aboutir ce jour-là…

Depuis sa chute fatale devant la maison de l'archiviste, Anselmus n'avait pu se laisser persuader de tenter une seconde visite ; car il était intimement convaincu que seul le hasard l'avait sauvé, sinon de la mort, du moins du danger de devenir fou. Le vice-recteur Paulmann passait justement dans la rue quand il trouva l'étudiant étendu sans connaissance devant la porte ; une vieille femme, qui avait laissé de côté sa corbeille de pommes et de gâteaux, s'affairait déjà à le ranimer. Paulmann avait aussitôt hélé une chaise à porteurs et l'avait fait transporter jusque chez lui.

– On peut penser de moi ce qu'on voudra, déclarait Anselmus, on peut me tenir ou non pour un fou, cela m'est égal ! J'affirme que sur le heurtoir de la porte, c'est bien la maudite figure de la sorcière de la porte Noire qui m'a ricané au nez ! Pour ce qui est arrivé ensuite, j'aime mieux n'en pas parler du tout ; mais si jamais j'avais repris connaissance et que j'eusse vu devant moi l'exécrable femme aux pommes – car c'était assurément elle, et nulle autre, qui se démenait à mes côtés –, j'aurais été à l'instant frappé d'un coup de sang, ou je serais devenu fou !

Tous les efforts de persuasion, toutes les représentations raisonnables du vice-recteur et du greffier restèrent inutiles, et les yeux bleus de Veronika eux-mêmes ne réussirent pas à arracher l'étudiant à cette sorte de prostration où il avait sombré. Aussi le crut-on atteint de quelque maladie de l'âme et chercha-t-on tous les moyens de le distraire : or, selon le sentiment du greffier, rien ne pouvait lui être plus utile que d'occuper son temps chez l'archiviste Lindhorst à recopier des manuscrits. Il ne s'agissait pour cela que de faire connaître de quelque heureuse manière Anselmus à l'archiviste, et comme Heerbrand savait que celui-ci fréquentait presque chaque soir un certain café de la ville, il invita l'étudiant à y passer tous les soirs un moment à boire à ses frais un verre de bière et à fumer une pipe, et cela aussi longtemps qu'il le faudrait pour qu'il fît, d'une façon ou d'une autre, la connaissance de l'archiviste et s'entendît avec lui pour le travail à faire sur les manuscrits. Anselmus avait accepté avec la plus grande gratitude.

– Vous mériterez que Dieu vous récompense, digne ami greffier, si vous ramenez ce jeune homme à la raison, avait proclamé le vice-recteur Paulmann !

– Oui ! que Dieu vous récompense ! avait renchéri Veronika en levant pieusement les yeux au ciel, songeant de toute son âme que l'étudiant Anselmus était vraiment un bien charmant garçon, même s'il n'avait pas tout à fait sa raison.

Un soir donc, comme l'archiviste Lindhorst, son chapeau et

sa canne à la main, se disposait à quitter le café, le greffier Heerbrand saisit tout à coup l'étudiant Anselmus par le bras, barra la sortie et prit la parole :

– Monsieur l'archiviste intime et très honorable ami, voici l'étudiant Anselmus : c'est un calligraphe et un dessinateur de première force, qui s'offre à copier vos précieux manuscrits…

– Ravi de l'apprendre ! répliqua avec brusquerie l'archiviste en plantant son tricorne militaire sur son crâne ; puis il poussa de côté le greffier et l'étudiant et descendit en trombe l'escalier.

Les deux amis restaient plantés là, tout déconcertés, devant la porte qu'il leur avait claquée au nez à en faire trembler les gonds.

– C'est décidément un bien extraordinaire vieillard ! fit le greffier Heerbrand.

– Oui, un extraordinaire vieillard… bégaya après lui l'étudiant Anselmus, qui sentait soudain comme un torrent de glace lui parcourir les veines, le changeant quasi en statue de pierre.

Mais les habitués du café leur expliquèrent en riant :

– Notre archiviste était aujourd'hui une fois de plus dans ses humeurs fantasques ! Demain, à coup sûr, il sera la douceur même et ne soufflera mot, tout occupé qu'il sera à contempler les spirales de fumée de sa pipe ou à lire les journaux. Il ne faut surtout pas vous en formaliser !

« C'est vrai, après tout, pensa Anselmus. Pourquoi s'inquiéter ? L'archiviste ne s'est-il pas déclaré ravi que je voulusse copier ses manuscrits ?… Pourquoi aussi le greffier Heerbrand lui a-t-il barré le chemin juste comme il voulait rentrer chez lui ? Non, non ! c'est un excellent homme, au fond, que M. l'archiviste intime Lindhorst, et même extrêmement libéral… Curieux tout au plus dans sa manière de parler… Et puis après ?… Allons, j'irai demain chez lui au coup de midi, quand bien même cent têtes de marchandes de pommes en bronze voudraient m'en empêcher ! »

QUATRIÈME VEILLÉE

Idées noires de l'étudiant Anselmus.
Le miroir d'émeraude. Comment l'archiviste Lindhorst s'envola sous la forme d'un vautour,
et comment l'étudiant Anselmus
ne rencontra personne.

Me permettras-tu, ami lecteur, de te demander sans détour si tu n'as pas connu dans ta vie des heures, des jours même et des semaines entières, où tous tes faits et gestes excitaient en toi un malaise véritablement angoissant, où tout ce qui te semblait jusque-là important et digne d'être pesé dans ta tête t'apparaissait soudain comme parfaitement ridicule et futile ? Tu ne savais plus que faire ni de quel côté te tourner ; un sentiment obscur exaltait ton cœur, qu'il devait bien y avoir, quelque part, et en un point quelconque du temps, un désir plus haut, dépassant le cercle de toute jouissance terrestre, qui attendait son accomplissement, mais ton esprit, pareil à un écolier timoré et docile, n'osait pas l'exprimer. Et tout à cette ardente nostalgie d'une réalité inconnue qui, partout où tu allais, partout où tu t'arrêtais, flottait autour de toi comme un rêve vaporeux dont les formes transparentes se dissolvaient sous un regard un peu pénétrant, tu devenais peu à peu insensible à tout ce qui t'entourait ici-bas. Les yeux vagues, tu errais comme un amoureux privé d'espoir, et les mille agitations auxquelles tu voyais les hommes se livrer dans un tourbillonnement pittoresque et désordonné n'éveillaient en toi ni douleur ni joie, car tu n'appartenais plus à ce monde…

Eh bien, si jamais, ami lecteur, tu as éprouvé cette impression, alors tu connais d'expérience l'état où se trouvait l'étudiant Anselmus. Mais je voudrais surtout avoir réussi, favorable lecteur, à camper sous tes yeux de façon bien vivante notre ami Anselmus lui-même. Car il me faut maintenant, au cours de ces veillées que je consacre à relater sa si merveilleuse histoire, te raconter bien d'autres épisodes extraordinaires qui, comme autant d'apparitions fantasmagoriques, vont transporter fort loin dans le pays des contes l'existence d'individus tout à fait ordinaires, et j'ai grand-peur que tu finisses par ne plus croire ni à l'étudiant Anselmus ni à l'archiviste Lindhorst, et que tu conserves même quelques doutes injustes à l'égard du vice-recteur Paulmann et du greffier Heerbrand, bien qu'au moins ces derniers estimables personnages se promènent encore aujourd'hui par les rues de Dresde.

Et pourtant, ami lecteur, il existe un royaume féerique, plein de magiques merveilles dont les effets puissants provoquent l'extase suprême comme la plus profonde terreur, où la sévère déesse soulève parfois le coin de son voile pour nous donner l'illusion d'avoir entr'aperçu sa face (et le sourire qui fait souvent briller son regard austère n'est autre que cette malicieuse Ironie qui s'amuse à nous ensorceler par ses charmes déconcertants, comme une mère se plaît à taquiner ses enfants). Dans ce royaume où l'esprit nous permet si souvent d'accéder, au moins en rêve, tu vas devoir essayer, ami lecteur, de reconnaître les figures familières que tu côtoies chaque jour dans ce qu'on a coutume d'appeler la vie « ordinaire ». Tu comprendras alors que ce superbe royaume est situé bien plus près de toi que tu ne le pensais : c'est cela que je souhaite du fond du cœur, et m'efforce de te faire entendre à travers l'étrange histoire de l'étudiant Anselmus.

Donc, comme je l'ai dit, depuis cette soirée où il avait rencontré l'archiviste Lindhorst, Anselmus était tombé dans un état de morne rêverie qui le rendait insensible à tout ce qui l'entourait. Il sentait comme un je ne sais quoi d'inconnu s'agiter au plus profond de son âme, faisant naître en lui cette souffrance pleine de délices, cet ardent désir qui promet à l'homme une existence autre, d'un ordre transcendant. Ainsi n'avait-il pas de plus grande joie que d'errer tout seul par les prairies et les bois, libéré soudain de ce qui l'enchaînait aux mesquineries de la vie; seule la contemplation des multiples images qui émergeaient alors du fond de son être lui permettait de se retrouver lui-même.

Un jour qu'il rentrait d'une de ces longues promenades, il advint qu'il passa près de ce mystérieux sureau sous lequel il avait eu naguère, comme saisi par un charme, de si étranges visions. Il se sentit de nouveau inexplicablement attiré par l'aimable verdure du coin de gazon ; et à peine s'y était-il installé que toutes les visions de sa céleste extase, un moment chassées de son âme par une force étrangère, réapparurent à ses yeux sous les plus vives couleurs, tout comme s'il les avait contemplées une nouvelle fois. Mieux, il distinguait maintenant avec plus de netteté encore que les adorables yeux bleus étaient bien ceux du serpent d'or vert, qui se dressait à présent au milieu du feuillage, et que seules les ondulations de son corps flexible pouvaient faire resplendir à ce point le carillon cristallin dont les harmonies le transportaient à nouveau de délice et d'extase.

Comme le jour de l'Ascension, il entoura de ses bras le sureau et cria, au milieu des rameaux et des feuilles :

– Ah ! Ne serait-ce qu'une seule fois ! glisse-toi, enroule-toi sur les branches, beau petit serpent vert, que je puisse te contempler ! Rien qu'une fois ! regarde-moi de tes yeux adorables ! Ah ! je t'aime, cela n'est que trop vrai ! Si tu ne reviens à moi, je mourrai de douleur et de désespoir !

Tout cependant restait muet et silencieux ; seul le sureau, comme la première fois, fit entendre un imperceptible bruissement de rameaux et de feuilles. Mais il semblait à présent à l'étudiant Anselmus qu'il connaissait la source de cette effervescence intime qui lui déchirait le cœur, le tourmentant d'un infini désir.

– Est-ce donc autre chose, dit-il, sinon que je t'aime entièrement, de toute mon âme et jusqu'à la mort, ô merveilleux petit serpent d'or ; que sans toi je ne puis vivre et qu'il me faudra mourir de misère et de désespoir si je ne te revois, si tu n'es pas à moi, telle la bien-aimée de mon cœur ?... Mais je le sais, tu m'appartiendras, et alors s'accomplira tout ce que d'admirables rêves m'ont annoncé d'un autre monde, d'un monde supérieur.

Dès lors, chaque soir, à l'heure où le soleil n'épanche plus son or étincelant que sur les cimes des arbres, l'étudiant Anselmus allait attendre sous le sureau ; et du fond de son cœur il appelait, avec des accents pitoyables, dans les feuilles et dans les branches, sa charmante bien-aimée : le petit serpent d'or vert !...

Un jour qu'il se livrait une fois de plus à ces transports, un grand homme maigre enveloppé dans un large pardessus gris clair surgit soudain devant lui, le fixant de ses grands yeux de feu :

– Eh bien, eh bien ! qui donc gémit et pleurniche ainsi ?... Tiens, tiens, mais c'est M. Anselmus, qui voulait copier mes manuscrits !

L'étudiant Anselmus ne fut pas peu effrayé par le ton de cette voix formidable, car c'était la même qui naguère, le jour de l'Ascension, avait crié du fond des airs : « Eh bien ! eh bien ! Que sont là tous ces murmures, ces chuchotements ? etc. » D'étonnement et d'effroi, il ne put prononcer une seule parole.

– Eh bien ! qu'avez-vous donc, monsieur Anselmus ? continua l'archiviste Lindhorst (car l'homme au pardessus gris clair n'était autre que lui), que voulez-vous à ce sureau, et pourquoi donc n'êtes-vous pas venu chez moi pour commencer votre travail ?

Le fait est que l'étudiant Anselmus n'avait pu prendre encore sur lui de faire une nouvelle visite à l'archiviste, bien qu'il s'y fût encouragé chaque soir. Mais à cet instant, voyant ses beaux rêves dissipés – et par cette même voix hostile qui déjà l'autre jour lui avait dérobé sa bien-aimée –, une sorte de désespoir le saisit, et il éclata en cris véhéments :

– Prenez-moi ou non pour un fou, monsieur l'archiviste, cela m'est égal ! Mais ici, sous cet arbre, le jour de l'Ascension, j'ai vu le petit serpent d'or vert... qui est pour jamais la bien-aimée de mon âme !… et elle m'a parlé avec de splendides accents de cristal !… Mais vous… oui, vous, monsieur l'archiviste, c'est vous qui sur l'autre rive avez alors appelé et crié de si effroyable manière !…

– Comment cela, mon bon prince ? interrompit l'archiviste tout en prenant une prise de tabac, un très étrange sourire sur les lèvres.

L'étudiant Anselmus se sentait déjà le cœur plus léger d'avoir seulement pu parler de sa merveilleuse aventure, et il lui sembla même qu'il avait bien fait d'accuser ainsi sans détour l'archiviste d'avoir bel et bien été celui qui, ce soir-là, avait tonné dans le lointain. Soudain maître de lui, il continua :

– Eh bien maintenant, je vais vous raconter tout ce qui m'est arrivé de fatal ce soir de l'Ascension, et vous pourrez ensuite dire, faire et surtout penser de moi ce qu'il vous plaira !

Et il raconta effectivement toute son invraisemblable histoire, depuis le malencontreux coup de pied dans la corbeille de pommes jusqu'à la fuite vers l'autre rive des trois serpents d'or vert, et comment les passants l'avaient pris pour un ivrogne et pour un fou.

– Tout cela, conclut l'étudiant Anselmus, je l'ai vu, de mes yeux vu, et tout au fond de mon âme résonnent encore en vibrantes harmonies les voix délicieuses qui m'ont parlé : ce n'était nullement un rêve ; si je ne veux pas mourir d'amour et de désir, il me faut absolument croire à ces petits serpents d'or vert ! Et pourtant je vois bien à votre sourire, cher et honorable monsieur l'archiviste, que les petits serpents en question ne sont à vos yeux que le produit de mon imagination échauffée et exaltée…

– Pas le moins du monde, répondit l'archiviste avec la plus parfaite tranquillité et le plus grand sang-froid ; les serpents d'or vert que vous avez vus dans le sureau, monsieur Anselmus, n'étaient autres que mes trois filles, et il me paraît bien clair à présent que vous êtes tombé fort amoureux des yeux bleus de la plus jeune, qui a nom Serpentina. Je le savais du reste dès ce jour de l'Ascension : j'étais chez moi à travailler à mon bureau quand, excédé par tous ces chuchotements et ces carillons, j'ai crié à ces évaporées qu'il était temps de rentrer bien vite, car le soleil baissait déjà, et elles avaient assez folâtré à chanter et à se griser de ses rayons.

Il sembla à l'étudiant Anselmus qu'on ne faisait là que lui exposer en termes intelligibles ce qu'il avait soupçonné depuis longtemps, et quoiqu'il crût remarquer que le sureau, le mur, la banquette de gazon et tous les objets alentour se mettaient soudain à tourner doucement autour de lui, il fit cependant un effort désespéré sur lui-même et voulut dire quelque chose. Mais l'archiviste ne lui en laissa pas le temps : ayant ôté rapidement le gant de sa main gauche, il lui plaça sous les yeux la pierre, tout étincelante de feux et de flammes merveilleuses, d'une bague qu'il portait au doigt :

– Regardez ceci, honorable monsieur Anselmus ; il y a là de quoi vous réjouir l'œil !...

Anselmus regarda et... ô prodige ! la pierre, comme un foyer embrasé, jeta des rayons de tous côtés, et ces rayons se fondirent jusqu'à former un miroir du cristal le plus clair, le plus lumineux, où dansaient et ondulaient, en toutes sortes d'évolutions, tantôt se fuyant et tantôt s'enlaçant... les trois serpents d'or vert ! Chaque fois que leurs corps souples étincelant de mille feux s'effleuraient, de magnifiques accords résonnaient, comme produits par un carillon de cristal. Le serpent qui se tenait au centre, comme en proie à toute l'impatience du désir, tendait sa petite tête hors du miroir, et ses yeux bleu sombre disaient :

– Me reconnais-tu ?... As-tu foi en moi, Anselmus ? C'est dans la foi seule que réside l'amour... Peux-tu donc aimer ?

– Ô Serpentina, Serpentina ! s'écria Anselmus, ravi d'extase.

Mais l'archiviste Lindhorst souffla vivement sur le miroir : aussitôt les rayons réintégrèrent leur foyer avec un pétillement électrique, et à sa main ne brilla plus qu'une petite émeraude qu'il recouvrit de son gant.

– Avez-vous vu les petits serpents d'or, monsieur Anselmus, demanda l'archiviste ?

– Ah ! Dieu ! oui !… répondit l'étudiant, et aussi la ravissante, l'adorable Serpentina !

– Chut ! reprit l'archiviste ; assez pour aujourd'hui. Mais du reste vous pourrez suffisamment voir mes filles si vous voulez bien vous décider à travailler chez moi ; ou plutôt je vous procurerai cette véritable joie si vous vous comportez comme il faut au travail, c'est-à-dire si vous copiez chaque caractère avec la plus grande exactitude et la plus parfaite netteté. Seulement, vous n'êtes même pas venu me voir, quoique le greffier Heerbrand m'ait assuré que vous vous présenteriez incessamment… et bien que je vous aie, de ce fait, attendu plusieurs jours en vain.

Sitôt que l'archiviste eut prononcé le nom de Heerbrand, l'étudiant Anselmus eut l'impression de se retrouver réellement sur terre, solidement campé sur ses deux jambes, d'être réellement l'étudiant Anselmus, et d'avoir devant lui l'archiviste Lindhorst. Le ton flegmatique des propos de ce dernier formait un contraste criant avec les apparitions surnaturelles qu'en véritable nécromant il venait d'évoquer ; et ce ton prenait je ne sais quel caractère effrayant qu'augmentait encore le regard perçant de ses yeux étincelants, profondément enfoncés dans l'habitacle des orbites creusées dans un visage maigre et ridé. Et le même sentiment d'angoisse qui s'était déjà emparé de l'étudiant au café, pendant que l'archiviste racontait tant de choses extraordinaires, l'étreignit encore avec la même violence.

Il ne se ressaisit qu'avec peine, et lorsque l'archiviste lui demanda une seconde fois : « Eh bien, pourquoi donc n'êtes-vous pas venu chez moi ? » il dut faire un effort pour lui raconter tout ce qu'il lui était arrivé devant la porte de sa maison.

– Cher monsieur Anselmus, dit l'archiviste quand l'étudiant

eut achevé son récit, cher monsieur Anselmus, je connais bien la marchande de pommes dont vous voulez parler : c'est une créature maléfique, qui me joue tous les tours qu'elle peut ; mais qu'elle se métamorphose à présent en tête de bronze pour effaroucher les visites qui me seraient agréables, je le trouve vraiment un peu fort et ne puis le tolérer ! Voudriez-vous par conséquent, mon honorable ami, si vous venez me voir demain à midi et si jamais vous remarquez à nouveau ses grimaces et ses ricanements, avoir l'obligeance de lui faire tomber sur le nez quelques gouttes de cette liqueur : tout rentrera dans l'ordre à l'instant. Et maintenant adieu ! cher monsieur Anselmus. Je marche d'un pas plutôt rapide, et ne voudrais pas vous imposer de revenir en ville avec moi. Adieu donc, et à demain midi !

L'archiviste avait remis à Anselmus une petite fiole remplie d'une liqueur jaune d'or ; déjà il s'éloignait à grands pas. Dans l'ombre du crépuscule qui tombait, il semblait plutôt voler que marcher vers le bas de la vallée. Il avait presque atteint le parc de Kosel, quand le vent s'engouffra dans l'ample pardessus et en écarta les pans qui battirent comme deux grandes ailes. L'étudiant qui le suivait d'un œil ébahi crut voir un gigantesque oiseau se déployer, prêt à prendre son essor. Comme il restait immobile, le regard perdu dans le crépuscule, un vautour gris cendré s'enleva soudain haut dans les airs avec un cri rauque, et l'étudiant comprit que ce battement d'ailes grises qu'il continuait à prendre pour la silhouette fuyante de l'archiviste n'était autre que celui de l'oiseau – quoiqu'il ne pût s'expliquer où diable l'archiviste avait pu disparaître.

« Au fond, il peut aussi bien s'être envolé lui-même, tout M. l'archiviste Lindhorst qu'il est, se dit-il ; car je vois, je sens bien maintenant que tous ces personnages étranges viennent d'un monde lointain et mystérieux : je ne les apercevais jusqu'alors que dans certains rêves extraordinaires, et voici qu'ils ont fait irruption dans ma vie de tous les jours, dans ma vie éveillée, assurément pour se jouer de moi… Mais qu'importe ! Tu vis ardemment dans mon cœur, charmante et gracieuse Serpentina : toi seule peux apaiser l'infini désir qui déchire mes entrailles… Ah ! quand pourrai-je plonger mes regards dans tes yeux adorables… ô ma chère Serpentina ! »

Ainsi pensait tout haut l'étudiant Anselmus…

– En voilà un bien vilain nom ! et fort peu chrétien ! grommela près de lui une voix de basse : c'était un promeneur qui rentrait chez lui.

Anselmus, brusquement rappelé à la réalité, s'éloigna d'un pas pressé, tout en pensant à part lui : « Ne serait-ce pas encore un vrai malheur si je tombais maintenant sur le vice-recteur Paulmann ou sur le greffier Heerbrand ? »

Mais il ne rencontra ni l'un ni l'autre.

CINQUIÈME VEILLÉE

Mme la Conseillère aulique.
Cicéron : De officiis. *Guenons et autre racaille.*
La vieille Lise. Nuit d'équinoxe.

– Il n'y a décidément plus rien, absolument plus rien à tirer de cet Anselmus ! fit le vice-recteur Paulmann ; toutes mes bonnes leçons, toutes mes exhortations restent sans effet : il ne veut réellement s'appliquer à rien, bien qu'il ait fait les meilleures études – ce qui pour sûr est essentiel.

Mais le greffier Heerbrand répliqua en souriant d'un air rusé et mystérieux :

– Laissez donc à ce jeune homme quelque latitude et un peu de temps, monsieur le vice-recteur et honorable ami ! C'est un curieux garçon, mais qui ne manque pas d'étoffe ; et quand je parle d'étoffe, j'entends bien celle d'un secrétaire intime, peut-être même d'un conseiller aulique.

– Aulique !… commença le vice-recteur dans le plus grand étonnement, mais les mots lui restèrent dans la gorge.

– Chut ! chut ! poursuivit le greffier. Je sais ce que je sais !... Voilà deux jours déjà qu'il est installé chez notre ami Lindhorst à faire ses copies, et l'archiviste m'a dit hier soir au café : « Vous m'avez recommandé là, cher monsieur, quelqu'un de tout à fait capable !... Allez, il en sortira sûrement quelque chose ! » Songez aussi aux relations influentes de l'archiviste... Mais chut ! chut !... Nous en reparlerons d'ici un an !...

Sur ces derniers mots, le greffier gagna la porte avec le même sourire entendu et sortit, laissant le vice-recteur cloué sur sa chaise, muet de surprise et de curiosité.

Mais cet entretien avait fait sur Veronika une impression bien particulière : « Ne l'ai-je pas toujours su, songeait-elle, que M. Anselmus était un jeune homme tout à fait capable et charmant, et qui irait loin ! Si seulement je pouvais savoir s'il a réellement du penchant pour moi !... Mais ne m'a-t-il pas pressé deux fois la main l'autre soir, quand nous avons traversé l'Elbe en bateau ? Ne m'a-t-il pas jeté, pendant le duetto, des regards bien étranges, qui me pénétraient jusqu'au fond du cœur ? Oui, oui ! il m'aime vraiment ! et moi... »

Là-dessus Veronika s'abandonnait, comme font volontiers les jeunes filles, à de beaux rêves d'avenir : elle était Mme la Conseillère aulique ; elle habitait un bel appartement dans la rue du Château, ou au Marché-Neuf, ou dans la rue Saint-Moritz ; son chapeau à la dernière mode, son nouveau châle turc lui allaient à merveille... Elle déjeunait dans l'angle de la fenêtre, vêtue d'un élégant négligé, et donnait ses ordres à la cuisinière : « N'allez pas au moins me manquer ce plat ! C'est le mets favori de M. le Conseiller aulique !... » Des élégants, passant devant la maison, lorgnent vers la fenêtre, et elle entend clairement ces mots : « Quelle femme divine que la Conseillère aulique ! et comme ce béguin de dentelle lui va à ravir !... » La Conseillère intime Ypsilon envoie son domestique pour demander s'il plairait à Mme la Conseillère aulique d'aller aujourd'hui en voiture aux bains de Link. « Faites mes compliments et dites que je suis navrée, mais je suis déjà invitée pour le thé chez la présidente Tz… » Mais voici qu'arrive le Conseiller aulique Anselmus, sorti de grand matin pour affaires : il est habillé à la dernière mode. « Pas possible ? Déjà dix heures ! » s'écrie-t-il en faisant sonner sa montre en or à répétition. Il donne un baiser à sa jeune femme : « Comment va ma chère petite épouse ?… Sais-tu bien ce que j'ai là pour toi ? » continue-t-il en badinant. De la poche de son habit, il a tiré une paire de superbes boucles d'oreilles montées dans le dernier goût, et les lui accroche à la place de celles qu'elle porte d'habitude.

– Oh ! les ravissantes boucles ! Qu'elles sont jolies ! s'écrie-t-elle alors en sautant de sa chaise, plantant là son ouvrage pour se regarder tout de bon dans la glace.

– Eh bien ! qu'est-ce que cela signifie ? fit soudain le vice-recteur Paulmann en manquant faire tomber le *De officiis* de Cicéron dans lequel il était plongé ; alors, on s'offre de petites crises, comme Anselmus ?

A ce moment précis l'étudiant Anselmus, qui contre son habitude ne s'était pas montré depuis plusieurs jours, entra dans la pièce au grand effroi de Veronika, mais aussi à sa surprise, car en vérité les manières du jeune homme avaient changé du tout au tout.

Avec une parfaite assurance – qui ne lui ressemblait guère – il se mit à parler de la nouvelle orientation de son existence, dont il venait tout juste de prendre conscience, et des perspectives qui s'ouvraient désormais à lui, toutes choses que les autres étaient à coup sûr bien incapables d'imaginer. Le vice-recteur Paulmann, songeant au mystérieux discours du greffier Heerbrand, était quant à lui encore plus intrigué : il avait à peine pu proférer une syllabe, que l'étudiant Anselmus, après avoir touché négligemment quelques mots de son travail pressant chez l'archiviste et baisé avec une aisance fort élégante la main de Veronika, était déjà au bas de l'escalier… et bientôt à cent lieues de là.

– N'est-ce pas déjà le Conseiller aulique ?… murmura en elle-même Veronika. Et il m'a baisé la main, sans pour cela glisser sur le parquet ou me marcher sur le pied comme à son habitude ! Il m'a même lancé un regard d'une tendresse !… Il m'aime, c'est sûr !…

Veronika s'abandonnait de nouveau à sa rêverie. Mais il lui semblait maintenant qu'une figure ennemie se glissait parmi ses charmantes visions, et quand elle s'imaginait dans sa future vie de ménage sous les traits de Mme la Conseillère aulique, elle entendait ricaner : « Sottises que tout cela ! Sottises et mensonges par-dessus le marché ! Car Anselmus ne sera jamais ni conseiller aulique ni ton mari : il ne t'aime pas, malgré tes yeux bleus, ta taille bien prise et tes jolies mains ! » Ce fut alors comme si un torrent glacé s'était déversé en elle ; un sentiment de profonde horreur réduisait à néant la satisfaction qui était la sienne un instant plus tôt, alors qu'elle se contemplait en petit béguin de dentelle, parée d'élégantes boucles d'oreilles… Elle faillit fondre en larmes et s'écria tout haut :

– Ah ! c'est bien vrai : il ne m'aime pas, et jamais je ne serai Mme la Conseillère aulique !

– Folies romanesques, folies romanesques ! éclata le vice-recteur Paulmann en prenant son chapeau et sa canne ; et il disparut d'un air furibond.

– Il ne manquait plus que cela ! soupira Veronika ; et elle fit passer sa colère sur sa jeune sœur de douze ans, qui pendant tout ce temps n'avait pas cessé de broder imperturbablement, assise à son métier.

Cependant il était presque trois heures, et il était grand temps de ranger la chambre et de disposer la table pour le café, car les demoiselles Oster s'étaient fait annoncer chez leurs amies. Mais derrière chaque guéridon que Veronika déplaçait, derrière les cahiers de musique enlevés du piano, derrière chaque tasse, derrière la cafetière sortie de l'armoire, surgissait toujours la même figure, pareille à une petite mandragore, qui riait ironiquement en faisant claquer ses petits doigts, aussi fins que des pattes d'araignée :

– Il ne sera pas ton mari ! Il ne sera pas ton mari ! criait-elle.

Veronika allait laisser tout planté là pour chercher refuge au centre de la pièce, mais c'était alors un monstre au long nez qui apparaissait derrière le poêle, la narguant de ses grognements et de ses reniflements :

– Non, il ne sera pas ton mari !…

– N'entends-tu rien, ne vois-tu donc rien, petite sœur ? s'écria du coup Veronika, toute tremblante de peur et n'osant plus toucher à rien.

Mais la petite Fränzchen se contenta de se lever, abandonnant son travail de broderie, et demanda avec autant de calme que de sérieux :

– Qu'as-tu donc aujourd'hui, ma sœur ? Tu jettes tout sens dessus dessous, tu fais un tintamarre épouvantable ! Allons, je vais t'aider.

Mais déjà leurs amies entraient, pleines d'entrain et riant aux éclats, et à l'instant même Veronika s'aperçut que ce qu'elle avait pris pour un spectre n'était jamais que le dessus du poêle, les paroles méchantes de tout à l'heure n'étant rien d'autre que les grincements de la porte mal fermée dudit poêle. Mais, encore sous l'emprise d'une violente épouvante, elle ne put se ressaisir assez vite pour que ses amies ne remarquassent pas sa nervosité insolite, que trahissaient sa pâleur même et l'altération de ses traits. Retenant les joyeux potins qui leur brûlaient la langue, elles pressèrent donc leur amie de leur dire ce qui, pour l'amour du ciel, lui était arrivé, et Veronika dut confesser comment elle s'était laissée aller à d'étranges rêveries, et comment elle avait été la proie, en plein jour, d'une surprenante terreur de fantômes – ce qui lui était tout à fait inhabituel. Elle raconta même avec tant d'animation comment, surgissant de tous les coins de la chambre, un petit bonhomme gris l'avait taquinée et raillée, que les demoiselles Oster se mirent à leur tour à regarder timidement de tous côtés, se laissant bientôt gagner elles aussi par une impression de malaise et d'effroi. Mais Fränzchen entra là-dessus avec le café bouillant, et les trois jeunes filles se mirent à rire de leur propre sottise.

Angelika (ainsi s'appelait l'aînée des demoiselles Oster) était fiancée à un officier qui était à l'armée, mais il était resté si longtemps sans donner de ses nouvelles qu'on ne pouvait plus guère douter qu'il ne fût mort ou à tout le moins sérieusement blessé. La jeune fille en avait été profondément affligée, mais aujourd'hui sa gaieté, qui touchait à l'exubérance, n'étonnait pas peu Veronika qui lui exprima ouvertement sa surprise.

– Mais ma chère, lui répondit Angelika, comment peux-tu croire un seul instant que je puisse ne pas continuer à porter constamment mon cher Viktor dans mon cœur, dans mon esprit, dans toutes mes pensées ? C'est précisément pour cela que je suis si gaie… Ah Dieu !… si heureuse, si ravie de toute mon âme ! Car mon Viktor est bien portant, et je vais le revoir bientôt, capitaine de cavalerie et décoré de l'insigne d'honneur que lui a valu son indomptable bravoure. Une sérieuse mais point trop dangereuse blessure au bras droit, qu'il doit au coup de sabre d'un hussard de l'ennemi, l'empêche d'écrire, et comme il ne veut pour rien au monde abandonner son régiment, ses déplacements continuels font qu'il lui est impossible de me donner de ses nouvelles ; mais ce soir même il recevra l'ordre formel d'aller une bonne fois se rétablir. Il se met en route demain, et en montant en voiture il aura son brevet de capitaine.

– Mais, ma chère Angelika, interrompit Veronika, comment peux-tu déjà savoir tout cela ?

– Ne te moque pas de moi, chère amie, poursuivit Angelika… Mais d'ailleurs tu ne le feras pas, car pour ta punition ton petit bonhomme gris pourrait bien aussitôt se signaler à toi derrière le miroir !… Bref, je ne puis me défaire de ma croyance à certaines choses mystérieuses, parce que bien souvent elles se sont trouvées mêlées à mon existence d'une manière pour ainsi dire visible, et même tangible. A la différence de tant d'autres personnes, je ne trouve pas du tout si extraordinaire ni si incroyable qu'il puisse exister des gens doués d'un pouvoir de seconde vue, exprimable par des moyens infaillibles d'eux seuls connus. Il y a ici même, en ville, une vieille femme qui possède ce don à un point tout à fait remarquable. Elle ne vous tire pas les cartes comme certaines, elle ne lit pas dans le plomb fondu ou le marc de café, mais après certains préparatifs auxquels participe la personne qui l'interroge, on voit apparaître, dans un miroir de métal poli, un singulier mélange de toutes sortes de figures et de personnages que la vieille interprète et où elle puise la réponse aux questions qu'on lui pose. Eh bien, j'étais hier soir chez elle, j'y ai reçu les nouvelles que tu sais, et je ne mets pas un instant leur exactitude en doute.

Le récit de la jeune fille jeta dans l'âme de Veronika comme une étincelle, et elle s'enflamma aussitôt à l'idée d'aller consulter la vieille au sujet d'Anselmus et de ses propres espérances. Elle apprit qu'il s'agissait là de la mère Rauer : celle-ci habitait une rue écartée du côté de la porte du Lac ; elle recevait seulement le mardi, le mercredi et le vendredi, à partir de sept heures du soir, mais ensuite pendant toute la nuit et jusqu'au lever du soleil ; enfin elle préférait que l'on vînt seul.

On était justement mercredi. Sous prétexte d'aller reconduire les demoiselles Oster jusque chez elles, Veronika résolut d'aller la voir. Aussitôt dit, aussitôt fait. Ses amies habitaient la ville neuve ; comme elles arrivaient à hauteur du pont de l'Elbe, elle les quitta et se hâta d'un pied léger vers la porte du Lac ; elle fut bientôt dans l'étroite rue écartée qu'on lui avait décrite : elle aperçut au bout la petite maison rouge où la mère Rauer devait demeurer.

Elle ne put se défendre d'un certain sentiment de malaise et même d'un secret frisson quand elle arriva à la porte. Faisant taire sa répugnance, elle rassembla tout son courage et tira la sonnette. La porte s'ouvrit et elle s'avança à tâtons dans un sombre couloir, jusqu'à l'escalier qui menait à l'étage, comme Angelika le lui avait expliqué.

– Mme Rauer n'habite-t-elle pas ici ? cria-t-elle à travers le couloir désert, comme personne ne se montrait ; mais pour toute réponse retentit un long et sonore *miaou*, et un énorme chat noir qui faisait le gros dos et dessinait avec sa queue de souples arabesques la précéda cérémonieusement jusqu'à la porte de la chambre, qui s'ouvrit sur un second *miaou*.

– Ah ! te voilà déjà, fillette ! Entre, entre donc !

Ainsi s'exclama la personne qui venait à la rencontre de Veronika ; son aspect avait de quoi stupéfier la jeune fille. C'était une longue mégère toute maigre, enveloppée de noires guenilles. Quand elle parlait, son menton pointu et proéminent branlait, sa bouche édentée ombragée par un nez de vautour se tordait en un affreux rictus, et ses yeux de chat dardaient des éclairs derrière ses grosses lunettes. Une crinière de cheveux noirs tout raides s'échappait du fichu bariolé qui lui enserrait la tête. Enfin deux énormes cicatrices de brûlures récentes, qui barraient la joue gauche et le nez, augmentaient encore l'horreur de ce faciès repoussant.

Veronika en avait le souffle coupé, et le cri qui allait libérer sa poitrine oppressée se changea en un hoquet de stupeur quand la main osseuse de la sorcière la saisit et l'attira dans la chambre. Elles furent accueillies par un déchaînement de cris rauques, de glapissements, de miaulements et de piaulements confondus. La vieille frappa du poing sur la table :

– Silence, racaille !

Des guenons s'agrippaient au baldaquin en piaulant, et les petits cochons d'Inde coururent se réfugier vers le poêle ; le corbeau alla se percher sur le miroir rond ; seul le matou noir, comme si ces invectives ne le regardaient pas, resta tranquillement installé sur le grand fauteuil rembourré où il avait sauté dès son entrée. Quand le silence se fut rétabli, Veronika reprit courage : le malaise ressenti sur le palier s'était dissipé, et la vieille elle-même ne lui paraissait plus si horrible. Alors seulement elle osa lancer un regard autour de la pièce… Au plafond pendaient toutes sortes d'affreuses bêtes empaillées, des instruments inconnus et étranges gisaient pêle-mêle sur le sol, et dans la cheminée brûlait une maigre flamme bleuâtre d'où jaillissait de temps à autre un crépitement d'étincelles jaunes… C'était alors comme un bruissement d'ailes qui semblait venir d'en haut, et d'immondes chauves-souris à faces humaines, défigurées par une horrible grimace, se mettaient à voleter en tous sens; et lorsqu'une flamme parfois léchait le mur couvert de suie, éclatait un concert de cris perçants et de gémissements d'effroi qui remplissaient Veronika d'angoisse et de terreur.

– Avec votre permission, ma petite demoiselle… fit la vieille avec un sourire narquois.

Et elle s'empara d'un gros goupillon qu'elle trempa dans un chaudron de cuivre pour en asperger la cheminée.

Le feu s'éteignit et la pièce, comme envahie par une épaisse fumée, fut plongée dans une obscurité complète; mais la vieille, qui était passée dans une petite chambre voisine, revint bientôt avec un flambeau allumé, et Veronika ne vit soudain plus trace de bêtes ni d'ustensiles : ce n'était plus qu'une chambre tout à fait ordinaire, et fort pauvrement garnie.

La vieille s'approcha d'elle et lui dit d'une voix de crécelle :

– Je sais bien ce que tu veux de moi, fillette. Parions que tu désirerais savoir si tu épouseras Anselmus lorsqu'il sera enfin devenu conseiller aulique ?

Veronika, d'étonnement et d'effroi, resta tout interdite, mais la vieille poursuivait :

– Tu me l'as déjà dit chez toi, chez ton papa. La cafetière qui était devant toi – tu te rappelles ? – c'était moi. Tu ne me reconnais pas ? Écoute, fillette, laisse-le, laisse-le donc, cet Anselmus ! C'est un sacripant : il a piétiné la figure de mes filles chéries, mes belles pommes aux joues rouges qui, sitôt vendues à mes clients, roulent de leurs poches pour s'en retourner dans ma corbeille. Il est de mèche avec le vieux, et pas plus tard qu'avant-hier, il m'a éclaboussé la figure de ce maudit orpiment qui m'a presque aveuglée… Tu peux encore voir les brûlures, tiens, fillette !... Laisse-le, laisse-le, te dis-je ! Il ne t'aime pas : il n'aime que le petit serpent d'or vert, et il ne sera jamais conseiller aulique puisqu'il a pris du service chez les salamandres. Il veut épouser le serpent vert ! Laisse-le, te dis-je. Laisse-le !

Veronika, qui avait à vrai dire le caractère bien trempé et savait promptement maîtriser ses émois de jeune fille, fit un pas en arrière et déclara d'un ton sérieux et posé :

– Vieille ! J'ai entendu dire que vous aviez le don de lire dans l'avenir, et c'est pourquoi j'ai voulu, peut-être avec trop de curiosité et d'étourderie, savoir de vous si Anselmus, que j'aime et prise si fort, serait jamais à moi. Si donc vous prétendez, au lieu d'exaucer mon désir, me taquiner de vos folles calembredaines, vous avez tort, car je ne réclamais jamais que ce que vous consentez à d'autres, je le sais. Puisque vous connaissez, à ce qu'il paraît, mes plus secrètes pensées, c'eût sans doute été un jeu pour vous de me révéler une foule de choses qui me tourmentent et me rongent. Mais après vos stupides calomnies sur ce brave Anselmus, je ne veux plus rien entendre de vous. Bonne nuit !

Et Veronika allait sortir en hâte ; mais la vieille tomba à genoux en gémissant et en pleurant, retenant la jeune fille par ses vêtements et la suppliant :

– Veronika, ma petite, tu ne reconnais donc plus ta vieille Lise, qui si souvent t'a portée dans ses bras, et soignée, et caressée ?

Veronika pouvait à peine en croire ses yeux : car elle reconnaissait bien, mais défigurée sans doute par l'âge et surtout par ces brûlures, son ancienne gouvernante qui, plusieurs années auparavant, avait disparu de la maison du vice-recteur Paulmann. Du reste la vieille avait pris à l'instant un tout autre aspect : son fichu malpropre avait fait place à un bonnet convenable, et ses noires guenilles à une casaque à grosses fleurs comme elle en portait autrefois.

Elle se releva et, pressant Veronika dans ses bras, ajouta :

– Tout ce que je t'ai dit peut te paraître fou, mais c'est malheureusement vrai. Anselmus m'a fait beaucoup de mal, même si ce fut contre sa volonté : car il est tombé entre les mains de l'archiviste Lindhorst qui veut le marier à sa fille. L'archiviste est mon plus grand ennemi, et je pourrais te dire sur lui toutes sortes de choses, mais que tu ne comprendrais pas… ou qui en tout cas te rempliraient d'effroi. Il est devin, soit, mais je suis devineresse ! Enfin, bon… je vois bien maintenant que cet Anselmus t'est réellement cher, et je veux t'aider de toutes mes forces à devenir heureuse et à faire le mariage que tu souhaites.

– Mais Lise, pour l'amour du ciel, dis-moi donc… l'interrompit Veronika.

– Tais-toi, mon enfant, tais-toi ! coupa la vieille, je sais ce que tu veux dire. Je suis devenue ce que je suis parce qu'il le fallait, je ne pouvais faire autrement. Enfin, bref… je connais le moyen qui pourra guérir Anselmus de son fol amour pour le serpent vert et qui le conduira dans tes bras comme le plus aimable des conseillers auliques. Mais il faut que tu m'aides.

– Dis vite, Lise ! Je suis prête à tout faire car j'aime Anselmus de tout mon cœur, murmura Veronika d'une voix à peine perceptible.

– Je te connais, continua la vieille, pour une fille courageuse : c'est en vain, jadis, que je voulais te faire dormir en appelant le *ouah-ouah!* à mon secours, car tout de suite tu ouvrais les yeux pour chercher à voir le *ouah-ouah!* Il t'arrivait même d'aller sans lumière jusque dans la chambre du fond où tu t'affublais de la houppelande de ton père rien que pour faire peur aux enfants du voisin !…

» Si donc tu tiens vraiment à vaincre avec l'aide de mon art l'archiviste Lindhorst et le Serpent vert, si tu as sérieusement l'intention de faire du conseiller aulique Anselmus ton mari, alors glisse-toi à la prochaine nuit d'équinoxe, à onze heures précises, hors de la maison de ton père, et viens chez moi : nous irons ensemble au carrefour qui coupe les champs non loin d'ici; nous préparerons le nécessaire, et tu ne te laisseras pas effrayer par toutes les choses étranges que tu verras peut-être.

» Et maintenant, petite fille, bonne nuit : ton papa t'attend déjà pour le souper.

Veronika partit rapidement, avec la ferme résolution de ne pas manquer la nuit de l'équinoxe. « Lise a raison, pensait-elle : Anselmus est empêtré dans de bien étranges liens… Mais je l'en dégagerai, et le nommerai mien pour toujours. Mien il est, mien il restera; et il sera le conseiller aulique Anselmus ! »

SIXIÈME VEILLÉE

Le jardin de l'archiviste et ses oiseaux moqueurs.
Le Vase d'or. Cursive anglaise. Méchantes pattes de mouches.
Le Prince des esprits.

« Il se peut bien aussi, se disait l'étudiant Anselmus, que l'excellent mais capiteux cordial que j'ai un peu inconsidérément dégusté chez maître Conradi ait suscité toutes ces hallucinations qui m'ont si fort inquiété devant la porte de l'archiviste. Aussi resterai-je aujourd'hui complètement à jeun : et l'on verra bien si je ne tiens pas tête à toutes les contrariétés qui pourront se présenter ! »

Tout comme le jour où il s'était préparé pour sa première visite à l'archiviste, il rassembla ses dessins à la plume et ses chefs-d'œuvre calligraphiques, ses bâtons d'encre de Chine et ses plumes de corbeau bien taillées, et déjà il allait passer la porte, quand le petit flacon de liqueur jaune que lui avait confié Lindhorst lui tomba sous les yeux. Alors toutes les aventures étranges qu'il avait vécues lui revinrent soudain à l'esprit sous les couleurs les plus vives, et un sentiment ineffable de plaisir et de douleur mêlés lui déchira le cœur. Malgré lui, il s'écria d'une voix pitoyable :

– Ah ! si je vais chez l'archiviste, n'est-ce pas uniquement pour te voir, charmante et aimable Serpentina ?

Du coup il lui apparut que l'amour de Serpentina ne pouvait qu'être la récompense d'un travail difficile et périlleux qu'il aurait à entreprendre, et que ce travail était bien évidemment la copie des manuscrits Lindhorst. Il était donc convaincu que dès son entrée dans la maison, ou plutôt dès le seuil, il pourrait lui arriver comme la dernière fois toutes sortes de choses extraordinaires, et, sans plus songer à accuser le cordial de maître Conradi, il serra rapidement l'élixir dans la poche de son gilet, résolu dès lors d'agir exactement selon les instructions de l'archiviste si jamais la fruitière à tête de bronze s'avisait de lui grimacer au nez.

Et ne voilà-t-il pas qu'en effet, à l'instant même où sur le coup de midi il allait s'emparer du heurtoir, il vit encore saillir le nez pointu, tandis que des yeux de chat étincelaient sur le marteau. Alors, sans balancer, il aspergea de quelques gouttes d'élixir la maudite figure, qui se rétracta en un clin d'œil jusqu'à reprendre la forme d'un marteau bien astiqué et bien rond. La porte s'ouvrit, et un aimable carillon retentit par toute la maison : « Drelin ! drelin !... malin gamin !... pressons, lambin !... Drelin, drelin !... »

Tout rassuré, il gravit le large et bel escalier, humant avec délices le parfum rare qui flottait dans la maison. Mais il s'arrêta, indécis, sur le palier, ne sachant à laquelle de toutes ces belles portes il devait frapper ; c'est alors que l'archiviste apparut, dans une ample robe de chambre de damas :

– Eh bien, s'écria-t-il, je me réjouis fort, monsieur Anselmus, que vous ayez enfin tenu votre parole. Suivez-moi donc, car il faut bien que je vous conduise jusqu'à notre laboratoire.

Sur ce, il franchit à grands pas le long palier, et ouvrit une petite porte de côté qui menait à un corridor. Anselmus le suivit avec assurance ; du corridor ils débouchèrent dans une salle magnifique qui était plutôt une sorte de serre, car de chaque côté montaient jusqu'au plafond toutes sortes de plantes rares et merveilleuses, et jusqu'à de grands arbres chargés de feuilles et de fleurs aux formes étranges. Une lumière magique, éblouissante, se répandait partout sans qu'on pût remarquer d'où elle provenait, car on ne voyait aucune fenêtre. Anselmus examina les buissons : entre les arbres, de longues allées semblaient se perdre au loin; dans l'ombre épaisse, sous la masse imposante des cyprès, miroitaient des bassins de marbre d'où émergeaient toutes sortes de figures fantastiques : en jaillissaient comme des rayons de cristal, que recueillaient avec un doux bruit d'eau des corolles de lys. Un murmure d'étranges voix emplissait de son bruissement toute cette forêt de plantes extraordinaires; des effluves exquis embaumaient l'air d'un invisible réseau d'ondes sinueuses. L'archiviste avait disparu, Anselmus n'avait plus devant lui qu'un gigantesque buisson de lys d'un rouge ardent; enivré par cette vue autant que par les suaves parfums du féerique jardin, il demeurait immobile, comme ensorcelé.

Ce ne furent alors que rires étouffés et éclats joyeux; de fines voix le narguaient et se moquaient :

– Monsieur l'étudiant! monsieur l'étudiant! D'où sortez-vous donc? Pourquoi vous êtes-vous fait si beau, monsieur Anselmus? Ne voulez-vous pas jaser un moment en notre compagnie? Voulez-vous savoir comment la grand-mère a écrasé l'œuf en posant dessus son croupion? Comment le damoiseau a reçu une belle tache sur son gilet des dimanches? Savez-vous déjà par cœur le nouvel air que vous a appris compère l'Étourneau, monsieur Anselmus? Quel drôle d'allure vous avez avec votre perruque de verre filé et vos bottes à revers de papier pelure!...

Clameurs, ricanements et moqueries fusaient ainsi de tous les coins, et jusque sous le nez d'Anselmus, qui alors seulement se rendit compte que toutes sortes d'oiseaux bigarrés voletaient autour de lui en caquetant de tout leur cœur. Au même moment le buisson de lys rouges s'avança vers lui, et il reconnut l'archiviste dont la robe de chambre, toute brillante de grands ramages rouges et or, l'avait manifestement abusé.

– Pardonnez-moi, digne monsieur Anselmus, de vous avoir planté là, fit l'archiviste ; je voulais seulement donner en passant un coup d'œil à mon beau cactus qui va fleurir cette nuit… Mais, à propos, comment trouvez-vous mon petit jardin d'hiver ?

– Ah ! monsieur l'archiviste, tant de beauté est vraiment au-delà de toute mesure ; même si ces oiseaux bariolés se moquent un peu trop de ma modeste personne…

– Quand aurez-vous fini de jacasser ! cria l'archiviste furieux en s'adressant aux buissons.

Il en sortit alors un gros perroquet gris, qui voleta jusqu'à lui et se percha à ses côtés sur une branche de myrte ; l'oiseau lui lança un regard invraisemblablement cérémonieux et grave à travers les lunettes qui chevauchaient son bec crochu :

– Ne vous fâchez pas, monsieur l'archiviste, commença-t-il en grasseyant : mes petits espiègles se sont encore un peu laissés aller ; mais M. l'étudiant en est lui-même la cause, car…

– Suffit ! suffit ! trancha l'archiviste ; je connais ces coquins, mais il faut les tenir plus serrés, mon ami ! Venez, monsieur Anselmus !…

L'archiviste lui fit encore traverser maints appartements décorés de la façon la plus étrange ; l'étudiant pouvait à peine le suivre et n'avait que le temps de jeter un coup d'œil sur la profusion des meubles brillants aux formes curieuses et sur tant d'autres objets inconnus dont les pièces étaient encombrées. Ils arrivèrent enfin dans une vaste salle où l'archiviste, levant les yeux, s'arrêta : Anselmus eut ainsi le temps d'admirer à loisir le magnifique spectacle qu'offrait la très simple ornementation de la pièce. Des murs azurés se détachaient les troncs de hauts palmiers de bronze doré, qui recourbaient leurs immenses feuilles toutes luisantes en une étincelante voûte d'émeraude.

Au milieu de la salle, reposant sur trois lions égyptiens en bronze noir, une dalle de porphyre supportait un simple vase d'or : dès qu'il l'eut aperçu, Anselmus ne put en détacher ses yeux. On eût dit en effet que sur l'or rayonnant, poli comme un miroir, se jouaient toutes sortes d'images, en mille reflets chatoyants ; lui-même pouvait s'y voir, les bras tendus dans le geste du plus ardent désir... Ah ! près du sureau, là !... voici que Serpentina dansait devant lui en douces ondulations, le fixant de ses yeux adorables... Au comble de l'extase il s'écria :

– Serpentina ! Serpentina !...

– A quoi pensez-vous donc, mon cher monsieur Anselmus ? s'enquit promptement l'archiviste en se tournant vers lui. Si je ne m'abuse, vous appeliez ma fille. Elle est à l'heure qu'il est à l'autre bout de la maison, dans sa chambre, à prendre sa leçon de piano. Venez donc !

Il s'éloignait déjà ; Anselmus le suivait, à demi conscient, sans plus rien voir ni entendre, quand l'archiviste le saisit vivement par la main et lui dit :

– Nous y sommes !

Anselmus se réveilla comme d'un songe : il s'aperçut alors qu'il se trouvait dans une haute salle tout entière tapissée de casiers à livres, qui offrait exactement l'aspect d'une bibliothèque ou d'une salle d'étude ordinaire. Au centre était dressée une grande table de travail, avec un fauteuil rembourré en vis-à-vis.

– Cette pièce, déclara l'archiviste Lindhorst, sera pour le moment votre cabinet de travail ; je ne sais pas encore s'il vous faudra travailler dans la grande bibliothèque bleue, où vous avez si inopinément interpellé ma fille : pour l'instant je désirerais d'abord m'assurer que vous êtes réellement capable d'accomplir selon mes vœux et mes besoins le travail que je vous destine.

L'étudiant Anselmus avait repris confiance ; il tira de sa poche ses dessins et ses exercices de calligraphie, non sans une intime satisfaction, convaincu qu'il était de pouvoir éblouir l'archiviste par l'étalage de son rare talent. Mais l'archiviste avait à peine jeté les yeux sur la première feuille – un élégant spécimen d'écriture anglaise – qu'il eut un étrange sourire et secoua la tête. Il en fut de même à chacune des feuilles suivantes, si bien qu'Anselmus sentit le sang lui monter à la tête ; et quand à la fin le sourire de l'archiviste se fit nettement dédaigneux et railleur, il éclata non sans humeur :

– M. l'archiviste ne semble guère satisfait de mes modestes talents ?

– Cher monsieur Anselmus, répondit l'autre, vous avez pour l'art de la calligraphie des dispositions réellement admirables ; provisoirement néanmoins, à ce que je vois, il me faudra compter davantage sur votre application et sur votre bonne volonté que sur votre habileté. Mais cela peut tenir aussi aux mauvais matériaux dont vous vous êtes servi... L'étudiant Anselmus s'étendit longuement sur son habileté, dont tout le monde convenait, sur ses bâtons d'encre de Chine et ses plumes de corbeau, qui étaient de tout premier choix. Mais l'archiviste Lindhorst lui tendit alors sa page d'anglaise et lui dit :

– Jugez vous-même !

Anselmus fut comme frappé par la foudre, tellement l'écriture en question lui parut abominable : aucun arrondi dans les traits, aucune exactitude dans les pleins et les déliés, aucune proportion entre les grands et les petits caractères, enfin et surtout de ridicules pattes de mouche tout juste dignes d'un écolier et qui gâtaient les lignes les mieux venues !

– Et puis, poursuivit l'archiviste, votre encre de Chine ne tient pas.

Il plongea le doigt dans un verre rempli d'eau, et à peine l'eut-il secoué légèrement sur les lettres, que tout disparut sans laisser la moindre trace.

Il semblait à l'étudiant Anselmus qu'une main monstrueuse lui étreignait la gorge. Il ne put proférer un seul mot : il restait là, pétrifié, sa malheureuse feuille à la main. Mais l'archiviste éclata de rire et lui dit :

– Ne vous découragez pas pour cela, cher monsieur Anselmus ! Peut-être réussirez-vous chez moi ce que vous n'avez pu accomplir ailleurs... Et puis vous trouverez ici de meilleurs matériaux que ceux que vous aviez à votre disposition... Mettez-vous donc tranquillement au travail.

L'archiviste Lindhorst alla d'abord chercher dans une armoire fermée une substance noire, fluide, qui répandait une odeur singulière, puis des plumes de couleur bizarre taillées en pointes très fines, et une feuille de vélin d'une blancheur et d'un poli extraordinaires ; enfin un manuscrit arabe. A peine Anselmus était-il assis à sa table qu'il quitta la chambre.

Anselmus avait déjà eu souvent l'occasion de transcrire des textes arabes, et ce premier travail ne lui parut pas trop difficile à exécuter.

« Vraiment ! comment ces pattes de mouche ont-elles pu se glisser dans ma belle cursive anglaise ? songeait-il. Dieu et l'archiviste Lindhorst le savent peut-être, mais je veux bien mourir si elles sont de ma main ! »

A mesure que les mots, bien venus, s'alignaient sur le parchemin, son courage croissait, et en même temps son adresse. De fait, ces plumes écrivaient elles aussi fort excellemment, et l'encre mystérieuse coulait ductile et noire comme du jais sur le vélin éclatant de blancheur. Il travaillait maintenant avec tant de zèle, et si fort concentré sur sa tâche, qu'il se sentit bientôt parfaitement à l'aise dans cette pièce solitaire ; il s'était déjà si bien adapté à sa besogne qu'il pensait à présent être tout à fait en mesure de la mener à bonne fin. Sur le coup de trois heures, l'archiviste l'appela dans la chambre voisine pour le dîner.

A table, l'archiviste Lindhorst fut d'une humeur particulièrement enjouée. Il s'informa des amis de l'étudiant, du vice-recteur Paulmann, du greffier Heerbrand, et sut notamment raconter sur ce dernier une foule de choses plaisantes. L'excellent vin vieux du Rhin fut tout à fait au goût d'Anselmus, et le rendit plus loquace qu'il n'était naturellement. Mais sur le coup de quatre heures, il se leva pour aller se remettre au travail, et cette ponctualité parut plaire à l'archiviste.

Si avant le repas il s'était déjà fort bien tiré de la copie des caractères arabes, son travail maintenant marchait encore bien mieux : il ne pouvait même comprendre la rapidité et la facilité avec lesquelles il arrivait à copier les traits compliqués de cette écriture étrangère. Mais il lui semblait qu'une voix murmurait au plus profond de son âme ces paroles qu'il percevait distinctement : « Ah ! pourrais-tu donc accomplir cela si tu ne LA portais dans ton esprit, dans toutes tes pensées, si tu n'avais foi en ELLE et en son amour ? » Il y eut comme un souffle léger, immatériel, comme une vibration de cloches de cristal, et ce fut un murmure à travers la pièce :

– Je suis près de toi… tout près de toi ! Je t'aide… sois courageux… sois persévérant, cher Anselmus ! Je peine avec toi, pour qu'un jour tu sois à moi !

Et tandis qu'il écoutait ces paroles, tout plein d'un intime ravissement, les signes inconnus lui devenaient de plus en plus intelligibles ; à peine lui était-il nécessaire à présent de regarder sur l'original ; il semblait même que les signes se trouvaient déjà inscrits sur le parchemin à l'encre pâle, et qu'il n'y avait plus qu'à les passer au noir d'une main habile.

Il continua de travailler ainsi, encouragé par les sons aimables qui l'enveloppaient de suaves et doux effluves. Comme la cloche sonnait six heures, l'archiviste Lindhorst entra dans la pièce. Il s'avança vers la table, un sourire énigmatique sur les lèvres. Anselmus, en silence, se leva. L'archiviste le regardait toujours avec son air railleur et narquois, mais à peine eut-il jeté les yeux sur la copie que ce sourire se changea en une expression de souveraine et profonde gravité qui figea soudain les muscles de son visage. Ce n'était plus le même homme : ses yeux d'ordinaire durs et étincelants brillaient maintenant, en contemplant Anselmus, d'une douceur indescriptible ; une tendre rougeur colora ses joues pâles, et ses lèvres, habituellement torturées par l'ironie, s'entrouvrirent, douces et amènes, pour des paroles de sagesse qui ne pouvaient qu'aller droit au cœur. Sa taille paraissait soudain plus haute, plus majestueuse. Son ample robe de chambre lui drapait en larges plis la poitrine, tel un manteau royal ; et parmi les boucles blanches qui encadraient son vaste front serpentait un mince anneau d'or.

– Jeune homme, commença l'archiviste d'un ton solennel, jeune homme, j'ai reconnu, avant que tu l'aies seulement pressenti, tous les liens secrets qui t'attachent à ce que j'ai de plus cher ! Serpentina t'aime, et une étrange fatalité, dont la trame irrévocable a été tissée par des puissances ennemies, s'accomplira le jour où elle deviendra tienne : lorsqu'elle t'apportera en dot le Vase d'or qui est sa propriété. Mais c'est la lutte qui décidera de ton accession bienheureuse à une existence supérieure. Des principes hostiles s'acharnent contre toi, et seule la force d'âme que tu opposeras à leurs attaques pourra te sauver de la honte et de la mort. En travaillant ici, tu achèves ton temps d'apprentissage ; la foi et la science te conduiront au but, qui est proche, si tu persistes dans l'œuvre qu'il t'a fallu entreprendre. Porte bien fidèlement dans ton cœur celle qui t'aime, et tu contempleras les merveilleuses splendeurs du Vase d'or : et tu seras heureux à jamais ! Là-dessus, adieu ; l'archiviste Lindhorst t'attend demain à midi dans ton cabinet de travail. Adieu !

L'archiviste poussa doucement Anselmus vers la porte qu'il referma ensuite à clé derrière lui. L'étudiant se retrouva dans la salle où il avait pris son repas, et dont l'unique porte donnait sur le palier. Tout étourdi de tant de visions merveilleuses, il s'était arrêté un moment devant la porte d'entrée, quand une fenêtre s'ouvrit à l'étage, juste au-dessus de lui ; il leva les yeux : c'était l'archiviste Lindhorst, exactement le même vieillard qu'il pouvait voir tous les jours, dans son habit gris clair.

– Eh bien, digne monsieur Anselmus, à quoi rêvez-vous donc là ? Que se passe-t-il ? L'arabe vous serait-il monté au cerveau ? Saluez donc de ma part M. le vice-recteur Paulmann, si par hasard vous allez jusque chez lui, et revenez demain à midi juste. Vos honoraires pour aujourd'hui se trouvent déjà dans la poche droite de votre gilet.

L'étudiant Anselmus trouva effectivement le brillant thaler d'argent dans la poche indiquée, mais il n'en fut pas plus heureux pour cela. « Ce qui sortira de tout cela, je l'ignore… Mais quand je ne serais que le jouet d'une folle illusion ou de quelque mirage, il n'en est pas moins certain que l'aimable Serpentina vit et agit au plus profond de moi : plutôt mourir mille morts que de la quitter. Car je sais toujours une chose : la Pensée en moi est éternelle et aucune puissance adverse ne pourra l'anéantir. Et la Pensée pourrait-elle être autre chose que l'amour de Serpentina ? »

SEPTIÈME VEILLÉE

Le vice-recteur Paulmann
secoue sa pipe et va se coucher.
Rembrandt et Breughel d'Enfer. Le miroir enchanté
et l'ordonnance du Dr Eckstein
contre une maladie
inconnue.

Le vice-recteur Paulmann secoua enfin sa pipe et dit :

– Je crois qu'il est grand temps d'aller se coucher !

– Certes, repartit Veronika, qui s'inquiétait de voir son père prolonger la veillée plus que de coutume.

En effet dix heures avaient sonné depuis longtemps. Mais à peine le vice-recteur était-il passé dans sa chambre à coucher (qui était aussi son cabinet de travail), à peine la respiration plus sonore de Fränzchen avait-elle révélé qu'indiscutablement elle dormait, que Veronika, qui s'était mise elle aussi au lit pour donner le change, se releva doucement, tout doucement, s'habilla, jeta son manteau sur ses épaules et se glissa hors de la maison.

Depuis l'instant où elle avait quitté la vieille Lise, l'image d'Anselmus la hantait sans cesse, et elle ne pouvait s'expliquer quelle voix étrange lui répétait inlassablement dans le fond de son cœur que la résistance de son bien-aimé avait pour cause une personne à elle hostile, qui le retenait captif dans des liens que Veronika pouvait briser par les mystérieux moyens de la magie. Sa confiance dans la vieille Lise croissait de jour en jour, et même le sentiment de malaise et d'horreur qu'elle avait d'abord ressenti s'effaçait, en sorte que tout ce qu'il y avait de merveilleux et d'étrange dans ses rapports avec la vieille lui apparaissait comme nimbé d'un halo d'extraordinaire et de romanesque, qui à présent la fascinait. Aussi bien était-elle fermement décidée, dût son escapade être découverte et lui valoir mille désagréments, à tenter l'aventure de l'équinoxe.

Enfin était arrivée la nuit fatidique où la vieille Lise lui avait promis aide et réconfort ; Veronika, depuis longtemps familiarisée avec l'idée de cette course nocturne, se sentait pleine de courage. Elle filait comme un trait à travers les rues désertes, sans se soucier des mugissements de l'orage ni des larges gouttes de pluie qui lui cinglaient le visage. Enfin le bourdon de l'église de la Croix fit sourdement retentir ses onze coups, à l'instant même où Veronika arrivait, toute trempée, devant la maison de la vieille.

– Ma petite chérie, ma petite chérie ! déjà là !... Attends un peu, attends ! cria-t-on d'en haut.

Aussitôt la vieille parut à la porte, chargée de sa corbeille et suivie de son chat.

– Eh bien ! nous allons faire et pratiquer, en cette nuit propice, tout ce qui pourra être convenable et profitable à notre affaire !

En disant ces mots, la vieille saisit de sa main froide la frissonnante Veronika et lui donna à porter sa lourde corbeille, tandis qu'elle-même exhibait un chaudron, un trépied et une bêche. Quand elles arrivèrent dans la campagne, il ne pleuvait plus, mais la tempête avait redoublé de violence et remplissait l'air de mille hurlements. D'effroyables lamentations, déchirantes à fendre le cœur, déferlaient du haut des nuages qui se pelotonnaient dans leur fuite rapide, enveloppant toutes choses d'une épaisse obscurité. La vieille avançait rapidement, criant d'une voix glapissante :

– Éclaire… éclaire, mon garçon !

Veronika voyait alors devant elle des éclairs bleus qui serpentaient et se croisaient en tous sens : c'étaient les cabrioles du chat qui dans un crépitement d'étincelles faisaient jaillir des lueurs qui illuminaient leur route ; et c'étaient encore les épouvantables appels du matou qu'elle entendait dès que la tempête faisait un instant silence.

Le souffle allait lui manquer et il lui semblait que des griffes glacées lui lacéraient les entrailles ; mais elle se raidit de toutes ses forces et se cramponna plus étroitement à la vieille :

– Maintenant, dit-elle, il faut que tout s'accomplisse ! Arrive que voudra !

– Bien cela, petite fille ! répondit la vieille ; reste bien ferme, et je te garantis quelque chose de beau, et ton Anselmus pardessus le marché !

A la fin, elle s'arrêta :

– Nous y sommes ! dit-elle.

Elle creusa un trou dans la terre, y versa du charbon et plaça par-dessus le trépied, sur lequel elle posa le chaudron : elle accompagnait tout ceci de gestes étranges, tandis que le matou tournait en rond autour d'elle, faisant jaillir de sa queue des étincelles qui figuraient un cercle de feu. Bientôt les charbons commencèrent à rougir ; enfin des flammes bleues s'élancèrent au-dessous du trépied. Veronika dut alors ôter son manteau et son voile pour s'accroupir à côté de la vieille, qui s'empara de ses mains et les serra solidement tout en fixant la jeune fille de ses yeux de braise. A ce moment, les mystérieux produits que la vieille avait tirés de sa corbeille et jetés dans le chaudron – étaient-ce des fleurs, des métaux, des herbes, des animaux ?… impossible de le distinguer – commencèrent à bouillir à gros bouillon. La vieille lâcha Veronika, se saisit d'une cuiller de fer, qu'elle plongea dans la masse brûlante, et se mit à remuer tandis que la jeune fille, sur son ordre, regardait fixement l'intérieur du chaudron, toutes ses pensées dirigées sur Anselmus. Puis elle jeta encore dans le récipient des morceaux de métal étincelants, et même une boucle de cheveux que Veronika avait dû se couper au sommet de la tête, ainsi qu'un petit anneau qu'elle avait longtemps porté, le tout en proférant des sons inintelligibles entrecoupés de sinistres hululements, cependant que le chat poursuivait dans la nuit sa ronde infatigable en poussant ses atroces miaulements.

Supposons, ami lecteur, que tu te sois trouvé cette même nuit du 23 septembre engagé sur la route de Dresde : comme la soirée s'avançait, on a vainement essayé de te retenir à la dernière poste ; l'aimable aubergiste t'a représenté qu'il tempêtait et pleuvait vraiment trop, et surtout qu'il n'était pas prudent d'aller ainsi s'enfoncer dans l'obscurité par cette nuit d'équinoxe. Mais tu as fait fi de tout cela en te disant, fort justement : « Je donnerai au postillon un bon thaler de pourboire et je serai à Dresde à une heure au plus tard, confortablement installé à L'Ange d'Or, ou au Casque, ou à La Ville de Naumburg, où m'attendent un bon souper tout prêt et un lit moelleux. » Or, tandis que tu roules ainsi dans les ténèbres, tu aperçois soudain dans le lointain une lueur vacillante de l'aspect le plus inquiétant. Tu distingues bientôt un cercle de feu, et au centre, à travers un épais rideau de fumée et de flammes d'où jaillissent de rouges bouquets d'étincelles, accroupies devant un chaudron, deux silhouettes. Ta route passe juste au milieu du feu, mais les chevaux piaffent et renâclent. Le postillon jure, il prie, il fouette les chevaux… mais ceux-ci ne bougent pas de la place.

Tu n'as pu t'empêcher de sauter de la voiture et de te précipiter ; tu distingues à présent la svelte et charmante jeune fille, en blancs et fins vêtements de nuit, à genoux devant le chaudron. La tempête a dénoué ses tresses, et sa longue chevelure châtain flotte librement au vent. La clarté aveuglante des flammes qui dansent sous le trépied rehausse l'angélique beauté de son visage, mais l'épouvante qui a déversé en elle son torrent glacé a figé tous ses traits en un masque d'une pâleur de mort, et dans ce regard fixe, dans ces sourcils relevés, dans cette bouche qui s'ouvre en vain pour laisser libre cours au cri d'angoisse mortelle qu'elle ne peut arracher de sa poitrine oppressée par une souffrance sans nom, tu lis son horreur, son effroi. Elle tient ses petites mains, convulsivement jointes, levées vers le ciel, comme si de ses prières elle appelait à elle ses anges gardiens pour la protéger contre les monstres de l'enfer qu'une irrésistible conjuration est sur le point de faire apparaître…

Tel est le tableau. Elle, agenouillée, immobile comme une statue de marbre. En face d'elle, accroupie sur le sol, une longue et maigre créature au teint de cuivre, au nez crochu en bec de vautour, aux yeux de chat étincelants ; du manteau noir qui l'enveloppe sortent deux bras nus parfaitement squelettiques et, tout en remuant son infernal brouet, elle rit et glapit d'une voix de pie-grièche à travers les mugissements de la tempête déchaînée.

Je crois bien, aimable lecteur, que lors même que tu n'aurais encore connu ni peur ni crainte, à l'aspect pourtant de ce tableau vivant digne de Rembrandt ou de Breughel d'Enfer, tes cheveux se seraient dressés de terreur sur ta tête… Mais ton regard n'a pu se détacher de la jeune fille prisonnière de ces infernales pratiques, et la secousse électrique qui a fait vibrer tous tes nerfs, toutes tes fibres, a allumé en toi avec la rapidité de l'éclair la courageuse pensée de tenir tête aux mystérieuses puissances du cercle de feu : elle a aussi emporté du même coup ton épouvante ; bien plus, c'est au sein de cette épouvante, de cette horreur qu'a germé ta décision ! Il t'a semblé que tu étais toi-même l'un des anges gardiens qu'implorait la jeune fille dans sa mortelle angoisse, et que tu n'avais rien d'autre à faire que de sortir à l'instant ton pistolet de ta poche et de tirer sans hésiter sur la vieille. Seulement, tout en échafaudant ce plan, tu t'es écrié : « Hé là-bas ! » ou bien : « Que se passe-t-il ? » ou bien encore : « Que faites-vous donc ? » Le postillon à ce moment-là souffle bruyamment dans son cor, la vieille culbute dans sa marmite, et tout s'évanouit à l'instant même dans une épaisse vapeur.

Aurais-tu trouvé la jeune fille (car tu n'aurais certes pas manqué d'aller aussitôt à sa recherche dans les ténèbres, poussé par un vif et profond désir)? Cela, je ne puis te l'affirmer. Nul doute en tout cas que tu eusses réduit à néant l'enchantement de la vieille et rompu le cercle magique dans lequel Veronika s'était inconsidérément laissé enfermer…

Mais personne – ni toi-même –, ami lecteur, ne passa en voiture ou à pied, en cette nuit du 23 septembre, si propice aux sorcelleries… et Veronika, dans une angoisse mortelle, en fut réduite à attendre près du chaudron que l'œuvre fût accomplie. Et il lui fallut entendre tous ces hurlements et ces mugissements autour d'elle, toute une cacophonie de bêlements et de coassements ; mais elle ne leva pas les yeux, car elle sentait que le spectacle des choses horribles et effrayantes qui l'entouraient pourrait bien la faire sombrer dans une démence irrémédiable.

La vieille avait enfin cessé de faire tourner sa cuiller dans le chaudron ; la vapeur se fit moins épaisse, et il finit par ne plus flamber qu'une petite flamme d'alcool au fond du récipient. Alors la vieille cria :

– Veronika, mon enfant, ma petite chérie ! regarde au fond !… Que vois-tu… que vois-tu donc ?

Veronika ne savait que répondre, bien qu'il lui semblât apercevoir au fond du chaudron tout un tourbillon de figures confuses. Mais des formes de plus en plus précises ne tardèrent pas à se dégager, et tout à coup Anselmus surgit devant elle : il la regardait en souriant et lui tendait la main.

– Ah !… Anselmus !… c'est Anselmus ! cria-t-elle.

D'un geste rapide, la vieille ouvrit le robinet adapté au

chaudron, et une coulée de métal brûlant se déversa en sifflant et en crépitant dans un petit moule qu'elle avait placé dessous.

Puis elle bondit et se mit à danser tout autour du récipient en poussant des cris qu'elle accompagnait d'horribles et sauvages contorsions.

– L'œuvre est accomplie !... Merci, mon fils ! Tu as bien monté la garde !... Hou !... hou !... Il arrive !... Mords-le, saigne-le à mort !...

A ce moment-là, on entendit comme un puissant mugissement venu des airs : on eût dit le battement d'ailes de quelque aigle monstrueux. Et une voix terrifiante cria :

– Halte-là ! canailles !... En voilà assez !... en voilà assez !... Ouste, à la maison !

La vieille s'écroula en hurlant ; quant à Veronika, elle perdit connaissance.

Lorsqu'elle revint à elle, il était grand jour ; elle était couchée dans son lit et Fränzchen se tenait à son chevet, une tasse de thé fumant à la main.

– Que t'est-il arrivé, ma chère sœur ? demanda la fillette. Raconte-moi ! Voilà une heure et plus que je suis près de toi, et tu étais toujours sans connaissance, brûlante de fièvre, et tu gémissais et te lamentais à nous faire peur à tous ! Père, à cause de toi, n'est pas allé à son cours aujourd'hui, il sera là dans un instant avec le docteur.

Veronika prit le thé en silence et, tandis qu'elle buvait à petites gorgées, les images horribles de la nuit revenaient brutalement sous ses yeux : « Ainsi, tout cela n'était en réalité qu'un cauchemar dont j'aurais été tourmentée ?... Je suis pourtant bel et bien allée hier soir chez la vieille, et nous étions le 23 septembre... A moins que je ne sois vraiment tombée malade hier soir ? Je me serais simplement figuré tout cela... Si je suis tombée malade, c'est assurément à force de penser à Anselmus et à cette singulière vieille femme qui se faisait passer pour Lise et qui n'a fait que se moquer de moi ! »

Fränzchen était sortie ; elle revint avec le manteau de Veronika tout trempé :

– Regarde donc, sœurette, dit-elle, ce qui est arrivé à ton manteau : la tempête de cette nuit a dû brusquement ouvrir la fenêtre et renverser la chaise sur laquelle il était posé ; il a plu dans la chambre : il est tout mouillé.

Ces paroles pesèrent comme du plomb sur le cœur de Veronika, car elle voyait bien maintenant qu'elle n'avait pas été tourmentée par un rêve mais qu'elle était tout de bon allée chez la vieille. L'angoisse et l'horreur la saisirent, et une fièvre glacée fit tressaillir tous ses membres. Dans un sursaut convulsif elle tira vivement la couverture sur elle, mais elle sentit alors quelque chose de dur peser sur sa poitrine ; elle porta la main sur ce qui lui sembla être un médaillon. Dès que Fränzchen fut partie avec le manteau, elle tira l'objet à la lumière : c'était un petit miroir de métal rond, brillamment poli.

– C'est un présent de la vieille ! s'écria-t-elle aussitôt.

Il lui sembla que des rayons de feu jaillissaient du petit miroir, la pénétrant d'une bienfaisante chaleur. Le frisson de fièvre était passé, et un ineffable sentiment d'aise et de bien-être l'envahit tout entière.

Elle ne put s'empêcher de penser à Anselmus et, comme elle concentrait de plus en plus fort ses pensées sur lui, elle le vit lui sourire amicalement du fond du miroir, comme un vivant portrait miniature. Bientôt même il lui parut qu'elle n'avait plus une image sous les yeux… non !… mais Anselmus lui-même, en chair et en os. Il était assis dans une haute pièce étrangement décorée, et s'appliquait à écrire. Veronika voulait s'approcher, lui frapper sur l'épaule et lui dire : « Monsieur Anselmus, regardez donc autour de vous, je suis là ! » Or la chose était tout à fait impossible, car l'étudiant semblait prisonnier d'un éblouissant cercle de feu… Cela dit, quand Veronika y regardait de plus près, ce n'était pourtant là qu'un rempart de gros volumes à tranches dorées. Enfin son regard réussit à capter celui d'Anselmus : ce fut alors comme s'il devait faire un effort de mémoire pour la reconnaître ; il finit tout de même par lui sourire et lui dit :

– Tiens !… c'est vous, chère mademoiselle Paulmann ! Mais pourquoi vous amusez-vous donc ainsi à prendre des allures de petit serpent ?

A ces bizarres paroles, Veronika ne put s'empêcher d'éclater de rire. Elle se réveilla alors comme d'un songe profond, et n'eut que le temps de dissimuler le petit miroir, car la porte s'ouvrait, et le vice-recteur Paulmann fit son entrée dans la chambre en compagnie du Dr Eckstein.

Le médecin alla aussitôt vers le lit et tâta longuement le pouls de Veronika d'un air absorbé.

– Hum ! hum !… fit-il.

Puis il écrivit son ordonnance, saisit encore une fois le pouls, répéta son « Hum ! hum ! » et quitta la malade.

Les déclarations du praticien ne permirent guère au vice-recteur Paulmann de se faire une nette idée du mal qui pouvait bien tourmenter Veronika…

HUITIÈME VEILLÉE

La bibliothèque aux palmiers.
Aventures de l'infortuné Salamandre.
Comment la plume noire caressa la betterave.
Et comment le greffier Heerbrand s'enivra copieusement.

Il y avait déjà plusieurs jours que l'étudiant Anselmus travaillait chez l'archiviste Lindhorst. Ces heures laborieuses étaient pour lui les plus heureuses de sa vie, car toujours bercé par de charmantes harmonies et par les paroles réconfortantes de Serpentina, souvent même caressé par une haleine qui venait doucement l'effleurer, un bien-être comme il n'en avait jamais éprouvé le pénétrait, le transportant parfois jusqu'à l'extase suprême. Toutes les misères, tous les petits soucis de son existence besogneuse avaient disparu de son esprit et de ses pensées ; dans la nouvelle vie qui se révélait à lui, aussi prestigieuse qu'un lever de soleil, il s'ouvrait enfin à toutes les merveilles d'un monde transcendant, qui naguère l'eussent empli de trouble et même d'effroi.

La copie des manuscrits avançait rapidement, car il était de mieux en mieux convaincu qu'il n'avait qu'à transcrire simplement sur le parchemin des caractères depuis longtemps familiers, et qu'il avait à peine besoin de regarder l'original pour tout reproduire avec la plus grande exactitude. En dehors de l'heure du repas, l'archiviste Lindhorst ne se montrait que rarement, mais chaque fois, il s'ingéniait pour apparaître au moment précis où Anselmus en terminait avec les dernières lignes d'un manuscrit. Sans prononcer un mot, il lui en donnait aussitôt un autre, remuait l'encre avec un bâtonnet noir, remplaçait les plumes usagées par de nouvelles plumes fraîchement taillées, et se retirait.

Un jour qu'Anselmus, sur le coup de midi, venait de monter l'escalier, il trouva fermée la porte par où il entrait d'habitude ; l'archiviste Lindhorst se montra du côté opposé, dans sa merveilleuse robe de chambre ornée de fleurs éclatantes :

– Pour aujourd'hui, mon digne Anselmus, lui dit-il d'une voix forte, vous entrerez par ici, car il nous faut aller dans la pièce où nous attend le maître de la Bhagavad-Gîtâ.

Après avoir traversé le corridor, il conduisit Anselmus à travers les mêmes appartements, les mêmes salles que la première fois. De nouveau Anselmus put admirer la merveilleuse splendeur du jardin, mais cette fois-ci, il vit fort nettement que nombre des fleurs étranges qui se trouvaient suspendues aux sombres bosquets étaient en réalité des insectes parés d'éblouissantes couleurs, qui faisaient battre doucement leurs ailes en un tourbillonnant ballet, et dont les trompes semblaient se déployer en d'amoureuses caresses. Au contraire, les oiseaux roses et bleu d'azur étaient devenus des fleurs odorantes, et les parfums qu'elles exhalaient montaient de leurs calices en harmonies sonores légères et charmantes qui se mêlaient au murmure des sources lointaines, au frémissement des arbustes élancés et des arbres, composant autant d'accords mystérieux d'une nostalgie poignante. Quant aux oiseaux moqueurs qui l'avaient tant harcelé et raillé l'autre fois, ils voletaient toujours autour de sa tête, lui criant sans arrêt de leur petite voix grêle :

– Monsieur l'étudiant ! Monsieur l'étudiant ! ne vous pressez pas tant… Et ne lorgnez pas ainsi les nuages… vous pourriez tomber sur le nez !… Eh ! eh ! Monsieur l'étudiant, passez donc le peignoir ! Compère le hibou va vous friser le toupet…

Et ce sot caquetage continua ainsi jusqu'à ce qu'Anselmus eût quitté le jardin.

L'archiviste Lindhorst entra enfin dans la chambre azurée : le socle de porphyre avec le Vase d'or avait disparu ; à sa place, au milieu de la pièce, était dressée une table toute tendue de velours violet sur laquelle se trouvaient disposés les instruments d'écriture bien connus d'Anselmus ; en vis-à-vis attendait un fauteuil, recouvert du même tissu.

– Cher monsieur Anselmus, commença l'archiviste Lindhorst, vous avez copié déjà, à ma grande satisfaction, nombre de manuscrits, et cela avec exactitude et rapidité. Vous vous êtes acquis ma confiance ; mais le plus important reste encore à faire : il s'agit cette fois de recopier, ou plutôt de reproduire par le dessin, certains ouvrages composés en caractères spéciaux, que je conserve dans cette salle, et qui ne peuvent être transcrits qu'ici même. Vous travaillerez donc désormais en ce lieu, mais je dois vous recommander la plus grande précaution, la plus extrême attention : un faux trait, ou – ce dont le ciel vous puisse préserver ! – une tache d'encre qui éclabousserait l'original, et vous seriez aussitôt plongé dans le malheur !

Anselmus avait remarqué que de petites feuilles vert émeraude se détachaient sur les troncs dorés des palmiers : l'archiviste en saisit une, et Anselmus s'aperçut alors que la feuille en question n'était pas autre chose qu'un rouleau de parchemin, que l'archiviste déroula aussitôt et étala devant lui sur la table. L'étudiant ne fut pas peu surpris à la vue des signes étrangement entrelacés et des innombrables petits points, traits et paraphes qui semblaient figurer tantôt des plantes, tantôt des mousses, tantôt des formes animales, et le courage faillit presque lui manquer à se demander s'il saurait recopier tout cela avec assez d'exactitude. Il parut soudain bien perplexe, mais l'archiviste intervint :

– Courage ! mon jeune ami, si ta foi est suffisamment éprouvée et ton amour sincère, Serpentina t'aidera !

Sa voix avait l'éclat du métal, et comme Anselmus, soudain effrayé, levait les yeux, il se dressa devant lui sous son aspect royal, tel qu'il lui était apparu le jour de sa première visite, dans la bibliothèque. Anselmus, tout pénétré de vénération, était sur le point de tomber à genoux, mais l'archiviste grimpa rapidement au tronc d'un des palmiers et disparut au milieu du feuillage d'émeraude.

L'étudiant Anselmus comprit alors qu'il venait de parler au Prince des esprits, et que celui-ci avait dû regagner son cabinet de travail, sans doute pour tenir conseil avec les rayons envoyés en ambassade depuis quelque planète, sur le sort qu'il convenait de réserver à Anselmus et à la belle Serpentina. « Il se peut aussi, pensa-t-il encore, qu'il attende là-haut des nouvelles des sources du Nil, ou qu'un magicien venu de Laponie lui rende visite… Quant à moi, je n'ai qu'à me mettre avec diligence au travail ! » Et il commença incontinent à étudier les étranges caractères du rouleau de parchemin.

Les échos de la merveilleuse musique du jardin parvenaient jusqu'à lui, l'entourant de suaves et délicieux arômes ; il pouvait entendre aussi au loin les oiseaux moqueurs rire sous cape, mais il ne comprenait pas leurs paroles, ce dont il était fort aise. Parfois aussi il lui semblait que le feuillage d'émeraude des palmiers se mettait à bruire, et qu'alors les charmants accords cristallins qu'il avait entendus en ce jour prédestiné de l'Ascension, sous le sureau, rayonnaient à travers la salle en ondes lumineuses. Merveilleusement réconforté par tous ces sons, par toutes ces lumières, Anselmus concentrait de plus en plus son esprit et ses pensées sur le titre du rouleau de parchemin, et bientôt il sentit, comme par l'effet d'une intime révélation, que les signes ne pouvaient signifier autre chose que ces mots : « *Des fiançailles de Salamandre avec le Serpent vert…* »

A ce moment retentit un puissant accord parfait, un triple accord de claires cloches de cristal… et un souffle passa à travers les feuilles en murmurant :

– Anselmus, cher Anselmus !…

Ô merveille ! glissant le long du tronc d'un palmier, le petit serpent vert descendait vers lui en souples ondulations…

– Serpentina ! adorable Serpentina ! s'écria-t-il au comble de la plus folle extase.

Car, à y regarder plus attentivement, c'était bien une délicieuse et ravissante jeune fille qui à présent s'avançait vers Anselmus en se balançant gracieusement, fixant sur lui le regard de ses yeux bleu sombre – les yeux qui vivaient dans le fond de son âme ! – tout empreints d'un inexprimable désir. Les feuilles parurent alors s'abaisser et se déployer ; partout des épines jaillissaient sur les troncs des arbres, mais la souple et sinueuse Serpentina passait habilement au travers, serrant contre elle sa robe flottante qui paraissait scintiller de mille chatoyantes couleurs et qui, épousant étroitement les formes de son corps, ne s'accrochait à aucune saillie épineuse. Elle s'assit à côté d'Anselmus, sur le même siège, et l'enlaça de son bras en le pressant si fort qu'il pouvait sentir le souffle qu'exhalaient ses lèvres et jusqu'à la chaleur électrique de son corps.

– Cher Anselmus, commença Serpentina, maintenant tu seras bientôt tout à moi ; par ta foi, par ton amour, tu m'auras gagnée et je t'apporterai le Vase d'or qui nous rendra tous deux heureux à jamais !

– Ô chère et adorable Serpentina, répondit Anselmus, pourvu que tu sois mienne, que m'importe tout le reste !

Pourvu que tu sois à moi, je consens à sombrer parmi toutes ces choses étranges et merveilleuses dont je n'ai pu me dégager depuis l'instant où je t'ai vue !

– Je sais bien, poursuivit Serpentina, que ce monde de merveilles inconnues où mon père t'a plongé, sans autre but souvent que de donner libre cours à son caprice, a fait naître en toi l'horreur et l'effroi ; mais espérons que cela n'arrivera plus, car je ne suis ici, en ce moment, que pour te raconter sincèrement, cher Anselmus, du fond du cœur et jusque dans les plus petits détails, tout ce qu'il te faut apprendre afin de bien connaître mon père et de savoir exactement à quoi t'en tenir à son sujet aussi bien qu'au mien.

Il semblait à Anselmus que la belle et aimable créature l'avait si étroitement étreint, si parfaitement enlacé, qu'il ne pouvait plus désormais remuer ni agir qu'avec elle, et que seules les pulsations du cœur de Serpentina vibraient à présent dans ses propres fibres, dans ses propres nerfs. Il prêtait l'oreille à ses paroles, et chacune d'elles résonnait jusqu'au fond de son être, allumant en lui, tel un lumineux rayon, une félicité céleste. Il avait placé son bras autour de la taille flexible de Serpentina, mais l'étoffe brillante de la robe aux reflets changeants était si lisse, si glissante, qu'il lui sembla tout à coup que la jeune fille pouvait en un instant se dégager et lui échapper sans qu'il pût la retenir, et cette seule idée le fit frémir :

– Ah ! ne m'abandonne pas, adorable Serpentina ! s'écria-t-il malgré lui : tu es toute ma vie !

– Te quitter ? Pas avant de t'avoir raconté tout ce que ton amour pour moi peut t'aider à comprendre. Sache donc, mon bien-aimé, que mon père est issu de la race merveilleuse des Salamandres, et que je dois mon existence à son amour pour le Serpent vert. Dans la nuit des temps, au pays fabuleux d'Atlantide, régnait le puissant Phosphorus, Prince des esprits, auquel obéissaient les esprits élémentaires. Or il arriva que son favori, Salamandre (c'était mon père), en se promenant dans le splendide jardin que la mère de Phosphorus avait orné de ses dons les plus magnifiques, entendit un grand lys chanter doucement : « Ferme bien fort tes jolis yeux, en attendant que mon bien-aimé, le vent du matin, t'éveille. »

» Il s'approcha de la fleur qui, à peine effleurée par son ardente haleine, ouvrit sa corolle, et il aperçut la fille du Lys, le Serpent vert, qui sommeillait au fond du calice. A cette vue, Salamandre fut saisi d'un amour brûlant pour le beau serpent, et il l'arracha au lys, dont les parfums appelèrent par tout le jardin, en inexprimables et vains gémissements, la fille bien-aimée. Salamandre l'avait en effet emportée dans le palais de Phosphorus, qu'il pria en ces termes : « Unis-moi à ma bien-aimée, car il faut qu'elle soit mienne et m'appartienne à jamais ! – Insensé, que demandes-tu là ! s'indigna le Prince des esprits. Sache qu'autrefois la Fleur de lys fut ma bien-aimée et qu'elle régnait avec moi ; mais l'étincelle que j'avais jetée en elle menaçait de l'anéantir : seule ma victoire sur le Dragon noir, actuellement maintenu enchaîné par les esprits de la terre, put la sauver, donnant à ses pétales assez de force pour retenir en elle l'étincelle, et la conserver. Mais toi, si tu embrasses le Serpent vert, ton feu dévorera son corps, et le nouvel être qui en naîtra s'envolera loin de toi ! »

» Salamandre dédaigna l'avertissement du Prince des esprits : cédant à son brûlant désir, il enlaça le Serpent vert de ses bras, et celui-ci retomba aussitôt en cendres, tandis que l'être ailé qui naissait de cette cendre disparaissait en bruissant dans les airs.

» Alors la démence du désespoir s'empara de Salamandre : dans sa fureur sauvage, il dévasta le jardin en vomissant feu et flamme ; les plus belles fleurs, les plus belles plantes s'affaissèrent, consumées, remplissant les airs de leurs cris de douleur. Hautement courroucé, le Prince des esprits fit traîner à ses pieds le révolté et lui lança cette malédiction : « Que ton feu s'épuise ! que tes flammes meurent ! que tes rayons s'éteignent ! Sois déchu du rang des esprits de la terre, qu'ils te harcèlent, te bafouent et te retiennent captif jusqu'à ce que la matière ignée s'embrase de nouveau en toi et arrache à la terre ton être transfiguré ! »

» Le pauvre Salamandre, vidé de son feu, s'effondra. Mais alors un vieil esprit terrestre, qui servait de triste jardinier à Phosphorus, s'avança et dit : « Maître ! qui plus que moi devrait se plaindre de Salamandre ? N'avais-je pas fourbi de mes plus beaux métaux toutes ces belles fleurs qu'il a consumées, n'avais-je pas conservé et préservé leurs germes et répandu sur elles mes plus belles couleurs ? Pourtant j'ai pitié de lui, car c'est l'amour seul, dont toi-même, ô maître, as été plus d'une fois saisi, qui l'a porté à ce désespoir de fureur et de destruction. Épargne-lui donc ce trop dur châtiment ! – Son feu, pour l'instant, est éteint, dit le Prince des esprits. Mais dans le temps malheureux où le langage de la nature ne sera plus intelligible à la race dégénérée des hommes, où les esprits élémentaires, confinés dans leur patrie d'origine, ne parleront plus que de très loin à l'homme, et en des accents confus ; où, écarté de l'harmonie cosmique, celui-ci n'aura plus que sa nostalgie infinie pour lui rappeler le merveilleux royaume qui était son domaine lorsque la foi et l'amour habitaient encore son âme… dans ce temps malheureux, la matière ignée de Salamandre s'embrasera de nouveau. Ce n'est pourtant que sous la forme humaine qu'il pourra accéder à cette régénération : il lui faudra faire son entrée dans ce monde précaire, en supporter toutes les vicissitudes. Toutefois, non seulement le souvenir de son état antérieur lui demeurera, mais il lui sera encore permis de vivre comme auparavant, en sainte harmonie avec toute la nature ; il en comprendra les merveilles, et la puissance des esprits ses frères sera à ses ordres. Alors, dans un bouquet de lys, il retrouvera le Serpent vert, et de leur union naîtront trois filles qui apparaîtront aux yeux des hommes sous la forme de leur mère. A chaque printemps, on pourra les voir suspendues dans l'ombre des sureaux, où elles feront entendre leur délicieuse voix de cristal. S'il se trouve alors, en cette ingrate et misérable époque d'engourdissement spirituel, un jeune homme qui comprenne leur chant; si l'un des petits serpents le regarde de ses yeux ravissants et que ce regard enflamme en lui le pressentiment du merveilleux pays lointain vers lequel il pourra hardiment prendre son envol dès qu'il aura rejeté le fardeau avilissant du quotidien; si, en même temps que son amour pour le serpent, éclôt en lui la foi, ardente et vive, en les prodiges de la nature et en sa propre existence au milieu de ces prodiges, alors le Serpent lui appartiendra. Encore faut-il qu'il se trouve trois jeunes gens de cette espèce pour s'unir aux trois sœurs, avant que Salamandre soit délivré de cette odieuse malédiction et puisse s'en retourner près de ses frères. – Permets alors, ô maître, dit l'Esprit de la terre, que je fasse à ces trois sœurs un présent qui glorifie leur vie nouvelle avec l'époux qu'elles auront trouvé. Chacune recevra de moi un vase du plus beau métal que je possède; je le polirai avec des rayons empruntés au diamant, et dans son éclat se reflétera avec une éblouissante beauté notre merveilleux royaume, tel qu'il est encore aujourd'hui, à l'unisson avec la nature entière. De ce vase, à l'instant de l'hyménée, jaillira un lys de feu dont les fleurs éternelles envelopperont de leur suave parfum le jeune homme qui aura subi victorieusement l'épreuve. Bientôt il comprendra la langue de la fleur et toutes les merveilles de notre royaume, et il vivra lui-même avec sa bien-aimée en Atlantide. »

» Tu sais sans doute, cher Anselmus, que mon père est précisément ce Salamandre dont je viens de te conter l'histoire. Il lui a fallu, en dépit de sa nature supérieure, s'assujettir aux plus vulgaires tribulations de la vie ordinaire, et de là lui vient peut-être cette humeur malicieuse qu'il manifeste souvent en taquinant les gens. Mais il m'a confié plus d'une fois que, pour désigner la qualité de cœur et d'esprit requise par le prince Phosphorus chez tout prétendant à la main de l'une de nous trois, il existe de nos jours une expression (hélas profanée trop souvent de la plus odieuse façon) : ce que les gens appellent

« une âme enfantine et poétique ». Cette âme, m'assurait-il, on la rencontre souvent chez des jeunes gens que leur extrême simplicité de mœurs et leur manque absolu de ce qu'on nomme les usages du monde font moquer par la foule. Ah ! cher Anselmus, tu as compris, toi, sous le sureau, mon chant, mon regard… Tu aimes le Serpent vert ; tu crois en moi, et tu souhaites être mien à jamais !… Jailli du Vase d'or, le beau lys fleurira et, comblés de bonheur et de félicité, nous vivrons, désormais unis, en Atlantide !

» Mais je ne puis te dissimuler que, dans son effroyable combat de jadis contre les salamandres et les esprits de la terre, le Dragon noir parvint à se dégager de leur étreinte et à s'enfuir dans les airs en poussant une effroyable clameur. Phosphorus, il est vrai, le retient à nouveau dans ses fers ; mais des plumes noires dont ce combat avait jonché la terre sont nés des esprits hostiles qui fomentent partout la révolte contre les salamandres et leurs alliés. Ainsi cette femme qui t'est si hostile, cher Anselmus, et qui aspire, comme mon père le sait fort bien, à la possession du Vase d'or, doit-elle son existence à l'amour qu'une de ces plumes arrachées à l'aile du Dragon conçut pour une betterave. Elle n'ignore rien de son origine – ni de sa puissance –, car dans les cris et les sursauts de rage du dragon captif se sont révélés à elle les arcanes de maintes prodigieuses constellations ; et elle ne recule devant aucun moyen pour violer l'intimité des âmes. Mon père, dans son combat contre elle, a pour armes ces éclairs qui jaillissent de l'être intime des salamandres ; mais tous les principes ennemis qui hantent les mauvaises herbes et les bêtes venimeuses, elle les recueille et, profitant d'une constellation favorable, elle en fait une mixture maléfique qui envoûte l'esprit, le paralyse d'épouvante et d'horreur, livrant ainsi l'homme au pouvoir de ces démons que le Dragon a engendrés dans sa défaite. Défie-toi de la vieille, cher Anselmus ; elle est ton ennemie, parce que ton âme naïve et pieuse a déjà réduit à néant plusieurs de ses maléfices. Reste fidèle… fidèle à moi, et bientôt tu seras au terme de l'épreuve !

– Ô ma chère, ma très chère Serpentina ! s'écria Anselmus, comment pourrais-je jamais t'abandonner, comment ne t'aimerais-je pas éternellement ?

Un baiser brûla sa bouche... Et il se réveilla comme d'un rêve profond. Serpentina avait disparu et six heures sonnaient. Son cœur se serra soudain à la pensée qu'il n'avait pas copié la moindre ligne, et il jeta sur la feuille un regard d'inquiétude, en se demandant ce qu'allait dire l'archiviste. Mais, ô merveille ! la copie du mystérieux manuscrit était là devant lui, achevée, et en examinant plus attentivement l'écriture, il lui sembla avoir justement transcrit le récit que Serpentina venait de lui faire sur son père, favori du Prince des esprits au pays merveilleux d'Atlantide. C'est alors que l'archiviste Lindhorst fit son entrée, dans son pardessus gris clair, le chapeau sur la tête, la canne à la main ; il jeta un coup d'œil sur le parchemin copié par Anselmus, prit une bonne prise de tabac, et dit en souriant :

– C'est bien ce que je pensais ! Tenez ! voici votre thaler, monsieur Anselmus ; et maintenant, aux bains de Link !... Suivez-moi !

L'archiviste traversa rapidement le jardin, d'où s'élevait un tel tintamarre de chants, de sifflements et de caquetages que l'étudiant en fut tout étourdi et rendit grâces au ciel quand ils se retrouvèrent dans la rue. A peine avaient-ils fait quelques pas qu'ils rencontrèrent le greffier Heerbrand, qui se joignit amicalement à eux. Arrivés à la porte de la ville, ils s'arrêtèrent pour bourrer les pipes qu'ils avaient eu soin d'emporter ; le greffier Heerbrand se désolait d'avoir égaré son briquet...

– Quel briquet ?... Voici du feu, tant que vous en voudrez ! répliqua brusquement l'archiviste.

Et d'une chiquenaude, il fit jaillir de grandes étincelles qui eurent tôt fait d'allumer les pipes.

– Voyez donc ce tour de chimie ! s'exclama le greffier.

Mais l'étudiant Anselmus pensait à part lui, non sans frémir, à Salamandre...

Aux bains de Link, le greffier Heerbrand absorba tant de bière double qu'il se mit, lui d'habitude si débonnaire et si paisible, à brailler de sa voix criarde de ténor des couplets d'étudiants, demandant avec chaleur à tout un chacun « s'il était oui ou non son ami ». Finalement l'étudiant Anselmus fut obligé de le ramener chez lui ; quant à l'archiviste Lindhorst, il y avait beau temps qu'il s'était levé et éclipsé.

NEUVIÈME VEILLÉE

Anselmus retrouve un peu de bon sens. Le punch.
Anselmus prend le vice-recteur Paulmann pour un hibou.
Courroux de ce dernier. La tache d'encre
et ses suites.

Tous ces événements étranges et fantastiques qu'avait vécus jour après jour l'étudiant Anselmus l'avaient tenu tout à fait à l'écart de la vie ordinaire. Il ne voyait plus aucun de ses amis et attendait chaque matin avec impatience l'heure de midi qui lui ouvrait son paradis. Et pourtant, alors même que toute son âme était tournée vers la belle Serpentina et les merveilles du royaume féerique de l'archiviste Lindhorst, il ne pouvait s'empêcher de penser de temps à autre à Veronika. Il lui semblait parfois qu'elle s'avançait vers lui, et qu'elle lui avouait en rougissant combien elle l'aimait du fond du cœur et comment elle s'efforçait de l'arracher aux fantômes qui ne faisaient que le railler et se moquer de lui. Il lui arrivait même de se sentir soudain la proie d'une force étrangère qui l'entraînait irrésistiblement vers la pauvre oubliée et qu'il lui fallait suivre partout, comme s'il eût été solidement enchaîné à elle.

Dans la nuit même qui suivit le jour où Serpentina lui était apparue pour la première fois sous les traits d'une adorable vierge, et où le secret merveilleux de l'union de Salamandre avec le Serpent vert lui avait été révélé, Veronika se présenta à lui plus vivante que jamais. En vérité, ce fut seulement à son réveil qu'il s'aperçut qu'il n'avait fait qu'un rêve, persuadé qu'il avait été de la présence réelle à ses côtés de la jeune fille, dont les plaintes, marquées par l'expression d'une intime douleur, le pénétraient jusqu'au fond de l'âme ; elle souffrait de le voir sacrifier son amour si sincère aux visions fantastiques nées de son propre désordre mental, et lui représentait qu'il ne faisait ainsi que courir à son propre malheur et à sa perte. Veronika était plus charmante qu'il ne l'avait jamais vue ; il pouvait à peine la chasser de sa pensée.

Cet état lui causait un tourment auquel il espéra échapper en entreprenant une promenade matinale. Mais quelque secrète puissance magique l'entraîna du côté de la porte de Pirna, et il allait justement tourner à un coin de rue quand le vice-recteur Paulmann surgit à ses trousses et l'interpella :

– Eh ! eh ! ce bon monsieur Anselmus !... *Amice !... Amice !...* Où donc, au nom du ciel, vous cachez-vous ? On ne vous voit plus du tout ! Savez-vous bien que Veronika languit positivement du désir de chanter encore une fois avec vous ? Allons, venez donc : vous alliez bien chez moi, n'est-ce pas ?...

L'étudiant Anselmus ne put faire autrement que d'emboîter le pas au vice-recteur. Lorsqu'ils entrèrent, Veronika les accueillit ; elle était si soigneusement et joliment vêtue que son père ne put se retenir d'en marquer de l'étonnement :

– Eh bien ! Pourquoi si élégante ? Attendions-nous donc une visite ?... Voici justement M. Anselmus !

En baisant fort poliment, ainsi qu'il se doit, la main de la jeune fille, l'étudiant Anselmus avait perçu une légère pression : ce fut comme si une onde de feu embrasait tous ses nerfs. Veronika était l'enjouement, la grâce mêmes et, lorsque Paulmann fut passé dans son cabinet de travail, elle sut si bien, par toutes sortes d'agaceries et d'espiègleries, tourner la tête à Anselmus que celui-ci, oubliant toute timidité, se mit à poursuivre la turbulente jeune fille tout autour de la chambre. C'est alors que le démon de la maladresse revint s'emparer de lui : il heurta la table, et la jolie petite boîte à ouvrage de Veronika tomba par terre. Il la ramassa, mais le couvercle avait sauté, et il vit soudain scintiller un petit miroir de métal rond où il ne put s'empêcher de jeter les yeux avec un plaisir tout particulier. Veronika s'était glissée sans bruit derrière lui : une main sur son bras, étroitement serrée contre lui, elle regarda à son tour dans le miroir par-dessus son épaule.

Anselmus eut à cet instant l'impression qu'une lutte s'engageait tout au fond de lui. Des pensées, des images brillaient puis s'effaçaient comme autant d'éclairs… L'archiviste Lindhorst… Serpentina… le Serpent vert… Le mouvement enfin s'apaisa : le tourbillon d'images s'ordonnait et prenait forme dans sa conscience. Il lui fallait se rendre à l'évidence : il n'avait jamais pensé qu'à Veronika, et l'image à lui apparue la veille dans la chambre bleue, c'était elle encore ; quant à la fantastique légende de l'union de Salamandre et du Serpent vert, il l'avait assurément copiée de sa main, mais jamais de la vie entendu raconter, ça non ! Il s'émerveilla lui-même de ses rêveries, qu'il attribua sans hésiter à son état d'âme exalté par l'amour qu'il vouait à Veronika, comme aussi à son travail chez l'archiviste, dans les appartements duquel flottaient d'ailleurs des parfums étrangement étourdissants.

Il ne put se tenir de rire de bon cœur à la pensée de ses folles imaginations : il s'était cru amoureux d'un petit serpent, et avait pris un archiviste intime en titre pour une salamandre !

– Mais oui, mais oui !… tout cela… c'est Veronika ! s'écria-t-il.

Et, comme il tournait la tête, son regard rencontra justement les yeux bleus de Veronika, tout enfiévrés d'amour.

Un soupir assourdi échappa aux lèvres de la jeune fille, qui dans l'instant brûlèrent les siennes, et l'étudiant, extasié, soupira :

– Heureux homme que je suis !… Ce qui n'était hier qu'un rêve devient aujourd'hui réalité et me comble !

– M'épouseras-tu vraiment quand tu seras devenu conseiller aulique ? demanda Veronika.

– Quelle question ! Bien sûr ! répondit l'étudiant.

Au même moment, la porte grinça, et le vice-recteur Paulmann fit son apparition :

– Cher monsieur Anselmus, dit-il, aujourd'hui je vous retiens. Vous partagerez bien notre modeste soupe, et Veronika nous préparera ensuite un délicieux café, que nous dégusterons en compagnie du greffier Heerbrand, qui m'a promis de venir jusqu'ici.

– Hélas ! cher monsieur le vice-recteur, s'excusa Anselmus, ne savez-vous donc pas que M. l'archiviste Lindhorst m'attend pour mes copies ?

– *Amice !* regardez donc… fit simplement le vice-recteur en lui mettant sous les yeux sa montre, qui marquait midi et demi.

Anselmus se rendait bien compte qu'il était beaucoup trop tard pour se rendre chez l'archiviste Lindhorst ; il acquiesça donc aux désirs du vice-recteur, et d'autant plus volontiers qu'il espérait passer ainsi toute la journée à contempler Veronika, et obtenir d'elle profusion de regards furtifs, de tendres pressions de la main… peut-être même lui ravir un baiser. Car les désirs de l'étudiant Anselmus osaient à présent s'égarer jusque-là ; et il se sentait de plus en plus à l'aise au fur et à mesure qu'il en venait à se convaincre qu'il serait bientôt délivré de toutes les visions fantastiques qui avaient vraiment failli faire de lui un fou halluciné !

Le greffier Heerbrand arriva en effet après le repas et, quand le café fut dégusté et le crépuscule près de tomber, il donna à entendre en souriant et en se frottant joyeusement les mains qu'il avait sur lui quelque chose qui, dûment préparé par les jolies mains de Veronika, et en quelque sorte soigneusement folioté et rubriqué par ses soins, leur serait à tous un motif de réjouissance en cette fraîche soirée d'octobre.

– Eh bien ! sortez-la donc de sa cachette, cette mystérieuse chose que vous gardez sur vous, très estimé greffier ! s'écria le vice-recteur Paulmann.

Le greffier Heerbrand plongea par trois fois la main dans la vaste poche de sa jaquette et produisit au jour une bouteille d'arak, des citrons et du sucre. Moins d'une demi-heure plus tard, un punch exquis flambait sur la table. Veronika servit la liqueur, et nos amis ne tardèrent pas à échanger toutes sortes d'aimables et gais propos.

Mais tandis que les vapeurs de l'alcool montaient à la tête de l'étudiant Anselmus, toutes les images des événements étranges et merveilleux qu'il venait de vivre en un si court laps de temps lui revinrent à l'esprit. Il revit l'archiviste Lindhorst dans sa robe de chambre de damas toute phosphorescente… il revit la chambre bleu d'azur, les palmiers dorés, et il lui sembla de nouveau qu'il lui fallait, malgré tout, croire à Serpentina… Son âme bouillonnait comme sous l'effet d'une secrète fermentation. Veronika lui tendit un autre verre de punch, et en le prenant il effleura légèrement sa main… « Serpentina !… Veronika !… » soupira-t-il en lui-même ; et il sombra dans une profonde rêverie.

– Fort étrange vieillard en effet que l'archiviste Lindhorst ! s'écria tout soudain le greffier ; on ne sait trop que penser de lui. Allons, à sa santé ! Trinquez, monsieur Anselmus !

Brutalement tiré de ses rêves, l'étudiant laissa alors échapper ces mots, tout en touchant le verre du greffier Heerbrand :

– Mais cela vient simplement, très vénérable monsieur le greffier, de ce que M. l'archiviste Lindhorst est en réalité une salamandre, qui ravagea dans sa colère le jardin du prince Phosphorus, maître des esprits… parce que le Serpent vert s'en était envolé…

– Hein ?… Quoi ?… s'exclama le vice-recteur Paulmann.

– Mais oui, poursuivit l'étudiant, et c'est pourquoi il se trouve à présent obligé de servir en tant qu'archiviste royal et de tenir maison ici à Dresde avec ses trois filles, qui du reste ne sont autre chose que de petits serpents d'or vert qui prennent le soleil dans les sureaux, chantent à ravir et attirent les jeunes gens tout comme font les sirènes.

– Monsieur Anselmus, monsieur Anselmus !... s'écria le vice-recteur, auriez-vous le cerveau dérangé ? Pour l'amour du ciel, quelles absurdités allez-vous raconter là ?

– Mais il a raison, fit à son tour le greffier Heerbrand : ce diable d'archiviste est bel et bien une salamandre ; ne fait-il pas jaillir rien qu'en claquant des doigts des étincelles qui vous trouent votre redingote aussi proprement que de l'amadou enflammé ?... Oui, oui, tu as raison, petit frère Anselmus ! Et qui ne te croit pas est mon ennemi !

Ce disant, le greffier frappa du poing sur la table à en faire résonner les verres.

– Greffier !... vous délirez ? cria le vice-recteur visiblement irrité. Et vous, monsieur l'étudiant... monsieur l'étudiant, qu'allez-vous encore nous inventer ?

– Parbleu ! reprit Anselmus, mais vous-même, monsieur le vice-recteur... êtes-vous donc autre chose qu'un oiseau : un hibou tout juste bon à friser les toupets ?

– Comment !... moi, un oiseau... un hibou... et friseur de toupets ? hurla le vice-recteur hors de lui. Monsieur, vous êtes fou... fou !

– Mais la vieille lui tombera sur le dos ! affirma le greffier.

– Oui, la vieille est puissante, renchérit l'étudiant Anselmus, quoiqu'elle soit d'une origine inférieure, car son papa n'est qu'un misérable plumeau et sa maman une betterave de vile extraction : elle doit surtout son pouvoir à toutes sortes de créatures malfaisantes... ces canailles venimeuses dont elle s'entoure...

– C'est une abominable calomnie ! protesta Veronika, les yeux brillants de colère : la vieille Lise est une voyante, et le matou noir, loin d'être une créature malfaisante, est un jeune homme parfaitement distingué, au reste fort cultivé, et son propre cousin germain.

– Peut-il au moins manger des salamandres sans se roussir la barbe et en crever comme une bête ? railla le greffier Heerbrand.

– Oh que non ! cria l'étudiant Anselmus. Ni maintenant ni

jamais il ne le pourra. Et le Serpent vert m'aime, car je suis une âme naïve, et j'ai vu les yeux de Serpentina !…

– Le matou les lui crèvera ! fulmina Veronika.

– Salamandre… Salamandre les vaincra tous !… tous ! rugit à son tour le vice-recteur Paulmann au comble de la fureur… Mais… ne suis-je pas dans une maison de fous et ne suis-je pas fou moi-même ? Quelles extravagantes sornettes suis-je en train de débiter là ? Me voilà devenu fou moi aussi… complètement fou !

Ce disant, le vice-recteur se leva d'un bond, s'arracha la perruque de la tête et la lança au plafond avec tant de force que les boucles écrasées en gémirent et, défaites, en total désarroi, répandirent leur poudre loin à la ronde. L'étudiant Anselmus et le greffier Heerbrand, au comble de la jubilation, s'emparèrent alors du bol de punch et des verres et les lancèrent au plafond, où ils volèrent en éclats dans un tintamarre infernal.

– Vive Salamandre !… A bas la vieille !… à bas !… Brisons le miroir de métal !… Arrachons les yeux au matou !… Petits oiseaux… petits oiseaux du ciel !… Évohé !… évohé !… évohé !… Salamandre !…

Ainsi hurlaient et rugissaient les trois amis, comme possédés. Fränzchen s'enfuit en pleurant, Veronika gisait sur le sofa, gémissant de douleur et de désespoir…

Alors la porte s'ouvrit et, dans le grand silence, entra un petit homme vêtu d'un court manteau gris. Sa figure avait quelque chose d'étrangement grave, et surtout son nez recourbé, que chevauchait une énorme paire de lunettes, se distinguait de tous ceux qu'on eût jamais vus. Et il portait une si singulière perruque qu'elle faisait bien plutôt penser à une toque de plumes.

– Bien le bonsoir ! nasilla le drôle de petit bonhomme ; c'est bien ici que se trouve M. l'étudiant Anselmus ? Très obéissants compliments de la part de M. l'archiviste Lindhorst : il a vainement attendu aujourd'hui M. Anselmus, et il le fait prier instamment de ne pas manquer demain l'heure accoutumée.

Là-dessus il repassa la porte, et tous s'aperçurent alors que le grave petit bonhomme était en réalité un perroquet gris. Le vice-recteur Paulmann et le greffier Heerbrand poussèrent un éclat de rire qui fit trembler la pièce, cependant que Veronika, qui semblait déchirée par une douleur sans nom, continuait de gémir et de se lamenter. Quant à l'étudiant Anselmus, il avait été foudroyé jusqu'au cœur par une folle épouvante ; inconsciemment, il se précipita hors de la maison et se mit à courir comme un fou à travers les rues.

Toujours machinalement il retrouva son logis, sa chambrette. Veronika ne tarda pas à le rejoindre : paisible et souriante, elle lui demandait pourquoi il l'avait si fort tourmentée pendant son ivresse, et insistait pour qu'il se gardât surtout contre de nouvelles hallucinations si jamais il retournait travailler chez l'archiviste Lindhorst. « Bonne nuit, bonne nuit, mon ami ! » murmura-t-elle doucement en effleurant ses lèvres d'un baiser. Il voulut la retenir entre ses bras, mais la vision s'était évanouie ; et il se réveilla, rasséréné et fortifié. Le souvenir des effets du punch le fit même rire de tout son cœur ; il songeait à Veronika et se sentait pénétré d'un délicieux bien-être : « C'est à elle seule que je dois rendre grâces d'être revenu de mes sottes fantaisies, se disait-il. En vérité, je n'étais pas moins fou que celui qui se figure être un verre à boire, ou que cet autre qui s'imagine être un grain d'orge et qui ne quitte pas sa chambre de peur d'être dévoré par les poules. Mais qu'on me laisse devenir conseiller aulique : j'épouserai sans tarder Mlle Paulmann et je serai heureux. »

Cette fois, en traversant à midi le jardin de l'archiviste Lindhorst, il ne put assez s'étonner de ce que tout cela ait pu lui paraître naguère si étrange et si merveilleux. Il n'y avait là que d'ordinaires plantes en pots, géraniums divers, pieds de myrtes, et autres bagatelles de même acabit. Au lieu de ces oiseaux tout brillants de mille couleurs qui s'étaient moqué de lui, voletaient seulement par-ci par-là quelques moineaux qui poussèrent des cris incompréhensibles et désagréables en l'apercevant. La chambre bleue elle-même lui parut tout autre, et il ne put comprendre comment ce bleu cru et ces troncs dorés de palmiers si peu naturels, avec leurs feuilles informes et luisantes, avaient pu ainsi le fasciner, ne fût-ce qu'un instant.

L'archiviste l'observait avec un sourire ironique bien particulier :

– Eh bien ! interrogea-t-il, ce punch d'hier vous a-t-il paru bon, cher monsieur Anselmus ?

– Ah, je vois que votre perroquet vous a… commença Anselmus tout confus.

Mais il s'arrêta, songeant que cette apparition du perroquet n'avait dû être encore qu'une illusion de ses sens abusés.

– Parbleu ! j'étais moi-même de la compagnie, corrigea l'archiviste. Vous ne m'avez donc pas vu ? Et pourtant, dans la sarabande que vous meniez, j'ai bien failli être mis à mal ; car j'étais encore assis dans le bol à punch au moment où le greffier s'en est emparé pour le lancer au plafond, et j'ai dû battre en retraite au plus vite dans le fourneau de la pipe du vice-recteur… Allons, adieu, monsieur Anselmus ! Appliquez-vous : je vous paierai votre thaler, même pour cette journée que vous avez perdue hier, car vous avez fait jusqu'à présent de la bonne besogne !

« Comment l'archiviste peut-il divaguer à ce point ? » se disait l'étudiant Anselmus. Et il s'installa à sa table pour commencer la copie du manuscrit que l'archiviste avait étalé, comme d'habitude, devant lui. Mais il vit sur le rouleau de parchemin un tel embrouillamini de caractères étranges et de paraphes compliqués, où l'œil se perdait sans pouvoir s'arrêter sur aucun point de repère, que la reproduction de tout cela lui parut une tâche à peu près irréalisable. Même, à l'examiner dans son ensemble, le parchemin en question semblait n'être rien d'autre qu'un marbre veiné de mille couleurs, ou un bloc de pierre tavelé de mousses. Il entreprit néanmoins de tenter l'impossible, et plongea hardiment sa plume ; mais l'encre ne voulait pas couler. Il secoua impatiemment l'instrument, et... ô ciel ! une grosse éclaboussure tomba sur l'original étalé devant lui !

Un éclair bleu jaillit de la tache avec un sifflement aigu et serpenta en crépitant à travers la chambre jusqu'au plafond. Une épaisse vapeur commençait de filtrer à travers les murs, et les feuilles se mirent à bruire, comme secouées par la tempête, dispersant de flamboyants basilics qui eurent tôt fait d'embraser les nuées amoncelées, tandis que des tourbillons de flammes crépitaient de toutes parts autour d'Anselmus. Les troncs dorés des palmiers eux-mêmes étaient devenus de monstrueux serpents, dont les têtes hideuses s'entrechoquaient avec d'horribles résonances métalliques, et qui enlaçaient l'infortuné Anselmus de leurs corps hérissés d'écailles.

– Insensé ! subis maintenant le châtiment de ton impudent sacrilège ! tonna la terrible voix de Salamandre, qui venait d'apparaître au-dessus des serpents, couronne en tête, tel un rayon éblouissant parmi les flammes.

Alors les gueules béantes des reptiles vomirent des cataractes de feu, et ce fut comme si ces torrents brûlants se condensaient soudain autour du corps d'Anselmus, se transformant en une masse solide et glacée. Il sentit ses membres se roidir, se rétracter, se ratatiner, et il perdit connaissance.

Lorsqu'il revint à lui, il ne pouvait ni se retourner ni seulement remuer : il était comme environné d'une substance lumineuse, à laquelle il se heurtait inexplicablement dès qu'il voulait tendre la main ou bouger le moins du monde.

Hélas ! il était bel et bien enfermé dans un flacon de cristal hermétiquement bouché, posé sur l'une des tablettes de la bibliothèque de l'archiviste Lindhorst.

DIXIÈME VEILLÉE

Souffrances de l'étudiant Anselmus dans sa prison de verre. Joyeuse vie des stagiaires et des pensionnaires de Sainte-Croix. Bataille dans la bibliothèque de l'archiviste Lindhorst. Victoire de salamandre et délivrance de l'étudiant.

J'ai d'excellentes raisons de douter, ami lecteur, que tu aies jamais été enfermé dans une fiole de verre – à moins qu'un cauchemar suggestif et taquin ne t'ait d'aventure infligé pareille farce fantastique. Si tel a jamais été le cas, tu ne manqueras pas de compatir à la détresse du pauvre étudiant Anselmus. Mais si tu n'as jamais rien rêvé de semblable, que ta vive imagination consente au moins à t'enfermer quelques instants, pour l'amour de moi et d'Anselmus, dans cette prison de cristal. Te voilà étroitement comprimé, prisonnier d'une coulée de lumière éblouissante; tous les objets qui t'environnent t'apparaissent comme illuminés et auréolés de rayons aux couleurs d'arc-en-ciel… Tout vibre, oscille, résonne, scintille. Tu nages immobile, comme pétrifié, dans une sorte d'éther congelé, et ton esprit commande en vain à ton corps inerte. De plus en plus pesant, ce fardeau, ce quintal t'écrase la poitrine… Ta respiration, de plus en plus courte, épuise à chaque souffle le peu d'air encore disponible dans l'étroit espace. Tes artères se gonflent, et, déchirés par une angoisse horrible, tous tes nerfs se contractent et saignent, tendus dans un spasme d'agonie…

Aie donc pitié, ami lecteur, du pauvre étudiant Anselmus, qui souffre ce martyre sans nom dans sa prison de verre !

Et pourtant, il devait bien sentir que la mort ne pourrait le délivrer, puisqu'il sortit de cet évanouissement profond où l'avait plongé l'excès de sa souffrance, au moment où le soleil du matin, clair et amical, pénétra dans la chambre; et son supplice reprit de plus belle. Il ne pouvait remuer un seul membre, et ses pensées elles-mêmes heurtaient le cristal, en un fracas de dissonances proprement étourdissant : au lieu des mots que naguère encore formulait son esprit, il ne percevait plus que le sourd bourdonnement de la folie…

Alors de désespoir il s'écria :

– Ô Serpentina !… Serpentina ! sauve-moi de ce tourment infernal !

Il eut alors l'impression que d'impondérables soupirs l'entouraient de leur souffle ; on eût dit des feuilles de sureau d'un vert transparent qui venaient épouser les formes du flacon… Le bourdonnement cessa, l'éclat aveuglant qui brouillait sa vue s'éteignit, et il put enfin respirer plus librement.

– Ne suis-je pas moi-même la cause de mon propre malheur ? Hélas ! n'ai-je pas péché contre toi, belle et chère Serpentina ? N'ai-je pas nourri à ton encontre des doutes indignes, n'ai-je pas perdu ma foi, et avec elle tout, absolument tout ce qui devait me rendre si heureux ? Ah ! sans doute ne seras-tu jamais mienne ! Le Vase d'or est perdu pour moi : jamais je ne pourrai contempler ses merveilles ! Ah ! si au moins je pouvais, ne serait-ce qu'une fois encore, te voir, entendre ta voix si belle et si douce, adorable Serpentina !…

Ainsi se lamentait l'étudiant Anselmus, dans l'excès de la douleur qui le déchirait, lorsqu'une voix cria tout près de lui :

– Mais enfin, qu'est-ce que vous voulez, monsieur l'étudiant ; et qu'avez-vous à pousser ces lamentations inconsidérées ?

L'étudiant Anselmus aperçut alors à côté de lui, sur la même tablette, cinq autres flacons, occupés par trois écoliers de la Sainte-Croix et par deux stagiaires.

– Ah ! messieurs et chers compagnons d'infortune, s'exclama-t-il, comment pouvez-vous donc être d'humeur si tranquille, et même si joyeuse, si j'en juge par vos mines réjouies !… Vous voilà pourtant emprisonnés tout comme moi dans des fioles de verre, vous ne pouvez ni remuer ni bouger, ni même concevoir la moindre pensée raisonnable sans qu'il en résulte un épouvantable concert de tintements et de carillons, sans que cela vous siffle et vous bourdonne par la tête de la plus effroyable façon. Mais vous ne croyez bien évidemment ni à Salamandre ni au Serpent vert ?

– Vous extravaguez, cher monsieur l'étudiant ! répliqua l'un des écoliers. Jamais nous ne nous sommes trouvés mieux qu'à présent, car les thalers que nous avons reçus de ce fou d'archiviste en paiement de je ne sais quelles informes transcriptions font parfaitement bien notre affaire ; nous n'avons plus besoin maintenant d'apprendre par cœur des motets italiens ; tous les jours nous sommes au cabaret, chez Joseph ou ailleurs, où la bière double est fort à notre goût, nous pouvons quand il nous plaît contempler les beaux yeux de quelque jolie fille, et nous chantons comme de vrais étudiants : « *Gaudeamus igitur !...* » Bref, nous sommes heureux de vivre !

– Ces messieurs ont absolument raison, intervint l'un des stagiaires. Je me trouve moi aussi richement pourvu de thalers, tout comme mon précieux collègue que voici près de moi, et je préfère cent fois aller me promener du côté du Weinberg, plutôt que de me morfondre entre quatre murs à gratter du papier.

– Mais, très excellents et très dignes messieurs, repartit l'étudiant Anselmus, ne vous apercevez-vous donc pas que vous êtes tous tant que vous êtes enfermés dans des fioles de verre sans pouvoir remuer ni bouger, ni à plus forte raison aller vous promener ?

A ces mots, écoliers et stagiaires partirent d'un grand éclat de rire et s'écrièrent :

– L'étudiant est fou : il se figure être accroupi dans une bouteille de verre, alors qu'il est assis sur le pont de l'Elbe à regarder couler l'eau ! Venez ! allons-nous-en !

– Ah ! soupira l'étudiant, ils n'ont jamais vu la belle Serpentina ; ils ne savent pas ce que sont la liberté et la vie dans la foi et l'amour ! Voilà pourquoi ils ne sentent pas le poids de la captivité où Salamandre les retient pour les punir de leur sottise et de leur vulgarité d'esprit !... Mais moi, malheureux que je suis, je périrai dans la honte et le malheur, à moins que celle que j'aime si indiciblement ne consente à me sauver !...

Soudain, une sorte de murmure, comme un souffle, traversa la pièce ; c'était la voix de Serpentina :

– Anselmus !... Crois... aime... espère !

Chacun de ses accents rayonnait dans la prison d'Anselmus ; le cristal, contraint de céder à cette force, se dilatait, et la poitrine du prisonnier put enfin remuer et se soulever. Sa souffrance s'apaisait peu à peu ; il comprit que Serpentina l'aimait encore : elle seule avait pu lui permettre de supporter son séjour dans le cristal !

Dès lors il ne se soucia plus de ses compagnons d'infortune, par trop écervelés, mais concentra tout son esprit, toutes ses pensées sur la divine Serpentina...

Tout à coup, à l'autre extrémité de la pièce, s'éleva un sourd et désagréable bourdonnement. Anselmus ne tarda pas à comprendre que le bruit en question provenait d'une vieille cafetière au couvercle à moitié cassé, posée sur une petite armoire juste en face de lui. A y regarder plus attentivement, il vit se préciser peu à peu les traits repoussants d'une figure de femme, toute ratatinée... Et ce fut bientôt la marchande de pommes en personne, la vieille de la porte Noire, qui se dressa devant sa tablette. Elle se mit à ricaner et à se moquer de lui en criant d'une voix suraiguë :

– Eh ! eh ! fiston !... te voilà donc réduit à la patience ! Ta chute dans le cristal !... ne te l'avais-je pas annoncée depuis longtemps !...

– Va, moque-toi et raille, maudite sorcière ! lança Anselmus ; c'est toi qui es cause de tout, mais Salamandre saura bien t'attraper, vile betterave !

– Ho ! ho ! ne sois pas si fier, reprit la vieille. Tu as piétiné le visage de mes chères filles, tu m'as brûlé le bout du nez... Et pourtant je te veux du bien, coquin, parce que tu étais un bien gentil garçon, il n'y a pas si longtemps, et que ma petite fille t'aime. Mais tu ne sortiras jamais de ce cristal si je ne consens pas à t'y aider. Je ne suis peut-être pas de taille à t'atteindre, mais ma commère la souris qui gîte au grenier, juste au-dessus de toi, rongera bien proprement la tablette sur laquelle tu te trouves ; et quand tu feras la culbute, je te recevrai dans mon tablier afin que tu ne te casses pas le nez, et tu conserveras intacte ta jolie frimousse. Ensuite je t'emmènerai sans attendre chez Mlle Veronika, et quand tu seras devenu conseiller aulique, c'est elle que tu épouseras.

– Laisse-moi tranquille, fille de Satan ! cria l'étudiant Anselmus au comble de la colère ; ce sont tes diaboliques artifices, et eux seuls, qui m'ont poussé à ce sacrilège qu'il me faut maintenant expier ; mais je supporterai tout patiemment car ce n'est qu'ici que je puis être, ici où la belle Serpentina m'entoure de son amour et de ses consolations ! Entends bien cela, la vieille, et désespère ! Je défie ta puissance ! J'aime et n'aimerai jamais que Serpentina… Je ne veux pas devenir conseiller aulique… et je ne veux jamais revoir Veronika qui par ton entremise m'a poussé au mal ! Si le Serpent vert ne peut être à moi, je préfère me consumer de désir et de douleur !… Va-t'en donc, va-t'en, vile créature du Diable !

La vieille éclata d'un rire strident et hurla :

– Eh bien ! reste donc là-dedans et crève !… Mais il est temps de me mettre à l'œuvre, car une tout autre besogne m'attend encore ici…

Sur ce, elle rejeta brusquement son manteau noir, et apparut dans sa hideuse nudité ; elle se mit alors à tourbillonner tout autour de la pièce, telle une toupie folle. Les gros in-folio dégringolaient des rayons ; elle en arracha des feuilles de parchemin qu'elle ajusta rapidement autour d'elle en un ingénieux assemblage et elle fut bientôt entièrement revêtue d'une sorte de bizarre cuirasse faite d'écailles disparates. Crachant le feu, le matou noir surgit alors de l'encrier du bureau et bondit en hurlant à sa rencontre : la vieille poussa des hurlements de joie. Tous deux s'en furent aussitôt par la porte.

Anselmus avait eu le temps d'observer qu'ils se dirigeaient vers la chambre bleue; bientôt il entendit au loin des sifflements, des jacassements : les oiseaux du jardin piaillaient; le perroquet hurla :

– Au secours !... au secours ! Au voleur !... au voleur !

Au même instant la vieille entra d'un bond dans la pièce, serrant contre elle le Vase d'or. Elle criait sauvagement et s'adonnait à toutes sortes de gesticulations affreuses :

– Hardi !... hardi, fiston !... Tue-le !... tue le Serpent vert !... Allons ! Debout, fiston !... debout !

Anselmus crut entendre un douloureux gémissement : c'était la voix de Serpentina !... Saisi d'horreur et de désespoir, il rassembla toutes ses forces et frappa violemment le cristal, au risque d'en faire éclater ses propres veines, ses propres nerfs. Un bruit strident parcourut la pièce : l'archiviste se dressait dans l'embrasure de la porte, revêtu de sa brillante robe de chambre de damas.

– Eh bien ! eh bien ! canailles, lutins enragés !... Que signifient ces diableries ? Holà !...

A ces mots, les noirs cheveux de la vieille se dressèrent comme autant de crins; le feu de l'enfer enflammait ses yeux de braise. Son large mufle se contracta, on entendit grincer ses crocs aigus, et elle siffla :

– Dehors !... Siffle et crève !... siffle et crève !

Et elle ricanait d'une voix chevrotante, serrant contre elle de toutes ses forces le Vase d'or où elle puisait à pleines mains des poignées de terre brillante qu'elle jetait sur l'archiviste. Mais dès que la terre touchait la robe de chambre, elle se changeait en fleurs qui retombaient en jonchées. Alors les lys de la robe s'allumèrent et flambèrent bien haut, et l'archiviste les lança, tout crépitants de flammes, sur la sorcière qui hurla de douleur. Mais chaque fois qu'elle bondissait en l'air et secouait sa cuirasse de parchemin, les fleurs ardentes s'éteignaient et s'éparpillaient en cendres.

– Hardi ! sur lui, petit ! vas-y ! piailla la vieille.

Et le chat s'élança en sifflant comme un trait vers la porte, par-dessus la tête de l'archiviste. Mais le perroquet gris l'arrêta d'un coup d'aile et, de son bec recourbé, le harponna à la nuque : une coulée de sang rouge feu en jaillit, et la voix de Serpentina s'éleva :

– Sauvée ! je suis sauvée !

Avec la rage du désespoir, la vieille sauta alors sur l'archiviste ; elle avait jeté derrière elle le Vase d'or, et cherchait à agripper son adversaire en déployant comme autant de griffes les longs doigts de ses mains décharnées. Mais celui-ci, se dévêtant en un éclair, fit voler sa robe de chambre en direction de la sorcière. Aussitôt des flammes bleues se mirent à siffler et des étincelles pétillèrent de toutes parts entre les feuilles de parchemin ; la vieille se tordait de douleur, mais elle s'acharnait obstinément à puiser de la terre dans le Vase, à arracher de nouvelles feuilles aux livres, cherchant ainsi à étouffer les flammes qui la dévoraient : dès qu'elle arrivait à se protéger, en se couvrant la tête ou en s'habillant de feuilles, le feu s'éteignait.

Mais à la fin, des entrailles mêmes de l'archiviste parurent jaillir comme des rayons de feu qui sifflèrent en autant de flèches dirigées contre la vieille.

– En avant ! Sus !... sus !... En avant !... Et victoire à Salamandre !

La voix de l'archiviste tonnait dans la salle ; cent éclairs sillonnaient l'air en cercles de feu autour de la vieille qui piaillait. Crachant et glapissant, le chat et le perroquet se poursuivaient en une sarabande effrénée, se livrant un combat sans merci ; finalement, l'oiseau assena un formidable coup d'aile qui terrassa l'animal. Cloué au sol, férocement maintenu par les griffes, le matou râlait affreusement, déjà aux prises avec la mort ; de son bec acéré le perroquet l'acheva en crevant ses yeux incandescents d'où gicla une écume brûlante. Là où la vieille s'était écroulée, foudroyée par la robe de chambre, s'élevait à présent une épaisse vapeur : les hurlements, les cris stridents de douleur et d'épouvante de la sorcière se perdirent dans le lointain. La fumée, qui dégageait une puanteur suffocante, se dissipa ; l'archiviste ramassa sa robe de chambre, sous laquelle ne gisait plus qu'une betterave hideusement ratatinée.

– Cher monsieur l'archiviste, j'ai bien l'honneur de vous remettre le cadavre de notre ennemi terrassé, fit le perroquet en lui présentant dans son bec un poil noir.

– Parfait, mon cher ! remercia l'archiviste. Ci-gît également mon ennemie terrassée ; soyez assez bon pour vous charger maintenant du reste. Vous recevrez dès aujourd'hui, à titre de petite douceur, six noix de coco et une paire de lunettes neuves, car je m'aperçois que le chat a eu l'audace de casser vos verres !

– Serviteur à la vie et à la mort ! honorable ami et bienfaiteur, répondit le perroquet visiblement satisfait, tout en prenant dans son bec la betterave, avant de s'envoler par la fenêtre que l'archiviste Lindhorst venait de lui ouvrir.

Saisissant alors le Vase d'or, celui-ci appela d'une voix forte :

– Serpentina ! Serpentina !

Et comme l'étudiant Anselmus, ravi de la disparition de l'infâme mégère qui l'avait précipité dans le malheur, levait les yeux vers l'archiviste, ce fut de nouveau la grande et majestueuse figure du Prince des esprits qui, avec une douceur et une dignité indescriptibles, jeta son regard sur lui :

– Anselmus, lui dit-il, si tu as perdu la foi, ce ne fut pas ta faute, mais l'œuvre d'un principe ennemi qui cherchait à pénétrer subversivement dans ton âme afin de te mettre en désaccord avec toi-même. Tu as prouvé ta fidélité : sois libre, sois heureux !

Un éclair déchira l'âme d'Anselmus : le magnifique accord parfait des cloches de cristal résonna, plus fort et plus puissamment que jamais… Ses fibres et ses nerfs vibraient à l'unisson… S'amplifiant toujours, l'accord fit trembler la salle… Le verre qui emprisonnait Anselmus éclata… et l'étudiant tomba dans les bras de la charmante, de l'adorable Serpentina.

ONZIÈME VEILLÉE

Mauvaise humeur du vice-recteur Paulmann au sujet de la folie qui sévit dans sa famille. Le Conseiller aulique Heerbrand arrive par un froid glacial en escarpins et bas de soie. Aveux de Veronika. Fiançailles autour de la soupière fumante.

– Mais dites-moi donc un peu, très digne greffier : comment ce maudit punch d'hier a-t-il pu ainsi nous monter à la tête et nous pousser à toutes ces absurdités ?

Ainsi parlait le vice-recteur Paulmann en franchissant le lendemain matin le seuil de la pièce encore jonchée de débris et de morceaux, et au milieu de laquelle la malheureuse perruque, réduite à ses principes originels, nageait toujours dans le punch.

La veille, après que l'étudiant Anselmus eut pris la fuite en courant, le vice-recteur Paulmann et le greffier Heerbrand s'étaient mis à zigzaguer et à tituber à travers la chambre, braillant comme des possédés, et donnant de la tête l'un contre l'autre, jusqu'au moment où Fränzchen réussit, non sans peine, à mettre au lit son papa tout étourdi ; quant au greffier, il se laissa choir, au comble de l'épuisement, sur le sofa que Veronika avait abandonné pour se réfugier dans sa chambre.

Le greffier Heerbrand s'était enturbanné de son mouchoir bleu ; il avait le teint blafard et le regard tout mélancolique.

– Ah ! digne vice-recteur, gémit-il, ce n'est pas le punch que Mlle Veronika a si délicieusement préparé, non !… Seul ce maudit étudiant est la cause de tout ce désordre ! N'avez-vous pas remarqué qu'il est depuis longtemps *mente captus*? Et ignorez-vous que la folie est contagieuse ? Un fou en fait beaucoup d'autres… ne vous déplaise : c'est un vieux proverbe. Et surtout quand on a bu un petit verre de trop : on se laisse facilement aller à l'extravagance, on suit involontairement la manœuvre, et on répète avec docilité tous les exercices que le chef de file exécute devant vous – le chef de file en question aurait-il même perdu la tête. Le croiriez-vous, ami vice-recteur, mais je me sens encore tout saisi de vertige quand je pense au perroquet gris !...

– Allons donc ! interrompit le vice-recteur ; quelle plaisanterie !... il s'agissait tout bonnement du petit vieux qui travaille au service de l'archiviste : il était vêtu d'un manteau gris et demandait simplement à voir l'étudiant Anselmus.

– Possible, répondit le greffier, mais je dois avouer que tout cela m'a fort déprimé : je n'ai cessé la nuit durant d'entendre comme des grondements d'orgue, et des sifflements bien étranges !...

– C'était moi, expliqua le vice-recteur ; je ronfle fort bruyamment.

– Ah bien, soit ! poursuivit le greffier. Mais, ami vice-recteur, ami vice-recteur !... ce n'est pas sans raison que j'avais eu soin hier de nous ménager cette petite réjouissance... Cet Anselmus a tout gâté ! Ah ! si vous saviez... ô vice-recteur, vice-recteur !...

Là-dessus le greffier Heerbrand sauta sur ses pieds, arracha son foulard de sa tête, et étreignit son ami dont il serra la main avec feu :

– Ô vice-recteur, vice-recteur !... s'écria-t-il encore une fois.

Et saisissant sa canne et son chapeau, il partit comme un fou.

« Anselmus ne franchira plus le seuil de ma porte, se dit le vice-recteur, car je vois bien maintenant qu'avec sa folie chevillée au corps il ôte aux meilleures personnes le peu de raison qui leur reste. Voilà le greffier perdu à son tour !... Pour moi, j'ai tenu bon jusqu'à présent ; mais le Diable qui hier dans notre ivresse a frappé si fort à la porte pourrait bien l'enfoncer à la fin, et venir faire ici ses quatre cents coups ! Aussi, plus d'Anselmus ! *Apage Satanas !...* »

Veronika, elle, était devenue toute songeuse ; elle ne disait mot, se contentant d'arborer parfois un étrange sourire, tout en se retranchant dans sa solitude.

– Encore une qu'Anselmus a sur la conscience, disait le vice-recteur plein de rancœur. Il a bien raison de ne pas se montrer ; je sais que l'Anselmus en question a peur de moi : rien que pour cela, il ne voudra plus remettre les pieds ici !

Le vice-recteur avait prononcé ces derniers mots à voix haute ; Veronika, qui se trouvait là, sentit les larmes lui monter aux yeux et soupira :

– Hélas ! comment Anselmus pourrait-il venir jusqu'ici ? il y a déjà si longtemps qu'il se languit dans sa bouteille de verre !...

– Comment donc ? s'écria le vice-recteur Paulmann. Ah ! Dieu !... Ah ! Dieu ! la voilà elle aussi qui extravague comme le greffier : elle va bientôt nous faire une crise ! Ah ! la peste soit de cet Anselmus !

Et il courut sur-le-champ chez le Dr Eckstein.

– Hum ! hum ! dit encore ce dernier en souriant.

Il ne fit cependant pas d'ordonnance, se bornant à ajouter à ces laconiques déclarations, avant de s'en aller :

– Crises nerveuses !... passera tout seul... conduire au grand air... promenades en voiture... se distraire... théâtre : *L'Enfant né coiffé... Les Sœurs de Prague* [1]... Cela passera !

« Le docteur a rarement été aussi loquace, pensa le vice-recteur Paulmann ; je dirais même positivement bavard ! »

Des semaines, des mois passèrent. Anselmus avait disparu, mais le greffier Heerbrand ne se montrait pas non plus. Un beau jour enfin, le 4 février précisément, le greffier fit son entrée, vêtu d'un habit neuf du meilleur drap, coupé à la *moderne*, en souliers et en bas de soie malgré le froid qu'il faisait, un gros bouquet de fleurs fraîches à la main : midi sonnait lorsqu'il se présenta dans le bureau du vice-recteur Paulmann, qui ne fut pas peu surpris de voir son ami dans de tels atours. Le greffier s'avança avec solennité, serra cérémonieusement dans ses bras le vice-recteur, et déclara à la fin :

1. Deux opérettes viennoises de Wenzel Müller : 1793, 1794.

– En ce jour, qui est celui de la fête de Mlle Veronika, votre chère et honorée fille, je veux me décharger enfin de tout ce qui, depuis si longtemps, me pèse sur le cœur ! L'autre fois, en cette soirée funeste où j'apportai dans la poche de ma jaquette les ingrédients de ce punch de malheur, j'avais dessein de vous faire part d'une joyeuse nouvelle et de fêter avec vous ce jour béni dans la gaieté. Je venais d'apprendre ce jour-là que j'allais être nommé conseiller aulique… Cette promotion m'a été officiellement signifiée aujourd'hui : j'ai là dans ma poche le brevet *cum nomine et sigillo principis* !

– Ah ! monsieur le greff… monsieur le conseiller aulique, voulais-je dire… balbutia le vice-recteur.

– Mais vous seul, digne vice-recteur, poursuivit celui que nous appellerons désormais le conseiller aulique Heerbrand, vous seul pouvez à présent parfaire mon bonheur !

» Depuis longtemps déjà j'aimais en silence Mlle Veronika, et je puis me vanter d'avoir reçu d'elle plus d'un regard amical qui montrait clairement qu'elle ne devait pas avoir de répugnance à mon endroit. Bref, honoré vice-recteur, le conseiller aulique Heerbrand ici présent sollicite la main de mademoiselle votre fille, la charmante Veronika… que j'ai bien l'intention d'épouser d'ici peu, si vous n'y voyez pas d'objection.

Le vice-recteur Paulmann, stupéfait, battit des mains et s'écria :

– Eh bien !… eh bien !… monsieur le greff… pardon, monsieur le conseiller aulique, qui aurait pensé cela ! Ma foi, si Veronika vous aime effectivement, je n'ai pour ma part rien à objecter. Ainsi sa mélancolie actuelle pourrait bien n'être que le signe de sa secrète passion pour vous, cher et honoré conseiller aulique !… On connaît bien ces tours-là…

Au même instant Veronika entra, pâle et l'air égarée, comme elle était presque toujours désormais. Le conseiller aulique Heerbrand s'avança vers elle, rappela en un compliment élégamment tourné qu'on était au jour de sa fête, et lui présenta son bouquet de fleurs odorantes, accompagné d'un petit paquet où elle vit scintiller, à peine l'eut-elle ouvert, une paire d'étincelantes boucles d'oreilles. Une soudaine et fugitive rougeur colora ses joues, ses yeux brillèrent d'un éclat plus vif, et elle s'écria :

– Ah ! mon Dieu ! ce sont exactement les mêmes que je portais il y a quelques semaines de cela et qui faisaient mon bonheur !...

– Comment est-ce possible ? interrompit le conseiller aulique Heerbrand, quelque peu interdit et piqué... puisque je viens d'acheter cette parure il y a une heure à peine, dans la rue du Château, en échange de quelques misérables écus !

Mais Veronika n'écoutait pas : elle était déjà devant la glace à constater l'effet des bijoux qu'elle avait aussitôt accrochés à ses petites oreilles. Le vice-recteur Paulmann en profita alors pour lui faire part, la mine grave et solennelle, de la montée en grade de l'ami Heerbrand, ainsi que de sa demande. Veronika regarda le conseiller aulique d'un œil pénétrant et dit :

– Je savais depuis longtemps que vous vouliez m'épouser... Eh bien, soit !... Je vous accorde mon cœur et ma main, mais il faut que je vous découvre tout de suite un secret... à vous deux, mon père et mon fiancé : un secret qui me pèse bien lourd sur le cœur. Et cela sans tarder, quand bien même la soupe en refroidirait... puisque Fränzchen, à ce que je vois, vient tout juste de la poser sur la table.

Sans attendre la réplique du vice-recteur ni du conseiller aulique, et bien que visiblement tous deux eussent des paroles sur le bout de la langue, Veronika poursuivit :

– Vous pouvez m'en croire, bien cher père : j'aimais Anselmus de tout mon cœur ; et lorsque le greffier Heerbrand – aujourd'hui devenu conseiller aulique – vous assura qu'Anselmus pourrait bien obtenir ce titre, je résolus aussitôt que lui seul, et nul autre, serait un jour mon mari. Mais il sembla dès lors que des puissances ennemies voulussent me l'arracher ; j'allai donc chercher secours auprès de la vieille Lise, autrefois ma gouvernante, et qui est aujourd'hui une devineresse doublée d'une grande magicienne. Elle me promit de me venir en aide et de me livrer Anselmus corps et âme. La nuit de l'équinoxe, à minuit, elle m'a emmenée à la croisée des chemins ; là, elle conjura les esprits infernaux, et, avec l'aide du chat noir, nous fabriquâmes un petit miroir de métal, où il me suffisait de regarder, en concentrant mon esprit sur Anselmus, pour être maîtresse de son cœur et de ses pensées. Je me repens aujourd'hui d'avoir fait tout cela, et j'abjure tous les artifices de Satan. Salamandre a vaincu la vieille ; j'ai entendu son cri de détresse, mais nul secours n'était possible. Dès que, revenue à sa forme de betterave, elle eut été dévorée par le perroquet, mon miroir de métal se brisa avec un bruit strident.

Veronika tira alors de sa petite boîte à ouvrage les deux morceaux du miroir brisé ainsi qu'une boucle de cheveux, qu'elle tendit au conseiller aulique Heerbrand :

– Prenez, cher conseiller, les fragments de miroir que voici, continua-t-elle, et jetez-les cette nuit, à minuit, du haut du pont de l'Elbe, là où se trouve la croix : le fleuve n'est pas encore gelé à cet endroit ; quant à la boucle, conservez-la fidèlement sur votre cœur. J'abjure encore une fois tous les artifices de Satan, et me réjouis du bonheur d'Anselmus, maintenant uni au Serpent vert, qui me surpasse infiniment en richesse et en beauté. Quant à vous, cher conseiller, je vous aimerai et vous honorerai, comme il sied à une loyale épouse.

– Ah ! Dieu !... Ah ! Dieu ! s'écria le vice-recteur d'un ton douloureux, elle est folle, elle est folle ! Elle ne sera jamais madame la Conseillère aulique !... Elle est folle !

– Point du tout ! fit le conseiller aulique Heerbrand ; je n'ignore pas que Mlle Veronika avait un penchant pour ce diable d'Anselmus, et je comprends fort bien qu'elle ait eu recours, dans un moment d'exaltation, aux services d'une devineresse... laquelle ne saurait être autre que la tireuse de cartes, la diseuse de bonne aventure de la porte du Lac, la mère Rauer, si je ne m'abuse. Et puis il n'est pas niable non plus qu'il existe réellement des pratiques occultes qui n'exercent que trop bien sur les hommes leur influence néfaste : elles sont déjà mentionnées chez les Anciens. Mais pour ce que Mlle Veronika nous a dit de la victoire de Salamandre et de l'union d'Anselmus avec le Serpent vert, il est bien évident qu'il s'agit là d'une fable allégorique… une sorte de poème destiné à célébrer son adieu définitif à l'étudiant…

– Prenez-le comme vous voudrez, cher conseiller aulique, reprit Veronika, et même pour un songe parfaitement absurde si vous y tenez…

– Nullement, répondit le conseiller aulique Heerbrand, car je sais fort bien qu'Anselmus a été la victime de ces puissances occultes qui, par leurs agaceries, l'ont poussé à toutes sortes de folles sottises…

Le vice-recteur ne put se contenir plus longtemps ; il éclata :

– Assez, pour l'amour de Dieu, assez !… Aurions-nous donc encore abusé de ce maudit punch, ou bien est-ce la folie d'Anselmus qui agit sur nous ? Monsieur le Conseiller aulique, quelles extravagances nous débitez-vous là ? Je veux bien croire que c'est l'amour qui vous dérange le cerveau ; mais cela passera bientôt quand vous serez marié ; sans quoi j'aurais peur de vous voir sombrer à votre tour, honorable conseiller, dans quelque folie, et je me ferais dès lors du souci pour votre progéniture qui pourrait bien hériter du *malum* des parents… Allons ! je donne ma paternelle bénédiction à votre heureuse union et vous autorise à échanger votre baiser de fiançailles

Ce qui fut fait ; ainsi donc, avant même que la soupe ait eu le temps de refroidir, les fiançailles étaient officiellement conclues.

Quelques semaines plus tard, Mme la Conseillère aulique Heerbrand était effectivement assise dans l'encoignure de la fenêtre d'une belle maison du Marché-Neuf, telle qu'elle s'était vue naguère en pensée ; et toute souriante, elle regardait de là-haut passer les élégants qui lorgnaient sa fenêtre en disant :

– Quelle femme divine que la Conseillère aulique Heerbrand !

DOUZIÈME VEILLÉE

Anselmus, gendre de l'archiviste Lindhorst, entre en possession de son apanage et y vit avec Serpentina. Conclusion.

Autant je ressentais vivement dans le plus profond de mon âme la suprême félicité de l'étudiant Anselmus, qui, uni intimement à la belle Serpentina, s'en était allé habiter le mystérieux et fabuleux royaume qu'il avait reconnu pour sa vraie patrie, celle à laquelle aspirait depuis si longtemps déjà son cœur tout empli d'étranges pressentiments… autant je me sentais incapable, malgré tous mes efforts, de te suggérer, ami lecteur, fût-ce en termes imparfaits, les splendeurs dont Anselmus était entouré ! Je constatais avec dépit la faiblesse de mes expressions ; je me sentais prisonnier des plates misères de la vie de tous les jours. Je me consumais dans une affreuse détresse, errant comme un songe-creux, bref je tombais, ami lecteur, dans ce marasme que je t'ai déjà décrit comme celui de l'étudiant Anselmus au cours de la quatrième de ces veillées.

En relisant ces onze « veillées » heureusement menées à terme, j'étais rongé de chagrin à la pensée qu'il ne me serait sans doute jamais accordé d'y joindre la douzième, indispensable clé de voûte de l'œuvre ! Car chaque fois que je m'asseyais, la nuit, pour parachever enfin ma tâche, il me semblait que des esprits malicieux (peut-être des parents… quelques cousins germains de la défunte sorcière) me mettaient sous les yeux une plaque de métal poli, étincelant, où je pouvais reconnaître mon propre Moi, mais tout pâle, ravagé par l'insomnie et abîmé dans la mélancolie, tel eût-on dit le greffier Heerbrand au sortir de l'ivresse du punch. Alors je jetais la plume et courais jusqu'à mon lit, pour au moins retrouver dans mes rêves l'heureux Anselmus et l'adorable Serpentina.

J'étais depuis plusieurs jours et plusieurs nuits dans cet état, quand je reçus enfin de l'archiviste Lindhorst le billet que voici :

« Monsieur,

« Il m'est revenu que vous aviez conté en onze veillées le singulier destin de mon très cher gendre, le ci-devant étudiant Anselmus, aujourd'hui poète, et je sais que vous vous tourmentez fort pour donner à présent, dans la douzième et dernière de ces veillées, quelques détails sur son bonheur en Atlantide, où il réside avec ma fille, dans un agréable domaine que je possède là-bas.

« Encore que je ne sois pas précisément satisfait de ce que vous ayez fait connaître au monde ma véritable identité, ce qui risque de m'exposer à mille désagréments dans ma charge d'archiviste intime, et motivera même à coup sûr en conseil des ministres un débat sur la question de savoir jusqu'à quel point un Salamandre peut légalement et valablement prêter serment comme serviteur de l'État, et jusqu'à quel point surtout on peut lui confier des affaires importantes – attendu que d'après Gabalis et Swedenborg il ne faut guère accorder de crédit aux esprits élémentaires –, sans compter que maintenant mes meilleurs amis vont éviter mes embrassades de peur que je n'aille, par une soudaine extravagance, leur jeter quelque étincelle qui pourrait gâter leur coiffure ou leur habit des dimanches… malgré tout cela, dis-je, je consens néanmoins, monsieur, à vous aider à parachever votre œuvre, eu égard à tout le bien que vous y dites de moi et de ma chère fille à présent mariée (… je voudrais bien avoir casé aussi les deux autres !)…

« Si donc vous voulez rédiger votre douzième veillée, descendez vos maudits cinq étages, abandonnez un moment votre mansarde et venez chez moi. Dans la chambre bleue aux palmiers qui vous est déjà familière, vous trouverez tous les matériaux nécessaires, et vous pourrez alors, en quelques mots, raconter au lecteur ce que vous aurez vu vous-même : cela vous sera toujours moins pénible que de vous lancer dans la description circonstanciée d'une existence que vous ne connaissez après tout que par ouï-dire.

« Avec considération, de Votre Excellence,

« le très humble serviteur,

« SALAMANDRE LINDHORST,

« *Archiviste intime de la Couronne.* »

Ce billet, un peu rude sans doute, mais cependant amical, de l'archiviste Lindhorst me fut des plus agréables. A la vérité, il paraissait bien que le singulier vieillard était parfaitement informé de l'étrange façon dont l'aventure de son gendre était venue à ma connaissance – obligé au secret, j'ai été contraint de te laisser toi-même, ami lecteur, dans l'ignorance de cette source –; mais enfin il n'en était pas aussi offusqué que je pouvais le craindre. Bien plus, il me tendait de lui-même une main secourable pour m'aider à mener mon œuvre à bonne fin, et j'en pouvais raisonnablement conclure que, tout bien considéré, il avait pris son parti de ce que sa fantastique existence dans le monde des esprits fût enfin divulguée par la presse. Il se pouvait même, pensai-je, qu'il fonde là-dessus l'espoir de marier d'autant plus vite ses deux autres filles : quelque étincelle après tout pouvait bien en rejaillir dans le cœur de quelque jouvenceau, allumant en lui un ardent amour pour le Serpent vert qu'il ne manquerait pas de rechercher – et de découvrir – sous le sureau, un jour de l'Ascension… Du malheur qui avait frappé Anselmus lorsqu'il s'était retrouvé ensorcelé dans son flacon de verre, ledit jeune homme tirerait assurément l'avis de se garder avec soin de tout manquement à la fidélité…

Sur le coup de onze heures, j'éteignis donc ma lampe de travail et me faufilai jusque chez l'archiviste Lindhorst, qui m'attendait déjà dans le vestibule.

– Ah ! c'est vous, très cher monsieur !… Je suis bien aise que vous n'ayez pas méconnu mes bonnes intentions. Venez !

Il me conduisit à travers le jardin tout inondé d'une clarté éblouissante jusqu'à la chambre azurée, où j'aperçus la table de travail d'Anselmus, recouverte de son tissu violet. L'archiviste avait disparu ; il revint aussitôt, tenant à la main une magnifique coupe d'or d'où s'élançait en pétillant une haute flamme bleue.

– Je vous apporte, dit-il, la boisson favorite de votre ami le maître de chapelle Johannès Kreisler. C'est de l'arak enflammé où j'ai jeté quelques morceaux de sucre. Goûtez-y… Je m'en vais ôter ma robe de chambre, et, pour mon plaisir aussi bien que pour jouir de votre digne compagnie tandis que vous regarderez et noterez vos impressions, je m'amuserai à plonger et à évoluer dans cette coupe que vous avez entre les mains.

– Comme il vous plaira, digne monsieur l'archiviste, répondis-je ; mais si je veux goûter cette liqueur, vous ne…

– N'ayez aucun souci, mon cher ! s'écria l'archiviste.

Et, ayant rapidement dépouillé sa robe de chambre, il s'élança à ma stupéfaction dans la coupe, et disparut au milieu des flammes… Sans crainte, je soufflai légèrement sur celles-ci pour les écarter et goûter au breuvage : il était exquis !

Mais quel est ce doux frémissement, ce murmure qui agite les feuilles d'émeraude des palmiers, qu'on dirait caressées soudain par un souffle matinal ?… Oui, éveillées de leur sommeil, elles se soulèvent et s'agitent, et leurs mystérieux chuchotements parlent de ces merveilles que révèlent, comme venus du lointain, d'ineffables accords de harpe ! L'azur se détache des parois et s'exhale en vaporeuses volutes ; des rayons éblouissants percent cette brume légère qui, transportée d'enfantine allégresse, tourbillonne et monte jusqu'à une hauteur vertigineuse, formant voûte au-dessus des palmiers. Mais toujours plus éblouissant un rayon s'ajoute à l'autre, jusqu'à ce qu'enfin s'ouvre, dans une gloire de lumière solaire, l'immense perspective du bois sacré où j'aperçois Anselmus.

Des hyacinthes, des tulipes, des roses lèvent leurs belles

têtes empourprées, et leurs parfums sont autant de suaves invites adressées au bienheureux étudiant :

– Chemine, chemine parmi nous, ô bien-aimé, toi qui nous comprends… Notre parfum n'est autre que la nostalgie de l'amour… Nous t'aimons et sommes à toi pour toujours !

Les rayons d'or à leur tour brûlent en appels enflammés :

– Nous sommes le feu qu'embrase l'amour… Le parfum est langueur, mais le feu est désir : ne demeurons-nous pas dans ton sein ? Nous sommes la substance même de ton être !

Les sombres bosquets… les grands arbres frémissent et bruissent :

– Viens à nous !… ô bienheureux… ô bien-aimé !… Le feu est désir, mais la fraîcheur de notre ombre est espérance ! Si nous bruissons ainsi amoureusement autour de ta tête, c'est parce que tu nous comprends, parce que l'amour habite ton cœur.

Les sources et les ruisseaux font entendre un doux clapotis qui est lui aussi un murmure :

– Bien-aimé, ne passe pas si vite devant nous ; mire-toi en notre cristal… Ton image habite en nous et nous la conserverons avec amour, car tu as su nous comprendre !

Le gazouillis des oiseaux aux mille couleurs s'épanouit en un chœur d'allégresse :

– Entends-nous, entends-nous, nous sommes la joie, le ravissement, l'extase de l'amour !

Mais, le regard plein de nostalgie, Anselmus considère le temple magnifique qui s'élève dans le lointain. Les colonnes, élevées avec un art consommé, paraissent être des arbres, les chapiteaux et les corniches des feuilles d'acanthe dont les festons et les dessins merveilleux forment une prodigieuse décoration… Anselmus s'avance vers le sanctuaire ; en proie à un intime ravissement, il contemple la symphonie des marbres, les degrés étrangement couverts de mousse…

– Oh ! non ! s'écrie-t-il au comble de l'extase, non ! elle ne peut plus être loin !…

Et voici que, rayonnante de grâce et de beauté, Serpentina s'avance hors du temple : elle porte le Vase d'or, d'où a surgi un lys splendide. L'ineffable volupté du désir infini brûle dans ses yeux adorables. Elle les fixe sur Anselmus et dit :

– Ô bien-aimé ! le lys a ouvert son calice… Le but suprême est atteint : est-il une béatitude qui égale la nôtre !

Anselmus l'enlace avec l'ardeur de la plus brûlante passion… Le lys darde ses rayons flamboyants au-dessus de sa tête. Et plus fort s'agitent arbres et buissons, plus sonore et plus joyeuse résonne l'allégresse des sources. Les oiseaux et mille insectes multicolores dansent en aériens tourbillons… dans les airs, dans les eaux, sur la terre, un tumulte de joie exultante, délirante, célèbre partout la fête de l'amour !

Mais voici que des éclairs sillonnent en tous sens les bosquets soudain illuminés… Des diamants sortent de la terre comme autant d'yeux étincelants… Les sources se transforment en hautes cascades jaillissantes… D'étranges parfums se répandent par bouffées dans les airs, planant dans un frémissement d'ailes… Ce sont les esprits élémentaires qui viennent rendre hommage au Lys et proclamer le bonheur d'Anselmus.

Celui-ci lève la tête et paraît soudain transfiguré, le front auréolé par un éclat rayonnant… Sont-ce des regards ?… Sont-ce des paroles ?… Est-ce un chant ? On entend distinctement :

– Serpentina ! Ma foi en toi et mon amour m'ont donné accès aux profondeurs les plus intimes de la nature !… Tu m'as apporté le Lys, né de l'or, principe premier de la terre, avant même que Phosphorus eût allumé la flamme de la Pensée. Il est la Connaissance de la sainte harmonie qui unit tous les êtres, et dans cette Connaissance je vivrai à jamais suprêmement heureux… Oui ! bienheureux que je suis ! j'ai reconnu le but suprême !… Il est écrit que je t'aimerai éternellement, ô Serpentina ! Jamais ne pâliront les rayons du lys d'or, car, comme la Foi et l'Amour, éternelle est la Connaissance !

C'était bien aux incantations de Salamandre que je devais d'avoir pu contempler Anselmus en chair et en os dans son domaine d'Atlantide ; et ce ne fut pas une moindre grande merveille, quand cette vision se fut effacée à la fin comme derrière un nuage, de la retrouver consignée fort lisiblement, et de toute évidence écrite de ma propre main, sur les feuillets mis à ma disposition sur la table au tapis violet ! Mais alors je me sentis pénétré, déchiré par une douleur soudaine :

– Ah ! bienheureux Anselmus ! m'écriai-je, tu as rejeté le fardeau de la vie quotidienne, grâce à ton amour pour la belle Serpentina ; tu as pris un irrésistible envol, et tu vis désormais, heureux et comblé, en ton fief d'Atlantide ! Et moi, pauvre malheureux… bientôt… Oui ! dans quelques minutes je vais devoir quitter cette belle salle, qui n'est même pas un fief en Atlantide !… et je retrouverai ma petite chambre sous les toits, et les misères d'une existence besogneuse accapareront mon esprit, et mon regard sera voilé par l'infortune comme par un épais nuage de brume, si bien qu'il me sera sans doute à jamais interdit de contempler à nouveau la Fleur de lys !…

– Chut ! chut ! taisez-vous, mon digne ami, me dit alors l'archiviste Lindhorst en me frappant doucement sur l'épaule. Ne vous lamentez pas ainsi !… N'étiez-vous pas vous-même en Atlantide il y a un instant, et n'y possédez-vous pas vous aussi pour le moins quelque gentille métairie, propriété poétique de vos secrètes pensées ? Le bonheur d'Anselmus est-il au fond autre chose que la vie dans la poésie : cette poésie à laquelle se révèle le plus sacré de tous les mystères de la nature, la sainte Harmonie universelle ?

LES AVENTURES DE LA NUIT DE LA SAINT-SYLVESTRE

AVANT-PROPOS DE L'ÉDITEUR

Le Voyageur enthousiaste, dont on nous communique cette nouvelle fantaisie dans la manière de Callot, qu'il a bien voulu extraire de son Journal, met à l'évidence si peu de différence entre sa vie intérieure et celle qu'il mène au-dehors que l'on a peine ici à les distinguer l'une de l'autre. Mais c'est précisément, lecteur bénévole, parce que tu ne les distingues pas clairement toi-même que ce visionnaire peut-être te séduit et que tu te retrouves inopinément et comme par magie dans ce royaume fantastique dont les mille figures étranges vont bel et bien entrer dans ton existence réelle et te traiter sans plus de façons que de vieilles connaissances. Puisses-tu donc les accueillir comme telles et même t'accommoder de leur manière bizarre, sans trop t'irriter des petits frissons qui pourront te gagner si, d'aventure, elles t'empoignent un peu trop brusquement. Je t'en supplie du fond du cœur. Que puis-je faire de plus en faveur du Voyageur enthousiaste à qui ne cessent d'arriver en tous lieux, et cette fois-ci à Berlin le soir même de la Saint-Sylvestre, tant d'étranges et folles aventures ?

I

LA BIEN-AIMÉE

… J'avais la mort, la mort glacée au cœur : du plus profond de mon être, de mon âme, pointaient comme de pénétrantes aiguilles de glace qui torturaient mes nerfs en feu. Je me précipitai dehors comme un fou, oubliant chapeau et manteau, sans me soucier de la nuit d'orage. Les girouettes grinçaient : on eût dit que le temps faisait avancer d'une façon audible ses éternels et terribles rouages, comme si la vieille année allait, tel un poids énorme, s'écrouler avec un bruit sourd dans le sombre abîme du passé.

Tu sais, ami, que le retour de ces fêtes de Noël et du Jour de l'an, qui vous inspire à tous tant de vive et merveilleuse allégresse, m'arrache toujours à mon paisible ermitage pour me jeter à la merci d'une mer houleuse et mugissante. Noël ! ce sont des jours bénis qui longtemps à l'avance brillent à mes yeux d'une douce clarté. Je les attends avec impatience… je deviens meilleur, plus ingénu que pendant tout le reste de l'année ; mon âme, ouverte à la vraie joie du ciel, ne nourrit ni haine ni rancune : je suis redevenu un enfant, tout à sa jubilation et à son plaisir. Parmi les figurines bigarrées et dorées qui garnissent les boutiques pieusement illuminées, de gracieux visages d'anges me sourient ; dans les rues, à travers la bruyante cohue, me parviennent comme de très loin les accords sacrés de l'orgue. « Car il nous est né un Enfant ! »

Mais après la fête tout expire, tout cet éclat s'éteint dans une triste obscurité. Chaque année, toujours plus et plus de fleurs tombent, flétries ; leur graine s'est desséchée pour toujours ; nul soleil printanier n'insuffle une nouvelle vie aux branches mortes. Je le sais bien, mais l'esprit malin éprouve un secret plaisir à m'en rebattre sans cesse les oreilles dès que l'année tire à sa fin : « Vois, murmure-t-il tout bas, vois combien de plaisirs t'ont fui, cette année, qui ne reviendront pas ; en revanche, te voilà devenu plus sage, tu ne fais plus tant de cas des frivoles divertissements du monde, chaque jour tu deviens plus sérieux, plus étranger à la joie. »

Pour le soir de la Saint-Sylvestre, le Diable me ménage régulièrement quelque aubaine bien particulière : il s'entend à me railler à point nommé, et avec une affreuse ironie m'entre dans le cœur ses griffes acérées pour se repaître de mon sang. Partout il trouve aide et assistance : hier par exemple, c'est le Conseiller de justice qui l'a vaillamment secondé.

Il y a toujours chez lui (chez le Conseiller de justice, s'entend) grande réunion le soir de la Saint-Sylvestre, et l'aimable homme tient à préparer à chacun, en guise de souhait de bonne année, un plaisir spécial : or il s'en tire avec une telle maladresse, une telle balourdise, que ce plaisir si minutieusement préparé n'aboutit la plupart du temps qu'à un désastre comique.

Dès que je parus dans l'antichambre, le Conseiller de justice s'empressa au-devant de moi, et m'arrêta comme j'allais entrer dans le sanctuaire, d'où s'échappait une vapeur de thé et de parfums délicats. Il arborait un air de maligne satisfaction, et m'adressa un étrange sourire :

– Mon bon ami ! mon bon ami ! Quelque chose de délicieux vous attend au salon… Une surprise sans égale, bien digne de cette soirée de la Saint-Sylvestre ! Mais ne vous effrayez pas !

Ces paroles m'accablèrent ; de sombres pressentiments surgirent dans mon esprit, mon cœur était serré d'angoisse. Les portes s'ouvrirent, je m'avançai à la hâte… J'entrai.

Au milieu des dames assises sur le sofa m'apparut son image rayonnante : c'était *elle* ! Elle-même, que je n'avais pas vue depuis des années ; les plus enivrants moments de ma vie brûlèrent mon cœur d'une flamme incendiaire. Fini, le mortel abandon ! envolé, le souvenir de notre séparation !… Mais par quel merveilleux hasard était-elle revenue ici ? Quel événement avait bien pu l'amener à la soirée du Conseiller de justice ? Il la connaissait donc ?… Mais je ne pensais même pas à tout cela !… Elle m'était rendue !…

Immobile, comme frappé soudain par la baguette d'un enchanteur, je restai cloué sur place. Ce fut le Conseiller de justice qui me poussa doucement :

– Eh bien, mon ami, eh bien ?

Machinalement j'avançai, mais c'est elle seule que je voyais, et de mon cœur oppressé s'échappèrent avec peine ces paroles :

– Mon Dieu !… mon Dieu !… Julie, ici ?

J'étais arrivé près de la table à thé ; alors seulement elle m'aperçut. Elle se leva et me dit d'un ton presque indifférent :

– Je me réjouis fort de vous voir ici. Vous avez bonne mine.

Là-dessus elle se rassit et demanda à sa voisine :

– Avons-nous quelque pièce intéressante à espérer pour la semaine prochaine ?

Tu t'approches d'une superbe fleur dont l'éclat et le doux parfum t'attirent ; mais au moment où tu te penches pour admirer de tout près ses charmes, voici qu'un froid et glissant basilic s'échappe des feuilles scintillantes, et te menace de ses regards hostiles !… C'est ce qui venait de m'arriver !

Je m'inclinai gauchement devant les dames, et comme il fallait qu'au poison de cette blessure vînt se joindre la honte de ma sottise, en me reculant précipitamment je heurtai le Conseiller, qui était justement derrière moi, et la tasse de thé fumant qu'il tenait à la main inonda son élégant jabot plissé. On rit de la malchance du Conseiller de justice, mais plus encore, me sembla-t-il, de ma maladresse. Ainsi tout était arrangé à l'avance pour me rendre fou ; mais je repris contenance avec un désespoir résigné.

Julie n'avait pas ri ; mes regards égarés rencontrèrent les siens, et ce fut comme si un rayon de bonheur passé, chargé de toute une vie d'amour et de poésie, fût venu m'effleurer.

Quelqu'un, dans la pièce voisine, commença d'improviser sur le piano, ce qui mit en mouvement toute la compagnie. On disait que c'était un grand virtuose étranger, un nommé Berger[1], qui jouait vraiment divinement et qu'il fallait écouter avec attention.

– Ne fais pas tant de bruit avec ces cuillers, ma petite Mina, cria le Conseiller en montrant la porte d'un geste engageant.

Et d'un suave « eh bien ! » il invita ces dames à se rapprocher du virtuose.

Julie aussi s'était levée et se dirigeait lentement vers la pièce voisine. Elle avait changé ; elle me parut plus grande, plus formée, plus riche d'attraits et de séductions qu'autrefois. La coupe particulière de sa robe blanche abondamment plissée qui ne masquait qu'à demi sa gorge, ses épaules et son cou, avec de larges manches bouffant jusqu'au coude, sa chevelure divisée sur le front et bizarrement entrelacée par-derrière en multiples tresses relevées en chignon, tout cela lui donnait quelque chose d'antique : elle ressemblait aux jeunes filles des tableaux de Mieris[2]. Et en même temps il me semblait que j'avais déjà vu quelque part, de mes propres yeux, la femme dont Julie m'offrait l'image…

Elle avait retiré ses gants : jusqu'aux bracelets précieux qui s'enroulaient autour de ses poignets, tout, dans l'exacte conformité de sa mise, concourait à réveiller en moi, de plus en plus vive et colorée, cette inexplicable illusion.

1. Sans doute L. Berger (1777-1839), célèbre virtuose et compositeur de piano, mais berlinois et non « étranger ».

2. Frans Van Mieris, peintre hollandais, 1635-1681.

Julie se retourna vers moi avant d'entrer dans la pièce voisine, et il me sembla que ce visage angélique et d'une grâce toute juvénile était défiguré par une railleuse ironie. Quelque chose d'effrayant, d'horrible, se fit sentir en moi : une sorte de crampe secoua convulsivement tous mes nerfs…

– Oh ! il joue divinement ! murmura une demoiselle, exaltée par le thé bien sucré.

Et je ne sais comment il se fit que son bras s'appuya sur le mien et que je la conduisis, ou plutôt qu'elle me conduisit dans le salon de musique. Berger faisait justement mugir le plus sauvage ouragan. Pareils aux flots sauvages de la mer montaient et descendaient les puissants accords !… Cela me fit du bien.

Julie se trouva tout à coup près de moi et me dit, d'une voix plus suave et plus caressante que jamais :

– J'aimerais te voir assis au piano : tu mettrais sûrement plus de douceur à chanter la joie et l'espérance d'autrefois !…

L'ennemi s'était retiré de moi, et je voulus dans ce seul nom, « Julie ! », exprimer la céleste béatitude qui m'inondait… Mais d'autres personnes, passant entre nous, l'avaient éloignée de moi. Je vis alors qu'elle cherchait à m'éviter ; mais je réussissais cependant tantôt à toucher sa robe, tantôt, serré contre elle, à respirer son haleine, et je sentais revivre en moi, parées de mille couleurs resplendissantes, les heures fortunées de mon printemps enfui.

Berger avait laissé s'apaiser l'ouragan : le ciel avait retrouvé sa sérénité, de douces et vagues mélodies s'élevèrent, tels de petits nuages dorés par l'aurore, et se perdirent dans un *pianissimo* presque imperceptible. De chauds applaudissements furent le partage mérité du virtuose ; les rangs de l'assistance se confondirent, et le hasard fit que je me retrouvai tout près de Julie. Mon esprit s'était raffermi ; dans la douleur égarée de mon amour, je voulus la saisir, l'enlacer, mais entre nous se glissa la face maudite d'un domestique affairé, qui, un grand plateau à la main, demandait d'une voix désagréable :

– Vous plairait-il ?…

Parmi les verres de punch fumant je remarquai une coupe délicatement ciselée, pleine aussi du même breuvage – à ce qu'il paraissait. Comment était-elle venue là, au milieu de tous ces verres ordinaires ? Si quelqu'un le sait, c'est *celui* que j'apprends chaque jour un peu plus à connaître, celui qui excelle (comme Clemens dans *Octavian* [1]) à décrire de son pied gauche d'agréables crochets en marchant, et qui aime tant les manteaux rouges et les plumes de même couleur… Ce verre, cette coupe finement taillée et étrangement étincelante, Julie la prit et me la présenta :

– Recevras-tu aussi volontiers qu'autrefois le verre offert par ma main ?

– Julia !… Julia ! soupirai-je.

En saisissant la coupe, j'avais touché ses doigts délicats ; des étincelles électriques embrasèrent toutes mes veines et me firent battre le cœur… Je bus et bus encore… Il me semblait que de petites flammes bleues se jouaient en pétillant autour du verre, s'élevant en autant de langues de feu jusqu'à mes lèvres.

La coupe était vide… Ensuite, je ne sais comment cela se fit, je me retrouvai dans le cabinet voisin qu'éclairait une lampe d'albâtre, installée sur une ottomane, et Julie… Julie était à mes côtés, qui me regardait comme autrefois, de son doux regard d'enfant.

Berger était de nouveau au piano ; il jouait l'andante de la sublime *Symphonie en mi bémol* de Mozart… et à mesure que le chant se déployait, telle l'aile d'un cygne, je sentais renaître tout l'amour, toute la joie ensoleillée de mes plus beaux jours… Oui, oui c'était Julie… Julie elle-même, tendre et belle comme un ange… Notre conversation ?… Une plainte d'amour ardent… moins de paroles que de regards… sa main reposant dans la mienne.

1. Drame de Ludwig Tieck.

– Maintenant je ne te quitterai plus jamais ! Ton amour est l'étincelle qui brûle en moi, illuminant toute une existence plus élevée, vouée à l'art et à la poésie… Sans toi, sans ton amour, tout est morne et glacé !… Mais, dis-moi, n'es-tu pas venue toi aussi pour être mienne à jamais ?

Dans l'instant, une grotesque silhouette à jambes d'araignée, avec des yeux de grenouille à fleur de tête, entra en se dandinant et cria d'un ton aigu des plus déplaisants, souligné par un sourire parfaitement niais :

– Où diantre est donc passée ma femme ?

Julie se leva et me dit, d'une voix soudain étrangement neutre :

– N'allons-nous pas rejoindre la compagnie ?… Voici mon mari qui me cherche… Vous êtes toujours fort amusant, mon cher ! toujours en verve, comme autrefois… mais ménagez-vous un peu sur la boisson.

Le faquin aux jambes d'araignée la prit par la main, et elle le suivit en riant dans le salon…

– Perdue pour jamais ! m'écriai-je tout haut.

– Eh ! sans doute, Codille ! mon très cher ! observa en chevrotant un animal qui jouait à l'hombre.

Je m'enfuis, en courant, dans la nuit et la tempête.

II

LA SOCIÉTÉ DANS LA CAVE

Faire les cent pas sur Unter den Linden peut être une chose fort agréable, mais assurément pas la nuit de la Saint-Sylvestre, par une bonne gelée, et sous une neige insinuante. La tête nue et sans manteau, comme j'étais, je finis par m'en apercevoir lorsque des frissons glacés commencèrent à me faire grelotter malgré la fièvre ardente dont j'étais dévoré. Je poursuivis mon chemin en empruntant le pont de l'Opéra, passai devant le château, fis un coude en coupant par le pont de l'Écluse et me retrouvai du côté de la Monnaie. J'arrivai rue des Chasseurs, tout près de chez Thiermann[1]. Des lumières engageantes brillaient dans les salles, et j'allais entrer pour me réchauffer de quelques bons verres d'une liqueur réconfortante, car j'étais décidément gelé ; mais à cet instant jaillit du cabaret, tel un torrent, toute une société de joyeux compagnons : on parlait d'huîtres délicieuses et du fameux vin de la Comète…

– Ma foi ! s'écria l'un d'entre eux qu'à la lueur des lanternes je reconnus pour un brillant officier de uhlans, oui, ma foi, il avait bien raison, celui qui l'an passé à Mayence pestait contre ces animaux d'aubergistes qui avaient refusé de lui servir en 1794 du vin de 1811[2] !

Tous se mirent à rire à gorge déployée.

Involontairement, je m'étais avancé de quelques pas, et m'arrêtai court à l'entrée d'une cave où brillait une unique lumière. Le roi Henri IV de Shakespeare ne s'est-il pas senti un jour assez exténué, assez humilié pour que la pauvre créature appelée Petite-Bière lui tournât l'esprit ? Eh bien, c'est ce qui m'arriva : ma langue se fendait de soif à la pensée d'une bouteille de bonne bière anglaise. Je dévalai les marches et pénétrai dans la taverne.

– Monsieur désire ? fit l'hôte en venant à moi et en touchant aimablement son bonnet.

Je demandai une bouteille de la meilleure bière anglaise ainsi qu'une longue pipe de bon tabac, et me trouvai bientôt dans un état de philistinisme tellement sublime que le Diable lui-même en conçut un instant du respect et me laissa tranquille.

Ô Conseiller de justice ! si tu m'avais vu descendre au sortir

1. Commerce réputé de vins et de produits italiens.

2. Plaisante allusion au siège inefficace de Mayence par les Français en 1794. L'année 1811, qui vit passer la fameuse comète, fut une grande année pour les vins.

de ton brillant salon de thé dans cette sombre cave à bière, tu te serais détourné de moi d'un air hautain et méprisant, et tu n'aurais pas manqué de murmurer : « Il n'est pas étonnant qu'un pareil individu dévaste les plus élégants jabots ! »

Le fait est que sans chapeau ni manteau je devais produire un effet plutôt singulier. Une question flottait sur les lèvres de l'hôte, quand on frappa à la fenêtre, et une voix cria d'en haut :

– Ouvrez, ouvrez, c'est moi !

L'hôte courut au-dehors et rentra bientôt en brandissant deux flambeaux allumés. Un très long et très maigre personnage le suivait : parvenu à la porte du bas, il oublia de se baisser et se cogna rudement la tête ; par bonheur le bonnet noir qu'il portait, et qui ressemblait à une barrette, prévint toute blessure. Il se glissa bizarrement le long du mur, et vint s'asseoir en face de moi après que les lumières eurent été placées sur la table.

On pouvait dire de cet homme qu'il avait une physionomie aussi morose que distinguée. Il demanda d'un air contrarié de la bière et une pipe, et produisit en quelques bouffées une telle fumée que nous flottâmes bientôt dans un épais nuage. Du reste sa figure avait quelque chose de si caractéristique et de si intéressant que, malgré son air sombre, je me sentis d'emblée attiré vers lui. Une raie séparait ses cheveux noirs et abondants qui retombaient des deux côtés en petites boucles, ce qui le faisait ressembler aux portraits de Rubens. Lorsqu'il eut rejeté son grand manteau-collet, je vis qu'il était vêtu d'une *kurtka* noire à nombreux lacets ; mais ce qui m'étonna fort, ce fut de constater qu'il avait passé par-dessus ses bottes d'élégantes pantoufles : je m'en aperçus quand il secoua sa pipe, qu'il avait achevé de fumer en moins de cinq minutes.

Notre conversation avait peine à se lancer ; l'étranger paraissait très préoccupé de toutes sortes de plantes rares qu'il avait tirées d'un étui et qu'il considérait avec satisfaction. Je lui témoignai ma surprise à la vue de ces jolis spécimens et, comme ils paraissaient fraîchement cueillis, je lui demandai s'il n'avait pas été au Jardin botanique, ou peut-être chez Boucher… Il sourit d'une façon plutôt étrange et répondit :

– La botanique ne paraît pas être précisément votre affaire, sinon vous ne m'auriez pas si…

Il s'arrêta et je suggérai à mi-voix :

– … sottement…

– … interrogé, acheva-t-il de bon cœur. Vous auriez reconnu du premier coup d'œil qu'il s'agissait là de plantes alpestres, d'une espèce qui ne croît que sur les pentes du Chimborazo[1].

Ces derniers mots, l'étranger les avait prononcés à voix basse, comme pour lui-même, et tu peux t'imaginer quel effet singulier ils firent sur moi. Toute question expirait sur mes lèvres, mais un soupçon grandissait en moi, comme si j'avais eu déjà l'occasion sinon de rencontrer cet étranger, du moins de l'apercevoir en rêve.

On frappa de nouveau aux carreaux, l'hôte ouvrit la porte et une voix cria :

– Soyez assez bon pour couvrir votre miroir !

– Ah ! ah ! fit l'hôte, le général Souvorov arrive bien tard !

Il recouvrit le miroir, et aussitôt, avec une prestesse maladroite, une lourde vivacité devrais-je presque dire, un petit homme maigre fit irruption dans la salle ; il était enveloppé dans un manteau d'une très étrange couleur brune qui, tandis que son propriétaire sautillait par toute la pièce, voltigeait autour de son corps en formant mille plis et replis si compliqués qu'à la lueur des flambeaux on eût cru voir bouger plusieurs figures superposées, tour à tour se séparant et se rejoignant, comme dans les fantasmagories d'Ensler. En même temps il se frottait les mains à l'abri de ses larges manches, et pestait bien haut :

– Froid !… froid !… comme il fait froid ! En Italie, c'est différent, bien différent !…

1. Volcan de la cordillère des Andes.

Finalement il prit place entre le grand inconnu et moi, tout en protestant :

– Quelle horrible fumée !... Tabac contre tabac : si j'avais seulement une prise !

J'avais dans ma poche cette tabatière d'acier poli brillant comme un miroir, dont tu m'as fait cadeau un jour : je la tirai aussitôt et fis le geste d'offrir du tabac au petit homme. Mais à peine l'eut-il aperçue qu'il la recouvrit vivement des deux mains et s'écria en la repoussant :

– Loin de moi !... Loin de moi cet abominable miroir !

Sa voix avait quelque chose d'effrayant ; je marquai ma surprise et levai les yeux vers lui : il était devenu un autre homme. L'individu qui tout à l'heure avait sauté dans la salle paraissait jeune, avec même un certain air de candeur ; or je me retrouvais à présent devant un vieillard au visage flétri et ridé, pâle comme la mort, qui fixait sur moi des yeux caves et éteints. Saisi d'effroi, je me tournai vers mon grand voisin, prêt à lui crier : « Pour l'amour de Dieu, regardez donc ! » Mais il était absorbé par l'examen de ses plantes du Chimborazo, et ne prêtait visiblement aucune attention à tout cela. A cet instant d'ailleurs le petit homme s'adressa à l'aubergiste et, non sans quelque préciosité, commanda « du vin du Nord ».

La conversation finit par s'animer. Le petit homme, à la vérité, me mettait fort mal à l'aise, mais le grand savait dire, sur des sujets d'apparence insignifiante, des choses vraiment profondes, encore qu'il parût trouver difficilement ses expressions et qu'il usât même parfois de termes impropres, ce qui donnait souvent à ses discours une originalité piquante ; ainsi éveillait-il ma sympathie, atténuant d'autant l'impression désagréable que son petit compagnon faisait sur moi. Ce dernier semblait mû intérieurement par mille ressorts, car il s'agitait en tous sens sur sa chaise et ne cessait de gesticuler des mains. Je dois avouer que, à le regarder m'observer tantôt avec un visage tantôt avec un autre, je sentais une sueur froide me couler des cheveux jusqu'au creux du dos... Lorsqu'il regardait l'autre, il prenait le plus souvent sa figure de vieillard, dont l'air de calme et d'aisance contrastait singulièrement avec sa mobilité naturelle ; bientôt d'ailleurs ce visage-là me parut moins effrayant qu'au premier abord.

Dans cette mascarade qu'est la vie d'ici-bas, le feu intérieur de l'esprit allume souvent une subtile lueur dans les yeux des hommes, à travers les trous du masque : c'est qu'il a reconnu en face de lui des esprits frères. Ainsi en allait-il sans doute pour nous trois, êtres à part, rapprochés par le hasard dans ce sombre caveau ; car nous ne tardâmes pas à reconnaître notre affinité réciproque. Notre conversation prit donc ce tour humoristique qui vient spontanément aux âmes qui ont quelque blessure profonde à cacher.

– Toute chose a son épine, dit le grand.

– Ah Dieu ! m'écriai-je, épines ou crochets, combien le Diable n'en a-t-il pas planté partout à notre préjudice sur les murs des chambres, sous les bosquets, dans les buissons de roses, où nous laissons accroché, en passant, tel lambeau de notre précieux nous-même ! On dirait, mes dignes maîtres, que chacun de nous trois a déjà perdu quelque chose de cette façon-là… Ainsi moi, cette nuit même, il me manque mon chapeau et mon manteau. Tous deux sont restés, comme vous le savez, pendus à un crochet dans l'antichambre du Conseiller de justice…

A ces mots mes compagnons, le petit comme le grand, avaient tressailli : on eût dit qu'ils venaient de recevoir un coup à l'improviste. Le petit me jeta un regard affreux – il avait alors sa figure de vieillard – puis sauta brusquement sur une chaise afin de tendre méticuleusement le voile qui cachait le miroir ; le grand, de son côté, moucha soigneusement les flambeaux.

Après cela la conversation eut quelque peine à reprendre. On en vint à parler d'un jeune peintre de mérite, un dénommé Philipp, et du portrait d'une princesse, qu'il venait de peindre sous le coup d'un amoureux enthousiasme : l'artiste avait travaillé dans un fervent élan d'inspiration vers le sublime, comme enflammé par la pieuse expression de son modèle.

– On dirait qu'elle va parler, remarqua le grand, ce n'est pas un portrait mais une image, un reflet : à croire qu'on l'a volé dans un miroir !

A ces mots, le petit sauta en l'air, furibond, et tournant vers moi son vieux visage il me jeta un regard de feu :

– C'est absurde ! c'est fou ! Qui pourrait dérober un reflet dans un miroir ?... Qui le pourrait ? Le Diable, peut-être ? Ho ! ho ! frères, celui-là s'entend bien à briser la glace de sa lourde griffe, et il saurait comment blesser au sang les blanches mains de cette image de femme !... C'est une absurdité !... Oui-da, l'habile homme ! Fais-moi voir seulement ce reflet, ce reflet volé, et j'exécute devant vous un maître saut de mille toises !

Le grand se leva, s'approcha du petit et lui dit :

– Ne faites donc pas tant l'arrogant, camarade ! Autrement l'on vous fera dévaler plaisamment l'escalier. Parbleu ! il doit avoir un air bien pitoyable, votre reflet à vous !

– Ha ! ha ! ha ! ha !... ricana et piailla le petit. Ha ! ha ! ha !... Tu crois ? tu crois ? Mais j'ai une belle ombre portée, moi, pauvre compère ! Moi j'ai ma belle ombre !

Et là-dessus il sortit d'un bond. Nous l'entendîmes encore ricaner dehors et répéter d'une voix aigre :

– J'ai encore mon ombre !

Le grand était retombé sur sa chaise comme anéanti ; cachant entre ses mains sa figure pâle comme la mort, il exhala du plus profond de sa poitrine un douloureux soupir.

– Qu'avez-vous ? lui demandais-je avec sympathie.

– Ah ! monsieur, me répondit-il, ce méchant homme qui vous a paru si haineux et qui nous a poursuivis jusqu'ici, jusque dans ma taverne préférée, où j'aimais tant jadis me retrouver seul – car c'est tout au plus si un petit gnome se dressait de temps à autre sous la table pour faire sa récolte de miettes de pain –, ce méchant homme vient de me replonger au plus profond de ma souffrance ! Ah !... j'ai perdu, perdu sans retour mon... Adieu !

Il se leva et se dirigea vers la porte en traversant la salle :

tout restait clair et lumineux autour de lui, son corps ne projetait aucune ombre ! Enthousiasmé, je courus après lui :

– Peter Schlemihl ! Peter Schlemihl[1] !

Mais j'avais beau l'appeler, il était trop tard : il avait ôté ses pantoufles… Je le vis enjamber la haute tour de la caserne des gendarmes, et disparaître dans la nuit.

Lorsque je voulus rentrer dans le cabaret, l'hôte me ferma la porte au nez en s'écriant :

– Le bon Dieu me garde de pareils clients !

III

APPARITIONS

M. Mathieu est mon bon ami, et son concierge un homme vigilant. Celui-ci m'ouvrit, à peine avais-je tiré la sonnette de L'Aigle d'Or. Je lui expliquai comment je m'étais esquivé d'une soirée sans chapeau ni manteau, que dans la poche dudit manteau j'avais laissé la clé de mon logis, et qu'il m'était impossible de rentrer chez moi, car j'aurais beau heurter, ma servante était sourde. Ce brave homme (je parle du concierge) ouvrit une chambre, y déposa des flambeaux et me souhaita une bonne nuit.

La pièce était décorée d'une haute et large glace, couverte d'un voile ; je ne sais comment il me prit la fantaisie de découvrir cette glace et de poser mes deux flambeaux sur la console qui la soutenait. Au premier coup d'œil, je me trouvai si pâle et si défait que j'eus peine à me reconnaître moi-même. Et puis je crus voir flotter, comme venue du plus profond du miroir, une vague silhouette. En la considérant avec plus d'attention, je distinguai bientôt les traits d'une jeune femme charmante, auréolée de je ne sais quelle lueur magique… Je reconnus Julia ! Fou d'amour et de désir, je m'écriai :

1. L'auteur signale ici de sa main qu'il s'agit du héros de Chamisso.

– Julia !… Julia !…

Soudain j'entendis soupirer derrière les rideaux d'un lit placé dans le coin le plus reculé de la chambre. Je dressai l'oreille : c'étaient à présent des gémissements, de plus en plus plaintifs. L'image de Julia s'était évanouie. Je saisis résolument un flambeau, m'approchai du lit, et tirai violemment les rideaux. Comment te décrire la stupéfaction qui s'empara de moi lorsque je reconnus le petit homme de tantôt, étendu là, avec son visage juvénile, mais douloureusement crispé ; il soupirait dans son rêve, à fendre l'âme :

– Giulietta !… Giulietta !…

Ce nom enflamma mon cœur… Mais l'effroi m'avait quitté. J'empoignai le petit homme et le secouai fort rudement en criant :

– Eh bien !… mon ami, comment vous trouvez-vous dans ma chambre ? Réveillez-vous ! Et ayez la bonté d'aller au diable !

Le petit homme ouvrit les yeux et fixa sur moi un regard sombre.

– C'était un mauvais rêve !… dit-il ; merci de m'avoir réveillé.

Ces mots résonnèrent faiblement, comme autant de légers soupirs. Je ne sais pourquoi, mais le petit homme à présent me paraissait tout autre ; la douleur dont je le voyais saisi me pénétrait le cœur, changeant soudain ma colère en un sentiment de profonde mélancolie. Une brève explication suffit pour me persuader que le concierge m'avait par mégarde ouvert la chambre déjà occupée par le petit homme, et que par conséquent c'était moi qui avais commis l'inconvenance de troubler son sommeil.

– Monsieur, ajouta-t-il, je dois vous avoir paru bien fou et bien extravagant ce soir à la taverne : rejetez la faute de ma conduite sur ce que parfois, je ne puis le dissimuler, une influence bizarre s'empare de moi et me jette hors des limites de la décence et de la bienséance. Est-ce qu'il ne vous en arrive pas autant quelquefois ?

– Ah ! Dieu ! bien sûr que si ! répondis-je avec découragement : et pas plus tard que ce soir, lorsque j'ai revu Julia…

– Julia ? croassa le petit homme d'une voix affreuse.

Et une crispation convulsive fit reparaître à mes yeux son visage de vieillard.

– Oh ! laissez-moi dormir, coupa-t-il à la fin, et soyez assez bon pour recouvrir la glace, cher monsieur.

Il avait prononcé ces mots d'une voix très basse, le visage tourné vers son oreiller.

– Monsieur, lui dis-je, le nom de l'objet à jamais perdu de mon amour paraît éveiller en vous d'étranges souvenirs… Et puis les traits de votre agréable visage se transforment parfois de bien étrange façon… Quoi qu'il en soit, j'espère pouvoir passer auprès de vous une nuit tranquille. Je vais donc sans plus tarder recouvrir cette glace et me mettre au lit.

Le petit homme se redressa, me considéra avec des yeux parfaitement bienveillants – ceux de sa figure de jeune homme –, puis il me tendit la main, et prenant doucement la mienne, il me dit :

– Dormez en paix, monsieur ; je vois bien que nous sommes compagnons d'infortune. Auriez-vous aussi ?… Julia !… Giulietta !… Allons, tant pis, vous exercez sur moi un pouvoir irrésistible… Je ne puis m'y soustraire : il faut que je vous découvre mon secret le plus caché… Et puis après, haïssez-moi, méprisez-moi !…

Le petit homme, à ces mots, se leva lentement, s'enveloppa d'une ample robe de chambre blanche et glissa légèrement, tel un vrai fantôme, vers la glace devant laquelle il s'arrêta. Ah !… Le miroir reflétait, pure et nette, l'image des deux flambeaux, les objets épars dans la chambre et ma propre personne, mais l'image du petit homme demeurait invisible : nul rayon ne renvoyait un seul trait de son visage qui touchait presque la glace.

Il se tourna vers moi avec l'expression du plus profond désespoir, et pressant mes mains dans les siennes :

– Vous connaissez maintenant l'excès de mon malheur, dit-il. Schlemihl, cette pure et bonne âme, est digne d'envie comparé à moi, pauvre réprouvé. Il a vendu étourdiment son ombre, mais moi !... moi, je lui ai donné mon reflet, à elle... à *elle* !... Oh !... Oh !...

Ainsi gémissant, les deux mains pressées contre les yeux, il retourna d'un pas chancelant vers son lit et s'y jeta d'une masse. Pétrifié d'étonnement, je demeurai là, partagé entre le soupçon, le mépris, l'horreur, l'intérêt, la pitié, et je ne sais combien d'autres sentiments qui s'éveillaient dans mon âme pour et contre lui.

Cependant il commença bientôt à ronfler de si gracieuse et mélodieuse façon que je ne pus résister à la contagion de cette musique soporifique. Je couvris promptement le miroir, éteignis les flambeaux, me jetai au lit à l'exemple du petit homme, et sombrai bientôt dans un profond sommeil.

La nuit devait toucher à sa fin quand une lueur éblouissante me réveilla. J'ouvris les yeux et j'aperçus le petit homme dans sa robe de chambre blanche, son bonnet de nuit sur la tête, qui me tournait le dos : assis à la table, il écrivait assidûment à la clarté des deux flambeaux. Oui, il avait l'air d'un fantôme... Un frisson me parcourut mais déjà un rêve s'emparait de moi... et je me retrouvai de nouveau chez le Conseiller de justice, assis auprès de Julie, sur l'ottomane... Il me semblait pourtant, cette fois, que toute la compagnie n'était qu'un plaisant étalage, comme il s'en voit dans les boutiques de pâtisserie le jour de Noël : chez Fuchs, chez Weide, chez Schoch ou ailleurs. Le Conseiller de justice était une élégante figurine de gomme adragante, avec un jabot de papier-poste. Peu à peu les arbres et les buissons de roses se mirent à grandir ; Julie se leva et me tendit la coupe de cristal d'où s'échappaient en voltigeant de petites flammes bleues. Je me sentis alors tiré par le bras : c'était le petit homme, qui se tenait derrière moi ; il avait sa vieille figure, et me chuchotait :

– Ne bois pas, ne bois pas... Regarde-la bien !... Ne l'as-tu pas déjà vue dans les tableaux prophétiques de Breughel, de Callot ou de Rembrandt ?

Je frissonnai en regardant Julie, car en vérité elle ressemblait, dans sa robe aux mille plis et aux manches bouffantes, avec sa coiffure curieusement arrangée, aux belles tentatrices que ces maîtres ont peintes environnées de monstres diaboliques.

– Pourquoi as-tu peur ? demanda Julie. N'es-tu pas à moi, tout entier à moi, toi et ton reflet ?

Je saisis la coupe, mais le petit homme bondit sur mes épaules sous la forme d'un écureuil ; il chassait les flammes bleues en agitant sa longue queue, et ne cessait de piailler d'une voix affreuse :

– Ne bois pas !… Ne bois pas !…

Alors toutes les figurines de sucre de l'étalage s'agitèrent, remuant comiquement leurs petites mains et leurs petits pieds, et le Conseiller de justice de gomme adragante s'empressa à petits pas dans ma direction, criant d'une petite voix suraiguë :

– Pourquoi tout ce tapage, mon bien bon ? Pourquoi tout ce tapage ? Posez-vous donc un instant sur vos jolis pieds, car je vois bien depuis un moment que vous préférez cheminer dans les airs, par-dessus chaises et tables.

Le petit homme avait disparu et Julie n'avait plus la coupe dans sa main.

– Pourquoi n'as-tu pas voulu boire ? dit-elle ; cette pure et superbe flamme qui s'élançait vers toi, n'était-ce pas le baiser même que tu reçus jadis de moi !

Je voulus la presser dans mes bras, mais Schlemihl s'interposa :

– C'est Mina, proclama-t-il, elle a épousé Raskal[1] !

Il avait piétiné en passant quelques figurines de sucre qui gémissaient lamentablement. Mais bientôt celles-ci se multi-

1. Fidèle domestique de Schlemihl, dans la nouvelle de Chamisso.

plièrent : elles étaient des centaines, des milliers, qui trépignaient autour de moi, me grimpaient dessus en un affreux tourbillon, bourdonnant à mes oreilles tel un essaim d'abeilles… Quant au Conseiller de justice de gomme adragante, il s'était hissé jusqu'à ma cravate, qu'il serrait de plus en plus fort.

– Maudit Conseiller de justice à la gomme ! m'écriai-je tout haut… avant de me réveiller.

Il était grand jour, et déjà onze heures. Toute cette histoire du petit homme pouvait bien n'être elle aussi qu'un rêve, fort proche de la réalité, voilà tout. J'en étais à ces pensées quand le garçon entra avec le petit déjeuner : il me dit que l'étranger qui avait dormi dans la même chambre que moi était reparti de bon matin et me présentait ses compliments. Sur la table à laquelle j'avais vu travailler le petit être fantomatique, je trouvai quelques feuillets dont l'encre était encore fraîche. Je t'en communique le contenu, car il s'agit là sans aucun doute de l'étrange histoire du petit homme.

IV

L'HISTOIRE DU REFLET PERDU

Le jour était enfin venu où Erasmus Spikher allait pouvoir satisfaire le désir qu'il avait nourri toute sa vie en son âme ! Le cœur joyeux et la bourse bien garnie, il prit place dans la voiture qui allait l'emmener loin de sa patrie du Nord, vers la chaude et belle Italie. Sa tendre épouse, tout en répandant mille pleurs, souleva une dernière fois le petit Rasmus à la portière, après lui avoir essuyé proprement le nez et la bouche, pour que son père l'embrassât encore bien fort en guise d'adieu.

– Porte-toi bien, mon cher Erasmus Spikher, dit-elle ensuite en sanglotant. Je te garderai bien la maison ; pense à moi souvent, reste-moi fidèle, et ne perds pas ton joli bonnet de voyage si, comme à ton habitude, tu t'endors la tête à la portière.

Spikher promit.

Dans la belle Florence, Erasmus rencontra plusieurs compatriotes qui, pleins de jeunesse et de gaieté, se livraient à tous les plaisirs qu'offre cette magnifique contrée et menaient la plus joyeuse vie du monde. Il tint vaillamment sa place parmi eux, et l'on organisa mille parties délicieuses, auxquelles l'esprit singulièrement vif de Spikher et le talent qu'il avait d'allier le bon sens aux pires extravagances donnaient un attrait tout particulier.

Il arriva donc que nos jeunes gens (Erasmus, âgé de vingt-sept ans à peine, pouvait bien prétendre à ce titre) organisèrent une nuit dans un parc magnifique, au cœur d'un bosquet parfumé et tout illuminé, une fête des plus brillantes. Chacun, Erasmus excepté, avait amené une aimable *donna*. Les hommes portaient l'élégant costume de la vieille Allemagne, les femmes des robes aux couleurs vives, taillées selon tous les caprices de la mode, ce qui les faisait ressembler à autant de charmantes fleurs animées. Quand l'une ou l'autre avait terminé, au murmure des cordes d'une mandoline, quelque chanson d'amour italienne, les convives entonnaient, au joyeux tintement des verres remplis de vin de Syracuse, un vigoureux refrain allemand. Mais l'Italie est avant tout le pays de l'amour… La brise du soir murmurait de langoureux soupirs dans le bosquet embaumé par les douces exhalaisons des jasmins et des orangers… et celles-ci à leur tour étaient comme de voluptueuses mélodies qui semblaient voltiger dans l'air, se mêlant aux jeux folâtres où se complaisaient les belles créatures, chacune de celles-ci s'ingéniant à mettre en œuvre toutes ces petites *bouffonneries* délicates dont les femmes italiennes ont le secret. Et toujours plus vif et plus ardent éclatait le plaisir.

Friedrich, le plus exalté de tous, se leva : d'un bras il avait enlacé sa dame, et de l'autre, levant bien haut son verre rempli de vin pétillant, il s'écria :

– Où donc trouver plaisir divin et suprême bonheur ailleurs que chez vous, charmantes, adorables femmes d'Italie ?… car vous êtes l'amour même…

» Mais toi, Erasmus, poursuivit-il en se tournant vers Spikher, tu n'as vraiment pas l'air d'en être convaincu ; outre que tu n'as amené aucune dame à cette fête, ce qui est contraire à nos conventions et à tous les usages reçus, tu es par-dessus le marché si morose ce soir, si renfermé en toi-même, que je n'aurais pas hésité à te croire devenu le plus fastidieux des hypocondriaques si tu n'avais pas au moins bravement bu et chanté.

– Je t'avouerai, Friedrich, repartit Erasmus, que je ne saurais m'abandonner comme vous à ce genre de divertissements. Tu sais bien que j'ai laissé derrière moi ma chère et bonne épouse, que j'aime du fond de mon cœur, et envers qui je commettrais une réelle trahison si, par simple jeu, je me choisissais une dame, fût-ce pour une soirée. Pour vous, jeunes célibataires, c'est tout différent ; mais moi, un père de famille ?…

Les jeunes gens éclatèrent de rire lorsque, à ce mot de « père de famille », Erasmus s'efforça d'imprimer à son jeune visage si enjoué toute la gravité convenable, ce qui contribua seulement à lui prêter un air des plus comiques. La *donna* qui accompagnait Friedrich se fit traduire en langue italienne ce qu'Erasmus avait dit en allemand ; elle lui jeta un regard sérieux, et lui dit en le menaçant doucement du doigt :

– Écoute, homme de la froide Allemagne… Garde-toi bien !… tu n'as pas encore vu Giulietta.

Dans le moment on entendit un frôlement à l'entrée du bosquet, et venant du fond de la nuit apparut, à la lumière des flambeaux, une resplendissante créature. Sa robe blanche, qui ne couvrait qu'à moitié son sein, ses épaules et son cou, garnie de manches bouffantes et fendues jusqu'au coude, tombait en mille plis amples autour de sa taille, et ses cheveux, partagés au milieu du front, étaient relevés par-derrière en multiples tresses. Une chaîne d'or autour du cou, de riches bracelets au poignet complétaient la parure à l'ancienne de cette jeune beauté qui paraissait descendue d'un tableau de Rubens ou du gracieux Mieris.

– Giulietta ! s'écrièrent les jeunes filles visiblement surprises.

Giulietta, dont la beauté angélique les éclipsait toutes, parla d'une voix douce et aimable :

– Laissez-moi donc prendre part à votre joyeuse fête, braves et jeunes Allemands ! J'irai tenir compagnie à celui que je vois là-bas, seul d'entre vous à se morfondre sans plaisir et sans amour !

Elle s'avança avec une grâce enchanteresse vers Erasmus, et s'assit sur le siège resté vide auprès de lui – puisqu'il avait été prévu que lui aussi devait amener sa *donna*.

Les jeunes filles chuchotaient entre elles :

– Voyez Giulietta !... Toujours aussi belle !...

Et les jeunes gens :

– Diable d'Erasmus ! Il a gagné la meilleure part !... Il s'est encore bien joué de nous !

Erasmus, au premier regard qu'il avait jeté sur Giulietta, s'était senti si singulièrement transporté qu'il ne pouvait distinguer lui-même la nature des sentiments houleux qui l'agitaient. Lorsqu'elle vint se placer à côté de lui, une force inconnue s'empara de tout son être ; il se sentait la poitrine oppressée au point de ne plus pouvoir respirer. L'œil rivé sur Giulietta, les lèvres figées, il restait là, assis, sans pouvoir prononcer une parole, tandis que les jeunes gens vantaient tout haut la grâce et la beauté de la jeune fille. Celle-ci prit alors une coupe pleine et, se levant, elle la présenta aimablement à Erasmus ; il saisit la coupe, et sa main effleura les doigts veloutés... Il but : du feu sembla couler dans ses veines. Giulietta lui demanda sur un ton badin :

– Voulez-vous que je sois votre *donna* ?

Erasmus, comme un égaré, se précipita à ses pieds, pressant ses deux mains contre son cœur, et s'écria :

– Oui, c'est toi ! toi que j'ai toujours aimée, ange du ciel !… C'est Toi que je voyais dans mes rêves. Tu es ma joie, ma félicité, ma vie !…

Tous crurent que le vin était monté à la tête du pauvre Erasmus car ils ne l'avaient jamais vu ainsi : il semblait devenu un autre homme.

– Oui… tu es ma vie, tu es la flamme qui me consume ! Laisse-moi m'abîmer, me perdre en toi seule !… Je ne veux être que toi !…

Ainsi divaguait Erasmus ; mais Giulietta le prit doucement dans ses bras et, devenu plus calme, il s'assit à son côté. Et bientôt recommencèrent les jeux de l'amour, avec leurs joyeux badinages et leurs chansons qu'avaient à peine interrompus Erasmus et Giulietta.

Giulietta chanta : c'était comme si des accents célestes se fussent échappés de son sein, allumant dans tous les cœurs une volupté qu'ils n'avaient jamais connue, qu'ils croyaient seulement avoir rêvée. Sa voix de cristal, vibrante et pleine, portait en elle une flamme mystérieuse qui captivait irrésistiblement les âmes. Chaque cavalier tenait sa dame plus étroitement enlacée ; et les yeux plongeaient dans les yeux des regards qui se faisaient de plus en plus brûlants.

Déjà une rouge lueur annonçait l'aurore. Giulietta proposa de mettre un terme à la fête, ce qui fut approuvé. Erasmus se préparait à l'accompagner, mais elle refusa, se bornant à lui indiquer la maison où il pourrait la trouver à l'avenir. Et tandis que les jeunes gens, en guise d'adieu, entonnaient à la ronde les couplets d'un chant allemand, elle s'éclipsa du bosquet ; on la vit disparaître au fond d'une allée de verdure, précédée de deux valets qui l'éclairaient avec des flambeaux. Erasmus n'osa pas la suivre. Chaque cavalier offrit le bras à sa dame, et tous s'éloignèrent joyeusement.

Erasmus partit à son tour, l'esprit troublé, intimement déchiré, en proie à toutes les affres du désir et de l'amour ; son petit valet l'éclairait de sa torche.

Ses amis l'avaient abandonné ; il arriva ainsi jusqu'à la rue écartée qui conduisait à sa demeure. La clarté de l'aube envahissait déjà le ciel, et le valet éteignit sa torche contre le pavé. Mais du milieu des étincelles jaillit soudain une figure étrange, qui se dressa devant Erasmus : un long et maigre individu, avec le nez recourbé d'un vautour, des yeux étincelants, une bouche sarcastique, et un justaucorps rouge feu garni de boutons d'acier luisant. Il riait, et se mit à crier d'une voix désagréable :

– Ho ! ho !... vous vous êtes sans doute échappé de quelque vieux livre d'images, avec votre mantelet, votre pourpoint tailladé et votre toque à plumes ! Vous êtes assurément fort plaisant à voir, seigneur Erasmus, mais vous voulez donc servir de plastron aux gens de la rue ! Allez ! retournez plutôt tranquillement dans votre volume de parchemin !

– Que vous importe mon costume ? fit Erasmus avec humeur.

Il voulut passer outre et écarta vivement l'homme rouge ; mais celui-ci cria derrière lui :

– Allons, allons... ne soyez pas si pressé ! Il n'est pas encore l'heure d'aller chez Giulietta !

Erasmus se retourna brusquement :

– Que parlez-vous de Giulietta ? s'écria-t-il d'une voix furieuse en empoignant sous le col le rouge individu.

Mais celui-ci pivota sur lui-même avec la rapidité de l'éclair, et avant qu'Erasmus eût seulement pu comprendre ce qui se passait, il avait disparu.

Erasmus en était tout étourdi ; il tenait encore dans sa main un bouton d'acier arraché au pourpoint rouge.

– C'était le docteur Miracle, le signor Dapertutto, commenta son domestique. Que vous voulait-il donc ?

Erasmus eut un frisson soudain et se hâta de gagner son logis.

Giulietta accueillit Erasmus avec une grâce et une amabilité qui n'appartenaient qu'à elle. A la délirante passion qui enflammait son visiteur, elle opposait une humeur douce et égale. C'était à peine si de temps en temps ses yeux étincelaient d'un éclat plus vif ; mais chaque fois qu'elle lançait à Erasmus un de ces regards étranges il se sentait frémir au plus secret de son être. Elle n'avait nul besoin de lui dire qu'elle l'aimait, tout son comportement le laissait clairement soupçonner. C'est ainsi qu'il se trouva pris de plus en plus étroitement au piège de cet amour. La vie était comme une journée de grand soleil ; toutefois il ne voyait plus que rarement ses amis, car Giulietta l'avait introduit dans une société toute différente.

Un jour, Friedrich le rencontra et ne voulut plus le lâcher ; après l'avoir bien attendri en évoquant maints souvenirs de sa patrie et de son foyer, il l'entreprit en ces termes :

– Sais-tu, Spikher, que tu as noué de bien dangereuses relations ? Tu as certes dû te rendre compte que la belle Giulietta est une des plus rusées courtisanes qu'il y ait jamais eu. On raconte à son sujet toutes sortes de mystérieuses et inquiétantes histoires qui la font paraître sous un jour des plus singuliers : on dit qu'elle exerce sur les gens, quand elle le veut, un pouvoir irrésistible, qu'elle sait les enchaîner à elle par des liens indissolubles. Et je le vois bien sur toi : tu es complètement changé ; captif de cette séductrice, tu as oublié ta fidèle épouse !

A ces mots Erasmus se couvrit le visage de ses deux mains et se mit à sangloter en prononçant le nom de sa femme. Friedrich voyait bien qu'un rude combat se livrait en lui.

– Spikher, poursuivit-il, partons d'ici !

– Oui, Friedrich, tu as raison ! s'écria Erasmus avec véhémence. Je ne sais quels lugubres pressentiments me saisissent tout à coup… Il faut que je parte, et dès aujourd'hui !

Les deux amis se hâtaient par les rues, quand le signor

Dapertutto vint à passer devant eux. Il cria à Erasmus en lui riant au nez :

– Vite ! dépêchez-vous, dépêchez-vous donc : Giulietta vous attend déjà, le cœur plein d'impatience, les yeux remplis de larmes… Hâtez-vous !

Erasmus fut comme frappé par la foudre.

– Cet individu, ce charlatan, remarqua Friedrich, m'est antipathique au suprême degré… Quand on songe qu'il est comme chez lui chez Giulietta, entrant et sortant à sa guise : il lui vend ses drogues ensorcelées !…

– Quoi ! s'écria Erasmus, cet exécrable drôle va chez Giulietta ?… Chez Giulietta !

– Mais où donc étiez-vous tout ce temps ?… Tout le monde vous attend !… M'auriez-vous oubliée ?…

Ainsi parlait, du haut du balcon, une voix pleine de douceur. C'était Giulietta, devant la maison de qui les deux amis s'étaient arrêtés sans y prêter attention. D'un bond Erasmus fut à l'intérieur…

– Notre ami est décidément perdu, perdu à jamais ! murmura Friedrich en s'éloignant.

Jamais Giulietta n'avait été plus adorable. Elle portait le même costume que naguère dans le bosquet ; elle était éblouissante de fraîcheur et de grâce juvénile. Erasmus avait déjà tout oublié de sa conversation avec Friedrich : il se laissait enivrer comme jamais par l'irrésistible délire du bonheur ; mais jamais non plus Giulietta ne lui avait laissé voir avec autant d'abandon l'amour profond qu'elle ressentait pour lui. Elle semblait ne faire attention qu'à lui, n'exister que pour lui.

Dans une villa que Giulietta avait louée pour l'été, une fête devait être donnée : on s'y rendit. Il se trouva dans la compagnie un jeune Italien d'une tournure des plus repoussantes, et de manières plus repoussantes encore, qui s'empressa fort auprès de Giulietta. En proie à la jalousie, Erasmus par dépit s'écarta de la société et se mit à arpenter en solitaire une allée du parc. Giulietta vint l'y trouver.

– Qu'as-tu donc, dit-elle, n'es-tu pas tout à moi ?

Et en même temps elle l'enveloppa de ses bras voluptueux et pressa un baiser sur ses lèvres. Des rayons de feu le pénétrèrent, et dans un furieux transport d'amour il serra sa bien-aimée contre lui en criant :

– Non, je ne te laisserai pas, quand je devrais me perdre dans un abîme de honte et de désolation !

Giulietta avait accueilli ces paroles avec un étrange sourire, et il surprit dans ses yeux ce singulier regard qui toujours le faisait frissonner.

Ils rejoignirent ensemble la compagnie. Ce fut alors au jeune Italien qu'échut le rôle de rival sacrifié. Son humeur jalouse se donna bientôt libre cours, et il se mit à proférer mille propos aigres et offensants à l'adresse des Allemands en général, mais qui visaient indirectement Spikher. Celui-ci finit par perdre patience et s'avança brusquement vers l'insolent :

– Faites trêve, lui dit-il, à ces indignes quolibets sur mes compatriotes et sur moi-même, ou je vous jette dans cet étang : vous pourrez y faire à votre aise vos preuves en natation.

A l'instant un poignard brilla dans la main de l'Italien, mais Erasmus l'empoigna furieusement à la gorge, le jeta à terre et lui assena sur la nuque un coup de pied si violent que l'autre rendit presque aussitôt son dernier râle… On se précipita sur Erasmus, mais il n'avait plus ses sens. Il se sentit soulevé, emporté… Lorsqu'il revint à lui, comme tiré soudain d'un profond engourdissement, il était couché dans un petit cabinet aux pieds de Giulietta qui, penchée sur lui, le tenait enveloppé de ses deux bras.

– Ô méchant, méchant Allemand ! murmura-t-elle avec une douceur et une tendresse infinies. Quelles angoisses m'as-tu causées ! Je t'ai sauvé du danger le plus pressant, mais tu n'es plus en sûreté à Florence ni même en Italie. Il faut que tu partes, que tu me quittes, moi qui t'aime tant !

La seule idée de cette séparation déchirait le cœur d'Erasmus d'une douleur, d'un désespoir sans nom. Il protesta :

– Laisse-moi rester ! J'aime autant souffrir la mort : qu'est-ce donc que mourir ?… Est-ce pire que de vivre sans toi ?

A ce moment il lui sembla qu'une voix lointaine l'appelait douloureusement par son nom. Ah !… c'était la voix de son honnête épouse allemande. Il demeura muet… et Giulietta lui demanda d'un ton tout à fait singulier :

– Tu penses à ta femme, n'est-ce pas ?… Ah ! Erasmus, tu ne m'oublieras que trop tôt !

– Que ne puis-je t'appartenir pour toujours, être à jamais tout à toi !… répondit Erasmus.

En face d'eux se dressait un large miroir appliqué au mur du cabinet, éclairé de part et d'autre par la flamme de deux chandelles. Dans un élan d'ardeur passionnée, Giulietta pressa Erasmus contre son sein en murmurant doucement :

– Laisse-moi au moins ton reflet, ô mon bien-aimé : il sera à moi, il ne me quittera jamais !

– Giulietta ! Que veux-tu dire ? questionna Erasmus sans comprendre. Mon reflet ?…

Et il regarda dans la glace qui lui renvoyait son image, unie à celle de Giulietta dans une amoureuse étreinte.

– Comment pourrais-tu garder mon reflet ? poursuivit-il, mon reflet qui voyage partout avec moi, qui m'est renvoyé par toute eau limpide, par toute surface brillamment polie ?

– Ne m'accorderas-tu même pas, continua Giulietta, ce songe de toi-même qui repose là, dans ce miroir, toi qui voulais à l'instant être à moi corps et âme ?… Pas même cette image fugitive pour me consoler et faire route avec moi dans cette triste vie dénuée désormais, loin de toi, de tout plaisir et de tout amour ?

Et des larmes brûlantes jaillissaient de ses beaux yeux sombres. Alors Erasmus, égaré par le désespoir de l'amour, s'écria :

– Faut-il donc que je te quitte ?… Eh bien, s'il le faut, que mon reflet reste en ta possession, à jamais et pour l'éternité ! Qu'aucune puissance, que le Diable même ne puisse te l'arracher, jusqu'à ce que ma personne, corps et âme, soit à toi !

A peine eut-il prononcé ces mots que les baisers de Giulietta brûlèrent sur sa bouche ; puis elle le lâcha et tendit avec ivresse ses bras vers le miroir… Erasmus vit son image s'avancer, indépendante des mouvements de son corps, se glisser entre les bras de Giulietta, et s'évanouir avec elle au milieu d'une étrange vapeur. Il entendit alors toutes sortes d'horribles voix chevroter et ricaner avec une diabolique ironie. Saisi par le spasme d'une mortelle épouvante, il tomba sans connaissance sur le sol ; mais l'excès même de son angoisse, de son effroi, l'arracha bientôt à cet évanouissement, et dans l'obscurité épaisse et profonde qui régnait maintenant autour de lui, il gagna la porte et descendit l'escalier en chancelant.

Au sortir de la maison, il se sentit saisi par quelqu'un, soulevé à l'improviste, et placé dans une voiture qui partit aussitôt à vive allure.

– Les choses semblent s'être un peu gâtées, dit en allemand l'homme qui avait pris place à côté de lui ; mais tout va s'arranger maintenant, si toutefois vous voulez bien vous en remettre entièrement à moi. La petite Giulietta a déjà bien fait les choses ; elle vous a recommandé à mes soins. Aussi êtes-vous un bien charmant jeune homme, et fort doué pour ce genre de fines plaisanteries que nous goûtons par-dessus tout, la petite Giulietta et moi. Savez-vous que l'*amoroso* a reçu là, à mon avis, un fameux coup de pied à l'allemande sur la nuque ! La langue lui sortait de la gorge, bleue comme une cerise !… Un bien réjouissant spectacle ! Il fallait le voir geindre et râler sans pouvoir se décider à sauter le pas… Ha !… ha !… ha !…

La voix de cet homme avait un tour de raillerie si déplaisant, son bavardage sonnait de si hideuse façon, que chaque mot entrait comme un poignard dans le cœur d'Erasmus.

– Qui que vous puissiez être, le coupa celui-ci, taisez-vous ! Ne parlez plus de cette horrible affaire qui ne me laisse que des regrets !

– Des regrets ! des regrets ! répliqua l'homme. Alors vous

regrettez aussi d'avoir connu Giulietta, d'avoir conquis son cœur ?...

– Ah ! Giulietta ! Giulietta... soupira Erasmus.

– Bon, bon ! poursuivit l'autre, vous voilà comme un enfant : vous désirez, vous voulez... et il faut que tout suive la même route bien unie ! C'est évidemment une désolante fatalité que d'avoir dû quitter Giulietta ; mais après tout, je trouverai peut-être le moyen, si vous tenez à rester ici, de vous soustraire aux poignards de tous ceux qui vous en veulent, et même au glaive de notre aimable Justice...

L'idée de pouvoir rester auprès de Giulietta bouleversait Erasmus.

– Comment est-ce possible ? demanda-t-il.

– Je connais, poursuivit l'homme, un moyen cabalistique qui frappera d'aveuglement vos persécuteurs, ou en tout cas qui vous fera apparaître à leurs yeux sous des traits chaque fois différents, si bien qu'ils ne pourront jamais vous reconnaître. Dès qu'il fera jour, vous aurez la bonté de vous regarder suffisamment longtemps et attentivement dans un miroir, et j'exécuterai avec votre reflet – sans l'endommager le moins du monde – certaines opérations qui seront le prix de votre salut : vous pourrez désormais vivre avec Giulietta sans courir le moindre risque, et vous livrer tout entier aux délices de votre amour.

– Affreux !... affreux !... s'écria Erasmus.

– Qu'y a-t-il donc de si affreux, mon cher ami ? demanda l'homme d'un air narquois.

– Hélas ! j'ai... j'ai... commença Erasmus...

– ... laissé votre reflet en route ? enchaîna l'autre aussitôt. Chez Giulietta peut-être ? Ha ! ha ! ha ! bravissimo, mon cher ! A présent vous pouvez courir les plaines et les forêts, les villes et les bourgs, jusqu'à ce que vous retrouviez votre femme avec le petit Rasmus... jusqu'à ce que vous soyez redevenu un respectable père de famille – sans reflet il est vrai... Mais qu'importera à votre femme, puisqu'elle vous aura en personne, tandis que

Giulietta ne gardera pour elle que le songe fugitif de vous-même !

– Tais-toi, homme abominable ! s'écria Erasmus.

A ce moment, une bande joyeuse vint à passer en chantant, et la lueur des torches éclaira l'intérieur de la voiture. Erasmus regarda le visage de son voisin et reconnut l'affreux docteur Dapertutto ! D'un bond il sauta hors de la voiture et courut rejoindre le cortège, où il venait de reconnaître de loin la basse sonore de Friedrich. Les amis s'en revenaient d'une partie de campagne. Erasmus raconta brièvement à son camarade tout ce qui s'était passé, faisant seulement silence sur la perte de son reflet. Friedrich prit aussitôt les devants avec lui pour rentrer en ville, et avisa si promptement aux préparatifs de son départ qu'au lever de l'aurore Erasmus, monté sur un cheval rapide, était déjà loin de Florence.

Spikher a relaté par écrit quelques-unes de ses aventures de voyage. La plus remarquable est celle qui lui fit sentir pour la première fois, d'une manière bien pénible, les inconvénients de la perte de son reflet.

Il venait de s'arrêter dans une grande ville, son cheval fatigué ayant besoin de repos, et s'était assis sans méfiance à la table d'hôte de l'auberge, où il y avait une nombreuse compagnie. Il n'avait pas pris garde qu'en face de lui était accrochée une grande glace, bien polie et bien nette. Un satané garçon, passant derrière sa chaise, s'avisa que celle-ci, dans le miroir, apparaissait vide : la glace ne reflétait rien du personnage qui se trouvait pourtant bel et bien là, assis. Il fit part de sa découverte au voisin d'Erasmus, qui à son voisin… et il courut bientôt un chuchotement mêlé de murmures d'un bout à l'autre de la table. On regardait Erasmus, puis le miroir.

Erasmus cependant n'avait visiblement pas remarqué qu'il était l'objet même de tout ce bruit, quand un homme grave, se levant de table, vint à lui, l'amena devant la glace qu'il interrogea du regard, et se retournant alors vers la compagnie s'écria :

– C'est ma foi vrai ! il n'a pas de reflet !...

– Il n'a pas de reflet !... il n'a pas de reflet !... C'est un *mauvais sujet** ! un *homo nefas* !... A la porte ! A la porte !...

Tel fut le hourvari qui s'éleva de tous les coins de la salle. Plein de rage et de honte, Anselmus s'enfuit dans sa chambre ; mais il y était à peine, qu'il fut averti par la police qu'il eût à comparaître avant une heure devant l'autorité, muni d'un reflet complet et exactement conforme, sous peine d'avoir à quitter la ville sur-le-champ. Il se hâta donc de partir, poursuivi par la canaille badaude et par les gamins qui hurlaient à ses trousses :

– Le voilà !... le voilà qui galope, celui qui a vendu son reflet au Diable !

Enfin il se trouva seul en pleine campagne. Dès lors, partout où il s'arrêtait, sous le prétexte d'une horreur instinctive pour toutes espèces d'images reflétées, il faisait voiler soigneusement les miroirs : ce qui lui valut par moquerie le surnom de Général Souvorov – celui-ci ayant, on le sait, la même manie.

Lorsque Spikher eut enfin regagné sa ville natale, et qu'il rentra dans son foyer, sa chère femme et le petit Rasmus l'accueillirent avec joie. Il crut d'abord qu'il lui serait facile, dans la douce paix de sa vie domestique, de se consoler de la perte de son reflet. Mais voilà qu'un jour, alors qu'il avait complètement oublié la belle Giulietta, le petit Rasmus qui jouait avec lui s'amusa à lui promener ses petites mains toutes pleines de suie sur le visage :

– Ah, papa ! papa ! criait l'enfant, je t'ai fait tout noir ! Tiens, regarde !

Et avant que Spikher pût l'en empêcher il s'était emparé d'un petit miroir qu'il présenta à son père, tout heureux de s'y contempler à ses côtés. Mais l'objet lui tomba des mains... et il s'échappa de la chambre en pleurant. Bientôt après la mère entra, la stupeur et l'effroi peints sur le visage.

– Qu'est-ce que vient de me raconter Rasmus ? dit-elle.

– … que je n'ai pas de reflet, n'est-ce pas, ma petite chérie ? répondit Spikher avec un sourire forcé.

Et il entreprit de lui démontrer que, tout absurde à croire que c'était à la vérité, il était possible après tout de perdre son reflet ; qu'en somme la perte n'était pas bien grande, tout reflet n'étant au fond qu'une illusion ; que d'ailleurs la contemplation de soi-même conduit à la vanité ; et qu'enfin cette image trompeuse divisait l'être en une part de réalité et une part de songe…

Mais tandis qu'il parlait ainsi, sa femme avait vivement tiré le voile qui couvrait la grande glace de la pièce. Elle y jeta les yeux, et comme si un éclair l'eût foudroyée, elle tomba à la renverse. Spikher la releva, mais à peine eut-elle repris ses esprits qu'elle le repoussa avec horreur :

– Laisse-moi, cria-t-elle, laisse-moi, homme maudit ! Ce n'est pas toi !… Non ! tu n'es pas mon mari ! Tu es un esprit infernal qui veut me ravir mon salut, qui veut me perdre !… Va-t'en, laisse-moi, tu n'as pas puissance sur moi, damné !

Les éclats de sa voix retentissaient dans toute la maison ; les domestiques accoururent, effrayés. Erasmus, au comble de la fureur et du désespoir, se précipita au-dehors. L'esprit tout égaré, il alla chercher refuge dans les allées solitaires du parc qui avoisinait la ville.

L'image de Giulietta lui apparut alors dans toute la magie de sa beauté, et il clama à haute voix :

– Est-ce ainsi que tu te venges, Giulietta, de ce que je t'ai abandonnée, de ce qu'au lieu de ma personne je ne t'ai donné que mon reflet ? Ah, Giulietta ! je veux être à toi maintenant, de corps et d'âme : elle m'a chassé, celle à qui je t'avais sacrifiée ! Giulietta ! Giulietta !… je me donne à toi : corps, vie et âme !

– Rien de plus facile, mon bon ! répondit le signor Dapertutto, qui se trouva subitement à ses côtés, dans son habit écarlate à boutons d'acier.

Ces mots résonnèrent à l'oreille du malheureux Erasmus comme une promesse consolatrice ; sans prêter attention à la physionomie repoussante et moqueuse de Dapertutto, sans broncher le moins du monde, il demanda d'un ton misérable :

– Et comment la reverrai-je, elle que j'ai perdu sans retour ?

– Erreur ! corrigea Dapertutto : elle n'est pas bien éloignée d'ici, et languit incroyablement après votre digne personne, mon respectable ami ; car, comme vous le voyez, un reflet n'est jamais qu'une frivole illusion. Du reste, dès que votre digne vous-même, c'est-à-dire corps, vie et âme, lui sera bien assuré, elle vous rendra avec mille remerciements votre agréable reflet, net et intact.

– Conduis-moi donc près d'elle… vite ! cria Erasmus. Où est-elle ?

– Il nous faut encore accomplir une petite formalité, une bagatelle, continua Dapertutto, avant que vous puissiez voir Giulietta et la prier de vous rendre votre reflet. Elle ne peut disposer librement de votre digne personne tant que vous êtes encore enchaîné par certains liens qui doivent être d'abord tranchés ! Je veux dire… votre chère femme et ce petit garçon si plein d'espérances…

– Qu'est-ce à dire ?… protesta Erasmus avec véhémence.

– Une dissolution de ces liens, sauf meilleur avis, poursuivit Dapertutto, pourrait s'effectuer de la façon la plus simple et la plus naturelle. Vous savez déjà, depuis votre séjour à Florence, que j'excelle dans l'art de préparer les médicaments miraculeux ; aussi ai-je sous la main, pour le cas présent, une petite recette fort simple. Rien que deux gouttes à faire prendre à ces personnes qui se trouvent malencontreusement sur votre chemin, à vous et à la tendre Giulietta : et vous les verrez tomber sans un cri, sans une grimace de douleur. Il est vrai que l'on appelle cela mourir, et que la mort est paraît-il une chose amère ; mais le goût d'amande amère n'est-il pas délicieux ? Eh bien, c'est précisément ce goût-là, cette amertume de la mort, que renferme mon petit flacon. Dès son heureuse extinction, votre estimable famille répandra un doux parfum d'amande amère… Allons, prenez, mon cher ami…

Et il tendit à Erasmus une petite fiole *.

– Homme épouvantable ! s'écria celui-ci. Tu veux donc que j'empoisonne ma femme et mon enfant ?

– Mais qui parle de poison ? interrompit l'homme rouge. Ce n'est qu'un vulgaire remède, et d'un très bon goût, que contient cette fiole. J'aurais d'autres moyens de vous rendre libre, si vous le vouliez ; mais c'est un plaisir pour moi que de vous voir agir par vous-même, tout naturellement, tout humainement : c'est cela ma passion, voyez-vous ! Prenez donc avec confiance, mon bon !

Erasmus avait la fiole entre les mains, sans savoir comment cela s'était fait. Il courut machinalement s'enfermer dans sa chambre. Sa femme avait passé la nuit en proie à mille angoisses et tourments. Elle soutenait avec persistance que le voyageur de retour n'était pas son mari, mais un esprit infernal qui avait pris son apparence. Dès que Spikher reparut dans la maison, tout le monde s'enfuit avec effroi sur son passage ; seul le petit Rasmus osa s'approcher de lui pour lui demander naïvement pourquoi donc il n'avait pas rapporté son reflet, ajoutant que cela ferait mourir sa mère de chagrin. Erasmus regarda l'enfant d'un air égaré… Il avait encore la fiole de Dapertutto dans la main. Le petit portait sur son bras sa tourterelle favorite ; celle-ci approcha son bec de la fiole et se mit à becqueter le bouchon : aussitôt sa tête retomba… elle était morte ! Erasmus bondit d'horreur et hurla :

– Traître ! tu ne m'égareras pas jusqu'à me faire commettre ce crime infernal !

Et il lança par la fenêtre la fiole qui se brisa en mille morceaux sur le pavé de la cour. Un délicieux parfum d'amande se répandit dans l'air et monta jusque dans la chambre. Le petit Rasmus avait pris peur et s'était enfui.

* La fiole de Dapertutto renferme sans doute de l'eau de laurier-cerise rectifiée, ce qu'on appelle de l'acide prussique. L'usage d'une quantité très minime de cette eau (moins d'une once) produit bien les effets ici décrits. – Horn, *Archiv für med. Erfahrungen*, 1813, mai-décembre, p. 510.

Spikher passa toute la journée à se torturer l'esprit, jusqu'à minuit passé. A ce moment, l'image de Giulietta s'éleva dans son âme, parée des plus vives et des plus séduisantes couleurs. Jadis, en sa présence, un collier que portait Giulietta s'était rompu : il était composé de ces petites baies rouges que les femmes italiennes portent enfilées comme des perles. En ramassant ces baies, il s'était empressé d'en cacher une pour la conserver précieusement, parce qu'elle avait touché le cou de sa maîtresse. Il gardait ce précieux souvenir dans sa poche ; il l'en tira, et se mit à le considérer fixement, en dirigeant toutes ses pensées vers la bien-aimée perdue. Ce fut alors comme s'il émanait de la perle le même magique parfum qui l'enivrait naguère dans le voisinage de Giulietta…

– Ah ! Giulietta ! te voir une fois encore, et puis m'abîmer dans la ruine et le déshonneur !

A peine avait-il prononcé ces mots qu'un bruissement, une sorte de frôlement se fit entendre dans le corridor qui menait à sa chambre. Il distingua des pas… et l'on frappa à la porte. Soudain saisi par un anxieux pressentiment mêlé d'espoir, il sentit sa respiration s'arrêter dans sa poitrine. Il ouvrit : c'était Giulietta, dans toute sa grâce et sa beauté… Fou d'amour et de joie, il la serra dans ses bras.

– Eh bien ! me voici, mon bien-aimé, dit-elle d'une voix douce et légère. Vois comme j'ai fidèlement conservé ton reflet !

Elle tira le voile qui couvrait le miroir de la chambre, et Erasmus aperçut avec ravissement son image étroitement enlacée à celle de Giulietta : mais, indépendant de lui-même, son reflet ne reproduisait aucun de ses gestes. Un frisson le traversa…

– Giulietta ! s'écria-t-il, faut-il donc que je devienne fou par amour pour toi !… Rends-moi mon reflet, et prends plutôt ma propre personne, mon corps, ma vie et mon âme !

– Il y a encore quelque chose qui nous sépare, cher Erasmus, dit Giulietta. Tu le sais… Dapertutto ne t'a-t-il pas dit ?…

– Pour Dieu, Giulietta, interrompit Erasmus, si je ne puis être à toi que par ce moyen, j'aime mieux mourir !

– Aussi, continua Giulietta, ne faut-il pas que Dapertutto t'induise à un pareil acte. Il est fâcheux, sans doute, qu'une simple promesse solennelle et la bénédiction d'un prêtre aient autant de puissance ; tu es pourtant dans la nécessité de briser ce lien qui t'enchaîne, autrement tu ne seras jamais entièrement à moi : or pour cela il existe un autre moyen, et meilleur que celui que t'a proposé Dapertutto…

– Et quel est-il ? demanda Erasmus avec impatience.

Alors Giulietta lui passa son bras autour du cou et, la tête appuyée contre sa poitrine, elle murmura tout doucement :

– Tu n'as qu'à écrire sur une feuille de papier ton nom : Erasmus Spikher, au-dessous de ces quelques mots : « Je donne à mon bon ami Dapertutto puissance sur ma femme et sur mon fils, afin qu'il use et dispose d'eux à son gré, et qu'il dénoue le lien qui me lie à eux, car je veux désormais, en mon corps et mon âme éternelle, appartenir à Giulietta, que je me suis choisie pour femme, et à qui je m'unirai pour toujours par un serment particulier. »

Erasmus reçut comme une secousse, et il sentit tressaillir tous ses nerfs. Des baisers de feu brûlaient ses lèvres ; il tenait à la main la petite feuille de papier que lui avait donnée Giulietta… Tout à coup, il vit apparaître derrière elle Dapertutto, prodigieusement grandi : il lui tendait une plume de métal. Au même instant, une petite veine de sa main gauche s'ouvrit, et le sang jaillit…

– Trempe la plume, trempe-la… Écris, écris ! criait l'homme rouge d'une voix croassante.

– Écris, écris ! Mon bien-aimé ! mon seul époux, pour l'éternité !… murmurait Giulietta.

Déjà Spikher avait rougi la plume de son sang, déjà il se préparait à signer, lorsque la porte s'ouvrit. Une figure blanche entra, fixant sur Erasmus des yeux de spectre, et une voix douloureuse, comme voilée, s'écria :

– Erasmus, Erasmus, que vas-tu faire ! Au nom du Rédempteur, renonce à ce crime épouvantable !

Dans le fantôme qui l'admonestait ainsi, Erasmus venait de reconnaître sa femme ; il jeta loin de lui plume et papier.

Les yeux de Giulietta lancèrent des éclairs ; les traits de son visage apparurent soudain horriblement décomposés, tout son corps ardait comme la flamme.

– Arrière, engeance infernale ! cria-t-il. Tu n'auras aucun droit sur mon âme. Au nom du Sauveur, va-t'en !... Loin de moi, serpent ! Le feu d'enfer brûle en toi !

Et d'un poing vigoureux il repoussa Giulietta qui le tenait toujours enlacé. Alors retentirent des hurlements confus, discordants, et Spikher perçut comme un frôlement de noires ailes de corbeau à travers la chambre... Giulietta et Dapertutto venaient de disparaître au sein d'une épaisse vapeur fétide qui semblait suinter des murs et qui éteignit les flambeaux.

Enfin les rayons de l'aurore brillèrent à travers les fenêtres. Erasmus se rendit aussitôt auprès de sa femme ; il la trouva radoucie, paisible, indulgente ; le petit Rasmus, déjà réveillé, était assis sur le lit de sa mère. Elle tendit la main à son mari épuisé et lui dit :

– Je sais à présent quel malheur t'est arrivé en Italie, et je te plains de tout mon cœur. La puissance de l'Ennemi est grande, et comme tous les vices lui sont familiers, il ne se fait pas faute de voler tout ce qu'il peut, et il n'a pu résister au vil plaisir de te dérober ton reflet... ce reflet si beau, si pareil à toi-même... Regarde-toi encore une fois dans ce miroir, mon cher et bon mari !...

Spikher s'approcha, tremblant de tout son corps, la mine pitoyable... Clair et brillant demeura le miroir : aucun Erasmus Spikher ne s'y reflétait.

– Pour cette fois, reprit la femme, il est fort heureux que ce miroir ne reflète pas ton image, car tu as l'air bien piteux, cher Erasmus ! Tu comprends bien toi-même que, privé de reflet, tu deviens la risée des gens, que tu ne peux plus espérer jouer ton rôle de père de famille, capable d'inspirer le respect à sa femme et à ses enfants. Ton petit Rasmus se moque déjà de toi, et il te dessinera bientôt de belles moustaches au charbon, parce qu'il sait que tu ne pourras pas t'en apercevoir… Va donc encore un peu courir le monde, et tâche de reprendre ton reflet au Diable. Si tu y parviens, tu seras cordialement accueilli ici à ton retour. Embrasse-moi (Spikher l'embrassa) et maintenant… bon voyage ! Envoie de temps en temps à Rasmus une paire de culottes neuves, car il se traîne sans cesse sur les genoux, et il en use beaucoup. Et n'oublie pas, si tu passes par Nuremberg, d'y joindre, en bon père que tu es, un joli hussard de bois et du pain d'épice. Allons ! Porte-toi bien, Erasmus !

A ces mots, elle se retourna et s'endormit. Spikher souleva dans ses bras le petit Rasmus et le pressa sur son cœur ; mais l'enfant poussa de tels cris qu'Erasmus dut le reposer par terre. Et il s'en alla courir le vaste monde.

Il rencontra un jour un certain Peter Schlemihl, qui avait vendu son ombre. Tous deux songèrent à aller de compagnie, dans l'espoir qu'Erasmus Spikher projetterait l'ombre nécessaire, tandis que Peter Schlemihl fournirait le reflet qui manquait. Mais cela ne mena à rien.

Fin de l'histoire du reflet perdu

POST-SCRIPTUM DU VOYAGEUR ENTHOUSIASTE

Qui regarde là-bas, au fond de ce miroir ?… Est-ce bien moi, réellement ? Ô Julia ! Giulietta !… Image céleste… esprit infernal !… Ravissement… supplice… Désir et désespoir !…

Tu vois, mon cher Theodor Amadeus Hoffmann, qu'une sombre puissance étrangère ne s'introduit que trop souvent dans ma vie et, frustrant mon sommeil de ses plus beaux rêves, glisse en travers de ma route les plus étranges figures !

Encore obsédé par les apparitions de cette nuit de la Saint-Sylvestre, j'en arrive même à croire que mon Conseiller de justice était vraiment en sucre de gomme adragante, sa brillante société un étalage de la Noël ou du Jour de l'an, et quant à la charmante Julie... rien d'autre que cette fascinante figure de femme due au pinceau de Rembrandt ou de Callot, et qui escroqua au malheureux Erasmus Spikher son beau reflet si ressemblant.

Si t'en demande pardon !

KREISLERIANA

Deuxième série

L'éditeur de ces pages eut la joie de rencontrer à Berlin, l'automne de l'année passée, le chevaleresque auteur de *Sigurd*, de *L'Anneau enchanté*, d'*Ondine*, de *Corona*, etc.[1]. On parla beaucoup de l'étrange Johannès Kreisler et l'on s'aperçut que ce dernier avait dû se trouver en rapport, de la plus étrange façon du monde, avec un esprit tout à fait parent du sien, bien qu'il offrît à la société une tout autre figure. En effet, parmi les papiers laissés par le baron Wallborn – jeune poète qui, à l'occasion d'un amour malheureux, rencontra tout à la fois la folie et la paix du tombeau, et dont La Motte-Fouqué a naguère conté l'histoire dans une nouvelle intitulée « Ixion » –, on découvrit une lettre adressée par Wallborn à Kreisler, et qui n'avait jamais été expédiée. Kreisler de son côté, avant sa disparition, avait laissé une lettre destinée à ce Wallborn. Voici dans quelles circonstances.

1. La Motte-Fouqué. Hoffmann et son ami ont décidé de faire se rencontrer ici deux personnages parfaitement imaginaires : Kreisler et Wallborn (héros d'un conte de Fouqué). La présente « ouverture », d'abord rédigée en deux parties – chacune de la main d'un des deux acolytes – à l'occasion d'une première publication dans la revue berlinoise *Les Muses* (1814), fut finalement « refondue » par Hoffmann pour servir d'introduction à cette seconde série de « Kreisleriana ». *(Note de Madeleine Laval.)*

Depuis longtemps déjà le pauvre Johannès passait pour fou, et à vrai dire, tous ses faits et gestes, et surtout sa vie consacrée à l'art, contrastaient si outrageusement avec tout ce qui se nomme raison et convenances, qu'il y avait à peine lieu de douter du dérangement profond de son esprit. De jour en jour, ses raisonnements se faisaient plus extravagants, plus confus : ainsi, par exemple, peu de temps avant sa fuite, il parlait sans cesse de l'amour malheureux d'un rossignol pour un œillet pourpre ; mais (disait-il) toute cette histoire n'était rien d'autre qu'un adagio... et celui-ci à son tour, rien d'autre qu'une note longuement soutenue par Juliette, sur laquelle Roméo, plein d'amour et de félicité, devait s'envoler au septième ciel. Enfin, il me confessa qu'il avait résolu de mourir, et qu'il allait, dans la forêt la plus proche, se poignarder le cœur d'une quinte augmentée. C'est ainsi que sa plus vive douleur empruntait souvent le masque de la bouffonnerie tragique.

La nuit même où il partit pour toujours, il apporta à son très cher ami Hoffmann une lettre soigneusement scellée, avec la prière instante de l'envoyer sans retard à qui de droit. Mais la chose n'était guère possible, car la lettre portait cette étrange adresse :

A l'ami, au compagnon d'amour,
de souffrance et de mort !

A remettre, en ce monde,
tout contre la grande haie d'épines
sise aux confins de la raison
Cito [1], *par bonté*

La lettre fut cachetée et mise de côté, et on laissa au hasard le soin de désigner plus précisément cet ami et compagnon. Ce hasard se présenta. La lettre de Wallborn, aimablement com-

1. « D'un pied vif » (latin).

muniquée par La Motte-Fouqué, prouva sans laisser aucun doute que sous le nom de cet « ami », Kreisler n'avait voulu désigner nul autre que le baron. Les deux lettres furent donc publiées, avec un avant-propos de Fouqué et d'Hoffmann, dans le troisième et dernier *Cahier des Muses*; mais elles seront bien à leur place ici, en tête des « Kreisleriana » qui serviront de conclusion à cette seconde partie des *Fantaisies* : car la singulière rencontre de Wallborn et de Kreisler ne peut être indifférente au lecteur bienveillant, pour peu qu'il veuille quelque bien à notre extraordinaire Johannès.

Et puis, de même que Wallborn rencontra la folie à l'issue d'un amour malheureux, de même Kreisler, à ce qu'il paraît, fut emporté jusqu'aux plus hauts sommets de la démence par suite de la passion tout à fait *fantastique* qu'il voua à une chanteuse. Du moins l'indication s'en trouve-t-elle dans un écrit laissé par lui, et intitulé : « L'amour de l'artiste ». Cet essai, ainsi que plusieurs autres, qui figurent une sorte de cycle des idées pures en musique, pourraient bien paraître sous peu, réunis en un volume sous le titre « Heures lucides d'un musicien fou » [1].

I

LETTRE DU BARON WALLBORN AU MAÎTRE DE CHAPELLE KREISLER

Votre Seigneurie, à ce que j'apprends, se trouve depuis quelque temps dans la même situation que moi. Ce n'est pas d'hier en effet que l'on vous soupçonne de folie, à cause d'une passion pour l'art qui déborde un peu trop visiblement le

1. Hoffmann eut plus tard l'intention, nous dit son biographe Hitzig, d'insérer l'essai dont il parle ici dans le troisième et dernier volume du *Chat Murr*, volume qui n'a jamais eu le temps de paraître. On a même retrouvé dans ses papiers une sorte de plan très sommaire de ces « Heures lucides ».

moule que le monde soi-disant sage conserve avec soin pour ces mesures-là. Il ne nous a manqué encore qu'une chose pour nous faire tous deux entièrement camarades. Votre Seigneurie était déjà lasse de toute cette histoire et avait pris la résolution de s'enfuir, tandis que moi, au contraire, je restais… je restais et me laissais tourmenter et honnir, et même, ce qui est pire, *bombarder* de conseils ; et pendant tout ce temps, c'est dans la lecture des papiers que vous aviez laissés que je trouvais ma meilleure consolation : dans ces papiers que Mlle de B… – ô constellation de mon ciel nocturne ! – consentit parfois à me montrer.

Durant cette lecture, je crus me souvenir que je vous avais déjà rencontré quelque part. Votre Seigneurie n'est-elle pas un petit homme bizarre, doué d'une physionomie que l'on peut, d'un certain point de vue, comparer à celle de Socrate, telle qu'Alcibiade en fait l'éloge ? Je veux dire que le dieu s'y cache derrière un masque étrange, mais que ses regards, tout à la fois puissants, hardis, charmants et redoutables, percent malgré tout cette enveloppe ! Votre Seigneurie n'a-t-elle pas coutume de porter un habit dont la couleur pourrait passer pour la plus singulière du monde, si celle du collet qui le couronne ne l'était plus encore ? Et la forme de ce vêtement ne fait-elle pas douter si c'est un justaucorps qui s'efforce de passer pour une redingote, ou une redingote qui s'est métamorphosée en justaucorps ? Du moins est-ce un homme de cette figure qui se trouva un jour à côté de moi au théâtre, tandis qu'un individu s'efforçait sans y réussir de faire le bouffe italien – spectacle lamentable, que l'esprit et la vivacité de mon voisin changèrent, pour mon régal, en comédie. A ma demande, il se présenta comme étant le Dr Schulz, de Rathenow… mais je n'y crus pas un instant, à considérer l'étrange sourire bouffon qu'esquissèrent, en prononçant ces paroles, les lèvres de… Votre Seigneurie – car c'était vous, sans aucun doute.

Avant toute chose, permettez-moi de vous révéler que me voilà depuis peu lancé à vos trousses, et comme nous arpentons le même lieu, c'est-à-dire le vaste monde, nous ne pouvons manquer de nous rencontrer. Car, pour grand que puisse paraître cet espace, les gens raisonnables s'ingénient à le rendre effroyablement étroit aux individus de notre espèce ; ainsi, il faut absolument que nos courses se coupent en quelque endroit, fût-ce lorsque chacun de nous fuira avec terreur devant un homme sensé ou devant ces conseils dont nous parlions tout à l'heure – conseils, soit dit en passant, qu'on pourrait bien mieux et plus justement appeler, tout net et sans commentaire, des coups d'épée dans l'eau.

Pour le quart d'heure, je m'efforcerai de fournir à Votre Seigneurie une petite contribution aux « Souffrances musicales » déjà notées par elle.

Ne vous est-il encore jamais arrivé de mettre jusqu'à six ou sept chambres entre vous et les bruyantes conversations d'une société, afin de jouer ou de vous faire jouer quelque morceau de musique ; et malgré cela, ladite société ne s'est-elle pas empressée de courir sur vos talons pour vous écouter – autrement dit pour jacasser le plus fort possible ? Quant à moi, je suis convaincu que ces gens, pour atteindre leur but, ne trouvent aucune route trop détournée, aucun chemin trop long, aucun escalier, aucun pic trop haut ou trop raide.

En outre, Votre Seigneurie n'aurait-elle pas déjà remarqué qu'il n'est pas de plus solides contempteurs de la musique, de plus hostiles *antipodes* d'icelle que les domestiques ? Suffit-il qu'on leur donne tel ordre, par exemple de ne pas faire battre les portes, ou de marcher sans bruit, ou au moins de ne rien renverser dans la pièce à l'instant précis où s'élève le son enivrant d'un instrument ou d'une voix, ils font bien mieux encore : un démon qui leur est propre les pousse à faire leur entrée au moment même où l'âme se dilate sous l'influence des ondes musicales, sous le prétexte de chercher quelque chose ; ou à chuchoter, ou même, lorsqu'ils sont particulièrement balourds, à interrompre le concert en lançant bien haut au travers de la musique une question parfaitement vulgaire, et en arborant un air bien réjoui et bien effronté. Et notez que ce n'est jamais pendant un intermède, ou à quelque instant moins capital : non, c'est au sommet de toute splendeur, au moment où l'on devrait retenir son haleine pour qu'elle n'aille faire envoler aucun de ces sons précieux… c'est au moment où le paradis s'ouvre, doucement, tout doucement devant les accords harmonieux… Oui, juste alors !… ô Dieu du ciel et des planètes !

Cependant, on ne peut pas taire qu'il existe aussi de remarquables enfants, animés du plus pur esprit domestique, qui sont parfaitement en mesure de jouer ce même rôle, à défaut d'acteurs confirmés, et avec la même perfection, le même bonheur. Ah ! enfants ! Qu'il serait facile de faire de vous de tels domestiques !… Cette seule pensée me rend triste, triste !… et j'ai à peine la force d'ajouter cette remarque : que ces mêmes têtes charmantes sont aussi attentives et encourageantes lorsqu'on leur fait la lecture…

Cette larme qui vient de me monter aux yeux, ces gouttes de sang qui se pressent à la blessure de mon cœur… s'adressent-elles aux seuls enfants ?

Ah ! peut-être ne vous est-il jamais arrivé de vouloir chanter quelque lied devant des yeux qui semblaient vous regarder des hauteurs du ciel même, qui dans leur rayonnement vous renvoyaient embellie l'image du meilleur de vous-même… et voici que vous commencez à chanter, ô Johannès, persuadé que votre voix pénètre l'âme bien-aimée, qu'à cet instant sans doute, oui, à cet instant même, le suprême essor de la mélodie allait tirer des perles de rosée de ces deux étoiles, adoucissant et parant encore davantage leur éclat ravissant… et puis qu'arrive-t-il ?… les étoiles se sont tranquillement tournées vers quelque bagatelle, une maille tombée par exemple, et les lèvres angéliques répriment sous un sourire peu gracieux un irrésistible bâillement… Et voilà, cher monsieur, vous n'avez réussi qu'à ennuyer la charmante…

Ne riez pas, cher Johannès. Avouez que rien n'est plus douloureux dans la vie, plus bouleversant que de voir sa Junon changée en nuage !

Ah ! nuage, nuage ! Beau nuage !

Et en confidence, cher monsieur, sachez que c'est là la raison pour laquelle je suis devenu fou, comme ils disent. Mais ma folie est rarement furieuse. La plupart du temps, je pleure en silence. N'aie donc pas peur de moi, Johannès… mais ne ris pas non plus ! Aussi, parlons plutôt d'autre chose : de choses qui pourtant nous touchent de près, et qui me montent spontanément du cœur dès que je pense à toi.

Vois-tu, Johannès, tu me parais parfois bien dur dans ton acharnement contre toute musique qui n'est pas géniale. Existe-t-il donc une musique absolument dépourvue de génie ? Ou, en retournant la question, existe-t-il une musique absolument parfaite, sinon chez les anges ? Sans doute se peut-il que mon oreille soit bien moins affinée et sensible que la tienne, mais je puis te déclarer en toute sincérité que pour moi même le plus misérable crincrin d'un violon désaccordé est préférable à pas de musique du tout. Tu ne me mépriseras pas pour cela, j'espère. La moindre ritournelle, qu'elle se nomme danse ou marche, me rappelle ce qu'il y a en nous de meilleur et me transporte, par-delà toutes ses imperfections, et aux accents mêmes de l'amour et de la guerre, jusqu'à l'archétype sacré de toute musique. Combien de ces œuvres poétiques que l'on m'a vantées comme *réussies* – absurde expression ! disons plutôt qu'elles se diffusent spontanément d'un cœur à l'autre – doivent le premier accord de leur existence à des cordes qui jouent faux, à des doigts mal exercés, à des gosiers mal dirigés !

Et puis, cher Johannès, le simple désir de faire de la musique n'est-il pas déjà quelque chose de bien réjouissant, de bien touchant ? Ou encore cette belle confiance qui conduit indifféremment les musiciens ambulants dans le château comme dans la cabane; cette certitude que l'harmonie et le chant leur ouvrent partout une route où ne les viennent troubler que rarement, à tout prendre, les cuistres avertis ou les chiens grossiers? J'aimerais autant dévaster un parterre de fleurs que de crier au milieu d'une valse commencée : « Décampez-moi d'ici!... » Déjà, de toutes les maisons où la musique a pu parvenir, des enfants souriants sont accourus et ont formé le cercle – de tout autres enfants que ces natures de valets dont je parlais tout à l'heure –, et leurs minois angéliques où brille l'espoir confirment par avance que les musiciens ont raison.

Moins attrayantes assurément sont les prétendues « soirées musicales » de nos cercles élégants; et pourtant, là aussi... il n'est point de sons de cordes, de flûtes ou de voix où ne passe quelque souffle divin : tous en tout cas valent mieux que les conversations auxquelles du moins ils coupent toujours tant soit peu le passage.

Et maintenant, pour ce que tu écris encore, Kreisler, de la joie que le père et la mère ressentent, dans leur paisible foyer, à entendre leur petite progéniture ânonner au piano ou écorcher un chant... je te le dis en vérité, Johannès, il y a là quelques faibles échos de l'harmonie des anges, en dépit de toutes les fausses notes terrestres!

Je crains d'en avoir écrit bien plus long que je n'aurais dû, et je voudrais à présent prendre congé avec la même civilité dont j'ai usé au début. Mais je ne le puis. Prends-en donc ton parti, Johannès, et que Dieu te bénisse avec moi, et que sa grâce fasse éclore en nous ce qu'Il y a semé, pour sa gloire, et pour le plaisir de nos frères humains!

WALLBORN *le solitaire*

II

LETTRE DU MAÎTRE DE CHAPELLE KREISLER AU BARON WALLBORN

Me voici à l'instant revenu du théâtre ; arrivé dans ma petite chambre, j'ai fait de la lumière à grand-peine : il faut que j'écrive bien vite et bien longuement à Votre Excellence. Mais qu'elle ne se formalise pas si je suis forcé de m'exprimer d'une manière excessivement « musicale ». Car vous n'ignorez pas ce que les gens racontent : que la musique, que je portais naguère bien enfermée en moi, en a jailli soudain avec tant de force et d'impétuosité et m'a si bien enlacé et garrotté que je n'en puis plus sortir, et que tout, absolument tout prend à mes yeux figure de musique. Il se peut bien que les gens aient raison. Mais quoi qu'il en soit, il faut que j'écrive à Votre Excellence car sinon, comment pourrai-je me délivrer du lourd fardeau qui oppressa mon cœur dès l'instant où le rideau tomba et où Votre Excellence disparut tout à coup de la plus inconcevable façon ?

Que de choses j'avais encore à vous dire ! Des dissonances non résolues criaient encore en moi de fort détestable manière et, juste au moment où toutes les septièmes aux langues vipérines allaient descendre pour former tout un monde lumineux d'aimables tierces… voici que Votre Excellence avait disparu… disparu !… tandis que les langues de vipère continuaient de me mordre et de me déchirer tant et plus ! Votre Excellence, à qui j'entends pour l'heure adresser une mélodie ornée de toutes ces tierces aimables, n'est assurément autre que le baron Wallborn : un homme que je porte en mon cœur depuis si longtemps qu'il me semble souvent que mes chants ont pris sa figure, coulant soudain en torrents plus vifs, si bien que je me sens alors devenu un autre lui-même !

Et quand aujourd'hui, au théâtre, je vis venir vers moi ce vigoureux jeune homme en uniforme, à l'allure si virile et si chevaleresque, l'épée cliquetant au côté, quelque chose de si étrange et de si familier à la fois traversa tout mon être, que je ne sais quelles bizarres variations harmoniques se mirent soudain à m'envahir en crescendo. Cependant le jeune chevalier me devenait moins étranger, et dans son œil je voyais s'ouvrir à moi tout un monde superbe, tout un Eldorado de rêves parfaitement suaves et délicieux... Et les sauvages variations se résolurent en délicates harmonies angéliques qui parlaient, avec des accents extraordinaires, de la vie du poète. Alors, étant comme je suis (Votre Excellence en peut être assurée) un habile praticien de la musique, le ton dans lequel tout cela se jouait apparut d'un coup à mes yeux. Autrement dit je ne tardai pas à reconnaître dans ce jeune chevalier Son Excellence le baron Wallborn.

J'ébauchai quelques modulations ; ma musique intérieure prenant un plaisir enfantin, puéril, à mille mélodies joyeuses, fut un ruissellement de murkis et de valses entraînantes ; mais Votre Excellence ne cessa d'entrer si bien, si exactement, dans le ton et dans la mesure que je puis douter que vous ne m'ayez reconnu aussi pour le maître de chapelle Johannès Kreisler, sans vous laisser prendre aux facéties que le démon Droll et quelques-uns de ses congénères me soufflaient ce soir. Quand je me trouve dans une pareille disposition, c'est-à-dire pris au piège de quelque cercle de fantômes, j'ai coutume, je le sais bien, de faire d'assez étranges grimaces ; et puis je portais précisément un habit acheté dans un accès de mauvaise humeur, après un trio manqué, et dont la couleur est ut dièse mineur – aussi, pour tranquilliser ceux qui le verraient, y ai-je fait ajuster un collet de couleur mi majeur... j'espère que cela n'aura point trop choqué Votre Excellence.

On m'avait aussi déguisé ce soir d'un autre nom : j'étais donc le Dr Schulz de Rathenow, parce que seule cette désignation devait me permettre de me tenir tout contre le piano pour écouter le chant de deux sœurs – deux rossignols rivalisant en une joute mélodieuse et dont les voix magnifiques, issues du plus profond de leur jeune sein, rayonnaient d'une claire splendeur. Elles redoutaient la folie spleenétique de Kreisler, mais le Dr Schulz, dans l'éden musical que lui ouvraient ces deux fées, se montra doux, attendri, en pleine extase… et du coup les sœurs se trouvèrent réconciliées avec Kreisler lorsque soudain le Dr Schulz se métamorphosa en *lui*.

Ah ! baron Wallborn, à vous aussi sans doute, quand je parle de ce qui brûle en moi de plus sacré, j'ai dû paraître trop violent, trop colère ! Ah ! baron Wallborn !… moi aussi j'ai vu bien des griffes ennemies se tendre vers ma couronne ; moi aussi j'ai vu se fondre en brouillard l'image céleste, celle qui s'était glissée jusqu'au plus profond de mon être, atteignant les fibres vitales les plus secrètes de mon cœur… Une douleur sans nom m'a déchiré, et chaque soupir mélancolique de mon désir éternellement altéré est venu grossir la fureur qu'avait enflammée cet horrible tourment. Mais, baron Wallborn, ne crois-tu pas toi aussi que le cœur, même déchiré jusqu'au sang par des griffes diaboliques, n'en ressent que d'autant mieux le bienfait de la moindre goutte de baume adoucissant ? Tu sais, baron Wallborn, que presque toujours les essais musicaux du vulgaire ont le don de me mettre en rage, mais je puis t'assurer que si tant d'abominables airs de bravoure, concertos ou sonates parviennent à m'anéantir littéralement, souvent aussi une insignifiante petite mélodie, chantée par une voix médiocre, ou jouée sans assurance, massacrée peut-être, mais avec la spontanéité d'un cœur sincère, m'a guéri et consolé.

Si tu rencontres sur ta route, baron Wallborn, de pareils sons, de telles mélodies, ou si, t'envolant vers tes nuages, tu les aperçois au-dessous de toi qui lèvent un regard plein du désir de te rejoindre, dis-leur aussitôt que tu les voudrais accueillir et soigner comme de chers petits enfants, et que tu n'es autre que le maître de chapelle Johannès Kreisler en personne. Car vois-tu, baron Wallborn, je t'en fais ici la promesse solennelle : *je* serai *toi*, aussi rempli d'amour, de douceur et de pitié que toi !

Et d'ailleurs, ne le suis-je pas déjà ? Bien souvent mes malheurs ne tiennent qu'à toutes ces facéties auxquelles se livrent mes propres notes ; il leur arrive de prendre vie, de bondir comme autant de diablotins noirs hors de la page blanche, avec leurs milliers de petites queues… Elles m'entraînent dans un sauvage et insensé tourbillon, je me lance dans les cabrioles les plus extravagantes, je fais toutes sortes de grimaces malséantes ; mais bientôt un unique son issu du brasier céleste, dardant vers moi son merveilleux rayon, met fin à ce chaos, et me voici redevenu doux et bon et patient… Tu le vois, baron Wallborn, ce ne sont là en somme que pures tierces… où viennent s'anéantir il est vrai quelques septièmes, et c'est pour que tu puisses bien nettement percevoir ces tierces que je t'écris en ce moment !

Dieu veuille que, de même que nous nous sommes, depuis longtemps déjà, connus et vus en esprit, nous puissions souvent encore, comme ce soir, nous rencontrer en chair et en os ! Car tes regards, baron Wallborn, me tombent tout droit au fond de l'âme, et souvent les regards eux-mêmes sont de magnifiques paroles qui résonnent en moi comme autant de mélodies miennes, allumées au plus intime de mon cœur. Mais je te rencontrerai souvent encore, car dès demain j'entreprends un grand voyage à travers le monde, et j'ai déjà passé mes bottes neuves.

Ne crois-tu pas, baron Wallborn, que fréquemment ta parole pourrait être ma mélodie, et ma mélodie ta parole ? Je viens à l'instant de coucher par écrit la musique d'un beau lied dont tu as jadis composé la poésie, et pourtant il me semble que c'est dans le moment même où le lied germait dans ton âme qu'en moi la mélodie a dû également prendre feu !… Et j'ai l'impression, parfois, que ce lied devient tout un opéra…

Oui, oui !… Dieu veuille que je puisse bientôt, aimable et doux chevalier, te revoir des yeux de mon corps tel que tu es, tel que tu demeures sans cesse devant les yeux de mon esprit !

Que Dieu te bénisse, et qu'il éclaire les hommes, afin qu'ils puissent te rendre assez justice dans toutes tes merveilleuses activités. Que ce vœu, en son apaisante sérénité, me serve ici d'accord final sur la tonique !

Johannès KREISLER,
maître de chapelle tout autant que musicien fou par excellence.

III

LE CLUB POÉTICO-MUSICAL DE KREISLER

Toutes les pendules, même les plus paresseuses, avaient déjà sonné huit heures, les lumières étaient allumées, le piano était ouvert, et la fille de l'hôte, qui s'occupait du petit ménage de Kreisler, lui avait déjà annoncé deux fois que l'eau du thé bouillait plus qu'il n'était nécessaire... Enfin on frappa à la porte et le Fidèle Ami entra avec le Réfléchi. Le Mécontent, le Jovial et l'Indifférent les suivaient de près. Le club était au complet. Kreisler se disposa, comme d'habitude, à mettre tout le monde au ton et à la mesure convenables par une improvisation d'ampleur symphonique... à élever tous les clubistes assemblés (esprits musicaux s'il en fut) jusqu'à un air plus pur, les arrachant aux miasmes du bourbier où ils avaient dû piétiner tout le jour.

Le Réfléchi paraissait fort grave, presque mélancolique. Il dit :

– Que votre jeu, mon cher Kreisler, est incertain depuis quelque temps... depuis que ce marteau ne fonctionne plus ! L'avez-vous fait réparer ?

– Je pense bien que oui ! répondit Kreisler.

– Il faut nous en assurer, poursuivit le Réfléchi.

Et joignant le geste à la parole, il alluma la bougie qui se trouvait sur le grand chandelier du bureau, puis, tenant ledit chandelier au-dessus des cordes, il se mit à ausculter fort attentivement le marteau invalide. Mais la lourde mouchette du chandelier tomba, et douze ou quinze cordes sautèrent du même coup, produisant un bruit particulièrement strident.

Le Réfléchi se contenta de dire :

– Ah ! voyez donc !

Kreisler fit la grimace de quelqu'un qui mord dans un citron.

– Diable ! diable ! s'écria le Mécontent ; moi qui me réjouissais tant d'entendre l'improvisation de Kreisler !... Aujourd'hui justement !... De ma vie je n'avais eu une telle soif de musique !

– Au fond, dit alors l'Indifférent, est-il vraiment si important que nous fassions ou non de la musique ?

Le Fidèle Ami opina qu'il était dommage, sans doute, que Kreisler ne pût jouer à présent, mais qu'il ne fallait pas pour cela se laisser aller à perdre toute contenance.

– Cela ne nous empêchera pas de nous amuser ! fit le Jovial, non sans mettre une certaine intention dans ses paroles.

– Eh bien moi, j'improviserai quand même ! s'écria Kreisler. La basse est intacte, et cela me suffira !

Il coiffa son petit bonnet rouge, passa sa robe de chambre chinoise, et s'installa devant l'instrument. Les clubistes prirent place sur le sofa et sur les chaises, et le Fidèle Ami, sur l'ordre de Kreisler, éteignit toutes les lumières, de sorte qu'on se trouva plongé en de profondes ténèbres. Kreisler attaqua *pianissimo*, sourdines levées, en faisant sonner à la basse l'accord parfait de la bémol majeur. Tandis que les sons mouraient, il prit la parole :

– Quel est donc ce murmure si merveilleux, si étrange, autour de moi ? Des ailes invisibles battent doucement l'air... Je plane dans l'éther vaporeux... mais la vapeur s'illumine de cercles enflammés, mystérieusement entrelacés. Ce sont de gracieux esprits qui agitent leurs ailes d'or, éveillant des accords et des harmonies d'une infinie splendeur.

« Accord de la bémol mineur
(mezzo forte)

« Ah !… ils m'emportent dans le pays de l'éternel désir, mais lorsqu'ils me saisissent, la douleur se réveille et veut s'échapper de mon sein qu'elle déchire violemment. »

« Accord de sixte, mi majeur
(ancora più forte)

« Tiens ferme, mon cœur !… ne te brise pas sous l'attouchement du rayon enflammé qui a pénétré mon âme… Courage, mon vaillant génie !… Prends ton essor dans cet élément qui t'a enfanté, qui est ta patrie ! »

« Accord de tierce, mi majeur
(forte)

« Ils m'ont présenté une couronne magnifique, mais ce qui brille et étincelle ainsi parmi les diamants, ce sont les milliers de larmes que j'ai versées ; et dans l'or brûlent les flammes qui m'ont consumé… Courage et puissance… confiance et force à celui qui est appelé à régner au royaume des esprits. »

« La mineur
(arpeggiando dolce)

« Pourquoi fuis-tu, charmante jeune fille ? En as-tu donc le pouvoir, lorsque de toutes parts des fils invisibles te retiennent ? Tu ne sais pas parler, tu ne sais pas te plaindre de ce mal qui est entré dans ton cœur, qui te ronge et qui pourtant te procure un doux frémissement de plaisir… Mais tu sauras tout si je te parle, si nous nous entretenons dans ce langage des esprits, que je connais et que tu comprends si bien ! »

« Fa majeur

« Ah ! comme ton cœur s'épanouit de désir et d'amour lorsque, dans une ardente extase, je t'enlace de mes mélodies comme de bras amoureux !... Tu ne peux plus t'éloigner de moi, car ces secrets pressentiments qui oppressaient ton cœur sont accomplis. La musique, du fond de mon âme, t'a parlé comme un oracle consolateur ! »

« Si bémol majeur
(accentuato)

« Quelle joyeuse vie par toute la campagne et la forêt, à la charmante époque du printemps !... Les flûtes et les chalumeaux qui, l'hiver durant, ont dormi dans un coin poussiéreux, comme figés par la mort, se sont réveillés et ont retrouvé leurs ritournelles préférées ; leurs trilles joyeux ressemblent à ceux des oiseaux dans les airs. »

« Si bémol majeur, septième diminuée
(smanioso)

« Un tiède vent d'ouest – comme l'aile sombre du mystère – passe à travers la forêt, gémissant sourdement, et, lorsqu'il vient à les frôler, les pins, les bouleaux chuchotent entre eux : “Pourquoi notre ami est-il devenu si sombre ?... L'entends-tu, aimable bergère ?” »

« Mi bémol majeur
(forte)

« Poursuis-le !... poursuis-le !... Son habit est vert comme le sombre feuillage... ses paroles de mélancolique désir sont comme le doux accent du cor !... Entends-tu ce murmure, derrière les buissons ? entends-tu ce chant ?... C'est le son du cor, si plein de joie et de tristesse !... C'est lui... vite ! courons à sa rencontre ! »

« Ré, accord de tierce, de quarte, de sixte
(piano)

« La vie poursuit de mille façons son jeu railleur... Pourquoi désirer ?... pourquoi espérer ?... pourquoi demander ? »

« Ut majeur, accord de tierce
(fortissimo)

« ... mais, dans une joie folle, sauvage, dansons sur les tombes ouvertes !... Poussons des cris d'allégresse !... Ceux qui sont là-dessous ne nous entendent pas... Heisa !... Heisa !... Danse et joie, le Diable s'y joint avec timbales et trompettes ! »

« Accords d'ut mineur
(coup sur coup et *fortissimo*)

« Ne le connaissez-vous pas ?... Ne le reconnaissez-vous pas ?... Voyez, il saisit mon cœur d'une griffe brûlante !... Il se masque sous mille déguisements fantastiques, tour à tour braconnier... chef d'orchestre... charlatan... *ricco mercante*... Il jette des mouchettes dans mes cordes, pour que je ne puisse plus jouer !... Kreisler !... Kreisler !... ressaisis-toi !... Le vois-tu aux aguets, le blême fantôme aux yeux rouges et flamboyants ?... allongeant vers toi ses poings osseux et griffus hors de son manteau loqueteux... hochant sa couronne de paille sur son crâne chauve et poli !... C'est la folie... Johannès, tiens bon !... Folle, folle parodie de la vie, pourquoi m'entraînes-tu, pourquoi me retiens-tu prisonnier de tes cercles magiques ? Ne puis-je t'échapper ?... N'est-il pas dans l'univers un grain de poussière sur lequel, réduit à la taille d'un moucheron, je puisse me sauver de toi, cruel esprit du mal ?... Arrière !... Je veux être sage !... je veux croire que le Diable est un *galantuomo* du meilleur monde !... *Honni soit qui mal y pense*... Je maudis le chant, la musique... je te lèche les pieds comme cet ivrogne de Caliban... mais délivre-moi de cette torture !... Ah ! ah ! maudit, tu as écrasé toutes mes fleurs !... Dans ce désert effroyable, plus un brin d'herbe ne verdira... Tout est mort... mort... mort... »

Ici une petite flamme pétilla... Le Fidèle Ami avait tiré en hâte de sa poche un briquet chimique ; il alluma les deux bougies, coupant court à toute nouvelle improvisation, car il savait bien que Kreisler venait d'atteindre ce point d'où il basculait habituellement dans un abîme de lamentations désespérées. Au même moment, la fille de l'hôte apporta le thé fumant. Kreisler quitta brusquement le piano.

– Eh bien ! que signifie tout cela ? s'enquit le Mécontent. Je préfère encore un sage allégro de Haydn à tout cet absurde verbiage !

– Pourtant, ce n'était pas absolument mauvais, corrigea l'Indifférent.

– Trop sombre seulement, beaucoup trop sombre ! repartit le Jovial. Il serait excellent de ramener un peu de gaieté dans notre entretien… Oui, de gaieté !

Les clubistes s'efforcèrent de suivre le conseil du Jovial, mais comme un écho lointain et étouffé, les terrifiants accords de Kreisler résonnaient encore… de même que ses inquiétantes paroles ; l'extrême tension provoquée par le maître de chapelle persistait dans tous les esprits. Le Mécontent, décidément très mécontent de sa soirée, gâchée, disait-il, par « la folle improvisation de Kreisler », s'esquiva avec le Réfléchi. Le Jovial les suivit ; et il ne resta plus avec Kreisler que le Voyageur enthousiaste et le Fidèle Ami (ces deux personnages, je tiens à le faire remarquer ici expressément, n'en faisant qu'un).

Kreisler était assis sur le sofa, muet, les bras croisés.

– Je ne sais que penser de l'état où je te vois aujourd'hui, Kreisler, commença le Fidèle Ami. Tu montres une telle excitation ! et pourtant sans ton humour habituel…

– Hélas, ami ! répondit Kreisler, un sombre nuage jette son ombre sur ma vie !… Ne penses-tu pas qu'il devrait être permis à une pauvre et innocente mélodie qui ne réclame aucune… aucune place sur la terre, de s'envoler, libre et insouciante, vers les vastes espaces célestes ?… Ah ! si seulement je pouvais prendre mon vol, tout de suite, par cette fenêtre, porté par ma robe de chambre chinoise comme par un manteau de Méphistophélès !

– Comme une insouciante mélodie ? l'interrompit le Fidèle Ami avec un sourire.

– Ou sous la forme de *basso ostinato*, si tu préfères, répondit Kreisler. Mais de quelque façon que ce soit, il faut que je m'en aille bientôt.

Et en effet, il ne tarda pas à faire comme il avait dit.

IV

NOUVELLES D'UN JEUNE HOMME CULTIVÉ

C'est une chose qui élève l'âme, que de constater combien la culture se répand chaque jour davantage ; combien même, parmi les espèces auxquelles jadis l'accès à toute haute instruction était interdit, certains talents parviennent à s'élever jusqu'à une rare hauteur. J'ai fait la connaissance, dans la maison du conseiller de commerce R…, d'un jeune homme qui joignait aux dons les plus extraordinaires une fort aimable *bonhomie*. Un jour où, par hasard, j'évoquais la correspondance assidue que j'entretiens avec mon ami Charles Ewson, de Philadelphie, il me tendit en toute confiance une lettre ouverte qu'il venait d'écrire à une sienne amie, me priant de la lui faire parvenir. J'ai expédié cette lettre ; mais ne devais-je point, aimable jeune homme, conserver une copie de tes pages comme un monument de haute sagesse, de vertu et de véritable sentiment artistique ?…

Je ne puis cacher que, par sa naissance et par sa profession originelle, ce rare jeune homme est en vérité… un singe, lequel avait appris, dans la maison du conseiller de commerce, à parler, à lire, à écrire, à faire de la musique, etc., bref avait poussé si loin sa culture intellectuelle que, pour son art et sa science comme aussi pour le charme de ses mœurs, il avait réussi à se faire une foule d'amis et qu'on le rencontrait avec plaisir dans tous les cercles de gens d'esprit. A l'exception de quelques petits détails insignifiants – aux *thés dansants*, par exemple, il lui arrive d'exécuter, pendant les *anglaises*, des sauts assez surprenants, ou bien il ne peut réprimer certains mouvements intérieurs lorsqu'il entend casser des noix, ou encore (mais peut-être ne faut-il mettre ceci que sur le compte de la jalousie qui poursuit tous les hommes de génie) il griffe quelque peu les dames en leur baisant la main, malgré leurs gants –, à ces exceptions près donc, rien ne révèle en lui la moindre trace de ses origines exotiques ; et toutes les petites espiègleries auxquelles il se livrait dans ses jeunes années – comme d'arracher prestement leur chapeau aux visiteurs qui se présentaient, puis de se cacher derrière un baril de sucre – sont aujourd'hui passées au rang de *bons mots* parfaitement spirituels et qu'on applaudit à grands rires.

Voici donc la remarquable lettre où s'expriment tout entières la belle âme de Milo et sa merveilleuse culture :

Lettre de Milo, singe cultivé, à son amie Pipi,
en Amérique du Nord

« C'est avec une sorte d'effroi que je me rappelle l'époque infortunée où j'étais incapable de t'exprimer, chère amie, les très tendres sentiments de mon cœur autrement que par des sons incongrus et inintelligibles à toute personne cultivée. Comment ces *Ae ! Ae !* discordants et plaintifs que je proférais alors pouvaient-ils, même accompagnés de plus d'un tendre regard, évoquer le moins du monde le sentiment profond, sincère, qui agitait ma poitrine virile et bien velue ? Et même mes caresses, qu'il te fallait, douce petite amie, souffrir avec soumission et en silence, étaient si maladroites qu'aujourd'hui, où j'égale sur ce point le meilleur *primo amoroso*, baisant la main “à la Duport”, j'en pourrais rougir de honte, nonobstant la florissante carnation qui m'est particulière.

« En dépit du sentiment de bonheur et de vive satisfaction qu'a fait naître en moi cette culture acquise dans mon commerce avec les hommes, il y a malgré tout des heures où la mélancolie m'accable; et pourtant je n'ignore pas que de tels accès sont incompatibles avec la force morale que dispense la culture, et qu'ils ont encore leur origine dans l'état de barbarie qui me retenait enchaîné à une classe d'êtres qu'aujourd'hui je méprise au-delà de toute expression. Imagine en effet que je suis assez fou, dans ces moments-là, pour penser à nos pauvres parents qui bondissent encore sur les arbres de nos immenses forêts vierges, se nourrissent de fruits crus que l'art n'a pas su rendre plus savoureux, et entonnent, surtout vers le soir, certains hymnes dans lesquels il n'y a pas une seule note juste et où il serait vain de chercher le moindre rythme, fût-ce même ces mesures de 7/8 ou de 13/4 récemment inventées. Songeant donc à ces pauvres gens, avec qui pourtant je n'ai plus rien de commun, je ne puis me défendre alors d'éprouver une profonde pitié pour eux.

« C'est surtout notre vieil oncle (d'après mes souvenirs, ce doit être un oncle du côté maternel) qui me revient en mémoire; il nous élevait à sa sotte manière, recourant à tous les moyens possibles pour nous tenir éloignés de tout ce qui est humain. C'était un homme sévère, qui ne voulut jamais chausser de bottes : j'entends encore son cri d'alarme et d'angoisse alors qu'un jour je regardais, les yeux brillants de convoitise, les belles bottes à revers toutes neuves qu'un rusé chasseur avait abandonnées au pied de l'arbre sur lequel, justement, je dégustais de grand appétit une noix de coco. Je pouvais voir encore au loin le chasseur qui s'en allait, chaussé de bottes à revers qui lui allaient à merveille – bottes d'ailleurs en tout point semblables à celles qu'il avait laissées. A mes yeux, toute la personne de cet homme avait, par la magie de ces seules bottes bien cirées, quelque chose d'imposant, de si grandiose... Non, je ne pus résister : la pensée de me promener aussi fièrement que lui, des bottes neuves aux pieds, s'empara de tout mon être... Et n'était-ce pas déjà une preuve de mes remarquables dispositions naturelles pour les sciences et pour les arts – dispositions qui ne demandaient qu'à être éveillées en moi – que l'aisance et la dextérité avec lesquelles, ayant sauté au bas de l'arbre, je sus, comme si j'avais ma vie durant porté des bottes, faire entrer de force, à l'aide des tirettes de métal, mes jambes élancées dans ce vêtement inaccoutumé ? Qu'ensuite, il est vrai, je n'aie pu courir, que le chasseur m'ait rejoint, m'ait pris sans plus de façons par le col et m'ait traîné derrière lui, que le vieil oncle ait poussé des cris pitoyables et nous ait jeté des noix de coco dont l'une m'atteignit assez rudement derrière l'oreille gauche (sans intention de la part du vieil homme en colère, mais déclenchant peut-être le processus de maturation d'organes nouveaux et combien remarquables !)... tout cela, tu le sais, ma charmante ! Car tu courus toi-même, hurlant et gémissant, après ton bien-aimé, te livrant ainsi de plein gré à la même captivité...

« Que dis-je, captivité ? Cette captivité ne nous a-t-elle pas donné la plus grande des libertés ? Est-il quelque chose de plus merveilleux que cette culture de l'esprit que nous avons reçue parmi les hommes ?... Ainsi je ne doute pas, chère Pipi, qu'avec ta vivacité naturelle, ton intelligence, tu ne te sois toi aussi tant soit peu adonnée aux sciences et aux arts : c'est même cette certitude qui m'autorise à marquer une telle différence entre toi et nos méchants parents des forêts. Hélas ! l'immoralité et la barbarie règnent sur eux, leurs yeux sont secs et toute profondeur de sentiment leur fait entièrement défaut ! Sans doute je puis bien supposer que tu n'as pas été si loin que moi dans la culture de l'esprit, car je suis maintenant ce qu'on appelle un homme accompli : je sais absolument tout, je suis considéré comme un oracle, je commande en souverain absolu au royaume des sciences et des arts. Tu vas croire à coup sûr, ma chère petite, qu'il m'en a coûté infiniment de peine pour atteindre à ce haut degré de culture ; mais je puis t'assurer au contraire que rien au monde ne m'a été plus facile. Je ris souvent à la pensée que, dans ma première jeunesse, ces maudits exercices de saut d'un arbre à l'autre m'ont fait verser bien des sueurs, tandis que jamais je n'ai connu pareil effort dans ma formation de singe et de savant. Cela s'est fait de soi-même, aisément, et il m'a été presque plus difficile de me rendre compte que j'avais enfin atteint au degré suprême, que d'y grimper. Grâces en soient rendues à mon remarquable génie et à la noix de coco si heureusement lancée par mon oncle !

« Tu sauras, chère Pipi, que les dispositions et les talents de l'esprit forment sur la tête des bosses que l'on peut tâter du doigt. Or au toucher, mon occiput ressemble à un sac de noix de coco ; et il est probable que c'est ce fameux coup qui a fait jaillir ainsi toutes ces petites bosses, dont chacune portait en elle un petit talent. Le fait est que j'en ai une bonne couche derrière les oreilles !

« Cet instinct d'imitation particulier à notre race, que les hommes raillent souvent bien injustement, n'est autre chose que le besoin irrésistible, non pas tant d'acquérir la culture, que de révéler celle qui déjà existe en nous. Le même principe a depuis longtemps été accepté par les hommes, et les vrais sages, dont je me rapproche toujours, l'appliquent de la manière que voici : quelqu'un vient à exécuter une œuvre, artistique ou autre, et chacun de s'écrier : “C'est admirable !” ; aussitôt le sage, obéissant à un appel intérieur, se met à l'imiter… Il est vrai qu'il en résulte tout autre chose, mais il dit alors : “Voici maintenant une œuvre vraiment accomplie ; quant à celle que vous admiriez, elle n'a été que le coup d'éperon qui m'a décidé à produire au jour le chef-d'œuvre que depuis toujours je portais en moi.”

« C'est à peu près, chère Pipi, comme lorsqu'un de nos frères s'entaille le nez en se rasant : il donne par là à sa moustache retroussée certaine inflexion originale que l'homme qu'il imitait n'atteint jamais.

« C'est justement cet instinct d'imitation, dont j'ai toujours été particulièrement doué, qui me mit en relation avec un professeur d'esthétique, l'homme le plus aimable du monde, duquel je reçus par la suite les premiers éclaircissements sur moi-même, et qui m'apprit aussi à parler. Avant d'avoir perfectionné en moi ce talent, il m'arrivait souvent de me trouver dans la société d'hommes spirituels et intelligents. J'avais observé attentivement leur mine et leurs gestes, et je savais habilement les imiter. Cela, et aussi le vêtement fort correct dont m'avait pourvu mon patron d'alors, m'ouvrit toutes les portes, et mieux encore, me fit passer dans le monde pour un jeune homme du meilleur ton.

« Avec quelle ardeur je désirais pouvoir parler ! Mais tout au fond de moi, je pensais aussi : "Ô ciel ! Si même tu arrives à parler, où iras-tu prendre ces milliers d'idées, de pensées qui coulent à flots des lèvres de ces gens-là ? Comment t'y prendras-tu pour parler des mille choses que tu connais à peine de nom ? Comment pourras-tu porter sur les œuvres de la science et des arts des jugements aussi précis que les leurs, toi qui es étranger en ces domaines ?" Aussi, dès que je pus balbutier quelques mots à la suite je m'ouvris à mon cher maître, le professeur d'esthétique, de mes doutes et de mes scrupules ; mais il me rit au nez :

« – Eh ! qu'allez-vous chercher, cher *monsieur* Milo ? Apprenez à parler, à parler, encore à parler, et tout le reste viendra tout seul. Savoir parler couramment, avec aisance, avec souplesse, c'est là tout le secret. Vous serez vous-même étonné de voir comme les idées vous viendront en parlant, comme la sagesse vous naîtra, comme la divine Suada [1] vous introduira dans tous les arcanes de la science et de l'art, si bien que vous croirez tout de bon vous promener dans les détours de ces labyrinthes. Souvent vous ne vous comprendrez pas vous-même : c'est justement qu'alors vous serez dans cet état de véritable inspiration qu'engendre la parole. Certaines lectures faciles pourraient du reste vous être fort utiles ; pour vous venir en aide, retenez donc quelques phrases agréables qu'il vous sera loisible ensuite d'introduire partout avantageu-

1. Pour *Suadela*, la Persuasion.

sement et qui pourront vous servir de refrain. Parlez beaucoup, par exemple, des tendances de l'époque… de la prononciation correcte de ceci ou de cela… de la profondeur des sentiments… de ce qui est plein d'âme, de ce qui n'en a pas, etc.

« Ô ma Pipi ! que cet homme avait donc raison ! Comme la sagesse me vint à mesure que je me perfectionnais dans l'art de la parole ! Mon heureuse mimique donnait d'ailleurs du poids à mes mots, et le miroir me disait assez de quelle beauté se pare mon front, naturellement ridé, lorsque je dénie toute profondeur de sentiments à tel ou tel poète que je ne comprends pas et qui, par conséquent, ne peut avoir la moindre valeur. En somme, la conviction intime que j'ai de ma haute culture est aussi le tribunal devant lequel je traduis chaque œuvre scientifique ou littéraire, et le jugement prononcé est infaillible, parce qu'il naît spontanément du fond de mon âme, comme un oracle !

« Je me suis beaucoup occupé d'art… un peu de peinture, de sculpture, de temps à autre de modelage : ainsi, douce petite, je t'ai représentée en Diane d'après l'antique. Mais j'en eus bientôt assez de tout ce bric-à-brac : je préférais la musique à toutes choses, parce qu'elle fournit l'occasion de provoquer à moindres frais l'étonnement et l'admiration d'une masse de gens ; et, étant donné mon organisation naturelle, j'eus tôt fait d'élire le piano-forte.

« Tu connais, ma tendre amie, la longueur de ces doigts que la nature m'a donnés ; grâce à eux, j'embrasse maintenant des quatorzièmes et même deux octaves, et cela, joint à une extraordinaire agilité, c'est tout le secret de l'art du pianiste. Mon maître de musique a versé des larmes de joie devant les magnifiques dons naturels de son élève, et de fait je suis arrivé en peu de temps à monter et à descendre des deux mains, sans accroc, trente-deux, soixante-quatre, cent vingt-huit mesures, à battre des trilles également parfaits avec tous les doigts, à grimper et à dégringoler d'un bond trois ou quatre octaves, comme je sautais jadis d'un arbre à l'autre; enfin je suis devenu le plus grand virtuose qui se puisse trouver. Pour moi, aucune des compositions pour piano de ce temps n'est assez difficile; c'est pourquoi je compose moi-même mes sonates et mes concertos : toutefois, pour ces derniers, c'est mon maître de musique qui se charge des tutti... vous ne voudriez tout de même pas que j'aille me frotter à ce ramassis d'instruments, à tout ce fatras sans intérêt! Les tutti des concertos ne sont en somme qu'un mal nécessaire, que des sortes de pauses pendant lesquelles le soliste reprend des forces et se prépare à de nouvelles galopades. Je viens d'ailleurs de m'entendre avec un facteur d'instruments pour un piano-forte de neuf à dix octaves : le génie en effet peut-il bien se restreindre aux misérables limites de sept pauvres octaves? Outre les pédales ordinaires, tambour turc et cymbales, on ajoutera à ce piano des jeux de trompettes et un flageolet, qui imitera autant que possible le gazouillement des oiseaux. Tu vois, chère Pipi, à quelles sublimes pensées s'élève un homme qui a du goût et de la culture!

« Après avoir entendu plusieurs chanteurs moissonner de vifs applaudissements, une indicible envie me prit de chanter moi-même : par malheur il me paraissait que la nature m'avait absolument refusé l'organe nécessaire à cet art. Je ne pus cependant m'abstenir de découvrir mon projet à un chanteur célèbre, qui se trouve être aussi de mes amis intimes, et de me lamenter en même temps sur ma voix. Celui-ci me serra aussitôt dans ses bras et s'écria plein d'enthousiasme :

« – Ah! bienheureux *monsieur*! mais vos dons musicaux et la souplesse de votre organe, que depuis longtemps j'ai remarqués, font de vous un chanteur-né; car vous avez pour ainsi dire vaincu d'avance la plus grande difficulté. Rien en effet n'est aussi contraire au véritable art du chant qu'une voix naturellement belle; et ce n'est pas sans peine que l'on écarte cet obstacle chez les jeunes élèves qui ont réellement de la voix. On y parvient cependant au bout d'un certain temps si l'on s'applique à éviter tous les sons un peu soutenus, à s'entraîner assidûment aux roulades les plus travaillées, qui dépassent de beaucoup les limites ordinaires de la voix humaine, et surtout à se fabriquer, à force de travail, cette voix de fausset qui est le vrai siège du chant artistique : la voix la plus robuste ne résiste pas longtemps à ces exercices laborieux ; mais pour vous, cher et estimé *monsieur*, aucun obstacle de ce genre n'est à ôter du chemin, et en peu de temps, vous serez le plus sublime chanteur qui soit !

« Cet homme avait raison : il ne me fallut qu'un peu d'exercice pour développer en moi un superbe fausset et acquérir la faculté de produire cent notes d'une seule haleine – ce qui me valut l'approbation unanime des vrais connaisseurs. Quant aux malheureux ténors qui tirent orgueil de leur voix de poitrine alors qu'ils peuvent à peine exécuter un *mordant*, je les mis aussitôt dans l'ombre. Mon maître m'apprit dès le début trois fioritures assez longues, mais où réside la quintessence de toute science du chant artistique : on peut les ramener à l'infini, tantôt d'une façon, tantôt d'une autre, en entier ou par fragments, et même les chanter sur la basse continue des airs les plus divers, en les substituant à la mélodie indiquée par le compositeur. Je ne puis, ma douce amie, te décrire tous les applaudissements que m'a déjà valus l'exécution de ces figures : tu peux voir toi-même à quel point, jusque dans la musique, mon génie inné m'a rendu toutes choses bien faciles !

« J'ai déjà parlé de mes compositions. Mais vois-tu, ce cher travail, quand je n'y suis pas contraint pour procurer à mon génie des œuvres dignes de lui, je l'abandonne volontiers à ces subordonnés qui, à tout prendre, n'ont d'autre raison d'être que de nous servir, nous autres virtuoses, en nous fabriquant de ces morceaux qui mettent précisément en valeur notre virtuosité. Je dois avouer que je trouve bien singulières ces mille choses dont on remplit les partitions, cette foule d'instruments, cet ensemble harmonique… Il y a certes des règles précises dans tout cela ; mais pour un génie, pour un virtuose, ce ne sont que détails insipides et fastidieux. D'ailleurs il suffit, pour se faire respecter de chacun – ce qui est la suprême sagesse en cette vie –, d'être "tenu" pour compositeur : c'est amplement suffisant. S'il m'arrive par exemple, dans une société, de recueillir un beau succès dans un air dû au talent d'un compositeur qui se trouve là, et si l'on fait mine de reporter sur l'auteur en question une part de ce succès, je lance à la ronde un de ces regards sombres, profonds, que ma physionomie pleine de caractère me permet de réussir admirablement, et je laisse tomber très doucement ces mots : "Il va tout de même falloir que j'achève mon nouvel opéra !" Cette déclaration suscite un brusque mouvement d'enthousiasme, et l'on oublie aussitôt le compositeur, qui pourtant, lui, a bel et bien achevé son œuvre.

« En général, il sied bien au génie de se faire ainsi valoir autant que possible ; il ne doit pas cacher à quel point tout ce qu'on produit dans le domaine des arts lui paraît petit et pitoyable en regard de ce qu'il pourrait, lui, créer dans tous les domaines des arts et des sciences… si seulement il le voulait et que les hommes fussent dignes de cet effort. Mépris absolu de ce que tente autrui ; conviction intime de dépasser de loin, de très loin, tous ceux qui aiment se taire et ne créent que dans le silence et sans en parler ; extrême contentement de soi devant les résultats qu'une force naturelle permet d'obtenir sans effort : voilà les signes infaillibles auxquels se reconnaît la suprême culture, celle de l'homme de génie… et je me félicite de les retrouver chaque jour, que dis-je ? à chaque heure, en moi.

« Tu peux maintenant, douce amie, te faire une parfaite image de l'heureuse situation que je dois à la haute culture où j'ai atteint. Mais… puis-je donc te cacher la moindre des choses qui oppressent mon cœur ? Ne dois-je point t'avouer, ma charmante, que trop souvent encore je me trouve, par certains petits accès qui me surprennent tout à fait à l'improviste, arraché à ce délicieux bien-être qui embellit mes jours ? Ah, ciel ! quelle influence considérable garde sur la vie entière la toute première éducation que l'on a reçue ! Que l'on dit bien avec raison qu'il est difficile de rejeter ce qu'on a sucé avec le lait maternel ! Quel préjudice me causent mes courses folles dans les montagnes et les forêts ! Récemment encore, je me promenais, élégamment vêtu, en compagnie de quelques amis, à travers le parc : soudain, nous voici arrêtés devant un magnifique noyer dont le tronc élancé touchait au ciel ; un désir irrésistible m'enlève toute réflexion... Quelques bonds vigoureux, et me voici tout en haut, sur la cime des branches, en train d'attraper des noix ! Un cri d'étonnement poussé par toute la société accueillit mon audacieuse entreprise, et lorsque, me rappelant mon éducation acquise qui n'autorise pas de pareilles extravagances, je me laissai glisser au bas de mon arbre, un jeune homme qui a beaucoup d'estime pour moi me dit :

« – Eh ! cher *monsieur* Milo, que vous avez donc la jambe alerte !

« Mais j'étais couvert de honte. De même, j'ai souvent peine à réprimer l'envie d'exercer mon ancienne adresse à lancer, jadis si remarquable. Figure-toi, charmante petite, que tout récemment, à un souper, cette envie me domina à un tel point que je jetai une pomme en plein dans la perruque de mon protecteur, le conseiller de commerce, qui était assis à l'autre bout de la table : ce qui faillit me causer mille désagréments... J'espère toutefois qu'avec le temps, je parviendrai à me défaire de ces restes de l'état sauvage où je vivais jadis.

« Si par hasard, ma douce amie, tu n'étais pas encore assez avancée dans tes études pour pouvoir lire cette lettre, puissent au moins les nobles et vigoureux caractères tracés par la main de ton bien-aimé t'encourager à apprendre à lire ; et qu'ensuite le contenu de cette lettre soit pour toi une leçon pleine de sagesse, te montrant ce qu'il faut entreprendre pour parvenir à la paix et au bien-être intérieur que procure seule la plus haute culture, celle qui naît du génie autant que du commerce des sages et des savants.

« Et maintenant, mille fois adieu, douce amie !

Doute de la clarté du soleil,
Doute de la lumière des étoiles,
Doute que la vérité puisse mentir,
Mais ne doute pas de mon amour[1] *!*

« Ton fidèle jusqu'à la mort,

« MILO,
« Ci-devant *singe, aujourd'hui*
« *artiste et savant.* »

V

L'ENNEMI DE LA MUSIQUE

Ah ! c'est une bien belle chose, en vérité, que d'être assez profondément musicien pour pouvoir, grâce à une sorte de faculté innée, maîtriser avec aisance et légèreté les masses musicales les plus imposantes, celles que les maîtres ont édifiées en usant d'innombrables notes, en utilisant les sonorités des instruments les plus divers : on peut alors accueillir ces œuvres sans ressentir d'émotion notable, sans éprouver les traits douloureux de l'extase passionnée ou de la mélancolie qui déchire le cœur. Quel plaisir infini ne prend-on pas, dès lors, à la virtuosité de l'exécutant ! Et même, cette joie qui monte des profondeurs de l'âme, on peut la manifester bien haut sans aucun danger ! Quant à la béatitude du virtuose lui-même, je n'y veux même pas songer : cela ne ferait qu'augmenter la douleur que je ressens de ce que tout sentiment musical m'ait été si complètement, si absolument refusé ; car telle est bien la cause de l'indescriptible maladresse qui

1. Shakespeare, *Hamlet*, II, 2.

s'est révélée, hélas ! dès mon enfance, dans l'exercice de cet art merveilleux.

Mon père était sans nul doute un habile musicien ; il jouait assidûment sur son grand piano, souvent bien tard dans la nuit, et, lorsqu'il y avait concert à la maison, il exécutait d'interminables morceaux où les musiciens qui l'accompagnaient ne faisaient généralement avec leurs violons, leurs basses, leurs flûtes, leurs cors, qu'une toute petite partie. Lorsqu'un de ces morceaux de majestueuse ampleur était enfin terminé, tout le monde menait grand tapage et s'exclamait :

– Bravo ! bravo ! quel beau concert ! quelle dextérité ! quel jeu admirable !...

Et tous de prononcer avec une respectueuse vénération le nom d'Emanuel Bach[1].

Mais mon père avait tellement martelé son piano, tant fait de bruit, que le résultat me semblait à peine mériter le nom de musique – ce mot évoquant irrésistiblement pour moi des mélodies vous allant droit au cœur. Je pensais qu'il ne faisait ainsi que par jeu, et que les autres à leur tour s'en amusaient fort. En ces occasions-là, j'étais toujours boutonné dans mon habit des dimanches, et il me fallait rester assis, sans trop bouger, sur une haute chaise à côté de ma mère. Le temps me semblait effroyablement long, et je n'aurais sans doute pu y tenir si je n'avais été fort amusé par les grimaces singulières et les gestes comiques des exécutants. Il me souvient surtout d'un vieil avocat qui était toujours assis auprès de mon père et qui jouait du violon : les gens proclamaient invariablement que c'était là un enthousiaste de musique tout à fait hyperbolique ; à les en croire, la musique le rendait à moitié fou... la folle exaltation où le faisait grimper le génie d'Emanuel Bach, de Wolf ou de Benda, l'empêchant de jouer juste comme de garder la mesure.

1. Carl Philipp Emanuel Bach (1714-1788), habile compositeur de piano, mais qui n'a guère de commun avec le grand Sébastien Bach que d'être un de ses fils.

Je crois le voir encore. Il portait un habit de couleur prune, avec des boutons garnis de fils d'or, une petite épée d'argent et une perruque roussâtre, légèrement poudrée, à laquelle pendait par-derrière une petite bourse ronde. Il mettait à tout ce qu'il faisait une gravité d'un comique indescriptible. « *Ad Opus !* » avait-il coutume de s'écrier quand mon père distribuait les pages de musique sur les pupitres. Puis il prenait de la main droite son violon et de la gauche sa perruque, qu'il enlevait vivement pour la pendre à un clou. Alors, il se mettait à l'œuvre, se penchant de plus en plus sur sa page ; ses yeux rouges brillaient et lui sortaient de la tête, son front se couvrait de gouttes de sueur. Parfois il lui arrivait d'avoir fini plus tôt que les autres, ce dont il semblait tout surpris ; et il jetait à ses compagnons des regards fort mécontents. Souvent aussi, je notais une grande ressemblance entre les sons qu'il produisait et ceux que notre voisin Peter, qui se livrait à des recherches sur les talents cachés des chats pour la musique, arrachait à notre matou par un habile pincement de la queue ou par un tout autre moyen du même genre – ce qui lui valait de temps à autre (à Peter, s'entend) une bonne rossée de la part de mon père… Bref, l'avocat prune – son nom était Musewius – m'indemnisait complètement de la peine de rester assis, car ses grimaces, ses bonds impayables, sans parler de ses raclements de violon, me réjouissaient fort.

Une fois pourtant, il désorganisa si bien le jeu des musiciens que mon père bondit de son piano et que tous se précipitèrent vers lui, craignant qu'il ne fût la proie de quelque malheureuse attaque… Voici l'histoire : il avait commencé par secouer un peu la tête, puis, en un crescendo continu, il s'était mis à l'agiter de plus en plus violemment de gauche et de droite ; en même temps il raclait atrocement les cordes avec son archet, claquait de la langue et tapait du pied. Or la cause de tout cela n'était autre qu'un perfide moucheron qui s'était mis à bourdonner autour de lui, décrivant toujours le même cercle avec une persistante opiniâtreté, et qui, mille fois chassé, revenait sans cesse se poser sur son nez. Voilà ce qui avait suffi à le précipiter dans ce sauvage désespoir !

Parfois, la sœur de ma mère chantait un air. Ah ! quelle joie j'y prenais !... Je l'aimais tant !... elle s'occupait beaucoup de moi et me chantait souvent, de sa belle voix qui m'allait droit au fond du cœur, quantité de lieder charmants que je garde si présents à l'esprit qu'il m'arrive encore de les chantonner tout bas... C'était toujours un moment solennel quand ma tante plaçait sur les pupitres les différentes parties d'un air de Hasse, de Traetta ou de quelque autre maître. L'avocat n'avait pas le droit de participer à l'accompagnement. Quant à moi, dès l'introduction, et avant même que ma tante se fût mise à chanter, le cœur me battait, et un étrange sentiment de plaisir et de mélancolie me pénétrait au point que je pouvais à peine me contenir. Mais à peine ma tante avait-elle chanté la première phrase que je me mettais à pleurer amèrement et que l'on m'emportait bien vite hors de la salle, sous le flot d'invectives bien senties dont m'accablait alors mon père. Il se disputait souvent avec ma tante, celle-ci soutenant que ma conduite ne provenait nullement de ce que la musique m'affectât d'une façon désagréable, mais prouvait au contraire l'extrême sensibilité de mon tempérament ; à quoi mon père répondait en me traitant de jeune sot que l'ennui faisait hurler comme ces chiens qui détestent la musique.

Le principal argument sur lequel se fondait ma tante, non seulement pour me défendre, mais pour m'attribuer un sens musical profond et caché, était toujours le même : souvent en effet, quand mon père avait oublié de fermer le piano, je passais des heures à m'y amuser, cherchant et frappant toute espèce d'accords harmonieux. Si j'avais une fois, de mes deux mains, trouvé trois, quatre, même six touches qui, abaissées ensemble, fissent entendre un accord merveilleux et charmant, je ne me lassais pas de les frapper encore et de les faire résonner. Je couchais ma tête sur le couvercle de l'instrument, je fermais les yeux : j'étais dans un autre monde... mais à la fin il me fallait encore verser bien des larmes amères, sans savoir si c'était de joie ou de chagrin. Ma tante m'avait souvent observé à mon insu et s'était réjouie, tandis que mon père ne regardait tout cela que comme de puériles niaiseries. D'ailleurs, ils semblaient être en complet désaccord non seulement à mon propos mais sur toutes sortes d'autres sujets, et en particulier sur la musique. Ainsi ma tante prenait grand plaisir à certains morceaux composés par les maîtres italiens dans un esprit de parfaite simplicité, sans aucune pompe ; quant à mon père, qui était d'un caractère violent, il qualifiait ce genre de musique de « turlurette » indigne d'occuper l'intelligence de l'auditeur. Mon père parlait toujours d'intelligence, ma tante toujours de sentiment.

Elle finit pourtant par obtenir de lui qu'il me fît donner des leçons de piano par un vieux *cantor* qui tenait ordinairement sa partie à l'alto dans nos concerts de famille. Mais, juste ciel ! il apparut bientôt que ma tante avait beaucoup trop attendu de moi, et que mon père avait raison. De l'avis du cantor, je ne manquais ni du sens de la mesure, ni de la compréhension de la mélodie, mais ma maladresse sans bornes gâtait tout. Si j'avais à étudier seul un exercice, j'avais beau me mettre au piano avec la ferme résolution d'y être bien appliqué, je m'égarais bientôt en m'amusant malgré moi à chercher des accords, et je ne faisais aucun progrès. A grand-peine, j'étais arrivé à bout de l'étude de plusieurs tonalités, jusqu'à ce maudit ton qui est marqué de quatre croix, et que l'on appelle, je m'en souviens encore exactement, *mi* majeur. Au-dessus du morceau était imprimé en gros caractères : *scherzando presto*, et, lorsque le cantor l'avait joué devant moi, je lui avais trouvé quelque chose de frétillant, de sautillant, qui m'avait fort déplu. Ah ! que de larmes, que de claques d'encouragement me valut ce maudit *presto* !

Arriva enfin le jour, terrible pour moi, où je devais produire, devant mon père et ses amis musiciens, les connaissances que j'avais acquises, et jouer tout ce que j'avais appris. Tout allait à peu près bien, à l'exception du redoutable *presto* en *mi* majeur. La veille au soir, en proie à une sorte de désespoir, je me mis au piano pour essayer, coûte que coûte, de jouer ce morceau sans faute. Sans savoir moi-même comment cela se fit, je m'essayai à jouer toute la pièce sur les touches voisines de celles que je devais frapper ; cette tentative fut un succès, le morceau entier était devenu plus facile, et je ne fis pas une fausse note : seulement c'était sur d'autres touches… Il me sembla d'ailleurs que le morceau, ainsi, sonnait beaucoup mieux que sous les doigts du cantor. J'en fus tout soulagé, et le lendemain, ce fut avec courage que je m'installai au piano, où j'enfilai carrément mon petit morceau. Mon père ne cessait de s'exclamer : « Je ne l'aurais jamais cru ! » Lorsque j'en eus terminé avec le scherzo, le cantor souligna d'une voix aimable :

– Et c'était écrit dans la difficile tonalité de mi majeur !

Du coup mon père s'était tourné vers l'un de ses amis :

– Voyez, se rengorgeait-il, comme ce petit se tire adroitement des difficultés du mi majeur !

– Permettez, mon cher, corrigea l'ami, mais c'était en fa majeur…

– Mais pas du tout, pas du tout ! fit mon père.

– Eh, si ! insista l'ami, d'ailleurs nous allons le voir tout de suite.

Tous deux s'étaient approchés du piano.

– Voyez ! triompha mon père en montrant les quatre croix.

– Et pourtant le petit l'a joué en fa majeur, persista l'ami.

On me fit répéter le morceau ; je le fis sans le moindre embarras, car je ne voyais pas bien clairement sur quoi ils discutaient avec tant de gravité. Mon père regarda les touches… Mais à peine avais-je frappé quelques notes que sa main siffla à mes oreilles :

– Maudite peste d'enfant ! s'écria-t-il dans la plus violente colère.

Je m'enfuis en pleurant et en criant. Et c'en fut fait pour toujours de mon instruction musicale.

Ma tante, il est vrai, prétendait que ce seul fait que j'eusse pu jouer tout le morceau sans faute, quoique dans un ton différent, était incontestablement la marque d'un vrai talent musical. Mais aujourd'hui j'en suis venu moi-même à croire que mon père avait eu raison de renoncer à me faire enseigner un instrument quelconque, car ma maladresse, la raideur et la lourdeur de mes doigts auraient fait obstacle à tous mes efforts.

Malheureusement, cette maladresse s'étend aussi, musicalement parlant, à mes facultés intellectuelles. Ainsi il ne m'est que trop souvent arrivé, devant le jeu de virtuoses célèbres, et quand tout le monde éclatait en acclamations enthousiastes, de ressentir de l'ennui, du dégoût et de la satiété ; et qui plus est, comme je ne pouvais m'empêcher d'exprimer naïvement mon opinion, comme je déclarais même sans ambages mon sentiment intime, je m'exposais aux risées d'une foule en extase, dont le jugement ne pouvait être qu'infaillible.

N'est-ce point ce qui m'arriva tout récemment encore, lorsqu'un célèbre pianiste traversa la ville et se fit entendre chez un de mes amis ?

– Aujourd'hui sûrement, très cher, m'assura celui-ci, vous ne pourrez manquer de vous guérir de votre hostilité à l'égard de la musique : l'admirable Y… vous emportera… vous enchantera !

Aussi me fallut-il, bien à contrecœur, prendre place tout près du piano. Le virtuose commença à dérouler ses gammes sur le clavier, soulevant de puissants grondements. Comme cela se prolongeait, j'en devins vite tout étourdi, et bientôt mal à l'aise. Par bonheur, mon attention se trouva attirée par autre chose… et il faut que, n'entendant plus du tout le pianiste, j'aie plongé dans le piano un regard bien fixe et bien singulier, car lorsque enfin le virtuose eut achevé de tonner et de faire rage, mon ami me tira par le bras en s'écriant :

– Eh bien ! Vous voilà tout pétrifié ! Alors, l'ami, ressentez-vous enfin l'effet profond, l'effet tout-puissant, de la divine musique ?

J'avouai loyalement que j'avais peu écouté l'artiste, mais qu'en revanche je m'étais fort diverti à voir sauter et retomber les marteaux et à suivre le feu roulant de leur gymnastique. Sur quoi tout le monde s'esclaffa bruyamment.

Que de fois ne m'a-t-on pas traité d'homme dépourvu de sentiment, de cœur, de sensibilité, parce que je m'enfuis irrésistiblement de la chambre dès que le piano s'ouvre, ou que telle ou telle dame prend en main sa guitare et toussote pour signaler qu'elle va chanter. Car je sais d'avance qu'à écouter cette musique que l'on débauche pour la promener dans les salons bourgeois je vais me rendre malade et que mon estomac n'y résistera pas. C'est là un véritable malheur, et qui m'expose au mépris des gens distingués. Je sais bien qu'une voix, un chant qui me rappellent la voix et le chant de ma tante me touchent jusqu'au fond de l'âme et y font naître des sentiments pour lesquels je ne trouve pas de mots. Il me semble que c'est la béatitude même du ciel qui s'élève alors au-dessus du monde terrestre… et qui par suite a tant de mal à trouver le moyen de s'y exprimer. Mais c'est justement la raison pour laquelle, lorsque j'entends une de ces cantatrices, il m'est absolument impossible de manifester bruyamment mon admiration, comme font les autres : je reste muet, et je ne regarde qu'en moi-même, car j'y vois se refléter encore tous les sens qui au-dehors se sont tus. Ainsi me tient-on pour un homme froid, dénué de sensibilité : bref, pour un ennemi de la musique.

En face de chez moi habite un premier violon qui, chaque jeudi, réunit chez lui un quatuor dont je parviens à capter les plus fines harmonies – l'été en tout cas, car le soir, quand la rue redevient silencieuse, ils jouent toutes fenêtres ouvertes. Je m'installe sur mon sofa, et j'écoute les yeux fermés ; et je reste là, au comble du ravissement… mais le temps du premier quatuor seulement, car au second déjà les sons s'embrouillent, comme s'ils devaient lutter en moi contre les mélodies du premier morceau qui m'habitent encore. Quant au troisième quatuor, il n'y a vraiment plus moyen de le supporter, et je me vois contraint de prendre la fuite. Le premier violon m'a suffisamment raillé de ce que la musique me mette ainsi en déroute !... Il leur est arrivé, à ce que j'ai entendu dire, de jouer jusqu'à six ou huit de ces quatuors, et je m'émerveille en vérité devant l'extraordinaire force d'esprit, la profonde puissance musicale qu'il doit falloir pour produire tant de musique d'affilée, pour pouvoir ainsi, au fil de l'exécution, rendre avec les couleurs de la vie tous ces morceaux, tels qu'on les a intimement compris et sentis.

Il m'arrive la même chose dans les concerts : souvent, la première symphonie a éveillé en moi un tel tumulte que je suis mort pour tout le reste. Parfois même, la première phrase à elle seule m'a tellement exalté, m'a si fort ébranlé, que je n'aspire plus qu'à me retrouver dehors pour contempler à loisir toutes les apparitions étranges qui m'obsèdent, pour me mêler à leur danse merveilleuse, jusqu'à me confondre finalement avec elles ; car il me semble alors que je suis moi-même la musique que je viens d'entendre... Je ne demande donc jamais le nom du compositeur, cela me paraît complètement indifférent. J'ai l'impression que ce que j'entends n'est qu'une combinaison psychique parvenue à son point suprême de développement et que, dans ce sens, je viens moi-même de composer des choses admirables.

Tandis que j'écris ces lignes pour moi seul, je m'inquiète et prends peur à la pensée que tous ces aveux pourraient bien un jour, dans un mouvement de cette sincérité instinctive et naïve qui est la mienne, me venir aux lèvres ! Comme on se moquerait de moi ! Et je connais plus d'un de ces bravi de la musique qui n'hésiterait pas à douter de la santé de mon esprit... Souvent, quand je me sauve de la salle de concert aussitôt après la première symphonie, j'entends crier dans mon dos : « Le voilà qui s'enfuit, l'ennemi de la musique ! » Et chacun de me plaindre, car aujourd'hui tout homme cultivé exige avec raison que, outre l'art de se plier en deux avec suffisamment de révérence, et cet autre art encore de parler de ce qu'on ne sait pas, on cultive et on aime la musique. Mais voilà… C'est justement cet amour de la musique qui me pousse chaque fois à fuir dans la solitude, où la force éternelle qui gouverne toutes choses engendre, dans le bruissement des feuilles de chêne au-dessus de ma tête, dans le clapotis de la source, des sons merveilleux qui se combinent mystérieusement avec les harmonies que je sens reposer en moi, donnant ainsi naissance à la plus somptueuse musique – oui, c'est cela, en vérité, qui fait mon malheur !

Cette affreuse, cette pénible pesanteur de mon esprit face à la musique me gêne aussi beaucoup à l'opéra. Parfois, à dire vrai, il me semble qu'on s'y contente, au moyen d'un bruit musical approprié, de chasser de temps à autre l'ennui qui menace de s'installer sur les planches, ou quelque autre monstre plus redoutable encore ; c'est ainsi que, devant les caravanes, on mène un tapage forcené de cymbales et de tambours, pour écarter les bêtes sauvages. Mais souvent aussi, lorsqu'il semble que les personnages ne puissent parler autrement qu'avec les accents puissants de la musique et que le royaume du merveilleux apparaît comme une étoile flamboyante… alors j'ai grand-peine à résister à l'ouragan qui m'emporte et menace de me projeter dans l'infini… Il est vrai qu'à un tel opéra je reviens toujours et toujours, et chaque fois il se fait plus de clarté, plus de lumière dans mon âme : toutes les figures que j'avais aperçues comme au travers d'une sombre nuée s'avancent vers moi, je les reconnais enfin, elles me sourient amicalement, et je les sens bientôt qui palpitent en moi, m'initiant à une existence de merveilles.

Je crois bien avoir entendu ainsi cinquante fois l'*Iphigénie* de Gluck. Mais voilà ! Les vrais musiciens me raillent là-dessus, tranchant avec autant de justesse que d'assurance :

– Dès la première fois nous avions tout saisi à fond ; à la troisième, nous en avons eu assez.

Mais un démon malin me poursuit et me force à être comique sans le vouloir, à donner la comédie à tout le monde au nom de ma prétendue hostilité pour la musique. Ainsi, dernièrement, je me trouve au théâtre, accompagnant par complaisance un ami étranger, et je me plonge dans mes pensées lorsque, à un certain moment (on donnait un opéra), il se fait un de ces tapages musicaux parfaitement dépourvus de sens dont je parlais tout à l'heure. Mon voisin me pousse alors du coude en disant :

– Ah ! cet endroit est vraiment excellent !

Je réfléchis un instant, et conclus tout naturellement qu'il parlait de l'endroit du parterre où nous nous trouvions ; je réponds donc en toute ingénuité :

– Oui, l'endroit est bon, mais il y a ce petit courant d'air...

Cela le fit beaucoup rire, et le mot se répandit par toute la ville comme une nouvelle anecdote à conter sur l'ennemi de la musique ! Et partout l'on me railla sur ce courant d'air dans l'opéra... Et pourtant j'avais raison...

Croira-t-on maintenant qu'en dépit de tout cela, il existe un vrai, un authentique musicien, qui partage aujourd'hui encore l'opinion de ma tante sur mon sens musical ? Il est vrai que personne ne s'en souciera beaucoup quand j'aurai dit que ce musicien n'est autre que le maître de chapelle Johannès Kreisler, car il est fort décrié pour ses extravagances ; mais je ne suis pas peu fier de moi lorsque je songe qu'il ne dédaigne pas de jouer et de chanter pour moi seul, et qu'il le fait exactement selon mon sentiment profond, et de la manière qui m'exalte et me ravit. L'autre jour, comme je me lamentais devant lui de ma maladresse en musique, il me dit que l'on pouvait me comparer à ce disciple du temple de Saïs, qui, bien qu'il parût lourdaud en comparaison des autres néophytes, trouva pourtant la pierre merveilleuse que ceux-ci s'appliquaient vainement à chercher. J'avoue ne pas avoir compris l'allusion, car je n'avais pas lu les œuvres de Novalis [1], auxquelles il me renvoya. Aussi ai-je envoyé aujourd'hui au cabinet de lecture,

1. Hoffmann se réfère ici au récit philosophique intitulé *Les Disciples à Saïs*.

mais sans doute n'obtiendrai-je pas l'ouvrage que j'ai réclamé, car on le dit admirable, et il doit être très demandé…

Mais non : voici qu'on m'apporte les œuvres de Novalis, en deux petits volumes ; et le bibliothécaire me fait savoir qu'il pourra toujours me procurer des ouvrages de cette sorte, car il en a toujours dans ses rayons… Et s'il n'a pu mettre tout de suite la main sur celui-ci, c'est simplement qu'il était relégué parmi les livres qui ne sont jamais demandés… Mais voyons sans plus attendre ce qu'il en est de ces disciples de Saïs…

VI

SUR UN JUGEMENT DE SACCHINI ET SUR CE QU'ON APPELLE L'« EFFET » DANS LA MUSIQUE

Dans le *Dictionnaire des musiciens* de Gerber, on trouve sur le célèbre Sacchini l'anecdote suivante. Un jour qu'il déjeunait, à Londres, chez M. Le Brun, le célèbre hautbois, on répéta devant lui ce reproche que les Français et les Allemands adressent parfois aux compositeurs italiens : de ne pas moduler assez.

– Nous modulons, dit-il, dans la musique d'église : l'attention, n'y étant pas distraite par les accessoires du spectacle, peut suivre plus aisément les modulations de sons combinées avec art. Mais au théâtre il faut être simple et clair ; il faut plutôt émouvoir le cœur que provoquer l'étonnement ; il faut se rendre intelligible à des oreilles moins exercées. Celui qui, sans changer de ton, varie ses mélodies montre plus de talent que celui qui en change à tout instant.

Ce remarquable jugement de Sacchini révèle à plein toute la tendance de la musique d'opéra italienne de l'époque, tendance qui, pour l'essentiel, est encore la même aujourd'hui. Les Italiens ne se sont pas élevés jusqu'à cette idée que, dans l'opéra, les paroles, l'action et la musique doivent apparaître comme un tout, et que c'est ce tout indissociable qui mobilise l'impression du spectateur; la musique à leurs yeux était bien plutôt la compagne fortuite du drame, et ne devait que de temps à autre passer au premier plan pour agir librement, pour s'imposer dans sa plénitude. Aussi arriva-t-il que, pour tout ce qui relevait de l'action proprement dite, on se borna exprès à une musique plate et insignifiante, seuls la *prima donna* et le *primo uomo* étant autorisés, dans ce qu'on appelle les « grandes scènes », à se faire accompagner d'une musique intéressante, ou pour mieux dire, véritable. Dès lors il n'importait plus que de faire valoir le chant, parfois même la seule virtuosité des chanteurs, sans égard pour le *moment*[1] de l'action.

Sacchini bannit de l'opéra tout ce qu'il y a de fort, tout ce qu'il y a de bouleversant dans la musique, et le relègue à l'église; il n'a affaire au théâtre qu'à des sentiments agréables, à des sentiments qui ne touchent pas en profondeur : il ne veut pas exciter l'étonnement, mais seulement une douce émotion... Comme si l'opéra, grâce à cette alliance du langage *individualisé* avec ce langage universel qu'est la musique, ne devait pas justement, par sa nature même, s'attacher à produire sur l'âme l'impression la plus vive, celle qui la saisit en ses plus intimes profondeurs ! Il veut enfin, par la plus grande simplicité, la plus grande monotonie plutôt, se rendre intelligible à l'oreille même la moins exercée. Mais c'est là justement l'art suprême, à quoi se reconnaît le vrai compositeur, que de savoir, par la vérité même de l'expression, toucher chaque spectateur et l'émouvoir selon que l'exige la situation; je dirais même de créer cette situation aussi bien que le poète. Tous les moyens que l'inépuisable royaume des sons met à sa disposition sont sa propriété personnelle, et il en usera suivant les exigences de la vérité de l'action. Ainsi, par exemple, l'oreille la moins exercée comprendra, d'un point de vue supérieur, la

1. Hoffman emploie ce mot français dans le sens de *crise*, *péripétie* de l'action dramatique.

plus savante modulation, ou sa brusque altération, si elle est introduite à la place voulue. Je veux dire : le profane n'apprécie pas la structure technique, et ce n'est pas là l'important – c'est la situation dramatique elle-même qui fait naître en lui la plus forte émotion.

Que, dans *Don Juan*, la statue du commandeur fasse retentir dans le ton fondamental de *mi* son terrible « Oui ! », que le compositeur reprenne aussitôt ce *mi* comme tierce d'*ut* et le module en *ut* majeur, ton dans lequel attaque Leporello, eh bien ! aucun profane ne saisira la structure technique de cette transition, mais il frémira jusqu'à la moelle avec Leporello ; et, quant au musicien le plus expert et le plus savant, il pensera tout aussi peu à cette structure, car en un pareil instant de commotion profonde, tout l'échafaudage qui étaie l'édifice de son laborieux savoir s'effondre, et son émotion rejoint celle du profane.

La vraie musique d'église, c'est-à-dire celle qui accompagne le culte, ou plutôt qui est elle-même le culte, est une musique surnaturelle – un langage du ciel. Les pressentiments de l'Être suprême qu'éveillent dans le cœur de l'homme les accords sacrés sont l'Être suprême lui-même qui, à travers la musique, parle en une langue intelligible du royaume infiniment splendide de la foi et de l'amour. Les paroles qui s'associent au chant ne sont qu'accidentelles, et d'ailleurs, la plupart du temps, ne renferment que des significations allégoriques, ainsi par exemple dans la messe. Le levain du mal, qui engendrait les passions, est resté prisonnier de la vie terrestre, à laquelle nous arrache notre essor, et la douleur elle-même s'est résolue en une fervente aspiration à l'éternel amour. Ne s'ensuit-il pas nécessairement que les modulations les plus simples, qui portent en elles l'expression d'une âme angoissée et déchirée, sont à bannir absolument de l'église ? En effet, c'est à l'église qu'elles sont une distraction qui préoccupe l'esprit, le retenant prisonnier des agitations séculières de ce monde. Il faut donc renverser la proposition de Sacchini. Il est vrai que, comme il se réfère ici expressément aux maîtres de son pays et qu'il avait sans doute en vue les plus anciens d'entre eux, il ne pensait, en faisant allusion à une plus grande fréquence des modulations dans la musique d'église, qu'à recommander une plus grande richesse de l'harmonie. Et pour ce qui est de la musique d'opéra, il est probable qu'il changea d'avis après avoir entendu à Paris les œuvres de Gluck. Sinon, il n'eût pas composé, en contradiction avec le principe établi par lui-même, la scène de malédiction, si vigoureuse, si saisissante, d'*Œdipe à Colone*.

Gluck est le premier à avoir exprimé clairement, dans ses œuvres, cette vérité : que dans l'opéra paroles, action et musique doivent former un tout ; mais quelle est la vérité qui n'est jamais mal interprétée, et qui ne donne pas lieu aux plus singulières méprises ? Quel est le chef-d'œuvre qui ne suscite point les ridicules productions d'aveugles imitateurs ? Pour l'œil myope, qui ne peut les saisir à leur vrai foyer de lumière, les œuvres sublimes du génie apparaissent comme une image déformée, et ce sont les traits éparpillés de cette image que l'on conserve et que l'on imite. Le *Werther* de Goethe engendra en son temps mille niaiseries larmoyantes ; son *Goetz de Berlichingen* nous valut toutes ces armures pesantes et vides d'où sortaient les voix creuses de la rude grossièreté et de la prosaïque extravagance. Goethe dit lui-même, au troisième volume de ses *Mémoires*, que l'influence de ces œuvres-là n'a été que matérielle ; de la même façon, on peut soutenir que l'influence des œuvres de Gluck et de Mozart, abstraction faite du texte, et à ne considérer que la musique, fut purement matérielle. C'est-à-dire que le regard se porta d'abord sur la matière de l'édifice musical, et que l'on négligea l'esprit à l'exigence duquel cette matière devait se soumettre. A considérer les choses ainsi, on trouva (pour Mozart surtout) que l'effet prodigieux de ses ouvrages devait provenir, autant que de modulations variées et frappantes, du fréquent usage des instruments à vent : de là toutes ces instrumentations surchargées et ces modulations aussi bizarres qu'inutiles qui se rencontrent partout de nos jours.

L'effet ! Tel devint le mot d'ordre des compositeurs ; et faire de l'effet coûte que coûte fut dès lors l'unique tendance de leurs efforts. Mais justement, cette laborieuse *poursuite* de l'effet prouve d'abord que celui-ci est *absent*, qu'il ne se laisse pas persuader de bonne grâce, qu'il ne va pas se loger là où le compositeur désire nous le faire rencontrer...

Bref, pour nous toucher, pour nous émouvoir fortement, il faut que l'artiste lui-même soit profondément ému ; et l'art de composer des œuvres d'un grand effet consiste uniquement à fixer dans les hiéroglyphes des sons (les notes), avec une force supérieure, ce que l'âme a éprouvé dans l'inconscience de l'extase. Si donc un jeune artiste demande comment il doit s'y prendre pour composer un opéra à grand effet, on ne peut lui faire que cette réponse : « Lis le poème, concentre sur lui toutes les forces de ton esprit, entre avec toute la puissance de ton imagination dans les péripéties de l'action : tu vivras alors dans les personnages de cette fable, tu seras toi-même le tyran, le héros, la bien-aimée ; tu éprouveras toi-même la douleur, le ravissement de l'amour, la honte, la crainte, l'horreur, et jusqu'à l'angoisse sans nom de la mort, jusqu'à la béatitude de la transfiguration ; tu passeras toi-même par la colère, la rage, l'espoir, le désespoir ; ton sang brûlera plus vivement dans tes veines, ton pouls battra plus violemment ; et dans le feu de l'inspiration qui enflammera ton cœur, les sons, les mélodies, les accords s'embraseront, et le poème enfin, issu du plus intime de ton âme, déferlera comme un torrent dans le langage merveilleux de la musique. L'exercice technique, l'étude de l'harmonie et des œuvres des maîtres, les essais de composition n'ont d'autre utilité que de te permettre de saisir avec une clarté toujours accrue ta propre musique intérieure : rien ne t'échappe, pas une mélodie, pas une modulation, pas un instrument ; et en même temps que l'effet, tu t'empares des moyens, que tu emprisonnes dans le livre magique de la partition comme autant d'esprits soumis à ton pouvoir. »

Sans doute cela revient-il à te dire : « Aie seulement la bonté, mon cher, d'être un musicien de génie, et le reste viendra ensuite tout seul ! » Mais qu'y faire ? c'est ainsi, et non autrement !

Malgré tout, on peut penser que plus d'un musicien étouffe, à force d'échafaudages, la réelle étincelle qu'il porte en lui ; parce que, se défiant de ses propres forces, rejetant les pensées qui germaient dans son intime, il s'attache anxieusement à utiliser tout ce qui, dans les œuvres des grands maîtres, lui a paru faire de l'effet. Il tombe alors dans l'imitation de la forme, laquelle ne produira jamais l'esprit, puisque c'est de l'esprit que procède toute forme. Mais le cri éternel des directeurs de théâtre qui, pour me servir d'une expression des planches, veulent que le public *s'emballe* : « De l'effet, rien que de l'effet ! », et aussi les exigences de ces connaisseurs qui se disent blasés, pour qui le poivre même n'est plus assez poivré… tout cela pousse souvent le musicien, dans une espèce de tentative désespérée, à rêver de surpasser les grands maîtres dans la recherche de l'effet. Ainsi naissent ces compositions extraordinaires où, sans motif aucun – c'est-à-dire sans que les situations en fournissent même l'occasion –, se succèdent les variations hardies, les puissants accords de tous les instruments à vent… comme autant de couleurs bigarrées qui jamais ne se combineront en un tableau. Le compositeur a l'air d'un homme ivre de sommeil, que de vigoureux coups de marteau réveilleraient à chaque instant, et qui toujours retomberait dans sa torpeur.

Ces musiciens-là sont fort surpris quand leur œuvre, en dépit de tous leurs douloureux efforts, ne veut absolument pas faire l'effet qu'ils se sont figuré ; et à coup sûr ils sont loin d'imaginer que la simple musique qu'aurait pu créer leur génie personnel, telle qu'elle s'épanchait naturellement de leur cœur, et qu'ils avaient jugée trop simple, trop dénudée, eût peut-être produit un effet infiniment plus grand. Leur anxiété timorée les a aveuglés, et leur a dérobé la véritable connaissance de ces chefs-d'œuvre qu'ils se sont choisis pour modèles ; et maintenant ils restent attachés au procédé, à la forme, comme au seul moyen qui permette d'arriver à produire de l'effet. Mais, ainsi que je l'ai déjà dit, c'est l'esprit seul qui, gouvernant à son gré les moyens employés, règne dans ces chefs-d'œuvre. Seul le poème musical né vraiment et spontanément de l'âme de son auteur peut espérer à son tour pénétrer l'âme de l'auditeur. L'esprit ne saisit que le langage de l'esprit. Ainsi est-il impossible de donner des règles concernant la manière de produire de l'effet en musique ; certains signes conducteurs toutefois peuvent remettre sur la bonne voie le compositeur en désaccord avec lui-même et que des feux follets auraient égaré.

Le principe, l'essence même de la musique, ce qui lui donne ce pouvoir magique sur l'âme humaine, c'est la mélodie… On ne saurait assez répéter que, sans une mélodie expressive, chantante, toute parure instrumentale, etc., n'est qu'un brillant oripeau qui ne couvre aucun corps vivant, qui ne fait que pendre à une ficelle (comme dans *La Tempête* de Shakespeare), tel un pantin autour duquel se presse le peuple imbécile. L'épithète « chantante », prise dans son sens le plus élevé, est la seule qui puisse qualifier véritablement la mélodie. Celle-ci doit être un *chant*; elle doit s'épancher librement, sans contrainte, sans intermédiaire, du cœur de l'homme, qui est lui-même l'instrument que la nature fait retentir des sons les plus mystérieux, les plus merveilleux. Une mélodie qui ne chante pas de cette façon-là reste une triste enfilade de sons isolés, s'efforçant en vain de devenir de la musique. C'est une chose incroyable à quel point de nos jours, et surtout à l'instigation d'un maître mal compris (Cherubini), la mélodie s'est trouvée négligée, et comment, par suite de la recherche angoissée de l'originalité et du « frappant », sont nées tant de compositions totalement dépourvues de ce caractère mélodieux.

Comment se fait-il donc que les simples chants des vieux maîtres italiens, avec leur unique accompagnement de basse, exaltent si irrésistiblement l'âme ? La cause n'en est-elle pas tout bonnement dans leur admirable caractère « chantant » ?

D'une façon générale, le chant est à coup sûr une propriété incontestable, nationale, de ce peuple italien ardemment musicien, et l'Allemand, alors même qu'il est parvenu à des vues plus hautes, ou pour mieux dire, plus vraies sur l'opéra, devrait cependant se familiariser de toutes les manières possibles avec l'esprit de la musique italienne, afin que cet esprit ne dédaigne pas de descendre en son âme, comme une force magique appelée à y susciter la mélodie. Un exemple magnifique de cette alliance intime nous a été donné par le maître de toute musique, par Mozart, dans l'âme de qui brûlait la flamme du chant italien. Quel compositeur a écrit une musique plus « chantante » ? Même sans l'éclat de l'orchestre, chacune de ses mélodies pénètre jusqu'au fond du cœur... et n'est-ce pas là déjà ce qui explique le merveilleux *effet* de ses compositions ?

Pour en venir maintenant aux modulations, seules les circonstances du récit doivent en décider : elles naissent des diverses émotions de l'âme ; et de même que celles-ci, tour à tour douces, intenses, puissantes, germent peu à peu pour soudain nous saisir, ainsi le compositeur chez qui l'art merveilleux de l'harmonie repose comme un don magnifique de la nature (et à qui l'étude n'apporte que la claire conscience de ce don) fera passer ces modulations par des tons tantôt voisins, tantôt éloignés, tantôt graduellement amenés, ou bien les fera tourner court par une pirouette hardie. Le véritable génie ne se soucie pas de *frapper* à l'aide d'ingénieux artifices qui ne révèlent jamais qu'une détestable absence d'art ; il note simplement ce que lui a dicté son inspiration à l'instant d'exprimer les diverses situations du poème... Qu'ensuite, s'ils le veulent, les arithméticiens de la musique tirent de ses œuvres leurs exemples et en fassent d'utiles exercices !

Nous serions entraînés trop loin si nous voulions parler ici de l'art profond de l'harmonie, des racines qu'il plonge en nous, de ses lois mystérieuses, inconnues à tous les manuels et qui ne se découvrent qu'au chercheur subtil. Pour ne signaler qu'un fait, remarquons que les modulations discordantes ne sont d'un effet profond que si, en dépit de leur hétérogénéité apparente, les divers tons qui les composent ont entre eux une relation secrète qui n'a pas échappé à l'esprit du musicien. Le passage du duo de *Don Juan*, déjà mentionné plus haut, peut encore ici servir d'exemple. On en dira autant des modulations enharmoniques, souvent raillées pour l'abus qu'on en fait, qui recèlent justement cette relation cachée, et dont l'effet puissant ne saurait être mis en doute. Il semble qu'un lien secret, sympathique, unisse souvent plusieurs tons fort éloignés, tandis que, dans certaines circonstances, une invincible idiosyncrasie sépare les tons même les plus voisins. La modulation la plus fréquente, la plus commune, je veux dire celle de la tonique à la dominante ou inversement, paraît parfois étrangement neuve, souvent au contraire odieuse et insupportable.

Une bonne part de l'impression extraordinaire que produisent les grands chefs-d'œuvre tient aussi, sans nul doute, à l'instrumentation. Mais il serait presque impossible de hasarder ici ne fût-ce qu'une seule règle, car cette partie de l'art musical est enveloppée de mystérieuses ténèbres. Chaque instrument, à considérer la diversité de ses effets suivant les cas, en porte en lui cent autres; et c'est par exemple une folle absurdité de croire que la simple addition de ces effets suffise à exprimer la force, la puissance. Un seul son soutenu de tel ou tel instrument suffit à provoquer chez l'auditeur un frémissement secret. On en trouverait bien des exemples frappants dans les opéras de Gluck; et si l'on veut bien se rendre un compte exact de cette diversité d'effets dont est capable un unique instrument, que l'on se rappelle les mille expressions que Mozart tire par exemple du hautbois… mais nous ne saurions donner ici que de simples indications…

Dans l'âme de l'artiste (pour rester dans la comparaison entre la musique et la peinture) le poème musical apparaîtra comme un tableau déjà achevé ; en contemplant ce tableau il trouvera sans peine cette juste perspective sans laquelle il n'est point de vérité possible.

A l'instrumentation se rattachent encore les diverses figures des instruments d'accompagnement : combien de fois arrive-t-il qu'une de ces figures, issue de l'intime du compositeur, élève la vérité de l'expression jusqu'à la force la plus sublime ! De quel effet profondément saisissant n'est pas, par exemple, le mouvement progressant en octaves du second violon et de l'alto dans l'air de Mozart : « *Non mi dir bel idol mio !* » Dans le domaine des figures, il convient aussi de ne rien inventer, de ne rien ajouter de factice. Les vives couleurs du poème musical font ressortir avec éclat le plus petit détail, et toute parure étrangère défigurerait au lieu d'être un agrément. Il en va de même du choix du ton, du *forte* et du *piano*, qui doivent dépendre du caractère profond de la pièce et non point du désir de varier à tout prix ; de même pour tous les autres procédés d'expression qui s'offrent au musicien.

Le compositeur hésitant qui aspire à l'effet et qui désespère d'y atteindre peut donc, pourvu que le génie de la musique l'habite, être à jamais consolé par cette certitude : qu'une véritable et profonde initiation aux œuvres des maîtres le placera bientôt dans un rapport mystérieux avec leur esprit même ; cet esprit enflammera la force latente qui sommeille dans son âme, provoquera l'extase à la faveur de laquelle il s'éveillera, comme d'un sommeil léthargique, à une vie nouvelle, découvrant enfin les sons merveilleux de sa propre musique intérieure. Arrivé à ce point, son étude de l'harmonie, ses connaissances techniques lui donneront le pouvoir de fixer à jamais ces accents qui, sinon, s'envoleraient ; et les merveilleux échos de l'inspiration qui aura engendré l'œuvre suffiront à transporter l'auditeur, l'autorisant à participer à son tour à la béatitude que le musicien aura connue en ces heures de la visitation. C'est cela le véritable *effet* du poème musical, tel qu'il émane du fond même de l'âme.

VII

LETTRES DE MAÎTRISE DE JOHANNÈS KREISLER

Puisque tu veux décidément, mon cher Johannès, laisser là mon enseignement pour courir à ta guise le vaste monde, il est juste que moi, ton maître, je glisse dans ton baluchon un certificat que tu puisses produire à titre de *passeport* dans toutes les guildes et confréries musicales où tu ne manqueras pas d'être reçu.

Je pourrais le faire sans autre préambule ; mais je te regarde dans la glace, et la mélancolie envahit mon cœur. Je voudrais te redire une fois encore tout ce que nous avons pensé et éprouvé ensemble à certains moments importants de ces années d'apprentissage. Tu sais bien ce que je veux dire. Mais comme nous avons tous deux ceci de commun, que si l'un parle, l'autre ne peut retenir sa langue, il vaut mieux, je crois, que je note au moins quelques points de ce que j'aurais à te dire, et que j'en compose une manière d'*ouverture* que tu pourras relire de temps en temps pour ton plaisir et ton édification.

Ah ! cher Johannès ! qui te connaît mieux que moi ; qui a jamais su aussi bien que moi lire dans ton cœur, voir par tes yeux ? En revanche, je crois aussi que tu me connais à fond, et que c'est justement pour cela que notre amitié a toujours été supportable – malgré les jugements bien contradictoires que nous échangions sur nous-mêmes, nous regardant tantôt comme des gens extraordinairement savants, et même comme des génies, tantôt comme des rustres passablement maladroits… et même quelque peu fous. Eh tiens ! mon cher disciple, en employant dans les phrases qui précèdent le petit mot « nous », j'ai l'impression de n'avoir recouru à ce pluriel que par un raffinement de modestie, de n'avoir en réalité parlé que de moi, au singulier, comme si au bout du compte nous n'étions, toi et moi, qu'*un seul*… Arrachons-nous à cette folle chimère ! Donc, je reprends : Mon cher Johannès… qui te connaît mieux que moi, et qui en conséquence peut soutenir avec plus de raison et de droit que tu as acquis à présent cette maîtrise qui seule permet de commencer à apprendre avec talent et avec fruit ?

Oui, ce qui paraît être le plus nécessaire, tu le possèdes incontestablement : tu as en effet si bien aiguisé ton ouïe que tu arrives même à entendre parfois la voix du *poète caché* qui veille au fond de toi-même (pour parler comme Schubert *), et que tu te refuses à croire que c'est toi qui as parlé, et nul autre…

Par une tiède nuit de juillet, j'étais assis, solitaire, sur le banc de mousse, sous cette tonnelle de jasmin que tu connais, lorsque ce paisible et aimable jeune homme que nous nommons Chrysostomus vint à moi et me fit de merveilleux récits de son enfance.

– Le petit jardin de mon père, commença-t-il, attenait à une forêt toute pleine de chants et d'harmonies. Chaque année, un rossignol faisait son nid sur un vieil arbre magnifique, au pied duquel gisait une grande pierre toute sillonnée de veines rougeâtres et de mousses étranges. Ce que mon père racontait de cette pierre était fabuleux. Il y a bien des années, disait-on, était arrivé au château du jeune seigneur un inconnu de merveilleuse prestance mais de singulières tournure et vêture. Tout le monde trouvait à cet étranger un air bizarre ; on ne pouvait le regarder longtemps sans frissonner, et cependant on ne parvenait pas à détacher de lui ses regards. Le jeune seigneur se prit bientôt pour lui d'une vive affection, bien qu'il dût avouer que sa présence le mettait curieusement mal à l'aise et que des sueurs glacées le prenaient lorsque l'inconnu évoquait les pays

* Schubert, *Symbolique du rêve*.

reculés, les hommes et les bêtes étranges qu'il avait découverts en ses lointains voyages – sa voix alors se perdait en échos merveilleux, capables d'exprimer, sans le secours de la parole, les plus mystérieuses réalités.

» Nul ne pouvait s'arracher au charme de l'étranger ni se lasser d'entendre ses récits, qui d'une inexplicable façon donnaient à d'obscurs et vagues pressentiments une forme lumineuse, parfaitement intelligible aux yeux de l'esprit. Mais si en outre il venait à chanter sur son luth, en une langue inconnue, toutes sortes de lieder aux merveilleuses harmonies, ceux qui l'entendaient semblaient saisis par une puissance surnaturelle, et l'on s'écriait : ce ne peut être un homme, il faut que ce soit un ange venu apporter sur la terre les chants du concert céleste des chérubins et des séraphins !

» Mais ce fut surtout la belle et jeune châtelaine que l'étranger enlaça de liens mystérieux. Il l'instruisait dans l'art du chant et du jeu de luth, si bien que la plus grande intimité ne tarda pas à s'établir entre eux. Souvent, à minuit, l'étranger se glissait au pied du vieil arbre, où la demoiselle l'attendait ; on entendait de très loin leur chant et les sons du luth de l'étranger, mais ces mélodies avaient des accents si insolites et si lugubres que personne n'osait s'approcher ni même trahir les deux amants. Un matin l'étranger disparut, et l'on chercha en vain la demoiselle par tout le château. Saisi d'une torturante angoisse et du pressentiment de quelque horrible malheur, le père bondit sur son cheval et courut à la forêt, criant dans son désespoir le nom de son enfant. Lorsqu'il arriva à la pierre où l'étranger et la demoiselle s'étaient si souvent assis l'un près de l'autre à minuit pour de tendres entretiens, la crinière du coursier se dressa, la bête renâcla et piaffa, refusant de bouger de la place, comme si un esprit infernal l'y eût enchaînée.

» Le seigneur crut que l'animal avait été effrayé par la forme inhabituelle de la pierre ; il sauta donc à bas pour le mener par la bride, mais une soudaine convulsion d'effroi le figea sur place, et son pouls s'arrêta de battre : il venait d'apercevoir des gouttes de sang qui semblaient jaillir de sous la pierre. Comme poussés par une force supérieure, les paysans et les chasseurs qui avaient suivi leur seigneur écartèrent le rocher et trouvèrent par-dessous la malheureuse jeune fille percée de coups de poignard ; à ses côtés, en mille morceaux, le luth de l'étranger ! Depuis ce temps-là, chaque année, un rossignol vient faire son nid sur l'arbre, et à minuit, on peut l'entendre chanter de plaintives mélodies qui vous remuent le tréfonds de l'âme. Quant à ces mousses et ces herbes qui brillent aujourd'hui sur la pierre avec de si étranges couleurs, elles sont issues du sang même de la jeune fille…

» Comme j'étais encore un tout petit garçon, on ne me permettait pas d'aller dans la forêt sans l'autorisation de mon père, mais l'arbre, et la pierre surtout, m'y attiraient irrésistiblement. Chaque fois que la petite porte pratiquée dans le mur du jardin se trouvait ouverte, je me glissais au-dehors pour courir à ma chère pierre, car je ne pouvais me rassasier de contempler les mousses et toutes les végétations qui y dessinaient les plus étranges figures. Souvent, je croyais comprendre ces signes et il me semblait alors y voir dessinées, avec un luxe d'explications, toutes sortes d'histoires extraordinaires comme ma mère m'en racontait. Et puis, abîmé dans ma contemplation, je ne pouvais m'empêcher d'évoquer malgré moi cette belle légende que mon père me chantait presque tous les jours en s'accompagnant au clavicorde, et qui me remuait toujours si profondément que, laissant là mes jeux favoris, je ne pouvais rien faire qu'écouter, les larmes aux yeux. De même, en entendant ce lied, mes chères mousses me revenaient à l'esprit, si bien que ces deux choses me parurent bientôt n'en faire qu'une et que j'avais peine à les dissocier dans ma pensée.

» A cette époque, mon penchant pour la musique se développait chaque jour davantage, et mon père, bon musicien lui-même, prenait à cœur de m'instruire avec soin. Il espérait faire de moi non seulement un solide exécutant, mais bien aussi un compositeur, parce qu'il me voyait chercher sans relâche sur le piano des mélodies et des accords qui parfois avaient beaucoup d'expression et de cohérence. Mais souvent, j'eusse voulu verser des larmes amères et, en proie à un désespoir inconsolable, renoncer pour toujours au piano, car dès que je posais mes doigts sur les touches, il en sortait toujours autre chose que ce que je voulais. Des chants inconnus, que je n'avais jamais entendus, inondaient mon cœur, et il me semblait alors que ce n'était point la légende chantée par mon père, mais bien ces chants dont j'étais environné chaque fois que j'évoquais la voix des esprits cachés parmi les mousses de la pierre, tels des signes secrets et merveilleux ; et j'étais persuadé que si l'on contemplait ces mousses avec assez d'amour, les chants de la demoiselle en sortiraient tout nimbés de la lumineuse résonance de sa voix charmante.

» D'ailleurs, il arrivait parfois qu'à force de contempler la pierre je tombasse en de profondes rêveries et que j'entendisse alors le chant magnifique de la demoiselle, qui emplissait mon cœur d'une douleur étrange et délicieuse. Mais dès que je voulais chanter à mon tour ces mélodies ou les jouer sur le piano, tout ce que j'avais perçu si clairement se confondait en un trouble et obscur pressentiment. Poussé par une idée puérile et aventureuse, je fermais souvent l'instrument pour écouter si les chants n'en sortiraient pas plus clairs et plus beaux peut-être. Car je savais bien que là-dedans les sons devaient réellement *habiter*, comme soumis à quelque charme. J'étais absolument désespéré ; lorsqu'il me fallait jouer les airs et les exercices indiqués par mon père et qui m'étaient devenus odieux et insupportables, je pensais mourir d'impatience. C'est ainsi que je négligeai toute étude technique de la musique et que mon père, désespérant de mes aptitudes, renonça complètement à me donner des leçons.

» Plus tard, au lycée de la ville, mon goût pour la musique se réveilla d'une autre façon. La dextérité de nombreux élèves me poussa à les égaler et je me donnai beaucoup de peine.

Mais plus je devenais maître du mécanisme, moins je réussissais à retrouver ces sons qui jadis éveillaient en moi de si merveilleuses mélodies. Le maître de musique du lycée, un vieillard que l'on disait excellent contrapuntiste, m'enseigna la basse continue et la composition. Il voulut même m'indiquer les différentes recettes qui permettent d'inventer des mélodies, et je n'étais pas peu fier lorsque je parvenais à trouver, à force de me creuser l'esprit, un thème qui s'accordât à toutes les formes du contrepoint. Je croyais donc être un musicien accompli lorsque, quelques années plus tard, je retournai dans mon village. Dans ma petite chambre je retrouvai le vieux clavecin devant lequel j'avais veillé tant de nuits et versé tant de larmes de découragement. J'allai revoir aussi la pierre fabuleuse; mais, assagi, je riais à présent de la folie puérile qui m'avait poussé à *voir* des mélodies jaillir de ces mousses.

» Pourtant il me fallut bien reconnaître que le lieu isolé, tout empreint de mystère, où se dressait cet arbre, suscitait en moi comme de fabuleux pressentiments. Oui!... couché dans l'herbe, appuyé contre la pierre, j'entendais, quand le vent bruissait à travers les feuillages, les douces et ravissantes voix des esprits; mais il me semblait que leurs mélodies reposaient depuis toujours dans mon sein, ne faisaient que s'y éveiller et revivre!... Ah! combien tout ce que j'avais composé me paraissait alors terne et insipide!... Que dis-je? il me semblait que ce n'était pas même de la musique, et que tous mes efforts n'avaient été que l'absurde vouloir d'un néant trompeur... Le rêve m'ouvrit son royaume d'étincelantes splendeurs et je fus consolé. Je regardais la pierre. Ses veines rouges s'ouvraient comme des œillets sombres dont les parfums devenaient visibles, jaillissaient en rayons mélodieux... puis, se mêlant aux accents prolongés du rossignol, les rayons prenaient la forme d'une femme merveilleuse, et cette forme à son tour se fondait en une musique splendide, divine!...

L'histoire de notre Chrysostomus, tu le vois, mon cher Johannès, renferme plus d'un enseignement; c'est pourquoi elle me semble tout à fait à sa place dans ces lettres de maîtrise. Comme on voit bien que cette puissance sublime qui l'éveilla à la vie venait à lui du fond des temps légendaires ! Notre royaume n'est pas de ce monde, disent les musiciens, car où trouvons-nous dans la nature, comme le peintre et le sculpteur, le *prototype* de notre art ?... Le son habite partout ; mais les sons, je veux dire les mélodies qui parlent la langue sublime du royaume des esprits, ne reposent que dans le sein de l'homme. Pourtant l'esprit de la musique, de même que l'esprit du son, n'embrasse-t-il pas aussi toute la nature ? Tout corps sonore, touché mécaniquement, semble s'éveiller à la vie, manifeste le secret de son existence : c'est son intimité qui se révèle alors à notre connaissance. Et si l'esprit de la musique, évoqué par l'initié sous la forme de sonorités mystérieuses à lui seul intelligibles, s'exprimait lui aussi en un langage de mélodie et d'harmonie ? Or le musicien, c'est-à-dire l'être dans l'âme duquel la musique parvient à sonner claire, limpide, consciente, vit tout entier plongé dans la mélodie, dans l'harmonie. Et ce n'est point une vaine image, une allégorie, quand ce musicien affirme que pour lui les couleurs, les parfums, la lumière sont aussi des sons et qu'en leur combinaison il perçoit un merveilleux concert.

De même que, selon l'expression d'un physicien inspiré, l'ouïe est une vue du dedans, ainsi la vue est-elle, pour le musicien, une ouïe du dedans, c'est-à-dire une conscience intime de la musique qui, vibrant à l'unisson de son esprit, résonne dans tout ce que son œil embrasse. En ce sens, les inspirations soudaines du musicien, cette naissance en lui des mélodies, seraient la connaissance, la *conception* inconsciente ou plutôt inexprimable par le langage de la musique secrète de la nature considérée comme le principe de la vie, de toute activité vitale. Les bruits audibles de la nature, le frémissement du vent, le murmure des sources ne sont d'abord pour le musicien que des accords isolés, puis des mélodies avec accompagnement harmonique. En même temps que la conscience, la volonté intérieure affirme son pouvoir ; dès lors, n'est-il pas imaginable que le musicien se comporte devant la nature qui l'entoure comme le magnétiseur devant la somnambule, sa ferme volonté étant la question que la nature ne laisse jamais sans réponse ?

Plus sa conscience est vive et pénétrante, plus le musicien se révélera un grand compositeur ; l'aptitude à retenir ses impulsions comme sous l'influence d'une force spirituelle particulière, et de les fixer au moyen de signes écrits : tel est l'art même de la composition. Cette faculté est le produit des artifices de l'éducation musicale, qui vise à ce que l'on puisse se représenter ces signes (les notes) rapidement et sans effort. Dans notre langage *individualisé* il existe une si intime relation entre les sons et les mots que nulle pensée ne se fait jour en nous-mêmes sans les hiéroglyphes qui la représentent (les caractères de l'écriture); la musique, elle, reste la langue universelle de la nature : c'est sous forme d'accords merveilleux, mystérieux, qu'elle nous parle, et nous cherchons en vain à fixer en signes ces harmonies, l'ingénieux alignement des hiéroglyphes ne faisant que nous conserver l'indication de ce que nous avons entr'aperçu…

Je te laisse maintenant, avec ces quelques propositions, mon cher Johannès, aux portes du temple d'Isis : tu y pourras méditer assidûment, et tu verras bien alors pour quelles raisons je te crois capable d'entreprendre une véritable carrière musicale. Montre ces lettres de maîtrise à ceux qui, sans peut-être le savoir toujours nettement eux-mêmes, se trouvent avec toi à ces portes ; et même à ceux qui ne sauront quel profit tirer de l'histoire du méchant étranger et de la jeune châtelaine… Explique-leur la chose en ce sens : dis-leur que cette merveilleuse aventure qui eut une si profonde influence sur la destinée de Chrysostomus est une image frappante de l'anéantissement des choses de ce monde sous la funeste action d'une puissance ennemie, de l'abus démoniaque de la musique… et de l'envol vers un monde supérieur, de la transfiguration par le chant et l'harmonie !…

Quant à vous, bons maîtres et compagnons qui vous êtes assemblés aux portes du Grand Atelier, accueillez amicalement Johannès parmi vous, et ne lui en veuillez pas si, tandis que vous en êtes encore à guetter, il ose frapper de temps en temps quelques légers coups à la porte. Ne vous fâchez pas non plus si, pendant que vous vous appliquez à tracer bien proprement et bien clairement vos hiéroglyphes, il y mêle de son côté quelques pattes de mouche ; car c'est justement en calligraphie qu'il espère tirer profit de votre enseignement…

Adieu, cher Johannès Kreisler !… J'ai le sentiment que je ne te reverrai plus… Si tu ne devais plus jamais toi non plus retrouver ma trace, pleure-moi convenablement, comme Hamlet le pauvre Yorick, puis fais graver à mon intention un paisible *Hic jacet* marqué d'une

✝

Cette croix sera aussi le grand sceau que j'imprime sur cette lettre de maîtrise, et je signe donc… Moi comme toi,

Johannès KREISLER
ci-devant *maître de chapelle*.

NOTICE BIBLIOGRAPHIQUE

Ce recueil (Fantasiestücke in Callots Manier) *est le premier ouvrage publié par Hoffmann en librairie : quatre volumes parus de 1813 à 1815, chez Kunz, à Bamberg (nouvelle édition à Berlin, 1819).*

Jacques Callot : *écrit en 1813. Première parution dans les* Fantasiestücke.

Ritter Gluck : *écrit à Glogau en 1808, publié le 15 février 1809, dans la* Leipziger Allgemeine Musikalische Zeitung.

Johannes Kreislers, des Kapellmeisters, musikalische Leiden : *écrit à Bamberg pendant l'été 1810, publié le 26 septembre 1810 dans la* Leipziger Allgemeine Musikalische Zeitung.

Ombra adorata : *écrit au mois d'août 1812; première parution dans les* Fantasiestücke.

Gedanken über den hohen Wert der Musik : *écrit au mois de juin 1812, publié le 29 juillet 1812 dans la* Leipziger Allgemeine Musikalische Zeitung.

Beethovens Instrumental-Musik : *écrit au début de l'année 1813; publié en trois livraisons :* Zeitung für die elegante Welt, *9-10-11 décembre 1813.*

Hoechst zerstreute Gedanken : *écrit au début de l'année 1813; publié en quatre livraisons :* Zeitung für die elegante Welt, *4-6-7-8 janvier 1814.*

Der vollkommene Maschinist : *écrit au début de l'année 1813, première parution dans les* Fantasiestücke.

Don Juan : *écrit en septembre 1812, publié le 31 mars 1813 dans la* Leipziger Allgemeine Musikalische Zeitung.

Die neuesten Schicksale des Hundes Berganza : *commencé au milieu du mois de février 1813, achevé le 29 mars, remanié jusqu'au 17 avril. Publié dans le second volume des* Fantasiestücke, *Pâques 1814. Cervantès, dans ses deux nouvelles, « Le mariage trompeur » et le « Dialogue des chiens Scipion et Berganza », rapporte la conversation tenue à la porte de l'hôpital de la Résurrection, à Valladolid, entre l'enseigne Campuzano, qui vient d'y subir un traitement énergique contre le « mal napolitain », et son ami le licencié Peralta. L'enseigne assure avoir entendu, durant une nuit d'insomnie, les deux chiens quêteurs de l'hôpital, Scipion et Berganza, dialoguer en langage humain. Berganza, au cours de ce dialogue, rapporte l'explication que lui donne la sorcière Cannizarès du mystère de sa naissance : sa mère, la sorcière Montiela, sur le point d'accoucher, aurait, sous l'effet d'un sortilège jeté par une troisième sorcière, mis au monde deux chiens. Cannizarès croit reconnaître en Berganza un fils de Montiela.*

Hoffmann poursuit le récit des aventures de Berganza qui, devenant peu à peu son porte-parole, se livre à une violente satire de la famille de Julia Marc (Cécilia), puis à une sévère critique des écrivains et des acteurs de son temps.

Der Magnetiseur : *écrit à Dresde du 19 mars au 19 août 1813. Première parution dans les* Fantasiestücke.

Der goldne Topf : *projeté en août 1813, écrit du 26 novembre 1813 au 15 février 1814. Première parution dans les* Fantasiestücke.

Die Abenteuer der Sylvester-Nacht : *écrit du 1er au 6 janvier 1815. Première parution dans les* Fantasiestücke.

Brief des Barons Wallborn an den Kapellmeister Kreisler : *publié par La Motte-Fouqué dans la revue* Die Musen, *1814. Ce texte, de même que le suivant, ne figure pas dans l'édition Kunz, mais sera repris dans celle de Berlin.*

Brief des Kapellmeisters Kreisler an den Baron Wallborn : ibid.

Kreislers musikalisch-poetischer Klub : *écrit à la fin de l'année 1814; première parution dans les* Fantasiestücke.

Nachricht von einem gebildeten jungen Mann : *écrit autour de Noël 1813, publié le 16 mars 1814 dans la* Leipziger Allgemeine Musikalische Zeitung.

Der Musikfeind : *écrit au printemps 1814, publié le 1er juin 1814 dans la* Leipziger Allgemeine Musikalische Zeitung.

Uber einen Ausspruch Sacchinis über sogenannten Effekt in der Musik : *écrit au mois de juin 1814, publié le 20 juillet 1814 dans la* Leipziger Allgemeine Musikalische Zeitung.

Johannès Kreislers Lehrbrief : *écrit au mois de février 1815, première parution dans les* Fantasiestücke.

TABLE

DEUXIÈME PARTIE

DU MÊME AUTEUR
AUX ÉDITIONS PHÉBUS

Intégrale des contes et récits
en 14 volumes
sous la direction d'Albert Béguin et Madeleine Laval

Le Chat Murr, 1988
Texte français par Madeleine Laval
Introduction par Jean-Luc Steinmetz
repris en collection « Libretto », 2004

à paraître en collection « Libretto » :

Les Élixirs du Diable, 1979
Traduction de M. Laval
Préface de Jacques Haumont

Contes nocturnes, 1979
Traduction de M. Laval et André Espiau de la Maëstre
Préface d'A. Béguin

Princesse Brambilla, 1980
Traduction d'A. Espiau de la Maëstre
Préface de Stefan Zweig

Le Petit Zachée surnommé Cinabre, 1980
Traduction de M. Laval
Préface de Jean-Pierre Sicre

Maître Puce, 1979
Traduction et introduction de M. Laval

Les Frères de Saint-Sérapion, 4 vol.,1981
Traduction sous la direction d'A. Béguin et de M. Laval
Introduction de M. Laval

Derniers contes,1983
Traduction de M. Laval et A. Espiau de la Maëstre
Préface de Georges-Arthur Goldschmidt

Contes retrouvés,1983
Traduction de M. Laval, A. Espiau de la Maëstre
et Édouard Degeorge
Préface d'Hubert Juin

Sœur Monika, 1984
Traduction et introduction de M. Laval
Préface d'André Pieyre de Mandiargues

PHÉBUS
libretto

des livres au format de poche
faits pour durer

MARCEL LÉVY
La Vie et moi

JOHN M. FALKNER
Moonfleet

VLADIMIR BARTOL
Alamut

DAPHNÉ DU MAURIER
Le Bouc émissaire
Mary Anne
Général du roi

CLAUDE SEIGNOLLE
La Malvenue
Intégrale des Romans et Nouvelles
Les Malédictions ☆
Les Malédictions ☆☆
La Nuit des Halles

JEAN-BAPTISTE LABAT
Voyage aux Isles

T. C. BOYLE
Water Music
La Belle affaire

W. WILKIE COLLINS
La Dame en blanc
Pierre de lune
Sans nom
Armadale
Cache-cache

LUDWIG LEWISOHN
Le Destin de Mr Crump
Crime passionnel

DEBORAH SCALING KILEY
Albatros

WILLIAM TREVOR
En lisant Tourgueniev
Ma Maison en Ombrie

CHARLES MATURIN
Melmoth

AHMAD AL-TIFACHI
Les Délices des cœurs

CHRISTIAN CHARRIÈRE
La Forêt d'Iscambe

VICKI BAUM
Shanghaï Hôtel
Grand Hôtel

HEINRICH VON KLEIST
La Marquise d'O... et autres nouvelles

MARTINE ROFFINELLA
Elle

SHUSHA GUPPY
Un jardin à Téhéran

CHRISTIAN DEDET
La Mémoire du fleuve
Le Secret du Dr Bougrat

GEORGE SAND
Consuelo
La Comtesse de Rudolstadt

OLIVE SCHREINER
La Nuit africaine

MEYER LEVIN
Crime

PATRICIO MANNS
Cavalier seul

ROBERT MARGERIT
L'Ile des Perroquets
La Terre aux Loups

NEIL BISSOONDATH
Retour à Casaquemada

MAURICE COYAUD
Fourmis sans ombre

JACK LONDON

Le Peuple d'en bas
Les Enfants du froid
John Barleycorn
(Le Cabaret de la Dernière Chance)
Patrouille de pêche
Le Fils du Loup
Le Vagabond des étoiles
La Route
Martin Eden
Contes des mers du Sud
La Vallée de la Lune
Le Loup des mers
Avant Adam
Sur le ring
Le Talon de fer
L'Appel sauvage
Parole d'homme

LEO PERUTZ

Le Cavalier suédois
Le Judas de Léonard

CHARLES SIMMONS

Les Locataires de l'été

MIKA WALTARI

Les Amants de Byzance

PIERRE MAC ORLAN

L'Ancre de Miséricorde

JAMES MORIER

Les Aventures de Hadji Baba d'Ispahan
Les Aventures de Hadji Baba en Angleterre

La Poésie arabe

JOSEPH O'CONNOR
Desperados
Inishowen

SIR ERNEST SHACKLETON
L'Odyssée de l'« Endurance »

WALLACE STEGNER
Vue cavalière
La Vie obstinée
Angle d'équilibre

ROBERT PENN WARREN
L'Esclave libre

ALEXANDER KENT
Cap sur la gloire
Capitaine de Sa Majesté
Mutinerie à bord
Toutes voiles dehors
En ligne de bataille

HELEN ZAHAVI
Dirty week-end

MAX AUB
Crimes exemplaires

SERGE FILIPPINI
L'Homme incendié

ROBERT LOUIS STEVENSON
La Route de Silverado
Intégrale des Nouvelles (2 vol.)

MATHIEU BELEZI
Le Petit roi

ANTOINETTE PESKÉ
La Boîte en os

DANIEL ARSAND
La Province des Ténèbres

NORMAN LEWIS
Le Sicilien
Naples 44

Les Mille et Une Nuits, tome I
Les Mille et Une Nuits, tome II
Les Mille et Une Nuits, tome III
Les Mille et Une Nuits, tome IV

GILLES LAPOUGE
Les Pirates

SIR ARTHUR CONAN DOYLE
La Compagnie blanche
Sir Nigel

EDWARD JOHN TRELAWNEY
Mémoires d'un gentilhomme corsaire

PETER FLEMING
Courrier de Tartarie

FAWN BRODIE
Un diable d'homme
Sir Richard Burton ou le démon de l'aventure

SVETLANA VELMAR-JANKOVIĆ
Dans le noir

LOUIS GARNERAY
Corsaire de la République

Le Négrier de Zanzibar
Un corsaire au bagne

Les Aventures de Sindbad le Marin

Les Aventures de Sindbad le Terrien

DANIEL VAXELAIRE
Les Mutins de la liberté

VAMBA
Giannino furioso

ANONYME ARABE
Le Livre des Ruses
La Stratégie politique des Arabes

MATT COHEN
Le Médecin de Tolède

DANIEL DEFOE
Histoire générale des plus fameux pyrates
I. Les Chemins de Fortune
II. Le Grand rêve flibustier

NICCOLO MANUCCI
Un Vénitien chez les Moghols

Italia magica

RAFAEL SABATINI
Captain Blood

CHARLES NORDHOFF
J. N. HALL
L'Odyssée de la « Bounty »
I. Les Révoltés de la « Bounty »

II. Dix-neuf hommes contre la mer
III. Pitcairn

JEAN-PIERRE OTTE
L'Amour au jardin

FRANCISCO COLOANE
Le Passant du bout du monde
Tierra del Fuego

JEAN AICARD
Maurin des Maures

THOR HEYERDAHL
L'Expédition du Kon-Tiki

Le Roman d'Aladin

PATRICK CARRÉ
Le Palais des Nuages

Sublimes paroles et idioties de Nasr Eddin Hodja

MARCEL SCHWOB
Œuvres

KATHLEEN WINSOR
Ambre

SARAH BERNHARDT
Ma double vie

LAURIE LEE
Rosie ou le goût du cidre

FLANN O'BRIEN
Le Troisième policier

CHARLES PALLISER
Le Quinconce (5 vol.)
I. L'Héritage de John Huffam
II. Les Faubourgs de l'Enfer
III. Le Destin de Mary
IV. La Clé introuvable
V. Le Secret des Cinq Roses

MARC TRILLARD
Eldorado 51

ANDRÉ DHÔTEL
Lumineux rentre chez lui
Ma chère âme
Un jour viendra
Pays natal
Ce lieu déshérité

JAN VAN DORP
Flamand des vagues

EMMANUEL ROBIN
L'Accusé

ABOU-ABDALLAH MOUHAMMAD AL-NAFZAWI
La Prairie parfumée où s'ébattent les plaisirs

ODETTE DU PUIGAUDEAU
Pieds nus à travers la Mauritanie

FREDERIC PROKOSCH
Ma sauvage Amérique

Cet ouvrage,
réalisé pour le compte des Éditions Phébus,
a été reproduit et achevé d'imprimer
en janvier 2004
dans les ateliers de Normandie Roto Impression s.a.s.
61250 Lonrai
N° d'imprimeur : 03-3277

Imprimé en France

Dépôt légal : janvier 2004
I.S.B.N. : 2-85940-958-0
I.S.S.N. : 1285-6002